하늘 신비를 담아내는 설교
'들리는 설교'를 위한 설교학적 단상

하늘 신비를 담아내는 설교
'들리는 설교'를 위한 설교학적 단상

초판 1쇄 인쇄 | 2025년 4월 11일
초판 1쇄 발행 | 2025년 4월 17일

지은이　김운용
펴낸이　김운용
펴낸곳　장로회신학대학교 출판부

등록　제1979-2호
주소　(우)04965 서울시 광진구 광장로5길 25-1 (광장동)
전화　02-450-0795
팩스　02-450-0797
이메일　ptpress@puts.ac.kr
홈페이지　http://www.puts.ac.kr

값　20,000원
ISBN　978-89-7369-503-4　93230

• 잘못된 책은 바꿔 드립니다.
• 이 책은 저작권법의 보호를 받는 저작물이므로 무단 전재와 복제를 금합니다.

하늘 신비를 담아내는 설교

'들리는 설교'를 위한 설교학적 단상

김운용

장로회신학대학교출판부

지난 40여 년 동안
소명의 길을 한결같이 함께 걸어온
사랑스러운 아내이자 소중한 친구이며
세 아이의 훌륭한 엄마인
아내 박혜신 님께
이 책을 바칩니다.

목차

저자 서문 / 9
프롤로그 / 19

1부   설교의 시작점 / 31
   1장 설교의 자리, 토대가 흔들리는 시대 / 33
   2장 설교, 하늘과 땅이 잇대어지는 신비 / 47
   3장 설교, 증언공동체의 가슴 떨리는 증언 / 65

2부   설교의 기초석 / 93
   4장 설교자, 그리고 소명 / 95
   5장 설교의 기본 다시 다지기 / 123
   6장 설교 작성을 위한 단계 이해 / 151

3부   설교 사역의 수행 / 191
   7장 공감 능력과 설교: 끊임없이 연마해야 할 설교자의 무기 / 193
   8장 설교 형태의 오랜 오솔길과 새로운 길을 따라: 설교 형태 이해 / 215
   9장 다시 새롭게 설교하기: '4D 설교'를 시도해 보라 / 247
   10장 설교 준비에서 소중한 보물들: 이야기, 이미지, 은유 / 269

4부 과거와의 대화: 거인의 어깨 위에서 더 멀리 보라 / 283

11장 우린 한 번의 설교에 목숨을 걸었다 / 285
12장 그대들, 복음 설교로 교회를 다시 세워가라 / 311
13장 난 둥지를 틀지 않는 겨울새로 살았다 / 331
14장 설교는 새롭게 돌입해 오는 하나님 나라 선포이다 / 351
15장 설교는 복음과 상황에 대한 긍정에서 시작한다 / 377
16장 설교는 생명력을 지닌 유기체여야 한다 / 403
17장 복음의 황홀함과 열정으로 현대인의 가슴을 덮으라 / 419
18장 감동의 이야기에 그분의 말씀을 담으라 / 437
19장 올곧은 삶으로 하늘의 뜻을 전하라 / 457

결언 결국 모든 것은 확신과 열정에서 결정된다 / 473

저자 서문

> 내 안에 주머니가 비어있다는 것은 슬픈 일이야
> 하지만 마음이 비어 시를 쓸 수 없게 된다면
> 더욱 슬픈 일이 될 거야
> — 조기영[1]

가능한 프로젝트

오래전 보았던 다큐멘터리, "14좌 정복: 불가능은 없다"가 떠오른다. 네팔 산악인 니르말 푸르자 Nirmal Purja가 히말라야 8,000m급 14개 봉우리를 오르는 과정을 담은 것이다. 전무후무한 기록이었다. 지금까지 14좌 등정에 성공한 사람이 43명이라는데, 가장 짧은 시간인 6개월 6일 만에 오른 것이다. 최초 도전자인 이탈리아 산악인 라인홀트 메스너 Reinholde Messner는 무산소 단독산행으로 완등에 성공하는 데 16년이 걸렸고, 세계 최단 무산소 완등에 성공한 한국 산악인 고 김창호는 7년이 걸렸다. 2019년 4월, 푸르자가 안나푸르나를 시작으로 칸첸중가, 에베레스트, 로체, 마칼루 등의 등정에 걸린 시간은 겨우 12일이었다.

목숨을 걸고 하나님께서 지으신 최고 봉우리 14곳을 완등했다는 것은 인간 한계를 뛰어넘은 영광스러운 일이다. 그런 쾌거를 이룬 이들에게 아낌없는 박수를 보내지만, 사실 현지 셰르파의 도움이 없으면 그건 불가능한 일이다. 본래 '셰르파'는 '티벳에서 네팔로 이주한 히말

---

[1] 조기영의 시, "시를 쓰며 산다는 것은" 일부. 조기영 시집, 『사람은 가고 사랑은 남는다』(서울: 살림터, 2000).

라야 고산족'을 일컫는 말인데, 안내와 물건 이송 등의 일을 맡은 현지 등산 도우미를 지칭한다. 매번 중추적 역할을 하지만 기록에는 셰르파의 이름이 실리지 못하는 현실을 안타까워하여 푸르자는 셰르파 출신 네팔인으로 구성된 팀을 만들어 도전한 것이라 더 의미가 있다. 팀명은 "Project Possible"^{가능한 계획}이었고, 영국 특수부대 복무 경력을 가진 푸르자가 대장이었다. '가능한 계획'이라고 명명했지만 '불가능한' 일이 줄을 서 있었다. 후원자를 구하지 못해, 어머니가 위독하여, 동료가 목숨을 잃어서, 코로나 팬데믹으로 중국 입국이 거절되어 중단될 위기 앞에 서 있었다. 하지만 목숨을 걸었기에 그것은 '가능한' 프로젝트가 되었다.

설교자의 사명 수행도 비슷하다. 성삼위 하나님의 신비 세계, 그분이 지명하신 봉우리에 올라야 하는 일은 결코 쉬운 일이 아니다. 그것이 '가능한' 프로젝트가 되기 위해서, 필요한 것은 무엇인가? 용기도, 수행 능력도, 도전 정신도 필요하다. 많은 요인이 함께 작동할 때 '가능한' 일이 된다. 본서는 설교자의 본래 사명 수행 가능성을 추적하는 하나의 '프로젝트'이다.

짧은 시어를 통해 인생의 희로애락을 담아내는 이야기 시의 전형을 잘 보여주는 시인 이시영은 시인의 임무를 "세상과 정면 대결"하면서 자기 상투성을 뛰어넘는 것으로 규정한다. 시인 자신도 시를 "아름다움으로 끝내지 않고, 언어화되지 않는 서사성"을 불어넣으려는 몸부림을 계속한다. 간절한 '생명력'의 추구였다. 시인 수업, 그 여정은 "외롭고 고통스러운 싸움"이다.[2] 삶의 이야기와 거기에 담겨 있는 아픔을 서정과 서사 형식을 빌려 생생하게 살려내야 하고, 시대의 진실과 인

---

2 이시영, 『곧 수풀은 베어지리라』(서울: 한양출판, 1995).

간이 추구해야 할 진실에 대한 감수성을 가지고, 깊은 호흡과 함께 펼쳐야 하기 때문이다.

2018년 10회 임화문학예술상을 수상한 그의 시집, 『하동』은 굴곡진 현대사를 힘차게 달려왔던 많은 군상의 이야기를 담백하게 그려낸다. 꺼내 읽는 시마다 시대적 아픔에 대한 깊은 감수성이 번짐을 느낄 수 있었다. 수상작으로 뽑으면서 심사위원들은 "역사 감각과 삶의 온기와 유머는 우리로 하여금 고통스러운 현실 너머로 다른 세상을 꿈꾸게 하고, 그 새로운 지평선에 도달할 때까지 우리를 버티게 해 준" 시집이라고 평가한다. 이야기가 담긴 산문시의 전형을 보여주는 시 한 편을 읽어보자.

> 내 고향 구례군 산동면은 산수유가 아름다운 곳. 1949년 3월, 전주농림 출신 나의 매형 이상직 서기[21세]는 젊은 아내의 배웅을 받으며 고구마가 담긴 밤참 도시락을 들고 산동금융조합 숙직을 서러 갔다. 남원 쪽 뱀사골에 은거 중인 빨치산이 금융조합을 습격한 것은 정확히 밤 11시 48분. 금고 열쇠를 빼앗긴 이상직 서기는 이튿날 오전 조합 마당에서 빨치산 토벌대에 의해 즉결 처분되었다.[3]

풍경화 그리듯, 민족사의 슬픈 이야기를 꾸밈이나 미화 없이 사실 그대로 담백하게 그려낸다. 시어는 간결하지만 아름답고, 긴 여운이 남는다. 의미 과잉의 시대에 "그냥 잔잔한 물결 무늬"이기를 바라면서 "가장 자연스럽게 그것을 받아 적는 일"을 시 쓰기로 설명한다.[4] 또 다른 산문시는 타인이 쓴 칼럼의 내용을 그대로 가져와 받아 적는 형식으로

---

3 이시영의 시, "산동 애가," 전문. 이시영 시집, 『하동』, 창비시선 414 (서울: 창비, 2018).
4 이시영 시집, 『무늬』 (서울: 문학과 지성사, 1994).

서사를 풀어간다. 익숙한 내용인데, 그가 풀어내니 깊은 울림이 있다.

> 1964년 토오꾜오 올림픽을 앞두고 지은 지 삼 년밖에 안 된 집을 부득이 헐지 않을 수 없게 되었을 때의 일이라고 한다. 지붕을 들어내자 꼬리에 못이 박혀 꼼짝도 할 수 없는 도마뱀 한 마리가 그때까지 살아 있었다. 동료 도마뱀이 그 긴 시간 동안 하루도 거르지 않고 먹이를 날라다 주었기 때문이다.[5]

시인의 임무가 무엇인지를 알려주는데, 자꾸 설교자의 임무로 겹쳐 들려온다. 설교가 하나님의 세계와 역사를 간결한 언어로 담아내는 것이고, 떨림 속에서 누군가의 가슴을 흔들어 놓는 것이라고 할 때, 설교자의 임무는 분명해진다. 그 임무를 어떻게 수행할까? 이시영은 그것을 멋진 시어로 이렇게 풀어낸다. "화살 하나가 공중을 가르고 과녁에 박혀/ 전신을 떨 듯이/ 나는 나의 언어가/ 바람 속을 뚫고 누군가의 가슴에 닿아/ 마구 떨리면서 깊어졌으면 좋겠다/ 불씨처럼/ 아니 온몸의 사랑의 첫 발성처럼."[6] 바람 속을 뚫고 달린 화살촉이 과녁에 박혀 부르르 떤단다. 불씨, 첫사랑의 발성과 같은 시어에는 떨림이 가득하다. 처음 마음, 열정, 떨림을 가지고 달려야 한단다. 그래서 "매일매일 언어 속으로 들어가 거기서 밤을 꼴딱 새우고 나오는 사람, 우리는 그 사람을 시인"이라고 부른단다. 오래된 것도 새것으로, 옛것을 오늘 여기의 것으로, 익숙한 것도 처음 보는 것으로 만들어 내는 것이 시

---

5 이시영의 시, "산다는 것의 의미," 전문. 육기엽 외 편, 『너를 만나는 시 1: 내가 네 이름을 부를 때』, 개정판 (서울: 창비교육, 2023).
6 이시영의 시, "시(詩)," 김정환 외 엮음, 『긴 노래 짧은 시: 이시영 시선집』(서울: 창비, 2009). 이 시집은 그의 시력 40년을 축하하기 위해 가까운 후배 문인들이 엮은 시집이다. 1969년, 문단에 등단한 이래 11권의 시집을 펴냈는데 각 시집에서 6~8편의 시를 엄선하여 80편의 시를 묶었다.

인의 임무란다. 그것은 설교자 임무이기도 하다.

"나는 설교 때문에 삽니다"

그 임무를 우린 어떻게 수행할 수 있을까? 평생 몸부림을 해 왔고, 고민하고 밤을 지새워가며 달리기도 했지만, 생각만 많을 뿐 아직도 정리되지 않은 '단상들'이다. 교수에서 총장으로 신상 변동까지 생겨 그것을 정리하는 데 시간이 더 걸렸다. 학교가 어려워지면서 계획에 없던 총장 직책을 갑자기 맡았다. 어려운 상황이었고, 코로나 팬데믹까지 겹쳐 책 쓰는 일은 우선순위에서 늘 밀려났다. 파도처럼 밀려오는 일정은 그 일을 늘 뒤로 미루어졌고, 주님 앞에서의 자기 성찰은 더 머뭇거리게 했다. 지체된 이유에는 시인 박노해의 외침도 일조했다. "내 책이 300부가 팔렸다, 좋다/ 3천 부가 팔리고 3만 부가 팔리자/ 슬그머니 겁이 나고 무서워졌다/ 10만 부가 되어가자 아이쿠/ 난 무릎을 꿇고 용서를 빌었다// 뭔가 잘못된 것이다/ 내가 잘못한 것이다/ 10만 명이 읽었는데도 세상 사람들에/ 근본적 변화가 일어나지 않는 책은/ 그냥 간식거리거나 쓰레기일 테니."[7]

"나는 설교 때문에 삽니다…" 설교학을 공부하면서, 목회를 수행하면서, 교수 생활을 시작하면서 가졌던 좌우명이다. 존 웨슬리 John Wesley에게서 빌린 것으로 하나님 앞에서 그 마음으로 평생을 달리겠다는 다짐을 거기 담았다. 홈페이지 첫 화면에 내걸었고, 누군가 좌우명을 물으면 서슴없이 대답도 했었다. 평생 시인이 되지 못하고 시인 연습만 하다가 끝낼 판인데도, "잠들지 마라 잠들지 마라"[8] 외치는 정철용

---

7 박노해의 시, "내 책이," 전문. 박노해 시집, 『너의 하늘을 보아』(서울: 느린걸음, 2022), 21.
8 정철용의 시, "시인 연습: 사람들의 사는 일이 시인에게 죽은 일이다"에서 생각을 빌림.

시인의 격려로 부끄러운 자리에서 다시 일어서곤 했다.

　본서는 이런 고민과 함께 시작되었다. 변화하는 시대에 어떻게 하나님의 말씀을 새롭게 들려줄 것인가에 대한 설교학적 단상을 정리한 것이다. '단상'이라 함은 설교학 전반을 다뤘다기보다는 주제와 관련 부분을 기술하였다는 점에서 백과사전적 기술이 아니라는 의미이다. 1~3부는 주로 설교의 신학적 토대와 그 기초석을 다시 점검하는 내용이다. 설교학적 고백을 토대로 어떻게 설교 사역을 수행할 것인지에 대한 실천적 차원을 담았다. 4부에서는 과거와의 대화, 즉 오늘의 설교학의 토대를 세운 거성들과의 대화를 시도하였다. 그들의 시대 속에 설교 사역의 사명을 수행한 '선인들'의 삶과 사역 이야기를 통해 우리 시대를 위한 설교학적 통찰을 찾는 작업이다. 선정 기준은 우리 시대에 필요한 설교학적 지혜와 통찰 중심으로 선정했다. 유명론 시대, 종교개혁기, 경건주의 시대, 자유주의 시대, 포스트모던 시대, 일제 강점기 등에서 대상을 골랐다. 욕심을 부리다가 그 대상이 늘었다. 원고를 준비하고 책 부피 때문에 잠재운 '선생들'도 여럿이다. 그들 이야기를 풀면서 계속 오늘 우리 상황과 연결하려고 했고, 오늘을 위한 통찰력을 찾으려고 했다. 결국 4세기 주교 힐라리우스 Hilaire de Poitiers 가 한 이야기를 되뇔 수밖에 없다. "너무 위대해서 말로 다 표현할 수 없는 생각을 표현하려면, 안간힘을 써서 빈약한 언어자원을 쥐어짜야 한다."[9]

　결국 우린 교회를 세우는 신학을 추구한다. 신학은 사역을 바로, 지속적으로 감당할 역량을 제공한다. 신학은 설교를 더 굳건하게 세우는 것이어야 하며, 교회가 '열정적 모험심'을 불러일으키는 것이어야 한다. 믿음의 모험심을 일깨우지 못한다면 설교는 그 기능을 온전히

9　Hilary of Poitiers, *De Trinitate*, II, 2. Alister McGrath, *What's the Point of Theology?*, 이은진 역, 『신학이 무슨 소용이냐고 묻는 이들에게』(서울: 포이에마, 2022), 159에서 재인용.

수행하지 못한 것이다. 결국 신학의 과제는 단순히 옛이야기의 서술이 아니라 그 내러티브를 오늘 새롭게 들려주고, 그 신비를 드러내며 실행하는 것이다. 그 실행의 바탕은 하나님의 현존과 역사하심에 대한 신뢰이다. "하나님의 신비를 보존하는 것"이 신학의 목표이듯,[10] 본서의 목적 역시 동일하다.

설교의 여정은 하나님 말씀의 능력과 그 선포인 설교의 힘을 믿는 믿음에서 출발한다. 우리는 확실한 것에 기초를 두고 삶을 세워가는 훈련을 받고, 계속 그걸 연습한다. 의지해야 할 것이 무엇이며, 할 수 있는 것과 할 수 없는 것을 판단하는 훈련이다. 설교자들이 계속 훈련해야 할 것은 '전적인 신뢰'라고 말씀하신다. 마가는 내러티브 구성에서 이 사실을 강조하는 형태를 취한다[막 4-6장]. 특별히 위기 현장에서 설교자에게 계속 요구하신 것은 '믿음'이었다. 바바라 브라운 테일러[Barbara Brown Taylor]는 풍성한 상상력을 통해 그것을 이렇게 설명한다.

> 믿음은 푹신한 털로 덮여 있는 편안한 둥지도 아니고 언덕 높이 세워져 어떤 공격에도 끄떡없는 성채도 아니다. 오히려 그것은 아슬아슬하게 보이는 계곡 사이에 놓인 밧줄로 만든 다리와 같다. 아주 견고하게 매여져 있지만 그 다리는 바람이 불면 이리저리 흔들린다. 거기에는 맑은 햇살과 신선한 공기가 풍성하지만, 의지할 것은 오직 한 가지뿐, 그 다리는 그 골짜기를 건너가는 최고의 길이며, 유일한 길이라는 것, 그 다리를 건널 수 있으며, 그 다리는 당신의 무게를 지탱할 수 있다는 말을 들은 것이 전부이다. 당신이 할 수 있는 일은 협곡보다 다리를 신뢰하는 것이다. 다행스럽게도 그 사실을 혼자 믿는

---

10 이 표현은 맥그래스에게서 빌린 것이다. McGrath, 『신학이 무슨 소용이냐고 묻는 이들에게』, 158.

것이 아니고 그 사실을 함께 믿는 사람들이 있고, 당신의 믿음이 약해질 때 우리를 대신해 줄 사람이 있다. 그들은 당신 앞서 그 다리를 건넜으며, 저쪽 편에서 당신을 기다리고 있다.[11]

하나님의 신비를 설교에 담아내는 이 여정을 시작한 이들 중에 어떤 이는 떨리는 마음을 애써 진정하며 처음 다리를 건너는 이도 있겠고, 몇 차례 경험이 있어 상당히 편안함과 여유를 가지고 가는 이도 있을 것이다. 불안함과 두려움에 사로잡혀 마음이 떨리는 사람도 있을 거고, 지금까지 방법이 힘들고 불안하게 느껴져 계곡 사이에 새 다리를 놓기 위해 애쓰는 사람도 있을 것이다. 누군가 놓은 새 다리를 찾아 불안스럽게 건널 준비를 하는 사람도 있을 것이다. 그 여정 가운데 있는 모든 이들에게 필요한 것은 그 길을 걸어가야 한다는 자기 확신일 것이다.

그 확신은 부르심에서부터 시작되며, 그가 경험한 신비의 세계를 전하려는 열망일 것이다. 단 한 번으로 완성되는 것이 아니다. 설교자는 아슬아슬하게 걸려있는 그 다리를 계속 건너야 한다. 설교자는 이 시대가 성삼위 하나님의 구속 역사와 십자가의 복음을 듣게 하는 책무를 가진 자들이고, 그것을 위해 부름을 받았다. 우리의 과제는 무기력해진 언어에 생명을 불어넣는 것이다. 참 다행인 것은 부족한 나의 재주에 모든 걸 걸지 않으시고 성부 하나님께서 역사하시고, 성자 하나님께서 임마누엘 하시고, 성령 하나님께서 능력 주심 가운데서 시작하고 진행된다는 점이다. 유일한 희망은 성삼위 하나님께서 등을 돌리고, 귀 막고 있는 이 세상을 절대로 포기하지 않으신다는 사실에 있다. 설

---

11 Barbara Brown Taylor, *The Preaching Life* (Boston: Cowley Publications, 1993), 93~94.

교자는 언제나 "대담한 신자"confident believer여야 한다. "믿음은 그리스도께서 행하신 일과 내게 베푸신 은혜를 알아, 그것을 붙잡는 것이다. 특별히 그리스도께서 나를 먼저 손 내밀어 붙드셨다는 사실을 깨닫는 것이다."[12]

17세기의 한 설교자의 떨림의 기도가 입술에 맴돈다. "주님, 제가 죽는 날까지/ 물고기를 잡을 수 있게 하시고/ 마지막 날이 찾아와/ 주님께서 던진 그물에 내가 걸렸을 때/ 바라옵건대 쓸모없는 물고기라 여겨/ 내던져짐을 당하지 않게 하소서."[13] 내던져짐을 당하는 쓸모없는 설교자가 되지 않기 위한 노력으로부터 시작하자. 본서는 우리 시대에서도 그 사역을 온전히 수행하기 위하여, 주님 앞에 서는 그날 덜 부끄럽기 위해 설교자의 분투를 위한 통찰을 모은 것이다.

늘 한 작업을 마칠 때 감사의 마음이 드는 분이 있다. 마지막 작품을 쓰듯, 짜내듯 그렇게 책을 준비해 가는 동안 아내의 격려와 늘 바쁜 일정에 허덕이는 남편을 이해하는 넓은 마음 덕분에 빛을 보게 되었다. 40년을 함께 해 온 그 여정을 돌이켜 보며, 감사의 마음이 가득하다. 영원한 '내편'이다. 또한 늘 많은 업무를 차질 없도록 섬세하게 도와준 비서실 식구들 김지은 계장, 정홍원, 윤가화 선생에게 깊은 감사를 전한다. 어려운 때, 주님의 교회를 세우는 사역을 감당하기 위해 애쓰는 설교자들이 본서를 통해 작은 도움이라도 얻게 된다면 한없는 기쁨이겠다.

"기다리지 않아도 오고, 기다림마저 잃었을 때도 온다"는 한 시인의 노래가 떠오른다. 그러나 저절로 주어지는 것은 아무것도 없다. 시

---

12 "대담한 신자"라는 표현은 뉴비긴의 용어에서 빌린 것이자 제프리 웨인라이트의 책의 챕터 명이기도 하다. Geoffrey Wainwright, *Lesslie Newbigin: A Theological Life* (New York: Oxford Univ. Press, 2000), 29.
13 작자 미상, "어부의 기도"(17세기), 류시화 편, 『사랑하라 한 번도 상처받지 않은 것처럼』(서울: 오래된미래, 2005), 102.

인도 그것을 잘 알고 있다. 그래서 이렇게 덧붙인다. "다급한 사연 들고 달려간 바람이 흔들어 깨우면 눈 부비며 더디게 온다"^{이성부, "봄"}. 누군가가 있을 때, 봄이 온다는 사실의 우회적 표현이다. 더디 오는 것 같아도 흙 묻은 손들이 있을 때 거기 봄 동산이 펼쳐진단다. 저 연약한 씨방 속에 고요한 꽃과 따뜻한 잎과 부드러운 흙과 그 모든 걸 보듬고 계시는 주님 앞에 엎드리는 사람, 그 손길이 온 심령을 어루만져 주시길 간구의 마음으로 말씀을 준비하는 종들이 우뚝 서 있는 그곳에 생명의 봄 동산이 펼쳐진단다. 그것이 나의 이야기이길, 이 책을 읽는 그대들 이야기이길 빌며 기도의 손 모은다.

　영원히 오직 하나님께만 영광을!
　Soli Deo gloria in aeternum

어두움이 걷히고 봄동산이 펼쳐지고 있는
아차산 기슭 장신대 총장신에서

저자 김 운 용

프롤로그

> 가장 맑은 눈동자로
> 당신 가슴에서 물을 긷게 하소서…
> 기도하는 나무가 되어
> 새로운 몸짓의 새가 되어
> 높이 비상하며
> 영원을 노래하는 악기가 되게 하소서
> — 이성선[1]

부르심 따라, 하늘 신비 따라

언젠가 투박한 시를 읽는데, 가슴에 '쿵!' 하는 소리가 들려왔다. "정육점 붉은 진열장 안/ 쇠갈고리에 앙상한 뼈째로/ 걸려있는 암소/ 살은 부위별로/ 벌써 다 저며내고/ 이제 끓는 물에/ 뼈를 우릴 차례/ 어머니!/ 나도 몰래/ 그 이름을 부른다."[2] 정육점 붉은 진열장 갈고리에 걸려있는 소뼈를 보고 쓴 시라고 했다. 눈앞 광경은 섬뜩한데 시인을 따라 그 이름을 부르면 내 눈에도 눈물이 고인다. 긴 설명도 없이 시인은 마지막 부분에서는 아예 암소 뼈라고 단정하면서 '어머니'라고 부른다. 도대체 시인은 어떻게 그것이 '암소' 뼈라고 단정하는가?

시인이 상상력을 통해 보여주는 세계를 함께 들여다보면 그것을 바로 받아들이게 된다. 다 내주고 앙상한 뼈로 남아 있는 저것, 뼈까지 고아서 다 내어주는 저것은 분명 '암소' 뼈가 틀림없다고 확신하게 된

---

1 이성선의 시, "새해의 기도" 일부. 이성선 시집, 『이성선 시전집』(서울: 시와 시학사, 2005).
2 문정희의 시, "암소" 전문. 문정희 시집, 『내 몸속의 새를 꺼내 주세요』, 개정판 (서울: 파람북, 2021).

다. 그 이름을 부르고 나면 나도 모르게 가슴에서 뜨거운 것이 올라온다. 오늘, 여기 나를 있게 하신 분, 모든 것 다 내어주신 분, 살점도, 뼛속에 든 것까지 다 내어주신 분, 아 어머니…. 정육점 진열장에 걸려있는 앙상한 소뼈를 '어머니'로 연결하는 시인의 상상력이 놀랍다.

그래서 오래전, 나의 선생님이신 월터 브루그만 Walter Brueggemann은 강의실에서 '설교에 있어서 가장 중요한 것은 상상력이며, 설교자는 늘 시인이어야 한다, 결국 마지막엔 시인만 남는다' finally comes the poet를 반복해 외치셨다. 설교의 원시림 탐사를 시작한 제자에게 상상력과 언어의 중요성을 일깨워 주셨다. 하나님의 세계를 어떻게 생생하게 보여주고, 들려줄 것인가? 그것은 설교자의 평생 과제이다. 소뼈를 보여주며 단순히 추운 날, 따뜻한 '곰국' 정도를 떠올리게 할 수도 있고, '어머니 사랑'을 떠올리며 감격하게 만들 수도 있다. '암소 뼈'에 대한 정보, 미국산이 좋은지, 호주산이 더 싼지, 그중 최고는 한우라든지, 정보를 전해주는 것으로 만족할 수도 있다. 결국 설교자의 사명은 보지 못한 세계를 보게 하고, 일깨우는 일이다.

오래전, 목회신학자 시워드 힐트너 Seward Hiltner가 사역을 치유 healing, 지탱 sustaining, 인도 guiding로 설명한 것을 차용하여, 헨리 나우웬 Henri J. M. Nouwen은 사역자를 'the living reminder'로 규정한다. 번역자가 뽑은 책 제목이 신선하여 무릎을 친 적이 있다. "예수님을 기억나게 하는 사람."[3] 만약 거기에 '생생하게'라는 단어를 추가했다면 더 살아났을 것이다. 결국 설교자는 그 일을 위해 부르심을 받았다. 설교자는 성삼위 하나님께서 하시는 일을 '더 생생하게' 보여주고, 들려주고, 느끼게 하

---

3 Seward Hiltner, *Preface to Pastoral Theology: The Ministry and Theory of Shepherding* (Nashville: Abingdon, 1958), chs. 6~8. Henri J. M. Nouwen, *The Living Reminder: Service and Prayer in Memory of Jesus Christ*, 피현희 역, 『예수님을 기억나게 하는 사람』(서울: 두란노, 2011).

고, 감격하게 만드는 일은 하는 존재이다.

기독교 설교는 이 땅에 하늘의 신비를 드러내고 펼치는 사역이다. 인간의 이성으로 다 이해할 수 없고, 하나님의 계시를 통해서만 가능하다는 점에서 '미스테리움'mysterium, '신비' 사역이다. 우리는 그 광대한 세계를 다 알 수 없다는 점에서 '모퉁이'edge에 서 있는 존재이고, 그래서 더 엎드려야 하는 존재이다. 하지만 경험한 내용만으로도 가슴이 벅차오르고 전율이 일어나, 떨리는 가슴으로 달려가게 한다는 점에서 '춤추는' 사역이다. 그래서 설교를 "하나님의 신비의 가장자리에서 춤추는 것"dancing the edge of God's Mystery이라고 한 데이비드 버트릭David Buttrick의 표현은 참 신선하다.[4] 설교는 하나님의 신비를 경험한 사람들이 그것을 증거하기 위해 달려가는 길 위에서 수행된다. 보았고, 들었고, 만졌고, 가슴 벅차 울게 했던 그 신비 때문에 전율을 느낀 사람들이 보내심을 따라 나아가 그것을 이 땅에 활짝 펼치는 사역이다. 성령님의 역사 없이 수행할 수 없는 사역이어서 늘 나의 한계를 인식하면서 그분의 도우심과 긍휼을 구하는 사역이며, 그분의 조명illumination과 기름 부으심anointing을 구하여야 하는 사역이다. 그래서 "가장 훌륭한 신학은 기도와 예배로 이어진다."[5]

ChatGPT와 같은 생성형 인공지능AI 시대 도래로 시스템이 재편되어야 할 당위성 앞에 서 있다. 이런 지식혁명 시대에 여전히 설교는 하나님 말씀의 선포라고 담대하게 주장하면서 설교자들은 오늘도 강단에 오른다. 수천 년 전의 성경 텍스트를 가지고 급변하는 시대를 사는 회중에게 무엇을, 어떻게 말할 것인가? 그 텍스트를 어떻게 읽고, 해석하고, 적용해 줄 것인가? 어떤 신학적 확신을 가지고 그 일을 수행

---

4   David Buttrick, *Homiletic: Move and Structure* (Philadelphia: Fortress, 1987), 189.
5   McGrath, 『신학이 무슨 소용이냐고 묻는 이들에게』, 160.

할 것인가? 정교한 명령어만 입력하면 멋진 설교문을 제시해 주고, 해답을 제시해 주는 인공지능 시대에 우리는 여전히 그 신학적 고집을 계속하면서 그 일을 감당해 갈 것인가?

오늘 설교 사역은 갈림길 crossroad 에 서 있다. 계속해서 힘찬 사역으로 세워갈 수도 있고, 거대한 변화와 함께 무너질 가능성 앞에 서 있다. 갈림길에 서 있음은 분명한데, 워낙 그 변화의 폭이 깊고 넓으며, 복합적 요인이 작용하고 있어서 계속 중대한 결정을 내려야 하는 압박을 받고 있다.[6] 나아갈 길을 찾아야 하고 해법이 필요한데, 그것이 그리 단순하지 않다. 문득 한 말씀이 하늘 소리로 들려온다. "그대는 하나님을 위해 최선을 다하고… 진리를 '쉽게 풀어 분명하게 전하는 일'에 집중하십시오" 딤후 2:15, 메시지.

거대한 움직임

거대한 문화 사회적 환경의 변화는 설교 사역에 있어 큰 장벽으로 작용한다. 기존의 가치와 전통은 점점 그 영향력을 상실해 가고, 절대적인 것, 거대 담론 meta-narrative 은 배척을 당하고, 다원주의적 사고가 지배하는 시대가 되면서 진리는 그 자리를 잃었다. 세속주의가 팽배하면서 복음 가치관은 자리를 잃었으며, 그런 문화를 숨 쉬다 온 성도들에게 하나님의 뜻을 분별하여 전하기도 어려우며, 순전함으로 그분을 섬기기도 어려운 시대이다. 마르바 던 Marva J. Dawn 은 우리 시대가 로마제국 멸망 직전과 유사하다면서 다음과 같이 묘사한다.

---

6 David J. Rose, *Preaching at the Crossroads: How the World - and Our Preaching - Is Changing* (Minneapolis: Fortress Press, 2013), 2.

구경거리 spectacle 와 주신제와 같은 진탕 마시고 떠드는 유흥 orgy 이 우리 시대 엔터테인먼트의 가장 두드러진 현상이 되었다. 토크쇼는 기괴함과 외설로 가득하며 영화산업은 필요 없이 선정적이고 섹스와 관련된 내용을 끼워 넣음으로써 그러한 장면이 없이는 좋은 이야기를 거의 들을 수 없도록 만들어 버렸다. TV의 주 시청 시간대는 우리 시대의 도덕과 윤리를 조롱거리로 만들고, 지성을 모욕하는 내용으로 채워지고 있다. 물론 성 '해방'은 멸망하기 직전의 로마 문화를 흉내 내는 차원을 훨씬 넘어설 만큼 우리 시대 엔터테인먼트 문화는 고삐 풀린 말과 같다. 오늘 엔터테인먼트 산업의 폭력성은 원형경기장에서 사자에게 찢기고, 검투사에게 살육을 당하던 초기 그리스도인에게 한 것처럼 그렇게 드러내놓고 다가오지는 않는다. 로마 황제의 군사들이 행한 것처럼 모질고 격하게 고문을 자행하지도 않는다. 하지만 여흥에 취하여 정신을 못 차리게 만드는 것 amusements 은 유사하다. 마음과 정신을 무감각하게 만들고, 희생자는 관심 밖으로 밀려나게 만들며, 그 잔인함은 섬뜩할 정도로 동일하다. 결과적으로 인간 정신 단지 몸만이 아니라 이 파멸에 이르게 만든다.[7]

시대정신이 바뀌고, 청중들의 추구와 사고방식이 바뀌고 있으며, 문화 사회적 상황은 갈수록 복음에 적대적 상황으로 바뀌고 있다. 기독교의 찬란한 시대 Christendom 는 서서히 끝나가면서 기독교 후기 post-Christendom 시대를 살고 있다는 것이 서구 교회의 보편적 인식이다.[8]

---

7 Marva J. Dawn, *The Sense of the Call: A Sabbath Way of Life for Those Who Serve God, the Church, and the World* (Grand Rapids: Eerdmans, 2006), 1~2.

8 Stuart Murray, *Post Christendom: Church and Mission in a Strange New World* (London: Paternoster, 2004); Robert McTeigue, *Christendom Lost and Found: Meditations for a Post Post-Christian Era* (San Francisco: Ignatius Press, 2022); Steven M. Studebaker, ed. et al., *Post-Christendom Studies*, vols. 6, 7 (Eugene, OR: Pickwick Publications, 2022, 2023) 등을 참고하라.

교회와 국가의 모든 것을 규정하고, 정체성을 형성해 준 거대 담론은 "모든 시대, 문화 속에 살아가는 사람들에게 적용할 수 있는 진리"였으나 이젠 그렇지 않다. 서구사회에서 기독교는 쇠락을 거듭하고 있으며, 퇴락의 길을 걷고 있다. 기독교 내러티브를 통해 형성된 사회 속에서의 신앙과 가치관은 흔들리고 있으며 그 영향력도 현저하게 추락하고 있다.[9] 더 심각한 것은 교회와 증언자들이 자신감을 잃고 무기력에 빠져있으며, 복음에 대한 확신과 열정이 약화 되고 있다는 점이다.

그건 이 땅의 교회도 예외가 아니다. 시인 양성우의 비판은 신랄함을 훨씬 넘어 편협한 종교관까지 드러낸다. "너 아직도 거기에 있느냐/ 바튼 침 삼키며 손이 발 되도록 싹싹 비비며/ 겉으로 주여 주여 외치는 자들과 함께/ 너 아직도 거기에 있느냐?// 그리고 돈이나 주먹, 그따위 것들 앞에서도/ 세 번이 아니라 삼천 번도 더 그에게서 등 돌리고/ 혹은 엿 팔듯이 예수를 파는/ 살찌고 낯 두꺼운 장사치들과 함께/ 너 아직도 여전히 거기에 있느냐// 입으로만 청산유수 말쟁이들과 함께/ 거짓으로 할렐루야 무당들과 함께/ 오오 염불보다 오히려 잿밥에만 눈이 어두운/ 그 피 묻은 손, 보이지 않는/ 손들과 함께/ 너 아직도 거기에 그대로 있느냐?/ 불쌍한 사람아."[10]

결코 동의할 수 없지만 한국 사회가 교회를 바라보는 시선이 어떠한지를 보는 것 같아 씁쓸함을 금할 수가 없다. 한 세대 만에 개신교 연령 구조가 완전히 바뀌었다. 교회 성장 시대에 신앙교육을 받았던 세대가 여전히 교회를 지키고 있지만 다음 세대는 급격히 약화 되고

---

9 Michael Frost, *Living Missionally in a Post-Christian Culture*, 이대헌 역, 『위험한 교회: 후기 기독교 문화에서 선교적으로 살아가는 유수자들』(서울: SFC, 2009), 14~18.
10 양성우의 시, "할렐루야" 전문. 양성우는 광주에서 고교 교사로 재직 중 민청학련 관련자 석방을 촉구하는 모임에서 자작시 "겨울 공화국"을 낭송한 일로 교직에서 파면을 당하였고, 일본 잡지에 "노예수첩"이라는 시를 게재한 혐의로 구속되어 옥고를 치른다. 정치에 입문하여 국회의원으로도 활동하였으며, 정치적 전향과 변질로 비판을 받기도 했다.

있다. 개신교회의 고령화가 아주 빠르게 진행되고 있고, 신뢰도 추락을 알리는 기사는 이제 새롭지 않다.

바닥에서부터 다시

이렇게 기독교의 위상이 급격히 실추되고 있는 상황 가운데서 설교자는 강단에 서야 한다. 스탠리 하우어워스 Stanley Hauerwas 는 후기 기독교 시대를 "그동안 누리던 모든 특권을 내려놓아야 하는" 시대로 규정한다. 교회는 "타문화 한가운데 있는 문화의 섬"으로, 그리스도인들은 이방 땅에서 살아가는 "나그네 된 거류민"으로 신분이 바뀌게 되었다.[11] 확장해야 할 기독교 세계가 존재하지 않는 시대요, 진리가 해체되는 시대이다. 기독교는 '중심'에서 '주변' margins 으로, '주류'에서 '소수' minority 로, '정착인'에서 '일시 체류자' sojourners 로 위상이 바뀌게 되었다. 브루그만은 '유배자' exiles 로, 혹은 '이방인' alien 으로 재규정하는데, 바벨론 포로기에 '신앙적 토대와 터전을 잃어버린 이스라엘'을 유비 analogy 로 오늘의 교회가 경험하는 실재를 설명한다.

이런 상황에서 교회는 세상과 어떻게 소통할 것이며, 복음이 지니는 깊고 부요한 진리를 어떻게 전달할 것인가? 설교는 현대 사회에 예수 그리스도와 그의 복음을 변증하는 사역이다. 교회는 본질적으로 세상과 다른 문화 속에서 생성되었고, 그리스도인들은 세상과는 전혀 다른 공동체 코뮤니타스 를 이루고 있으며, 세상과 다른 것을 추구하고, 다른 노래를 부르는 존재이다. 세상적 관점에서 교회는 "위험한 기억을 품고 있는 자들"이며, 하나님 나라를 지향하며 세상의 지배적 가치관에

---

11 Stanley Hauerwas and William H. Willimon, *Resident Aliens: Life in the Christian Colony*, 김기철 역, 『하나님의 나그네 된 백성』(서울: 복있는 사람, 2011), 12~13.

저항하며 "전복시키는 위험한 약속을 간직한 존재들, 위험한 노래를 부르는 존재"이다.[12]

이렇게 교회의 증거, 즉 설교는 언제나 다원주의 상황에서 이뤄졌다. 밑바닥 경험은 절망의 재료가 될 수도 있지만 상승의 자리로 삼을 수도 있다. 한 시인의 외침이 절절하게 다가온다. "더는 밀려 내려갈 곳이 없으므로/ 이제 박차고 일어설 일만 남은 것 같다."[13] 더는 내려갈 곳이 없는 바닥은 박차고 일어나는 일만 남았단다. 아니 그것이 교회가 지금 달려온 상황이었고, 취했던 태도였다. 중요한 것은 상황에 대한 면밀한 분석이 아니라 복음에 대한 담력이다.

1974년, 레슬리 뉴비긴 Lesslie Newbigin 은 인도에서 선교사로 35년간의 사역을 마치고 마드라스에서 잉글랜드까지 약 8천km가 넘는 육로를 탐험하는 계획을 실천에 옮긴다. 2개월 동안 이어진 여정에서 이동하면서 교회와 여러 기독교인 그룹을 만나고 지역을 둘러보려는 계획이었다. 그 여정에서 많은 그리스도인을 만났고, 그들의 이야기를 들을 수 있었다. 하지만 한때는 기독교 신학의 위대한 중심지였던 갑바도기아 Cappadocia 에서는 그리스도인을 전혀 만날 수가 없어서 아내와 둘이서 예배를 드렸다. 그곳은 초기 교회 시절, 그리스도인들이 박해를 피해 은신했던 곳이며 높은 바위에 굴을 파고 들어가 300년 이상 예배하였던 은신처가 있는 곳이었고, 복음이 강력하게 역동하던 자리였다. 그는 그곳에서 "한때 위대했던 교회도 완전히 파괴될 수 있다는 사실"을 확인하였고, 그 현장을 목도한다. "트럼펫이 아닌 양철 호루라기 같은 작은 소리"였지만 다시 복음으로 일어서야 한다는 서구 교회를 깨우는

---

12 Walter Brueggemann, *Cadenses of Home: Preaching among Exiles* (Louisville: Westminster John Knox Press, 1997), 134.
13 김수미의 시, "바닥" 일부.

큰 외침을 들을 수 있었단다.

고국에 돌아와 뉴비긴은 선교지에서 접했던 것보다 더 힘든 일을 접하게 된다. 자신을 파송했던 영국교회는 시들었고, 그 사회는 "복음에 대한 반대"보다 더 힘든 "복음에 대한 차가운 멸시"에 사로잡혀 있었다. 가장 두렵게 여기는 것은 "기독교 설교자와 목회자들이 보여주는 겁먹은 태도"였다고 뉴비긴은 술회한다.[14] 마틴 루터의 말이 기억난다. "복음은 우리에 갇힌 사자caged lion와 같다. 그것에 대한 방어가 필요한 것이 아니라 그것을 풀어놓는 것이다." 정확한 표현이다. 결국 복음이 답이고, 설교자들이 목숨을 걸고 외쳐야 할 것은 복음이다. 뉴비긴이 그의 자서전에서 복음에 대해 이렇게 명쾌하게 외친다.

> 이제 막바지에 이르러 나는 예전의 출발점, 곧 사우스 웨일스에서 광부 캠프를 운영하던 어느 날 밤, 나에게 주어졌던 그 환상으로 되돌아갔다. 나는 아직도 예수님의 십자가를, 모든 인류 문화사에서의 유일한 장소, 곧 죄와 용서, 속박과 자유, 갈등과 평화, 죽음과 삶 같은 궁극적 신비를 다루는 결정적 장소로 바라보고 있다. 아직도 이해하지 못하는 것과 예측할 수 없는 것과 수수께끼 같은 것이 많이 있지만 아무리 비틀거리며 걷더라도… 바로 그 십자가로부터 나의 위치를 확인하게 되고, 그 불빛을 받아 발걸음을 내디딜 수 있음을 나는 알고 있다. 나를 인도하는 그 별이 계속 거기에 있을 것이며, 죽음과 종말에 이를 때까지 줄곧 빛을 비추어 줄 것을 알고 있다. 그것으로 충분하다.[15]

14　Tim Stafford and Lawrence Osborn, "God's Missionary to Us," *Christianity Today*, vol. 40, no. 14, (Dec. 9, 1996).
15　Lesslie Newbigin, *Unfinished Agenda*, 홍병룡 역, 『아직 끝나지 않은 길』(서울: 복있는사람, 2011), 495.

평생 믿음으로 말씀의 씨를 뿌린 레슬리의 장례식에서 가까운 친구였던 댄 비비 Dan Beeby의 추모사의 한 부분이 깊은 여운으로 남아있다.

레슬리는 그가 씨를 뿌리고, 땀 흘려 일구고, 진작시킨 일 외에 어떤 일에도 관여하지 않았습니다. 소망이 비틀거리는 시대에 그는 깊어져 가는 어둠을 향해 부활의 등불 lamp을 높이 들었습니다. 이제 그 사명을 레슬리에게 더는 맡길 수 없게 되었습니다. 그에게 고하는 작별은 우리에게 주어진 새로운 소명 call과 대위임 명령으로 다가옵니다. 우리의 의제 agenda는 그 명령이 반드시 수행되어야 한다는 것입니다.[16]

우리에게 주어진 의제도 그 소명을 어떻게 수행하느냐, 즉 프락시스 과제로 연결된다. 정확하게 말하면 기독교 신학은 본질적으로 "실행의 신학" working theology이라는 뉴비긴의 주장과 맥을 같이 한다. 즉 기독교 신학은 그리스도인과 세상 사람의 일상 가운데서 계속 발전하고, 새롭게 되며, 틀을 갖추게 되며, 그 삶을 향해 말을 거는 address 것이어야 한다.[17] 인간사를 결정짓는 능력이 십자가에 달린 분에게 있음을 사람들이 어떻게 믿게 할 것인가? 세상에서 복음의 능력은 결국 그리스도인 삶의 모습에서 결정된다고 했을 때, 기독교 설교는 교회 성도를 세우는 것이어야 하고, 그리스도의 성품을 담아내고, 삶으로 살아내는 품격 공동체, 대안 공동체, 증인 공동체로 세워가는 과제를 수행한다.

본서는 이것을 지향한다. 불확실성과 모호함이 지배하는 시대, 변화가 급격하게 일어나는 시대에 어떻게 하나님께서 맡겨주신 사명을

---

16 Geoffrey Wainwright, *Lesslie Newbigin: A Theological Life* (New York: Oxford University Press, 2000), 409.
17 위의 책, 397.

더 성실하게, 더 섬세하게 감당할 수 있을지, 통찰력과 지혜를 얻을 수 있기를, 그리고 다시 일어나 '작은 것에도 정성을 다하는 설교자'로 다시 일어설 수 있길 빌며 기도의 손을 모으며 이 여정을 시작하자.

1부

설교의 시작점

큰 사람이 되고자
까치발 서지 않았지
키 큰 나무숲을 걷다 보니
내 키가 커졌지

행복을 찾아
길을 걷지 않았지
옳은 길을 걷다 보니
행복이 깃들었지…

좋은 시를 쓰려고
고뇌하지 않았지
시대를 고뇌하다 보니
시가 울려왔지

— 박노해, "진실"

1 장
설교의 자리, 토대가 흔들리는 시대

> 최소한 작년보다는 더 잘 피려고
> 마음 고쳐먹으면서 꽃들은 피어난다
> 거기가 벼랑인지 담장인지
> 가시덩굴인지 묻지도 않고
> 꽃들은 피어난다
>
> — 이기철[1]

재앙과 분기점

1755년 11월 1일, 제성절 All Saint's Day 주일 아침, 포르투갈 한 해변 도시의 교회당에는 축일을 맞아 경건한 신자들로 가득 찼다. 인구 25만여 명, 그 도시는 유럽에서 가장 경건한 도시 중의 하나였다. 신부, 수도사, 수녀 등 성직자 수만 해도 인구 1/10인 25,000명이 넘었다. 티베트를 제외하면 역사상 성직자 숫자가 가장 많은 도시였다.[2] 200년 동안 그곳에 종교재판소가 있었는데, 이단에 대한 심리가 이루어졌고 많은 이를 처형하고 출교하였던, 엄격한 잣대로 정죄와 처벌이 이뤄진 곳이었다. 오전 9시 40분경, 규모 8.9로 추정되는 대지진이 도시를 강타했다. 5분 정도 뒤흔들어 놓았을 뿐인데 온 도시와 교회당은 파괴되

---

[1] 이기철의 시, "꽃들은 피어난다," 일부. 이기철 시집, 『이기철 시선집』(서울: 창비, 2018), 44.
[2] Nicholas Shrady, *The Last Day*, 강경이 역, 『운명의 날: 유럽의 근대화를 꽃피운 1755년 리스본 대지진』(서울: 에코의 서재, 2009), 19~21.

었고, 그날 사망자만 25,000여 명이었다. 아비규환의 상황 가운데서 살아남은 사람들은 건물이 없는 곳을 찾아 부둣가로 몰려들었다. 40분 뒤에는 쓰나미가 밀려와 항구를 덮쳤고, 제단에 켜 놓은 초가 넘어지면서 발생한 화재로 도시는 5일 동안이나 화염에 싸여 있었다.

건물 90%가 무너져 내렸고 5만 명 정도가 목숨을 잃은 대재난이었다. 폐허가 된 도시에는 범죄자들로 넘쳐나면서 무법천지가 되었고, 온 도시가 깊은 영적 혼동에 사로잡혔다. 당시 신앙심이 깊고, 경건한 삶을 살기 위해 노력하였던 그 도시의 예배당 대부분이 붕괴되었다. 유일하게 재난을 피해 간 곳은 집창촌이 있던 알타마였다. 높은 건물이 없었기 때문에 상대적으로 피해가 적었다. 하지만 도덕적으로 손가락질받던 타락한 곳이 피해가 적었기 때문에 모두 깊은 당혹감에 빠져들었다. 한 사람은 당시 정황을 생생하게 이렇게 전한다.

> 태양은 밝게 빛나고 있었고, 하늘은 한 점 구름도 없이 맑고 고요한 완벽한 날씨였다. 많은 사람이 살고 있던 풍요로운 도시를 공포와 폐허로 바꾸어 버릴 사건이 다가오고 있다는 경고는 전혀 느낄 수 없었다. 예배 시작을 알리는 찬양대 노랫소리가 들려왔고, 사제와 수도자들은 조용히 기도를 드리고 있었다. 악명 높은 스페인 종교재판소는 그 순간에도 이단들을 어떻게 처단할 것인가를 두고 고심했다. 채찍과 쇠사슬로 자기 몸을 내리치면서 "참회! 참회!"를 외치며 거리를 행진하는 사람들도 보였다. "리스본이 소돔과 고모라처럼 타락했기 때문에 반드시 심판이 닥쳐올 것"이라고 수군거리며 불안해하는 사람들도 있었고, 심판이 닥쳐오기 전에 조금이라도 더 정결하고 금욕적 생활을 할 수 있게 해 달라고 간절히 기도하는 이들도 있었다. …

오전 9시 30분, 100km가 떨어진 북대서양의 한 지점에서 강력한 지진이 발생했다. 지진파는 바로 리스본으로 향했고, 쓰나미가 뒤따라오고 있었다. … 대성당에는 들어갈 자리가 없어 계단과 바깥 광장에까지 서 있을 정도로 사람들 가득했다. 찬양대의 감미로운 합창이 이어졌고, 예배 인도자는 인도단에 올라가 경건한 표정으로 'Gaudeamus omnes in Domino, diem festum' 이 축제의 날에 우리 모두 주님 안에서 기뻐합시다. 입을 열여 그렇게 외쳤다. 기쁨의 초대가 채 끝나기 전… 이곳저곳 도시 성당 종탑이 흔들리면서 달린 종이 불길하고 음산한 소리를 내기 시작했다. 제단 위에 세워진 촛대가 넘어지고, 스테인드글라스는 미사에 참석한 신자들의 머리 위로 쏟아졌다.

신자들은 한꺼번에 거리로 뛰쳐나왔고 도시는 아수라장이 되었다. … 도시는 크게 흔들렸고, 거리로 뛰쳐나온 사람들의 머리 위로 교회 첨탑들과 주택들, 공공건물들이 한꺼번에 쏟아져 내렸다. … 연기와 먼지가 하늘을 덮었고, 바로 전까지 어느 때보다 경건한 분위기의 도시는 일순간에 비명과 신음과 울부짖음으로 가득 한 아비규환의 자리로 변했다. … 2~3분 후에 2차례 여진이 리스본을 강타하면서 그나마 온전하던 일부 건물들조차 이 지진에는 와르르 무너졌다.

쏟아지는 건물 잔해에 깔려 주님의 자비를 부르짖던 목소리도 끊겼고, 3번째 여진이 도시에 닥쳐올 때는 거기에는 무너질 건축물이 남아 있지 않을 정도였다. 무너진 건물과 시체가 뒤섞이면서 현실에 만들어진 하나의 지옥이 되었고… 장엄한 촛대들이 쓰러지면서 발생한 화재는 무너진 도시의 남은 것을 태우기 시작했다. … 강렬해진 불길은 왕실 도서관의 소중한 사료들과 목숨을 건 탐험 경험을 토대로 탐험가들이 작성한 여러 세계지도 같은 귀중한 자료들을 태웠다.

일어나 걸을 힘이 조금이라도 남은 사람들은 본능적으로… 항구로 내달리기 시작했다. 그러나 그곳에는 희망이 아닌 집요하게 다가오는 죽음의 절망이 그들을 기다리고 있었다. … 높이 15m의 거대한 쓰나미가 일어나 한때 융성했던 아름다운 항구를 덮쳤다. 정박해 있던 선박들과 수십 년 전, 수백 년 전에 침몰하여 바다 깊은 곳에 가라앉은 침몰선까지 단번에 끌어 올리며 대량의 잔해를 해변으로 밀려 올렸고, 남은 생존자들을 모두 쓸어 갔다. … 리스본에는 검게 그을린 잔해 외에는 아무것도 남지 않았다.³

지진으로 인한 대재앙이 강타하고 난 다음, 당연히 많은 논의와 논쟁이 이어진다. 교회에서, 살롱에서, 대학에서, 거리와 공적 자리에서, 신문과 잡지 지면에서 열띤 토론과 논쟁이 벌어졌다. 무엇보다도 재난으로 무고한 사람들이 그렇게 많이 죽어갈 때 공의와 자비의 하나님은 무엇을 하셨으며, 방탕한 도시 파리나 탐욕스러운 도시 런던이 아닌 신앙의 도시 리스본에 어떻게 그런 일이 일어났느냐를 논의하면서 모두 혼란에 빠져들었다. 니콜라스 시라디 Nicholas Shrady가 "성당과 수도원의 수만 놓고 본다면 지상에서 리스본만큼 신성한 하나님의 도시도 없었을 것"이며, "마치 견고한 신정국가"와 같았다⁴는 표현만 보아도 그곳의 종교적 상황을 가늠해 볼 수 있다.

---

3 Charles Davy, "The Earthquake at Lisbon," Eva M. Tappan, ed., *The World's Story: A History of the World in Story, Song and Art-Italy, France, Spain and Portugal*, vol. 5 (Boston: Houghton Mifflin, 1914; Toronto: Diamond Book, 2017), 618~28에 나온 내용을 직역하지 않고, 이해를 돕기 위해 의역한 것임을 밝힌다.

4 Shrady, 『운명의 날』, 18~19. 당시 인구 3천만 명 중에서 수도사가 20만 명이 넘었고, 리스본의 경우는 인구의 10% 이상이 수도사였던 것으로 전해진다. 물론 당시의 종교의식과 신앙이 그리 순수하지 않았고, 엄격한 종교 제도는 신도들을 두려움에 떨게 만들고 옥죄는 족쇄로 작용했다.

누구보다 더 깊은 혼란 가운데 빠졌던 것이 로마 교황청과 성직자 그룹이었지만 재앙 이후 설교자는 어떤 내용으로든 그 재난에 관해 설명하고 해석해야 했다. 로마가톨릭교회의 설교자들 대부분은 도시의 타락과 죄악을 공격하기 시작했고, 지진은 하나님의 심판이라고 설교했다.

성직자들은 끝도 없이 리스본의 죄악을 늘어놓았다. 그들은 포르투갈이 독실한 가톨릭 국가이며, 지나칠 정도로 경건할 뿐만 아니라 로마 가톨릭의 충성스러운 추종자라는 사실을 인정하지 않았다. 오히려 리스본 주민들이 죄악에 물들고 도덕적 타락에 빠져 음란, 탐욕, 나태, 부패를 저지르고, 외국의 이교도들과 어울린다고 호통쳤다. "이제 심판의 날이 다가왔다. 속죄하라는 소리에 귀 기울이지 않는 자들이여! 두려워하라." 그들은 이렇게 부르짖으며 요한계시록을 제멋대로 인용했다. "무섭도다! 무섭도다! 거대하고 부유한 도시, 바벨론이여! 네가 일시에 하나님의 벌을 받았구나! 자줏빛, 진홍빛 고운 모시를 입고, 금과 보석, 진주로 치장한 위대한 도시여! 그렇게도 많던 재물이 일시에 잿더미가 되고 말았구나!"[5]

설교자들은 "지진은 죄악에 물든 도시에 대한 하나님의 심판"이며, 회개를 다그쳤고, 죄목을 늘어놓으며 생존자들을 꾸짖었다. 탐욕, 방종, 나태, 부패, 개신교도를 묵인한 약한 신앙심 등이 단골 메뉴였다.[6] 당시 가장 영향력 있는 설교자, 예수회 신부 가브리엘 말라그리다 Gabriel Malagrida 는 "몸과 마음을 바쳐 회개에 전념"할 것을 촉구했다. 소책자로

---

5   위의 책, 8~9.
6   위의 책, 156~57.

발간되어 배부된 그의 설교집에서는 "하나님께서는 우리에게 사랑과 자비를 베풀고자 애쓰시지만, 심판의 매를 손에 들고 우리를 지켜보고 계심을 기억하라"고 외쳤다.[7] 그건 개신교 설교자들의 메시지도 비슷했다. 한 가지 다른 것은 로마 가톨릭을 추종하고 우상과 미신 숭배에 빠졌기 때문에, 즉 교황제도와 종교재판소의 비열한 살인 때문에 하나님께서 진노의 손을 펴셨다는 점이 추가되었다.[8]

이 사건 이후, 종교와 사회, 문화 전반에 엄청난 변화가 일어났다. 세상은 갑자기 "돌이킬 수 없을 정도로 달라진" 듯 보였고, 거대한 권력이었던 교회는 그 영향력을 상실했다. 성직자로부터 계몽주의 철학자까지 모두 자신이 가지고 있었던 세계관을 돌아보게 되었고, 사람들은 정의롭고 자비로우신 분으로 하나님을 인식하지 않게 되었으며, 자연에 대해 가지고 있던 환상도 깨뜨리게 되었다. "절대적 힘을 휘두르던 낡은 신앙이 뿌리째 흔들렸"고, 의심과 이성이 독단적 종교 교리를 대신했으며, 하나님의 섭리와 뜻이라는 이름으로 주입되고 강요되던 종교적 삶은 무너지면서 "인간이 자유롭게 개척하는 주체적 삶에 자리를 내주었다." 도시를 덮친 재난은 당시의 하나님과 인간, 자연에 대한 "구태의연하고 절대적 신념에 발이 묶여" 있던 오랜 통념을 뿌리째 흔들어 놓았다. 그것은 당시 인간 이성에 우위를 두었던 계몽주의와 낙관주의 철학에도 타격을 가한다.[9]

---

7   당시 그는 브라질 선교사로 가 있었는데 왕(주앙 5세)의 부름으로 귀국하여 왕의 고해신부가 되었는데, 이 당시 가장 열심히 활동했던 설교자였으며, 설교집 제목은 『지진의 진정한 원인』(Julzo da verladria causa do terramoto)이었다. 위의 책, 158~59에서 재인용.
8   위의 책, 161; Thomas G. Long, *What Shall We Say?: Evil, Suffering, and the Crisis of Faith* (Grand Rapids: Eerdmans, 2011), 13. 이것은 유럽과 신대륙 설교자들의 단골 주제였다. 웨슬리 형제는 설교와 찬송시를 통해 하나님의 진노를 증거하였다.
9   Shrady, 『운명의 날』, 246.

토대가 흔들리는 시대

이런 큰 재난은 리스본에서 처음 일어난 것은 아니었다. 얼마나 많은 사람이 죽고, 큰 지진이 일어났는가와 같은 수치의 문제도 아니었다. 200년 넘게 이어지면서 온 유럽 전역을 강타하여 인구 1/3을 죽음으로 내몰았던 역병 '페스트'에 비하면 짧은 기간에 한 도시만을 강타한 재난이었다. 하지만 리스본 재난은 서구 문명의 기초를 흔들어 놓았고, 신앙의 정초 foundations를 흔들어 놓는 사건이었다.[10] 먼저 간 성도들을 기억하며 예배하던 '제성절' 축일에 모인 사람들을 지진으로 죽게 한 신은 어떤 존재인가? 그런 대재앙은 인간의 타락 때문인가, 신의 무능 때문인가? 당시 사람들은 대지진을 막지 못한, 아니 막지 않은 신에 대한 회의감에 빠져들게 되었고, 그 이후 태동된 계몽주의는 열렬한 호응을 받으면서 기독교 세계관을 내려놓는 분기점으로 작용한다.

토대가 무너지는 상황 가운데서 우린 무엇을, 어떻게 설교할 수 있을지 생각하게 만든다. 그런 점에서 우린 "리스본의 상속자"이다.[11] 우린 오늘 토대가 흔들리는 시대, 아니 토대 자체를 제거하려는 시대에 서 있다. 해롤드 브라운 Harold O. J. Brown은 미국 수도 워싱턴 D.C.와 같은 거대한 도시를 보면 기독교 토대를 제거하려는 움직임이 선명하다고 주장한다.[12] 초창기부터 미국은 기독교적 관점과 성경적 전통이 국가 형성과 조직에 중요한 역할을 했지만, 그리스 민주주의와 로마의 유산을 통합해 내려는 이러한 시도는 공적 영역에서 기독교를 배제하려는 움직임으로 이해한다. 기독교적인 것은 어떤 모양이라도 공적 영역에

---

10 Long, *What Shall We Say?*, 5.
11 위의 책, 17.
12 예컨대 상원을 뜻하는 Senate는 고대 로마 원로원을 지칭하고, 의사당을 뜻하는 Capitol은 로마 캐피탈로인 언덕의 주피터 신전을 지칭하며, 의회 의장석에는 집정관 휘장(fasces)이 새겨져 있다. 그것은 로마의 고관에게 부여된 권위의 표식이었다.

서 그 영향을 차단하려는 급진적이고 배타적 경향으로 치닫고 있다. 미국뿐만 아니라 서구 국가 대부분에서 의도적 거부 움직임으로 확대되고 있다.[13] 그것은 한국 사회도 다르지 않다.

무엇을 할 수 있을까

신앙 자체를 '유치한 공상'과 '환상' 정도로 생각하는 이들, 방향감각을 상실한 문화를 호흡하며 사는 이들에게 우리는 어떻게 하나님의 말씀과 원하시는 뜻을 설교에 담을 수 있을까? 전능하시며 자비가 풍성하신 하나님과 그분의 다스리심에 대한 신앙이 흔들리고, 종교는 하나의, 작은 영적 위안 정도로 여기는 사람들에게 어떻게 하나님의 말씀과 그분의 통치를 설교할 것인가? 롱이 인용한 글이 무거운 여운으로 남는다.

> 테드 터너는 신앙심이 깊은 사람이었고, 외국 선교사로 헌신하기로 마음을 정했다. 그의 여동생이 병에 걸렸다. 그가 열다섯 때, 열두 살 여동생 메리 제인에게 면역 체계가 자기 몸의 조직을 공격하는 질병인 '전신 홍반성 루프스'가 발병했다. 여동생은 통증 때문에 고통스러워하며 계속 구토를 했다. 고통을 이기지 못하면서 지르는 그의 비명은 온 집을 가득 채웠다. 테드는 여동생을 위로하기 위해 정기적으로 집에 들러 고통스러워하는 동생의 손을 잡았다. 그는 여동생의 회복을 위해 간절히 기도했지만, 여동생은 하나님께서 빨리 자신을 데려가 달라고 기도했다. 몇 년 동안 이어진 투병의 시간을 보낸

---

13 Harold O. J. Brown, *The Sensate Culture: Western Civilization between Chaos and Transformation* (Nashville: Thomas Nelson Publishers, 2007), 1장 참고.

후 여동생은 세상을 떠났다. 테드는 신앙을 잃어버렸다. "나는 하나님이 사랑이시며 전능하신 분이시라고 배웠습니다. 하지만 어떻게 무고한 사람이 이렇게 고통을 당하도록 버려두시는지 저는 이해할 수가 없습니다."[14]

자애로우시고 전능하신 하나님에 대한 "신앙 기초의 흔들림, 삶과 세계에 대한 포괄적 이해의 허물어짐"의 시대에 서 있다. 테드와 같은 이들은 사역의 현장에서 늘 만나게 된다. 사역의 현장은 수많은 문제와 이슈의 불화살이 날아오는 현장인데 우린 말씀의 검과 방패로 대항할 준비가 된 설교자인가?

대단한 결단과 용기로 골리앗 앞에 섰는데, 주머니에 물맷돌이 없는 젊은 다윗의 모습을 종종 상상할 때가 있다. 확고한 믿음도 가졌고, 호기롭게 전쟁터에도 나갔는데, 하나님과 말씀에 대한 열정을 가지고 나갔는데 정작 '물맷돌이 없다'는 것은 비극이다.[15] 당시 첨단 무기로 무장한 강대국 거인 전사를 작은 팔레스타인 양치기 소년이 쓰러뜨렸다는 이야기는 경이롭고, 가슴을 설레게 하는 기적이다. 하지만 그것은 그냥, 저절로 된 일은 아니다. 그 전장에 서기 전 어린 다윗은 수천 번 물맷돌 던지는 연습을 했을 것이다. 말콤 글래드웰 Malcolm Gladwell 은 당시 정교함은 엄청난 연습과 훈련을 통해 나온 것이며, '투석병 다윗'은 머리카락도 맞힐 수 있을 정도였다고 주장한다. 태생적인 것이 아니라

14　Long, *What Shall We Say?*, 19.
15　본인은 22대 총장 임기를 시작하면서 이 시대에 사역자에게 진정으로 필요한 것이 무엇인지를 강조하는 '물맷돌 프로젝트'를 시작했고, '다시 복음으로!'(Re-vive, PUTS)를 학교 비전으로 선포했다. 교회를 위해, 민족과 함께, 세상을 향해 달려 나갈 일꾼들이 자신을 점검하고, 내적 능력 함양에 중점을 두기 위함이었다. 흔들릴 수 없는 말씀과 복음에 토대를 둔 영적 가치관을 가지고 사명을 수행할 지도자의 품성(character)과 덕성(virtue) 함양에 주력하는 교육의 내실화가 필요하다는 판단에서였다.

성실한 연습과 훈련에서 나온 것이었다.[16] 또 다른 가정이 가능해진다. 뛰어난 투석의 명수였다 할지라도 주머니에 '물맷돌'이 없었다면 불가능한 일이었을 것이다.

"토대가 흔들리면 의인이 무엇을 하랴"시 11:3. 시편 11편은 십 광야에서 다윗이 사울 왕의 추격을 피해 도망자로 살고 있을 때를 배경으로 한다. 친구 요나단의 방문과 격려를 받은 때삼상 23:16~18에 나온 것이다. 시의 전반부1~3절는 삶이 뿌리째 흔들리고 믿음의 기초마저 흔들리는 때, 친구들의 권고 내용이다. '악인이 죽이려 달려들고 있으니, 새같이 산으로 도망하라, 터가 무너졌는데 도망가는 일 밖에는 무엇이 있겠느냐.' 여기에서 '터'로 번역된 히브리어 '쇠트'שׁת는 '기초, 기강, 질서, 법'을 뜻하는 단어이다. 나라의 기강이 무너져 내리고, 신앙의 터전이 무너지는 시대, 하나님의 일하심이 전혀 보이지 않는 시대를 뜻한다. 친구들의 말이 옳다. 그들이 할 수 있는 일이 아무것도 없고, 끝났다는 외침은 심각한 상황 인식에서 나온 것이다.

그러나 다윗이 벌떡 일어나 외친다. "여호와께서 그분의 거룩한 성전에 계시고, 여호와의 옥좌는 하늘에 있으니, 그분이 눈을 열어 사람들을 지켜보신다"시 11:4, 우리말 성경. 하나님에 대한 절대 신뢰의 모습이다. 사울의 나라는 흔들리고, 그 터가 무너지고 있을지 모르지만, 주께서 다스리시는 하나님 나라는 견고할 것이라는 고백이다. 하나님의 현존과 초월성을 함께 고백하며 믿음으로 일어선다. 여기서 사용된 '지켜보신다'의 히브리어 '바한'בחן은 '감찰하다, 지켜보다, 분석하다'의 뜻을 가진 단어로, 성삼위 하나님께서 우리의 모든 상황을 잘 알고 계심에 대한 고백이다. 생명의 위협을 피해 도망 다니는 사람이 터가 무너

---

16 Malcolm Gladwell, *David and Goliath*, 김규태 역, 『다윗과 골리앗: 거인을 이기는 기술』(파주: 김영사, 2021), 17~18.

진 것처럼 보이는 시대에 하나님을 향한 절대 신뢰로 일어서고 있다. 오늘 설교자에게 필요한 것은 그 확신이며, 강단에 오르기 전 그 확신의 회복이 가장 필요한 요소이다.

오래전 나우웬의 책에서 읽은 "아픈 세상에서 희망"이라는 제목이 생각난다. 젊은 부부가 떨리는 목소리로 전해온 내용은 딸이 태어난 지 4시간 만에 죽었다는 소식이었다. 정말 아이를 기다렸던 그 부부는 조산으로 태어나 중환자실에서 몇 시간을 살다가 세상을 떠나는 아이를 위해 마지막 기도 후에 떠나보냈다. 병원에서 돌아오면서 그 부부는 계속 하나님께 그 말을 반복했단다. "하나님이 주신 레베카를 하나님께 돌려 드립니다. 하지만 우리가 꿈꾸던 아름다운 미래가 꺾여 나간 것은 분명합니다. 우리 아기를 잃는다는 것이 정말 견디기 힘든 고통입니다. 너무 허탈합니다."[17]

목회 현장은 이런 사연들이 이어지는 자리이고, 설교는 이런 이들에게 말씀을 전하는 사역이다. 어떤 말로 위로를 해야 할지 잠시 말을 잃었지만, 그냥 내버려둘 수도 없었던 그 설교자는 그렇게 위로의 말을 전했단다. "레베카는 당신의 딸입니다. … 언제까지나 그럴 것입니다. … 레베카와 단 몇 시간 밖에 함께 있지 못했지만, 결코 의미 없는 시간이 아닙니다. 당신의 기도는 헛되지 않았습니다. 레베카는 하나님의 품 안에 영원히 살아 있습니다." 어떤 말로도 사무친 아픔을 달랠 수 없음을 알기에 함께 손잡고 우는 길을 선택했단다. 상실을 피하지 않고 오히려 함께, 온전히 그것을 들여다보는 법을 배우려 했단다. 설교자는 "애통이 변하여 치유의 터가 되게 하고, 슬픔이 변하여 관에서 춤으로 가는 길이 되게 하라"[17]는 초청의 책무를 수행한다.

---

17 위의 책, 9~11.

설교는 하나님의 춤으로의 초대이다. 삶 전체를 끌어안고, 하나님의 신비와 연결하며 내 삶의 여정에 허락하신 하나님의 임재와 역사하심, 온통 은혜로 덮으시며 고통마저도 변하여 춤이 되게 하시는 그분의 섭리를 믿는 사람들의 춤이다. 성경이 초청하시는 춤을 추도록 격려하고 돕는 사역이다. 나우웬이 들려주는 '돌을 깨는 한 석수'의 비유는 설교자의 사역이 가지는 신학적 의미를 선명하게 해준다.

언젠가 나는 석수가 거대한 돌에서 여기저기 돌 조각을 크게 떼어내며 작업하는 모습을 보았다. '돌이 무척 아프겠구나. 저 사람은 왜 돌에 저런 고통을 주는 것일까?' 하고 생각했다. 그러나 좀 더 보고 있노라니 돌 속에서 점차 우아한 댄서가 모습을 드러냈다. 댄서는 내 심안을 보며 이렇게 말하는 것 같았다. '어리석은 자여. 내가 이런 고난을 받고 내 영광에 들어가야 할 것을 몰랐는가?' 춤의 신비는 그 동작이 슬픔 중에 드러난다. 치유란 성령께 나를 춤으로 부르실 기회를 드리는 것이다. 고통 한복판에서도 하나님이 내 삶을 지휘하고 인도하실 것을 믿으며 말이다.[18]

설교 사역을 '하나님 신비의 가장자리에서 춤추는 것'이라고 할 때, 그 춤은 그분의 손에 온전히 붙잡힐 때 가능한 일이다. 설교도 그렇고, 신앙생활도 내가 그분 손을 잡는 것이 아니라 그분 손에 붙들리는 것이다. 나우웬은 즐겨보았던 서커스 그네 타기 곡예 관람 경험을 통해서 그 사실을 선명하게 들려준다. 남아공에서 온 곡예사 다섯 명이 진행하는 곡예에서 세 명은 '나는' 역이었고, 두 명은 '잡는' 역이었다.

---

18 위의 책, 32.

공중으로 치솟았다가 잡는 이의 손에 붙들려 공중을 나는 모습이 일종의 '무도회' 같았단다. 잡는 이의 강한 손에 붙들리기 전에는 모든 것이 아슬아슬하였다. 그가 전하는 영적 통찰력을 들으며, 설교도 그렇다는 생각을 갖게 된다.

> 곡예사들은 잡아주는 든든한 손에 자기 손이 빨려들면서 비행이 끝나리라는 것을 믿는다. 튼튼한 그네를 놓아야 반대편 그네까지 우아한 반원을 그리며 날 수 있다는 것도 잘 안다. 상대방이 나를 잡으려면 일단 놓아야 한다. 허공에 용감히 뛰어들어야 한다. … 우리의 슬픔이 변하여 춤이 되게 하는 또 하나의 스텝은 지금 가진 것을 움켜쥐지 않는 것이다. … 우리의 슬픔이 변하여 춤이 되게 하는… 하나의 스텝은 지금 가진 것을 움켜쥐지 않는 것이다. 안심할 수 있는 안전지대를 확보하려 하지 않는 것이다. 자신이나 다른 이의 삶을 스스로 안무하려 하지 않는 것이다. 오히려 내가 따르고 싶고 사랑하는 하나님께 다 내어드리는 것이다. 하나님은 우리를 우리 스스로 다스리는 삶으로 부르시지 않는다. 믿음의 삶으로 부르신다.[19]

---

19 위의 책, 40~41, 43.

2 장
설교, 하늘과 땅이 잇대어지는 신비: 신학적 고백과 확신

> 어둠이 커다란 어둠이
> 꽃들을 재웠다고 큰소리치지만
> 꽃들은 자는 척
> 향기로 이야기 나누는 걸
> 어둠은 고건 모르지요
> — 이화주[1]

그 어두움의 시간에

1859년 발표된 영국 소설가 찰스 디킨스Charles J. H. Dickens의 역사소설, 『두 도시 이야기』는 프랑스 혁명기를 배경으로 펼쳐지는 사랑과 희생의 이야기를 담고 있다. 2억 부가 팔려 지금껏 '세계에서 가장 많이 팔린 단행본'으로 기록된 소설이다. 소설의 첫 문단은 이렇게 시작된다.

> 최고의 시절이자 최악의 시절이었고, 지혜의 시대이자 어리석음의 시대였다. 믿음의 세기이자 의심의 세기였으며, 빛의 계절이자 어둠의 계절이었다. 희망의 봄이자 절망의 겨울이었다. 우리 앞에는 모든

---

1 이화주의 시, "고건 모르지요," 전문. 이화주 동시집, 『고건 모르지요』(서울: 문학과 지성사, 2019).

것이 있었지만 한편으로는 아무것도 없었다. 우리는 모두 천국으로 향해 가고자 했지만, 엉뚱한 방향으로 걸어가고 있었다. 간단히 말해서 그 시대는 오늘의 시대와 같은 꼴이다. 그 시대의 요란한 권력자들은 좋은 쪽으로든 나쁜 쪽으로든 최상급의 비교를 통해서 받아들여야 한다고 고집했다.[2]

책을 읽다 보면 힘겹게 전환기를 살았던 사람들의 숨소리와 발걸음 소리를 듣는 듯하다. 그 혼탁한 시대에 사람들은 바른길, 천국 길로 가기를 원했단다. 하지만 "엉뚱한 방향으로 걸어가고" 있었다. 디킨스가 말하는 '두 도시'는 런던과 파리였다. 약간의 차이는 있지만 당시 두 도시는 혼돈과 어둠에 덮여 있었고, 혁명의 당위성 앞에 서 있었다. 런던은 법치주의 아래 합리적 통치와 위로부터의 혁명, 즉 무혈혁명에 성공해서 안정을 누리고 있었다면, 파리는 부패한 왕정과 관리들로 인해 혁명에 대한 열망이 용광로처럼 끓으면서 피의 혁명을 통해 왕정이 무너지고 모든 것이 뒤집어졌다. 혼돈의 도시, 파리의 한 정경을 '포도주 가게'라는 타이틀이 붙은 1부 5장에서 디킨슨은 그렇게 묘사한다.

큰 포도주 통이 굴러떨어져 깨지면서 거리에서 쏟아져 내렸다. 마차에서 포도주 통을 내리다가 일어난 사고였다. 술통은 굴러가면서 쇠테두리가 터져나가면서 호두 껍데기처럼 산산조각이 난 채로 포도주 가게 문밖 자갈밭에 놓여 있었다. 주변의 모든 사람이 하던 일을 멈추고 그 자리로 달려 나와 쏟아진 포도주를 입에 쓸어 넣었다... 어떤 남자는 무릎을 꿇고 앉아 두 손으로 오므려 포도주를 떠서 홀짝

---

2   Charles Dickens, *A Tale of Two Cities* (New York: Signet Classic, 1997), 13.

거렸고 어떤 사람은 술이 손가락 사이로 빠져나가기 전, 등 뒤에서 들여다보고 있는 여자에게도 맛보게 해주었다. 깨진 사금파리로 바닥에 고인 포도주를 떠 마시는가 하면, 심지어 머리에 쓴 수건을 풀어 포도주에 담갔다가 아기 입안에 짜 넣어주는 엄마도 있었다. 다른 사람은 포도주가 흘러가는 것을 막으려고 흙으로 작은 둑을 쌓기도 했다. … 어떤 이들은 빨갛게 물든 통조각을 들고 빨거나 심지어 촉촉하게 포도주가 묻은 조각들을 게걸스럽게 씹어대기도 했다.[3]

혼돈의 시대였다. 쏟아진 적포도주는 파리 근교의 길바닥을 물들였고, 사람들의 얼굴과 신발을 물들였다. 나무를 자르는 남자의 손과 여인들의 이마가, 통조각을 빨던 이들의 입술이 온통 붉은색으로 물이 들었단다. 그 난리가 끝난 후, 한 남자가 땅바닥 포도주로 적셔진 진흙에 손가락을 넣었다가 벽에 '피'라고 쓴다. 쏟아져 자갈 틈으로 스며들면서 흔적을 남기고 있는 포도주처럼 많은 이의 가슴 속에 혁명의 때가 스멀스멀 번져 나가고 있음을 암시한다. 프랑스 혁명은 만민이 평등하다는 보편적 가치를 온 세상에 천명한다. 만민 평등사상을 마침내 이루어 낸 아름다운 혁명이었지만, 이면에 광기와 폭력, 무자비함이 넘쳐나고 있음을, 인간의 야만성을 가감 없이 드러낸다. 복수와 혁명의 광기가 춤을 추는 모습을 작가는 그렇게 묘사한다.

얼마나 많은 머리를 벴는지, 그 아래 땅은 붉은색을 띠었다. … 달변가를 침묵시켰고, 권력자를 때려눕혔으며, 아름답고 선량한 사람들도 제거해 버렸다. 어느 날 아침에는 산 사람 스물한 명과 죽은 사람

---

[3] 위의 책, 36~37.

한 명을 포함해 스물두 명의 고관대작이 1분에 한 명꼴로 목이 베였다.[4]

이런 극단적 시대에도 삶은 계속되고, 젊은이들 사랑은 이어지고 있으며, 진정한 자유를 갈구하는 현명한 이들의 희망 행진도 이어지고 있었다. 사랑하는 연인을 위해 목숨을 내놓은 주인공 카턴의 이야기를 소설은 이렇게 전한다. "이 깊은 구렁텅이에서 솟아난 아름다운 도시와 현명한 사람들이 시간이 걸리지만 진정한 자유를 위해 투쟁하고 패배를 겪으면서 현재와 악행과 그것을 잉태한 예전의 악행이 스스로 속죄하고 사라지리라는 것을 나는 알고 있다." 격변의 시대, 절체절명의 위기 상황에서 사람들은 어떤 선택을 하였는지, 아름다움과 사악함은 어떻게 드러나는지를 선명하게 보여주면서 어떻게 하면 가치 있게, 인간답게 살아남을 수 있을지 각자의 삶 속에서 자신을 성찰하도록 안내한다.

사랑하는 여인을 위해 자기의 목숨을 내어놓은 카넨이 교수형을 당하기 전에 한 말이 소설의 마지막 문장으로 기록된다. "제가 지금 하고 있는 일은 이전에 내가 했던 어떤 것보다도 훨씬, 훨씬 더 훌륭한 일이다. 내가 취하게 될 안식은 내가 이전에 알던 어떤 것보다도 훨씬, 훨씬 더 좋은 것이다."[5] 디킨스가 그리고 있는 혁명이 일어나기 직전, 혼돈과 무질서로 팽배한 세상에 혁명의 때가 다가오는 희망의 시대였지만 희망 외에는 대다수 백성은 당장 먹을 것이 없어 허덕여야 했던 '아무것도 없는 시대'였다. 그 시대에도 사랑을 위해 달려가는 사람, 그것에 목숨을 거는 사람이 있을 때 세워지는 역사는 이어진다는 메시지

---

4   위의 책, 81.
5   위의 책, 367.

를 담고 있다.

설교는 하늘의 세계를 이 땅에 펼치는 것이며, 그것을 인지할 수 있는 지혜의 시대를 열어가는 사역이다. 하지만 그 자리는 혼돈과 갈등, 고통의 세계이다. 우리는 이러한 시대에 어떻게 복음의 진리를 전할 것인가? 기독교 설교는 어둡고 캄캄한 세상에서 처음 시작되었고, 암담한 시간에도 중단되지 않았다. "별들의 바탕은 어두움이 마땅하다"며 "지금 어둠인 사람들에게만 별들이 보인다"는 시인의 외침이 고마운 이유이다.[6] 오늘의 복음에 대해 적대적으로 바뀌는 시대이지만 우리 외침의 사역은 결코 중단될 수 없다.

어둠 속에서의 외침

나치 정권의 기세가 등등하던 히틀러 치하, 디트리히 본회퍼Dietrich Bonhoeffer 역시 최악의 시대이자, 어리석음의 시대에 서 있었다. 모두가 엉뚱한 방향으로 걸어가고 있을 때, 작은 저항의 몸짓으로 그는 '다른 길'을 걷고 있었다. 발틱 연안 외딴 마을 핑켄발데Finkenwalde, 그곳에 세워진 독일 고백교회 신학교에서 학생들과 함께 생활하면서 설교학 등 여러 과목을 그는 강의했다.[7] 1937년 9월, 나치에 의해 학교가 폐쇄되기까지 4년 동안 이어졌다. 당시 오래된 독일 신학교들에 비하면 그 학교는 아주 작았지만 친밀한 관계가 유지되었던 공동체였으며, 교수와 학생이 함께 생활하면서 다양한 신학적 주제, 특히 제자도와 설교 사

---

6 정진규의 시, "별" 일부. 정진규 시집, 『별들의 바탕은 어둠이 마땅하다』(서울: 문학 세계사, 1990).
7 본회퍼의 전기 작가인 베트게나 크리스티안 티쯔(Christiane Tietz)는 핑겐발데신학교를 '설교자 신학교'(Preacher's Seminary)라고 칭한다. Eberhard Bethge, *Dietrich Bonhoeffer: A Biography*, rev. ed. (Minneapolis: Fortress Press, 2000), ch. 9; Christiane Tietz, *Theologian of Resistance: The Life and Thought of Dietrich Bonhoeffer*, trans. Victoria Barnett (Minneapolis: Fortress Press, 2016), ch. 7 참고.

역에 대한 강의와 대화, 실습 등이 이어졌던 신학공동체였다. 신학 이론을 삶으로 살아내고, 실천하는 현장이었다.

단순히 가르친 것이 아니라 함께 공동생활을 하며 그리스도의 정신을 따라 달려가는 nachfolge 설교자를 세우기 위해 애썼던 설교자 학교였다. 본회퍼는 그때를 그의 인생에서 '최고의 시간' the fullest time 이었다고 고백한다.[8] 독재자의 권력에 의해 교회가 찢기고, 국가의 승인이 없이는 설교도 할 수 없었고, 성례전도 가질 수 없었다.[9] "스크린 뒤에서 교회가 단도에 찔려 죽어가고 있던 시대"였다는 에버하르트 베트게 Eberhard Bethge 의 표현이 당시 상황을 잘 묘사해 준다. "거짓 소명에 자신을 내맡긴" 이들이 판을 치는 상황에서 저항과 투쟁은 당연한 선택일 수밖에 없었다.[10]

어두움이 가득한 그 시대에 그는 어떻게 말씀 사역을 수행했으며, 신학도들에게 어떻게 수행하도록 가르쳤을까? 본회퍼는 그러한 시대에서 수행해야 했던 설교에 대해서는 어떤 신학적 이해를 가졌을까? 후예들이 어떤 신학을 가지고 그 어려운 시대를 말씀으로 밝히기를 원했을까? 무엇보다 본회퍼에게 있어서 설교는 '선포된 말씀' proclaimed word, '교회와 목회에 생명력을 공급하는 사역'이다. 오늘 강단에 오르는 설교자는 그가 행하는 것이 '생명을 주는 산 설교'여야 함을 명확히 인지하고, 그것을 수행해야 한다고 주장한다. 본회퍼에게 있어 설교는 성육신하신 그리스도를 드러내는 위대한 사건이다. 그리스도가 나타

---

8 Bethge, *Dietrich Bonhoeffer*, 419.
9 이때는 나치즘을 경험하면서 히틀러의 폭정에 항거하던 시기였으며, 목회자 후보생들과 함께 공동생활을 하면서 가르치던 시기이다. 이때 저술된 것이 *Nachfolge* (1937)와 *Gemeinsames Leben* (1939)이었다. 그때 학생들은 그와 함께 살며, 함께 예배하고, 기도하고, 찬송하며, 함께 식사하고 대화를 했으며, 강의 듣고, 그의 서재에서 책을 보았다. 서로의 죄를 고백하며, 그리스도의 이름으로 죄를 용서하고, 가정을 심방하기도 했다. John D. Godsey, *The Theology of Dietrich Bonhoeffer* (London: SCM, 1960), 88.
10 Bethge, *Dietrich Bonhoeffer*, 497, 499.

나지 않는 설교는 진정한 설교일 수 없으며, "설교는 성육신하신 그리스도 그분 자신"이었다.[11]

이런 확신 때문에 본회퍼는 설교학 강의에 대한 남다른 열정을 가지고 가르쳤다. 그 암울한 시절에 하나님의 말씀을 설교해야 할 설교자를 교육하는 강의실 광경을 베트게는 다음과 같이 묘사한다.

> 목사 후보생인 학생의 설교는 말을 더듬고, 적절해 보이지 않았다. 하지만 그는 그 설교를 진지하게 받아들였고, 진실하고 살아있는 그리스도의 생생한 음성 true and living voice of Christ 으로 여겼다. 설교 가운데 말씀하시는 그리스도의 생생한 소리보다 더 구체적으로 주어지는 것은 없다는 그의 주장을 반증하는 것이었다. 예배 가운데 선포된 어떤 설교이든지 이러한 사실이 엄격하게 적용되어야 한다고 주장했다. 설교는 겸손하게 경청하라고 주어진 것이지 분석하라고 주어진 것이 아니라고 가르쳤다. … 그는 설교학은 가장 어려운 교훈인 설교를 세심하게 경청하는 것으로부터 시작하였다.[12]

아무리 부족한 학생의 설교라도 '방금 선포된 그리스도의 생생한 음성'으로 듣고 있는 선생의 모습이 그려진다. 어려운 상황에서 설교 사역을 감당해야 하는 목회자 후보생들에게 그는 대단하고, 원대한 목표를 제시하지 않았다. 대신 그는 손에 잘 익은 사과를 들고 있는 사람이 배고픈 사람에게 그것을 내미는 것, 물 한 잔을 들고 있는 사람이 목마른 사람에게 그것을 건네는 것으로 설교를 묘사한다. '한번 드셔

---

11 Clyde E. Fant, *Bonhoeffer: Worldly Preaching* (Nashville: Thomas Nelson, 1975), 126. 이 책은 본회퍼가 핑켄발데에서 행한 설교학 강의를 편집한 책으로 엮은 것이다. 1부는 팬트가 해설한 내용을, 2부는 본회퍼의 설교학 강의 내용을 담고 있다.

12 Bethge, *Dietrich Bonhoeffer*, 443.

보실래요?' 따뜻하게 말을 건네는 것이 설교라고 가르친다. 본회퍼는 설교자에게 그것을 새롭게 확신시키는데 신학교육의 주안점을 두었다. 하나님의 말씀을 변호하지 말고 입증할 것, 내 생각을 위해 말씀을 사용하지 말고 그 말씀에 자신을 온전히 맡길 것… 설교는 '수용 한도까지 가득 채워진 배'와 같다면서 설교자 후보생들을 본문에 대한 단순한 '설명'과 '적용'이라는 도식 너머의 세계로 데리고 가려고 애썼다.[13]

본회퍼에게 설교는 '교회'와 '그리스도'와 깊은 연관을 가진다. 기독교 설교는 그리스도인 공동체교회를 형성하는 것 establishing과 세우는 것 building up이라는 두 목표를 가진다. 설교는 "선포된 말씀" the proclaimed word이며, 육신을 입고 이 땅에 오시고, 성도들 가운데 거닐고 계시며 말씀하시는 성육신하신 그리스도 자신이시다. 오늘도 우리 가운데 현존하시는 그분을 드러내고, 그리스도인을 그분의 존전에 세우는 것이 설교의 목적이어야 한다고 주장한다.[14] "교회가 존재하기 때문에 설교하는 것이고, 설교하기 때문에 교회가 존재한다"라고 보았으며, 성경 말씀은 "설교의 형태를 띠고 공동체에 다가가 공동체를 떠받친다"라고 이해한다.[15] 설교는 그리스도를 증언하는 것이며, 설교자의 증언은 성령님의 역사를 통해서 완성된다고 주장한다. 설교는 그리스도의 현존이며, 그분은 오늘 "설교로서의 현존재"가 되신다.[16]

설교자에게 필요한 것은 하나님 앞에서 갖는 '은밀한 비밀 훈련' secret discipline이다. 설교자는 하나님의 비밀 정원을 거니는 사람이요, 그

---

13 위의 책, 442.
14 Dietrich Bonhoeffer, "Bonhoeffer's Lectures on Preaching," in *Bonhoeffer: Worldly Preaching*, ed. Clyde E. Fant (Minneapolis: Fortress Press, 1975), 125~26, 128.
15 Bethge, *Dietrich Bonhoeffer*, 648.
16 Dietrich Bonhoeffer, *Christology*, 유석성 역, 『그리스도론』(서울: 대한기독교서회, 2010), 37.

세계를 보고 듣고 경험한 사람이다. 기독교 신앙의 신비가 오용되거나 침해되는 일이 없도록 그리스도인과 사역자들은 혼자 있는 사적인 삶의 자리에서도 그들은 자신을 말씀 앞에 바로 세우기 위한 자기 훈련을 계속해야 한다. "하나님의 계시 말씀이 가지는 이 특성, 세상이 이해할 수 없는 '신비'의 차원을 유지하고, 세상에 그것을 소란스럽게 광고하거나 도매금으로 넘기려는 것처럼 되지 않기 위한 훈련"이다. 설교자는 '욕망과 지체들이 이리저리 끌고 다니지 못하도록 감각과 영혼을 지속적으로 훈련하여야 하며, 훈련 없이는 사역은 불가능"하다.[17]

설교자가 강단에 오르기 전, 나의 설교를 통해, 회중들의 삶과 역사 가운데 어떻게 그리스도의 현존을 생생하게 드러낼 것인가를 위한 자기 훈련을 계속 해야 한다. 이것은 세상과의 소통을 위한 것이기도 하지만 나의 설교의 뿌리와 닻을 계시의 신비에 두기 위함이기도 하다. 이것은 설교자가 전하는 메시지에 대한 바른 방향성을 찾게 한다. '토대가 무너지는' 시대에 서 있었던 본회퍼는 이렇게 설교자의 중요한 과제로 오늘 내가 전하는 설교 가운데서 그리스도의 현존을 어떻게 드러낼 것이며, 어떻게 그것에 생생하게 사로잡히게 할 것인가에 중점을 둔다. 주님을 따르는 자들에게 필요한 것은 "예수 그리스도의 말씀만 의지하고 이 말씀을 세상의 어떤 안전성보다 견고한 것"으로 믿고 행동하는 것이다.[18] 토대가 무너지는 시대에 의인은 무엇을 수행할 수 있을까? 어둠의 시대에 설교자는 분명한 신학적 확신과 자기 훈련을 통해 그리스도의 현존을 드러내는 일에 온 마음을 두어야 한다.

---

17 Dietrich Bonhoeffer, *Letters and Papers from Prison*, ed. Eberhard Bethge (New York: Macmillan Co., 1967), 144; Fant, *Bonhoeffer*, 96~97. 본회퍼의 시, "자유의 도상에 있는 정거장"에 그 차원이 잘 나타난다. Dietrich Bonhoeffer, *Ethik*, 손규태 역, 『기독교 윤리』(서울: 대한기독교서회, 1973), 3~4.
18 Dietrich Bonhoeffer, *Nachfolge*, 허혁 역, 『나를 따르라』(서울: 기독교서회, 1977), 65.

설교, 하나님의 계시 사건

설교 사역을 시작하기 전, 먼저 점검해야 할 것은 무엇이 나로 설교 강단에 올라가게 만들며, 어려움 속에서도 그것을 이어가게 하는가이다. 즉 설교의 동인動因에 대한 점검이다. 설교는 종합예술과 같아서 실로 많은 요소가 함께 어울려 진행된다. 그중 가장 중요한 요소 한 가지를 꼽으라면 그것은 설교에 대한 바른 신학적 이해이다. 그것은 끝까지, 바로, 잘 감당할 수 있게 하는 설교 사역의 동인이며 기초로 작용한다. 설교를 신학적으로 어떻게 이해할 수 있을까? 그 대답은 수행하는 설교자만큼이나 다양할 수 있다. 여기에서는 개혁교회 신학 전통에서 만나게 되는 이해를 두 가지로 압축하여 정리해 보자

첫째, 설교는 계속되는 성삼위 하나님의 계시 사건이다. 계시는 인간을 향한 하나님의 독특한 존재 방식이다. 다양한 관점에서 이해할 수 있지만 계시는 하나님은 오늘도 '말씀하시는 분' Deus loquens 이라는 전제에서 출발한다. "하나님께서 옛날에는 예언자들을 통하여, 여러 번에 걸쳐 여러 가지 방법으로 우리 조상들에게 말씀하셨으나, 이 마지막 날에는 아들을 통하여 우리에게 말씀하셨습니다" 히 1:1~2, 새번역. 이것은 하나님 주권적 현존과 연결된다. 역사 가운데서 하나님께서는 여러 모양, 형태, 방식으로 말씀하셨고, 마지막엔 아들을 통해 말씀하셨다. 이렇게 기독교 설교는 '오늘도 말씀하시는 하나님' 이해로부터 시작한다.

성경은 '말씀하시는 하나님'을 강조하면서 동시에 '하나님의 은폐성' Deus absconditus 을 강조한다. 하나님께서는 형상을 만들지 말라고 하셨고, 철저하게 자신을 감추신다. 시내산에서는 다가오는 인간의 발걸음을 멈추게 하시고, 선을 그어 가까이 오지 말라고 하셨다. 이렇게 하나님은 스스로를 감추시는, '숨어계시는 분'이시다. 이러한 특성 때문에 인간에게 하나님은 온전히 알아낼 수 없는 존재이시며, 신성의 비밀은

감추어져 있다. 하지만 하나님께서는 당신의 종들에게는 '계시하시는 하나님' Deus revelatus 으로 역사하신다. 아들로 말씀하신 성육신 사건은 하나님의 원초적 계시이며, 성경은 이 원초적 계시 사건을 증언하는 기록된 말씀이다. 설교자가 완성된 계시의 말씀을 정확히 읽고, 해석하여 그것을 오늘의 회중에게 들려주기 위해 강단에 올라 그 말씀을 증언할 때 성삼위 하나님께서는 '말씀하시는 하나님' Deus loquens 으로 역사하신다.

그런 점에서 설교 강단은 오늘도 말씀하시는 하나님의 계시가 생생하게 펼쳐지는 자리이다. 이 모든 과정에서 인간이 주도권을 가지는 것이 아니라 성삼위 하나님께서 주도권을 가지신다. 기독교의 계시는 "하나님이 주권적으로 자신을 드러내 보여주는" 자기 계시의 특성을 가지며, 예수 그리스도 사건을 통해 완성된 "결정적 계시"라는 특성과 드러날 수 없는 하나님이 직접 자신을 드러내셨다는 점에서 신비의 사건으로 설명한다.[19]

하나님의 신비와 설교자

둘째, 기독교 설교는 하나님의 신비를 드러내는 사역이다. 성경은 설교자에 대해 다양한 설명을 제시하지만, 설교자의 권위가 공격받고 있던 상황에서 쓰여진 고린도전서에는 독특한 설교자 이해가 나온다. 설교자를 "그리스도의 일꾼, 하나님의 비밀을 맡은 자" 고전 4:1 로 설명한다. 여기에서 '일꾼'으로 번역된 헬라어 '휘페레테스' ὑπηρέτης 는 "배 밑창에서 노를 젓는 노예"를 지칭하는 단어이다.[20] 로마 해군 군함의 노

19　김도훈, 『길 위의 신학: 일상, 생명, 변증의 눈으로 보는 신학』(파주: 조이웍스, 2014), 115~16.
20　'아래서'의 뜻을 가진 헬라어 전치사 '휘포'(ὑπό)와 '뱃사람'이란 뜻을 가진 '에레테스'(ἐρέτης)가 합성

를 젓는 노예는 고수의 북소리에 맞춰 노를 젓는다. '비밀을 맡은 자'라는 말에서 '비밀'은 헬라어 '뮈스테리온'μυστήριον을 번역한 것으로, '신비'로 번역되는 단어이다. 설교자는 하나님의 신비를 '맡은 자,' 즉 그것을 구체적으로 드러내는 일을 '맡은 자'로 규정한다. '맡은 자'로 번역된 헬라어 오이코노모스οἰκονόμος는 '청지기'의 뜻을 가진 단어이다. '집, 재산'을 뜻하는 오이코스οἶκος와 '규범, 원칙'을 뜻하는 '노모스'νόμος가 결합 된 것으로, 주인의 뜻규칙과 원칙을 따라 집을 관리하고 다스리는 자라는 의미이다. 하나님의 계시를 펼치는 사역을 맡은 설교자는 그분의 법을 따라 수행하고, 말씀을 맡아 관리하는 자, 즉 하나님께서 펼쳐 보이시는 신비의 세계를 그분의 뜻을 따라 드러내는 책무를 가진 자청지기이다.

기독교 설교는 그 신비의 세계를 경험한 사람만이 감당할 수 있다는 점에서 독특한 강화discourse이다. 황홀함과 감격에 사로잡혀 일어난 설교자가 그가 보았고, 경험했던 하나님의 현존과 역사를 이 땅에 환히 펼쳐 보이는 사역이다. 전하는 그것은 말로 다 설명할 수도 없고, 완전히 이해할 수도 없다는 점에서 '신비'이다. 그래서 설교자는 강단 아래에서도, 위에서도 하나님의 계시와 빛 비추심illumination이 없이는 감당할 수 없음을 알기에 간구와 청원의 자세로 그것을 수행한다. 설교는 성삼위 하나님께서 밝히 드러내시는 신비의 사역이며, 기대할 수 없었던 세계가 펼쳐진다는 점에서 '비범한 사역'이다. 인간의 이성으로 다 이해할 수 없으며, 하나님의 계시를 통해서만 가능하다는 점에서 미스테리움mysterium의 사역이다.

그것은 다 알 수도 없는 광대한 세계이며, '거대한 신비'magnum mys-

된 단어로 배 밑창에서 노 젓는 사람의 의미를 가진다.

terium임을 누구보다 잘 알고 있다. 이것은 소크라테스Socrates가 "무지의 지"를 자각한 것과 같은 맥락이다. 그래서 델포이 신탁은 "살아 있는 자 중에서 그가 가장 지혜롭다"고 했다. 기원전 399년 아테네의 법정에서 '무지의 지'를 깨우치는 것을 자신의 소명이라고 갈파했던 소크라테스처럼[21] 오늘 설교자의 소명과 그 실행은 바로 여기에서 시작된다. 루돌프 오토 Rudolf Otto는 그 신비를 누미노제 numinose로 규정한다. 그는 이 개념을 신적인 힘을 의미하는 '누멘' numen에서 가져오면서 인간의 경험으로는 도무지 도달할 수 없는 차원을 뜻하는 의미로 사용한다.

오토에게 있어서 신비는 절대타자 das ganz Andere에 대한 경험이며, 인간의 경지를 넘어서는 "말로는 형언할 수 없는 강력하고도 압도적인 경험"이다. 이 차원을 경험하게 될 때 예견되는 두 가지 반응은 전율 tremendum과 매혹 fascinosum이 나타난다. "두려운 신비" mysterium tremendum는 하늘의 신비에 사로잡히면서 갖게 되는 최고의 떨림이며, 무한히 숭고하면서도 압도적인 감정이다. 이러한 신비를 느끼게 될 때 인간의 절대 의존의 감정을 갖게 되며, 생동성을 갖게 된다. 그는 이것을 "누멘적 활력"이라고 지칭한다. 이 활력은 깊은 기쁨의 차원으로 "끌어당기며 매료하며, 매혹하는" 특성을 가지는데, 그 안에 빠져들 때 놀라움이 생성된다.[22]

이러한 차원을 초대교회 예배와 설교 현장에서 찾게 된다. 엠마오로 내려가는 두 제자가 부활의 아침에 가졌던 엠마오 예배는 의심과 두려움으로부터 시작된다. 자기 경험과 지식으로는 도무지 이해되지

---

21 Platon, *Platonis Opera 1: Aologia, Crito, Phaedo*, 천병희 역, 『소크라테스의 변론』(고양: 숲, 2012). 29~30.
22 Rudolf Otto, *Das Heilige*, 길희성 역, 『성스러움의 의미: 신 관념에 있어서의 비합리적 요소, 그리고 그것과 합리적 요소와의 관계에 대하여』(왜관: 분도출판사, 1987), 4, 6장 참고.

않는 신비, 즉 죽은 자가 다시 살아났다는 그리스도의 부활 사건은 이해하기도 어렵고, 말로도 설명할 수 없었다. 더욱이 그들의 생의 문제와 연결될 때 그것은 아픔과 혼란으로 다가왔고, 깊은 절망감에 사로잡혀 있었다. 그때 한 나그네가 함께했고, 길을 걸어가면서 그가 성경 γραφή을 풀어주시고 해석해 주셨을 때 - 그들은 잘 인지하지 못하였으나 거기에 말씀 예전이 펼쳐지고 있었다 - 그들의 가슴은 뜨거워졌고, 일상의 식사를 성찬으로 바꾸어 주님께서 떡과 잔을 나누어 주셨을 때 - 인식하지 못하고 있는 사이에 성찬 예전이 시작되었다 - 그들은 눈이 열려 그 신비의 세계와 그 존재를 보게 된다. 그들 속에 일어난 전율과 매혹은 저녁 사랑의 식탁에서 절정을 이룬다. 그 전율은 그들은 벌떡 일어나게 했고, 위험한 밤길을 달려가게 한다. 위험이 가득한 도시로부터 피신해 온 사람들이 예루살렘을 향해 달려가 그들이 보았고 경험했던 그 신비를 전하였다고 초기 설교 사역을 우리에게 들려준다 눅 24:35.

이렇게 설교는 하나님의 신비를 경험한 사람들이 그 증거를 위해 부르신 소명을 따라 나아가는 길 위에서 수행되는 사역이다. 그 길목에서 그가 보았고, 들었고, 가슴 벅차 울게 했던 그 신비를 이 땅에 활짝 풀어내고, 보여주는 사역이다. 그때 사람들은 하늘의 음성 vox divina을 듣게 되며, '생생한 복음의 소리' viva vox evangelii로 듣게 된다. 그래서 마틴 루터는 "설교하는 것보다 더 좋은 일은 있을 수 없다"라고 말했을 것이며, 후배 설교자들에게 "하나님의 말씀이 선포되는 곳에 부활하신 주님은 곧 뒤따라오신다"며 그들을 독려한다.[23]

설교를 통해 그리스도께서 우리 가운데 다가오시며, 하나님의 말

---

23 Martin Luther, *Luther's Works*, vol. 49 (St. Louis: Concordia, 1958), 588, 15~18; vol. 29, 272, 8~9; vol. 29, 293, 16~17.

쏨이 선포되는 그곳에 그리스도께서 현존하신다. 십자가에서 하나님의 구속 사역이 펼쳐질 때 하나님께서 영광 받으신 것처럼 그 영광의 복음이 선포되는 그곳에서 그 영광이 온 영혼을 덮게 된다. "거대한 극장에서 펼쳐지는 웅장한 드라마처럼 예수 그리스도의 십자가에서 도무지 가늠할 수 없는 inestimable 하나님의 선하심 goodness 이 온 세계 앞에 활짝 펼쳐진다"고 장 칼뱅이 주장한 것처럼[24] 설교의 자리에서 그 세계가 펼쳐진다는 점에서 설교는 하나님의 신비이다. 인간의 이성을 뛰어넘는 놀라운 세계 앞에서 전율에 사로잡혀, 떨리는 가슴으로 달려가는 사람들이 이어진 이유이다.

너희에게 맡겼다

설교는 하나님의 계시 사건의 연속이며, 하늘의 신비를 이 땅에 펼쳐보이는 사역이다. 청지기처럼 주인의 뜻을 따라 어떻게 이 사역을 펼칠 것인지에 대한 깊은 숙고가 필요하다. 우리는 말씀의 능력을 믿는 사람이며, 계시의 완성인 성경을 통해 오늘도 계속해서 말씀하시는 분의 부르심을 받은 존재이다. 그 말씀이 들어가는 곳에 개인과 사회, 민족이 변함을 믿기에 오늘도 설교 때문에 살아가는 존재이다.

국제 YWAM의 설립자이자 열방의 제자화를 위해 사역했던 로렌 커닝햄 Loren Cunningham 이 그의 책에서 들려준 이야기가 기억난다. 1991년, 프랑스령 폴리네시아 갬비어 제도의 핏케언은 크기가 4㎢가 되지 않은 절벽으로 둘러싸인 작은 섬인데, 동료 선교사들과 함께 방문했을 때 놀라움을 금할 수가 없었단다. 200여 년 전, 그 섬에 9명의 영국 군

---

[24] John Calvin, *Commentary on the Gospel according to John*, Vol. 2 (Altenmünster: Jazzybee Verlag, 2017), 2.73 (John 13:31).

인이 처음 도착한다. 그들은 부당한 대우에 항거하여 반란을 일으켜 군함을 탈취하고 상관을 살해한 후 도주해 온 탈영병들이었다. 인근의 섬을 전전하면서 남자 6명, 여자 11명, 아이 1명을 납치하여 무인도 핏케언에 정착했다. 당시 지도에도 이름이 나오지 않는 작은 섬이었다. 프랑스령 폴리네시아에서도 사흘간 망망대해를 항해해야만 이를 수 있는 먼 곳이었다. 추격대가 찾아올지 모른다는 두려움 때문에 그들은 타고온 배를 불태워 수장시켰다.

초기 작은 섬에서의 삶은 초기에 평화로웠다. 섬에는 담수가 있었고, 다른 섬에서 가져온 동식물을 길러 양식을 삼았다. 하지만 그 평화는 그리 오래가지 못한다. 그 섬에 자생하는 한 식물뿌리로 술을 만드는 법을 터득하면서 섬의 모든 남자는 늘 술에 취해 있었다. 술에 취해 싸움이 벌어지고, 도박판에서 칼부림이 일어나 사람을 죽이는 일까지 발생한다. 섬은 순식간에 폭력이 난무하는 지옥으로 변했다. 몇 차례 그런 일이 반복되면서 남자 1명, 여자 10명, 어린아이 23명만 살아남았다. 커닝햄 일행을 맞아준 것은 그들의 후손이었다.

그 후, 섬을 크게 바꿔놓은 사건이 발생한다. 유일한 남자 생존자였던 존 애덤스가 소지품 상자에서 성경을 발견한 것이다. 애덤스는 그날부터 성경을 읽기 시작했고, 그에게서 내적 변화가 일어난다. 여자들과 아이들에게 성경의 진리를 가르치면서 섬이 바뀌기 시작한다. 그의 회심은 그 섬에 놀라운 변화를 가져왔고, 동료들이 죽은 후 그가 어떻게 살았고, 무엇을 했는지는 분명하다. 성경이 쥐어졌다는 것, 그 말씀을 들었다는 것, 그리고 그것을 가르칠 인도자, 조언자가 일어섰다는 것도 분명하다. "범죄에 익숙한 뱃사람이 먼 나라에 와서 그리스도를 따르고, 다른 사람들도 그렇게 하도록 가르쳤다는 것은 오직 전능자의 역사로만 설명이 가능하다."[25] 그가 성경을 가르치기 시작했을 때, 섬 주민들은 질서를 지키며 평화롭게 살아갔고, 도둑은 찾아볼 수가 없었다.

    1808년, 미국의 토파즈 호가 그 섬을 우연히 발견했고, 상륙했을 때 거기에는 애덤스를 포함하여 35명이 살고 있었고, 지상낙원처럼 행복하고 평온한 모습이었다. 나중 영국 군함이 그 섬을 발견했고, 반란 사실을 알았지만 해군은 섬주민을 처벌하지 않도록 왕에게 탄원서를 제출했다. 1991년, 커닝햄 일행이 그 섬을 방문했을 때 많이 이들이 뉴질랜드 등으로 이주했고, 그곳엔 주민 55명이 살고 있었다. 작은 교회에 가서 설교했고, 그 섬을 변화시킨 그 성경책을 직접 보는 행운을 누렸단다. 작은 나무 상자에 보관된 낡은 성경책을 보면서 말씀이 그 섬을 어떻게 바꾸었는지 목도하며, "세상에서 가장 작은 나라에 가장 큰 변화를 이루어 냈다"는 사실에 감격했다. 말씀의 빛, 복음의 빛이 섬을 뒤덮고 있던 어둠을 몰아낸 것이다. 감격하는 커닝햄 일행에게 그 후손들은 그렇게 고백했단다. "이 성경이 이 섬을 구원했고, 이 땅에 평화를 찾아주었습니다."[26]

    오늘 설교자들에게 하나님 나라의 신비를 전하는 말씀을 맡기셨고 막 4:11, 그 설교자들이 나아가는 곳에 만세 전부터 감추었던 신비가 이제 밝히 드러나게 되었으며 롬 16:26, 세상은 설교자를 통해 하나님의 신비이신 그리스도를 알게 되고, 영접하게 될 것이다 골 1:26~27. 설교자는 하늘의 신비를 드러내도록 소환된 존재이며, 거룩한 부르심 앞에 서 있다 딤후 1:9. 그리스도 안에서 이뤄진 구속 역사와 하나님의 경륜이 설

---

25 Loren Cunningham, *The Book that Transformed Nations*, 김성원 역, 『열방을 변화시키는 하나님의 책』(서울: 예수전도단, 2007), 84~87.
26 위의 책, 87~88.

교자를 통해 드러나게 되었다는 점에서 설교는 황송한 사역이다. "너희에게 하나님의 나라의 비밀 μυστήριον을 맡기셨다"^{막 4:11}. 오스 기니스 Os Guinness는 이 시대가 하나님의 말씀에 귀 기울이지 않고 무시했던 서구 문화는 이제 '모독'을 지나 '퇴폐'에 이르면서 회복 불능의 혼란에 빠졌다고 주장한다.[27] 우리 시대는 그 책을 잃어버리지 않았는지, 그 신비를 잃어버리지 않았는지, 그 생명의 말씀을 잃어버리지 않았는지, 설교자는 자신과 그 시대를 늘 점검해야 한다.

---

27 Os Guinness, *Renaissance: The Power of the Gospel However Dark the Times*, 윤종석 역, 『르네상스: 어두운 시대를 밝히는 복음의 능력』(서울: 복 있는 사람, 2016), 25.

3 장
설교, 공동체의 가슴 떨리는 증언[1]

> 사람들은 우리가 필요한 것이 아니라
> 예수님이 필요한 것이다.
> 우리가 할 일은 예수님이 계속해서 용서하고,
> 축복하고, 치유하고, 변화시키고, 가르치고,
> 생명을 주신다는 사실을 믿고 증언하는 일이다.
> — 앤드류 퍼브스[2]

생생한 수단

보편적으로 개신교 진영에서는 설교가 하나님의 말씀 '선포'라고 이해해 왔다.[3] 하지만 설교자들은 새로운 상황에서 설교에 대한 새로운 신학적 이해가 필요함을 인지하게 되었다. 객관적 진리를 내던져 버렸고, 거대담론meta-narrative 자체를 거부하는 '포스트모던' 풍조는 전혀 새로운 세대를 형성하였고, 그동안 진정한 실재reality로 여겨왔던 것들을 내던지면서 객관적이며 궁극적 진리는 없다는 가정에 방점을 두고 있다. 메타 내러티브와 '중심'의 거부는 '진리 상실'이라는 필연적 결과로 연결되며, '무엇이 유용한가'가 절대 가치로 작용하는 곳에서

---

1 본 장은 『교회와 신학』, 80집(2016)에 실린 필자의 논문을 수정, 확대, 보완한 것임을 밝힌다.
2 Andrew Purves, *The Crucifixion of Ministry: Surrendering Our Ambitions to the Service of Christ*, 안정임 역, 『십자가의 목회』(서울: 새세대, 2016), 9.
3 이것은 설교의 전통적 이해이며, 말하는 자와 내용의 권위를 바탕으로 한다. 선포는 어떤 왕이 전령의 입을 통해 자기 메시지를 전하는 것과 같은 개념이다. 설교자가 말하고 있지만 하나님께서 선포하고 계시고 선포된 설교는 전적으로 하나님의 말씀이라는 설교에 대한 전통적 이해이다. Thomas G. Long, *The Witness of Preaching*, 김운용, 정장복, 역,『증언으로서의 설교』(서울: 쿰란, 1998), 33~49 참조.

진리는 자리를 내주고 말았다. 하나님의 말씀을 전해야 하는 설교자는 "깊은 차원에서 복음의 선포로서의 설교가 가지는 '본질'을 진지하게 다시 대면할 필요가 있다"는 충고를 귀담아들어야 한다.[4]

말씀의 능력을 믿는 사람들에게 한 질문이 계속 따라온다. '우리는 정말 세상을 변화시킬 수 있는가? 오늘 그 일을 잘하고 있는가?' 그 질문과 씨름하는 이들에게 또 다른 질문이 따라온다. '복음은 인간과 세상을 변화시키는 사상 최고의 능력'임을 확신하고 있으며, 변화하는 시대에 그것을 적절히 수행할 능력을 가졌는가? 이런 맥락에서 설교의 '증언' 모티브가 주목을 받게 되었다. 이것은 보편적 진리에 대한 주관적 경험을 진술하는 특성을 가지며, 권위적이거나 강요하지 않아 포스트모던 상황에서 적합한 모델로 재인식하기 시작하였다.

기독교 설교는 예수 그리스도의 부활을 증언하기 위하여 시작되었다. 십자가와 부활 사건을 목격한 목격자들이 그것을 증언하기 위하여 달려갔고 증언공동체를 이루면서 복음의 의미를 새롭게 해석하여 들려주는 사역을 수행한다. 리차드 리셔 Richard Lischer 가 예수 그리스도의 부활은 기독교 설교의 기초가 된다고 한 주장은 이런 맥락에서 나온 것이다.[5] 부활 사건을 경험한 제자들이 직접 보고, 경험했던 그 '신비'를 증언하면서 설교가 시작된다. 주님 부활 후 제자들은 함께 모였고, 공동체를 형성하여 세상을 향하여 이러한 증인의 책무를 수행한다. 교회는 증언을 그들의 본질적 사명으로 인식했으며, 신약성경은 초대교회의 증언 사역 기록이었다.[6]

---

4   John McClure, *Other-Wise Preaching* (St. Louis: Chalice Press, 2001), 1.
5   Richard Lischer, *A Theology of Preaching: The Dynamics of the Gospel* (Nashville: Abingdon, 1981), 참고.
6   Samuel Byrskog, *Story as History-History as Story: The Gospel Tradition in the Context of Ancient Oral History* (Tübingen: Mohr Siebeck, 2000); Richard Bauckham, *Jesus and the Eyewitnesses: The Gospel as*

기독교 설교는 세상을 향한 증언공동체의 가슴 떨리는 외침이었다. 거기에는 증언하는 내용을 직접 보고, 경험한 사람들, 즉 목격자가 필요했다. 복음서는 증인 자격을 예수 그리스도의 사건을 '처음부터' 보고, 듣고, 경험한 사람들로 제시한다.[7] 본래 '증언'은 법정 용어인데, 어떤 사실이 왜곡되거나 변형될 수 있는 상황에서 진실에 대한 견해 표명을 의미하는 말로 사용되었다. 구약에서 '증언'은 "야웨에 관한 이스라엘의 언어표현에 대한 하나의 은유"였다고 주장한 월터 브루그만은 포로기와 같이 진실이 불확실해지고, 위기에 처해 있던 때에 그것은 특히 중요했으며, 이스라엘의 신앙 표현과 실천을 드러내고 묘사하는데 가장 적합한 방식이었다고 주장한다.[8] 증언은 진실이 위기에 처했을 때, 증언 자체가 위기에 처했을 때 그 중요성이 더해진다.[9]

초기 그리스도인들은 당시 사회의 변두리에 서 있는 주변인들이었다. 당시 심오한 그리스 철학과 도도한 로마의 정치 이념과 제도, 화려한 수사학이 지배하는 세상에서 그들은 하찮은 존재였다. 더욱이 로마 제국의 사형 틀인 십자가를 전하는 '복음'이라는 것은 정말 미련하고 어리석은 것, 그 자체였다 고전 1:17~25. 하지만 그 주변인들에 의해 수행된 복음의 증언은 그 시대를 조금씩 덮어가기 시작했다. 초기 교회의 '증언'은 기독교 설교 사역을 위한 효과적이면서 생생한 수단이자 설교 사역의 신학적 프레임을 제시하는 메타포로 다가온다.

Eyewitness Testimony, 박규태 역, 『예수와 그 목격자들: 목격자들의 증언인 복음서』(서울: 새물결 플러스, 2015) 등을 참고하라.

7   이것은 사도 보선에서 그 자격을 제시한 내용(행 1:21~22)이나 베드로가 복음의 내용을 개괄적으로 설명하면서 증인의 자격을 암시적으로 보여주는 내용(행 10:36~42)에서도 언급된다. 그것은 누가의 기록뿐만 아니라 요한의 기록(요 15:26~27), 마가의 기록에서도 제시하는 내용이다.

8   Walter Brueggemann, *Theology of the Old Testament: Testimony, Dispute, Advocacy* (Minneapolis: Fortress, 2005), 117~19.

9   Shoshana Felman and Dori Laub, *Testimony: Crisis of Witnessing in Literature, Psychoanalysis, and History* (New York: Routledge, 1992).

증언, 형식 이해하기

'증언'은 기독교 설교의 원래 모습과 특성을 가장 잘 보여주는 개념이다. 토마스 롱은 설교에 대한 몇 가지 전통적 이해를 제시하면서 증언을 어떤 이미지보다 기독교 설교의 진정한 특징을 가장 잘 드러내는 것으로 이해한다.[10] 증언은 진리의 세계뿐만 아니라 해석과 전달이라는 과정을 통해 "풍요로운 의미 속에 자리 잡은 깊은 시간"을 활짝 펼쳐 보여주기 때문이다.[11] 초대교회는 이런 풍요로움을 부활의 아침에 맛보았고, 세상은 그들의 증언을 통해 성삼위 하나님의 구원 역사와 십자가와 부활의 복음을 새롭게 듣게 된다.

부활 내러티브는 사복음서가 동시에 제시하고 있지만 마가는 특별히 기독교 설교의 옛 형식인 증언의 과정과 그 신학적 특징을 선명하게 보여준다. 부활의 아침, 일찍 무덤을 찾은 여인들의 이름이 거명되면서 내러티브는 시작된다. 마가복음은 이 부활 내러티브를 몇 개의 작은 내러티브를 결합하는 형식으로 구성하여 제시한다^{막 16장}. 세 여인 1~8절과 한 여인 9~11절, 두 제자 12~13절, 열한 제자 14~20절 내러티브를 대칭적으로 대조하거나 병치하는 구조를 취한다. 그들의 공통점은 불신으로 인한 두려움과 슬픔에 사로잡혀 있었고, 마음의 굳어짐^{완악함}이 그 특징을 이룬다. 여기에도 부활 사건, 혹은 기독교 메시지에 대한 일종의 해석학적 갈등이 존재하며, 소위 폴 리쾨르가 말하는 '분명함'과 '불분

---

10 토마스 롱은 설교의 신학적 의미를 밝히기 위해 전령(herald), 목양자(pastor), 이야기 전달자(story-teller)의 이미지를 통해 설명하는데 이것은 지난 몇 세기 동안 설교학 진영에서 논의된 설교자와 설교 사역에 대한 신학적 이해를 메타포적으로 정리한 것이다. 여기에 증인의 이미지를 제시하면서 앞의 세 가지 이미지가 가지는 한계와 약점을 창조적 관점에서 보완하면서 포괄할 수 있는 것으로 제시한다. Long, 『증언으로서의 설교』; Thomas G. Long, *Testimony: Talking Ourselves into Being Christian* (San Francisco: Jossey-Bass, 2004) 등을 참고하라.

11 폴 리쾨르는 이것을 "해석의 시간"인 제3의 시간이라고 지칭한다. Paul Ricoeur, *Le Conflit des Interpretations*, 양명수 역, 『해석의 갈등』(서울: 아카넷, 2001), 34.

명함'이 대립과 갈등 양상으로 나타난다.[12]

그들의 불분명함과는 상관없이 그날 아침, 새로운 해석의 장이 마련된다. 분명 과학적 탐구와 분석을 할 수 있는 시간이지만 하나님의 상징을 통해 드러나는 진리의 높은 수준에서 거닐게 되며, "분석의 길"에서는 볼 수도, 경험할 수도 없는 "종합의 길"을 경험하면서 새로운 '의미 형성' 차원으로 나아간다.[13] 마가는 이 사실을 드러내기 위해 동사를 병렬 구조로 배치한다.[14] 부활 사건을 처음 경험한 여인들은 부활 사건에 대한 증언을 듣고 난 다음에도 모호함의 늪에서 헤어 나오지 못하고 있으며, 그 소식을 전하라는 증언 명령을 받지만 "무서워하여 아무에게 아무 말도 하지 못하더라"[8절]라는 표현으로 첫 번째 내러티브가 종결된다. 무서움과 두려움에 사로잡히면서 달려가 부활 소식을 전하였다는 마태나 누가의 전달과는 전적으로 다르다[마 28:8, 눅 24:9].

마가의 메시지는 깊은 침묵과 함께 그렇게 갑작스러운 종결이 이루어진다. 이어지는 마가의 두 번째 결론[16:9~20]은 앞의 것과 다르게 표현된다. 학자들은 이것이 후대 추가 가능성에 무게를 둔다.[15] 여기에는

---

12 위의 책, 69.
13 위의 책, 70.
14 자동사와 타동사가 병행 사용되며, '보다' 혹은 '보이시다'와 '나타내다'라는 단어가 병렬 구조를 취하면서 그 특징을 드러낸다. 그래서 김득중은 마가를 가리켜 "단순한 자료 수집자"가 아니고 "신학적 편집자"였다고 평가한다. 김득중, 『복음서의 신학』(서울: 컨콜디아사, 1985), 126.
15 막 16:9~20은 신약성경에서 사본학적 관점에서 가장 논란이 많은 부분이다. 최고 사본으로 인정받는 시내 사본과 바티칸 사본에는 이 부분이 없지만 다른 사본들은 다 포함하고 있다. 일부 교부들(제롬, 유세비우스)은 이것은 본래 마가가 쓴 것이 아니라고 주장하고, 어떤 이들은 사도 요한의 제자가 추가한 것으로 이해하기도 한다. 다른 교부들(저스틴, 이레니우스)은 원래 마가복음에 포함된 것이라고 주장한다. 이에 대한 의견은 대략 3가지로 정리된다. 1) 마가는 8절까지로 복음서를 종결했으며 9절 이하는 후대에 추가된 것이다. 2) 원래 20절까지 마가가 기록했지만 결론 부분(9~20절)이 손실된 것이다. 3) 마가가 복음서를 종결짓지 못하고 갑작스럽게 죽음을 맞은 것이다. 가장 타당성이 있는 것은 훼손설과 추기설로, 2세기경에 추가되었을 것으로 이해하기도 한다. Bruce M. Metzger, *A Textual Commentary on the Greek New Testament*, 2nd ed. (Stuttgart: Deutsche Biblegesellschaft, 1994); Werner Georg Kümmel, *Introduction to the New Testament*, trans. Howard Clark Kee (Nashville: Abingdon, 1981) 등을 참고하라. 톰 라이트도 마가가 침묵하는 여인들의 내러티브로 끝내려고 하지 않았다면서 초기 마가복음 사본이 훼손되었을 가능성에 더 무게를 둔다. Nicholas Thomas Wright, *Mark for Everyone*, 양혜원 역, 『모든 사람을 위한 마가복음』(서울: IVP, 2011), 308.

부활하신 예수님의 나타나심과 승천 기사까지 포함하고 있는데, 이 긴 결론과 함께 복음사가는 이른 새벽 무덤을 찾았던 여인 중에 한 사람^{막달라 마리아}의 내러티브로 독자^{청자}들을 초대한다. "막달라 마리아에게… 보이시니…" 9절. 이 함축적 표현을 통해서 소위 리쾨르가 말하는 "해석학 영역"이 갑자기 넓어지고 "알 수 없는 이야기를 가지고 알 수 있는 텍스트를 만든다." 그렇게 하여 흐릿하던 것이 명백해지고 선명하게 그 의미가 드러나는데 리쾨르는 이것은 "겹뜻"이 생겨나고, "언어 밖의 현실"이 구체화하는 해석 과정으로 설명한다.[16]

그 아침에 "언어와 비언어의 접점, 또는 언어와 삶의 체험의 접점에서 발생하는" 해석의 시간을 통해 이제 혼자 서 있던 그 여인에게 새로운 "살아가는 방식"이 형성되면서[17] 증인이 세워진다. 그렇게 일어선 증인^{그 여인}을 통해 슬픔과 눈물로 주저앉아 있던 사람들이 부활의 소식을 듣게 되며, 증언은 다른 증언으로 이어지는 특성을 마가는 선명하게 제시한다. 마가는 그들은 '듣고도 믿지 않았다'는 사실을 병치하면서 11, 13절 '말씀을 확실히 증언하였다'는 사실을 대조적으로 보여준다 20절. 기독교 증언은 한 여인으로부터 시작하여, 그 시골길의 두 제자, 열한 제자로 확대된다.[18] 하나님의 새로운 신비를 맛본 한 설교자의 증언으로부터 시작하여 주님께서는 제자들을 설교자로 보내시면서 부활의 증인이 될 것을 요청하셨고^{눅 24:48, 행 1:8} 이후 설교자들은 자신을 부활과 복음의 증인으로 자처하며, 사역 수행에 있어 증인 의식으로 충일^{充溢}

---

16 리쾨르는 이것을 프로이트의 꿈 이야기를 가지고 설명하는데, 마가의 기록은 증언을 통해 해석의 지평이 확대되고 있음을 보여주는 좋은 예이다. Ricoeur, 『해석의 갈등』, 72~73. 역시 Paul Ricœur, *De l'interpretation: Essai sur Freud*, 김동규 외 역, 『해석에 대하여: 프로이트에 관한 시론』(고양: 인간사랑, 2013)도 참고하라.

17 Ricoeur, 『해석의 갈등』, 34.

18 마가는 '역시 믿지 아니하니라'로 두 제자 내러티브를 종결하고 있지만 같은 사건을 전하는 누가는 그들이 일어나 즉시 예루살렘으로 돌아가 "열한 제자 및 그들과 함께 한 자들"에게 증언 사역을 감당하고 있음을 강조한다(눅 24:33~35).

했다.[19]

톰 라이트가 말한 대로 마가는 무덤을 찾았던 '여인들'의 두려움으로 가득한 침묵으로 끝을 맺으려고 했던 것이 아니라 여기에서 어떤 의도성을 가지고 이 말씀을 기록했음이 분명하다. 마가는 처음부터 마지막까지 예수님을 참 예언자로 제시했고, 예수님은 고난받으심과 부활에 대해서 제자들에게 계속해서 가르치기를 원하셨으나 제자들은 잘 이해하지 못했고[막 9:10] 그 말씀을 듣는 청자 혹은 독자들까지 계속 의아함 가운데 두려는 의도는 아니었다. 마가가 갑작스럽게 글을 마쳤을 가능성이 있다면 "그 자리에 있는 목격자 한 사람을 불러 그들이 첫 부활절, 혹은 그 직후 자신이 본 것을 직접 이야기하기 위해서", 즉 제자들과 믿음 공동체가 수행해야 할 일[막 13:10, 14:9]을 확인시키려는 의도를 강조한다는 주장은 설득력이 있다.[20] 대부분 복음서는 부활 내러티브를 기술하면서 증언 명령과 약속의 말씀을 담아내면서 교회의 증언 사역과 연결한다.

증언 공동체, 해석 공동체

이렇게 기독교 설교의 초기 형태는 '증언' testimony 이었으며 그들이 보고, 듣고, 경험했던 사건을 반복적으로 기술하는 방식으로 제시되었음을 알 수 있다. 즉, 증언은 보고, 듣고, 경험한 "사건의 서술" a narration of events 과 그 경험을 통해 그것에 대해 믿는 바를 "믿음의 고백" a confession of belief 형식으로 주어졌다. 그것은 받아들여질 수도 있고, 거부될 수도

---

19 이러한 명령과 위임을 받아 사역을 수행한 기록인 사도행전에는 이러한 사실이 특별히 강하게 부각되고 있다(행 2:32, 3:15, 5:32, 10:39, 13:31, 20:24, 22:20 등을 참고).
20 Wright, 『모든 사람을 위한 마가복음』, 310~11.

있지만 그 사건과의 '연대성' engagement 이 중요한 요소로 작용한다.[21] 그들이 참여한 사건에 대해 말하기, 즉 진리 말하기를 제시하면서 마가는 그들이 처음에는 두려워하였으나 그 연대성을 경험한 후 침묵을 깨뜨리며 달려가고 있다. 사람들은 여전히 그 침묵에 갇혀 있기를 원하고 그 증언을 받아들이거나 믿으려 하지 않지만, 그들의 증언은 계속된다.

그래서 앤나 플로렌스 Anna C. Florence 는 증언을 "결말이 개방된 논리" open-ended logic 라고 주장한다.[22] 설교자 사건과의 연대성은 기독교 설교의 유일한 신빙성의 근거가 됨에도 불구하고 열한 제자는 아직 그 차원으로 나아가지 못하고 있다. 예수님께서 그들의 믿음 없음과 완악함을 꾸짖으시고 주시는 위임 명령 막 16:15 과 함께 비로소 증언 사역이 시작되고, 사역의 중요 근거가 되면서 보내심은 증언 사역의 중요한 틀이 된다. 이것은 마가만이 아니라 요한도 이런 의도를 가지고 있음을 볼 수 있다. 요한은 의도적으로 그가 전하는 복음이 목격자들의 이야기를 토대로 삼고 있을 뿐만 아니라 한 목격자에 의해 기록되었음을 강조한다 요 21:34~35. 여기에서 '기록한 제자'와 '증언한 제자'를 병치하면서 '기록하다' γραφειν 를 사역의 의미로 사용하면서 '기록하게 하다'의 의미로 확장하여 계속적 증언 사역과 연결된다.[23] "이 일들"과 연결하면서 그것은 예수님의 사랑하시는 제자의 임무일 뿐만 아니라 '우리는'이라는 단어를 통해 이어지는 증언 사역과 연결한다.[24]

증언 사역의 연대성과 위임은 구약에서 같은 맥락에서 다뤄지고

---

21 Anna C. Florence, *Preaching as Testimony* (Louisville: Westminster John Knox Press, 2007), xviii.
22 위의 책, xvii.
23 물론 많은 학자가 이 구절을 요한복음의 저작설과 연결하여 설명하지만, 이것은 이어지는 목격자 증언과도 연결할 수 있는 부분이다.
24 Bauckham, 『예수와 그 목격자들』, 14장 참조.

있다. 엄밀히 말해 신약에서 사용하고 있는 증인의 개념은 구약의 것과 연결된다. 제2 이사야는 유난히 이 사실을 강조한다. 구원받은 이스라엘을 증인으로 세워서 하나님께서 행하신 일을 나타내려는 하나님의 의도가 강하게 드러난다 사 43:8~13.[25] 이스라엘이 증언하는 '하나님 말씀하심' God-talk 은 그 내용과 말하는 방식이 분리되어 있지 않고 그것은 함께 연결되어 있음을 알 수 있다. 그동안 성서신학뿐만 아니라 설교학 연구에도 이것을 구분하여 생각하는 경향이 강했지만 말해야 할 '무엇'과 그것을 전하는 방식인 '어떻게'가 서로 연결되어 있음을 알 수 있다.[26]

증언의 관점에서 보면 교회는 하나님의 말씀을 해석하여 들려주는 해석 공동체이자 증언공동체이다. 증언은 아주 오랜 교회의 역사 가운데 생생하게 교회가 수행해 온 사역이었다. 그래서 플로랜스는 증언을 "교회의 실행" practice 이라고 규정하면서 "오래된 말씀을 새로운 음정" an old word in a new key 으로 이 세상에 들려주는 것으로 제시한다.[27] 이렇게 교회는 초창기부터 자신을 이러한 증언의 사명을 수행하는 공동체로 인식하였으며, 증언의 사명을 부여받는다. 다원화된 상황 속에 발하는 교회의 외침 disclosing speech 이 엄밀한 의미에서 "참 담화" true speech 가 되기 위해 교회는 필연적으로 해석 공동체가 되어야 한다.[28]

디트리히 본회퍼 역시 교회를 그리스도의 계시와 초대교회 증언의 기록인 성경을 근거로 하여 세상 속에 이 증언의 사명을 감당하도록

---

[25] 폴 리쾨르는 이것을 증언이라는 신학적 명제가 가지는 새것과 옛것의 전 영역을 묶는 것으로 이해한다.
[26] Gail R. O'day, *The Word Disclosed: John's Story and Narrative Preaching* (Philadelphia: Fortress Press, 1987); Thomas G. Long, *Preaching and the Literary Forms of the Bible* (Philadelphia: Fortress Press, 1985).
[27] Florence, *Preaching as Testimony*, xx~xxi.
[28] Brueggemann, *Theology of the Old Testament*, 743.

위임받은 공동체로 이해한다. 이제 하나님의 대리인으로 서게 되며, 선포를 통해 그리스도인의 삶과 세상 속에 그리스도의 실재reality를 실현해 가는 공동체라는 의미이다.29 여기에서 해석 공동체와 증언 공동체로 교회의 본질을 이해하면서 설교와 관련하여 중요한 제시를 한 폴 리쾨르와 월터 브루그만 두 학자의 주장을 더 자세히 살펴보자.

폴 리쾨르, "증언 해석학"

교회의 증언 사역과 관련하여 철학적이면서도 고전적 이해를 제시한 학자로 폴 리쾨르를 들 수 있다. 그는 해석학 연구에 중요 공헌을 한 학자이다.30 그가 제시하는 해석학적 아치 hermeneutical arch에는 다양한 내용이 담겨 있는데 그중 하나가 '증언' 모티브이다. 그의 논문, "증언 해석학" The Hermeneutics of Testimony 31에는 증언에 대한 해석학적 골격이 담겨 있는데, 기존 해석학과는 달리 '사실'에 기초하지 않고 텍스트 자체의 '증언'에 기초한 해석학적 구조를 제시한다. 교회가 해석해야 할 증언은 성경에서 은유, 상징, 내러티브와 같은 문학 형식인 시적 언어를 통해 제시된다는 점에 착안한 것이다. 증언공동체가 해야 할 일은 그 시적 담화와 겹뜻으로서의 상징을 통해 표현되는 계시에 대한 증언을 듣고, 해석하는 것으로 이해한다.

증언 공동체의 일차적 과제는 해석을 위해 증언을 표현하는 담화

---

29 Dietrich Bonhoeffer, *Ethics* (New York: Fortress Press, 1996), 389~90.
30 한스-게오르그 가다머와 더불어 현대 해석학의 중심 역할을 한 리쾨르의 해석학은 방대하지만, 초기에는 주로 현상학적 해석학을, 이후에는 "악의 상징"에서 보여주는 대로 상징 해석학, 은유와 행위에 관심을 기울이는 텍스트 해석학, 자기 해석학 등으로 그 지평을 계속 넓혀간다. 개론적 이해를 위해서는 정기철, 『상징, 은유 그리고 이야기』(서울: 문예출판사, 2002)와 윤철호, 『신뢰와 의혹: 통전적인 탈근대적 기독교 해석학』(서울: 대한기독교서회, 2007), 11, 12장을 참고하라.
31 Paul Ricoeur, "The Hermeneutics of Testimony," in *Essays on Biblical Interpretation*, ed. Lewis S. Mudege (Philadelphia: Fortress Press, 1980), 119~54.

형식과 그것을 탄생케 한 다양한 상황, 즉 텍스트의 세계에 관심을 기울이는 것이다. 그에게 있어 텍스트 세계는 그 일이 일어나고 현시된 공간 space of manifestation이며,[32] 단지 그 세계에만 국한되지 않고 텍스트를 넘어 의도된 세계까지 포함한다. 그것이 중요한 이유는 "텍스트 세계는 강화 discourse의 작업을 믿을 수 있는 것으로 담보"하기 때문이다. 그것은 언제나 해석학의 대상이 된다.[33] 시적 담화는 서술적 기능 descriptive function의 중요성을 보류한다. 그것이 사실인가, 아닌가를 중지시키고, 제안된 세계, 최상의 가능성을 투사해 주는 세계를 구체적으로 드러낸다. "말로 제시하는 것" what is said에 대한 우선적 관심은 제시된 세계를 보게 하며, 제시되는 사건에로의 참여 participation-in와 소속감 belonging-to을 담보한다.[34] 증언은 "계시 관념에 상응하는 주제의 자의식 범주"이며 "시적 담화에 의해 형성되고 그것에 자신을 일치시켜 나가는 사고 주체를 위한 가장 적절한 개념"이다.[35]

이렇게 리쾨르에게 있어서 증언은 "시적 담화에 의해 형성된 성경적 강화를 분석하는 데에 있어서 계시 관념의 주요 특징 trait에 상응하게 만들어 주는 자기 인식"을 갖게 하는 것이며, 그것에 자신을 적절하게 만들어 가도록 돕는 개념이다.[36] 계시 된 진리를 이해하고 증언의 범주에 대한 숙고 reflection를 위해 우리는 초기 교회가 가진 원초적 증언의 형태에 대해 이해할 필요가 있다. 여기에서 가장 원초적 신앙고백과 증언 형식인 강화 discourse의 차원에서 리쾨르는 계시의 개념 idea을 찾는

---

32 Paul Ricoeur, "Toward a Hermeneutic of the Idea of Revelation," in *Essays on Biblical Interpretation*, ed. Lewis S. Mudege (Philadelphia: Fortress Press, 1980), 98.
33 위의 책, 100.
34 위의 책, 101~102.
35 윤철호, 『신뢰와 의혹』, 373.
36 Ricoeur, "Toward a Hermeneutic of the Idea of Revelation," 105.

다. 성경 안에 담겨있는 5가지 담화, 즉 예언적 강화prophetic discourse, 내러티브 강화narrative discourse, 규범적 강화prescriptive discourse, 지혜문학 강화wisdom discourse, 찬송 형식 강화hymnic discourse 등으로 구분한다.[37]

'예언적 강화'는 "계시에 대한 전통적 관점의 원초적 핵심"을 제시해 주는데, 예레미야가 "여호와의 말씀이 내게 임하셨으니…"렘 2:1 라고 말한 고백에 나타나는 것처럼 예언자는 말하는 이가 자기가 아니라 야웨 하나님이심을 알려준다. 이것은 증언하는 이의 목소리 뒤에 있는 다른 이의 목소리와 연결된다. '내러티브 강화'는 말하는 화자보다는 그 사건이 스스로 말하는 구조를 취하는데, 누가 말하느냐보다는 무엇을 말하느냐에 강조점을 둔다. 특히 이야기는 하나님의 역사하심과 말씀 사건을 구체적으로 보여준다. '규범적 강화'는 율법을 들려주는 내용에 많이 활용되는데, 단지 타율적 준수 명령이나 어떤 규칙만 제시하고 형벌과 보응을 제시하는 것이라기보다는 구원 역사의 기억, 계약 관계의 새로운 인지, 역사적 역동성에 대한 인지를 요청한다. '지혜문학 강화'는 하나님의 선물인 지혜에 대해 알려주는데, 인간의 한계 상황에서 하나님의 실재를 볼 수 있도록 의미의 지평을 확대하는 기능을 한다. '찬송 형식의 강화'는 시편과 같은 말씀에서 드러나는 형태로, 찬양, 감사, 탄원의 간구가 그 주 형식이다. 인간의 파토스적 차원을 넘어서 하나님의 임재와 계시 가운데로 나아가도록 만든다.

리쾨르가 증언과 관련하여 제시하는 계시 개념은 믿음의 공동체가 그것을 직접 보고, 경험하면서 이런 강화형식을 통해 하나님의 현존임재을 증언하며, 그 형식은 아주 다양하다. 여기에서 증언은 획일적이거나 단조로운 형식이 아니라 다양한 형식을 따라 진행된다. 이렇게 리쾨르

---

37 위의 책, 75~90.

는 "스스로 계시된 진리를 소유하고 주장하는 전체주의적 형태의 권위는 배격"하면서 현현으로서의 계시 개념을 제시한다. 존재론적 신학의 차원보다는 더 근원적이고 원초적 인간 경험의 강화 차원에서 계시를 이해하고 설명한다. 그러므로 그에게 있어서 진리는 증명되는 어떤 차원이 아니라 증언되는 차원을 따라 접근하며, "주관적 의식이라는 개념들에 기초한 자율 관념에 대응하고 현현되고 말해지는 내용에 의해 지배되도록 자신을 허용할 때 인간이 얻게 되는" 것으로 설명한다.[38] 이렇게 리쾨르의 중심 관심은 텍스트의 세계이며, "텍스트 자체가 증언하는 바에 의하여 무엇을 의미하며 어떻게 성경이 다양한 문학적 장르를 통해 증언하는가"를 중요하게 여긴다.[39]

리쾨르는 이사야 43장 8~13절을 주석하면서 증인에 관한 사항을 네 가지로 정리한다. 첫째, 증인은 스스로 나서는 자원자가 아니고 증언하도록 '보내심을 받은' 사람이다. 둘째, 증인은 인간 경험이 담고 있는 총체적 의미를 증언하는 것이 아니라 인간들에게 요구하시는 것, 즉 인간 삶에 요구하시는 것에 대해 증언한다. 그러므로 증언의 중심은 하나님이시며, 그 증언을 통해서 가장 크게, 분명하게 드러나야 하는 분은 야웨 하나님이시다. 셋째, 증언하는 목적은 모든 사람을 위해 선포하는 것 proclamation for all people 이며, 그것을 깨닫고 믿도록 하기 위함이었다. 넷째, 증언은 언어적 요소뿐만 아니라 행동과 삶의 실천을 통해 전적 헌신 total engagement 을 위해 부름을 받았다. 증인의 삶은 전적으로 증언과 깊은 연관 지어진다.[40]

이렇게 리쾨르는 '증언 해석학'을 통해 증언이 수행될 수 있는 해

---

38 윤철호, 『신뢰와 의혹』, 367~68.
39 위의 책, 381.
40 Ricoeur, "The Hermeneutics of Testimony," 131.

석학 토대를 보여준다. 무엇보다도 증언은 해석되어야 할 무엇을 제시하는 것이며, 해석을 요청한다는 점이다. 하나님께서는 스스로 은폐하시는 분 Deus absconditus 이시지만 증언이 온전히 수행될 때 이 세상 가운데 말씀하시는 하나님 Deus loquens, 계시하시는 하나님 Deus revelatus 으로 드러난다.[41] 그런 점에서 증언은 단지 증인에게만 속한 것이 아니고 하나님으로부터 직접 발원된 것이며 하나님이 그것을 시작하셨다는 점을 알게 한다. 그러한 특성은 앞에서 살펴본 마가의 기록과 제2 이사야의 기록에서도 살펴볼 수 있었다.

이렇게 기독교 설교는 증언의 특성을 가지며, 교회는 그것을 위해 부름을 받았다는 점을 알려준다. 교회는 오늘의 세상 속에 하나님의 역사하심을 구체적으로 보여주는 증언공동체로 부름받았다. 교회는 설교 사역을 통해 세상 속에 하나님의 역사하심, 구원하심, 다스리심, 인도하심, 치유하심, 지탱하심이 구체적이고 생생하게 나타나고 그것이 구현하도록 세움 받은 공동체이다. 이런 점을 우리는 월터 브루그만에게서 더 명료하게 살펴볼 수 있다.

월터 브루그만, '해석 공동체'

브루그만은 포스트모던 시대 성서신학의 불안정성 unsettlement 으로부터 시작한 그의 저작, *Theology of the Old Testament*에서 증인의 메타포를 통해 중요한 신학적 틀을 제공한다. 그가 제시하는 "불안정의 실제적 천명" practical manifestation [42]은 구약 신학의 주제일 뿐만 아니라 다원주의 시대에서의 설교학의 주제이기도 하다. 구약 신학의 중심 요

---

41 김운용, 『새롭게 설교하기』(서울: WPA, 2007), 6장 참고.
42 Brueggemann, *Theology of the Old Testament*, xv.

지는 "이스라엘의 야웨 하나님에 대해 천명된 메시지"인데, 해석 공동체가 많은 위험과 갈등 상황에서 '논쟁'과 '옹호,' 그리고 '증언'의 양식을 통해 "진리-공언"truth-claim 을 수행한다. 그것은 반드시 수행해야 할 사명임을 구약의 다양한 본문을 분석하면서 제시한다.

구약성경에서 신학적 공언은 '증언'의 형태로 주어졌는데, 그것은 독특한 특징이다. 때론 "동의를 기다리고 있는 주장"assertion 으로 나타나기도 하고, "반대 주장에 난무하는 그런 삶의 정황 한복판에서 그 방식을 만들어 가야 하는 옹호"advocacy 의 형태로 나타난다. 이스라엘의 증언은 언제나 언어표현, 혹은 언설utterance 형태로 주어졌으며, 타당성과 설득력을 얻기 위해 계속 그것을 정교하게 만들어 간다. 그것은 때로 다양성과 설득력을 만드는 방식을 추구한다.[43]

진리 공언을 위해 증인들은 진실에 대해 상충 되고 경쟁적으로 제시하는 관점에 대해 논쟁dispute 의 형식을 갖는다. 그것을 통해 자신의 주장을 조정하고, "실재에 대한 공인된 해석"을 내리게 되며, "진리에 대해 모두가 받아들이게 될 버전"이 생성된다. 증인은 진리에 대한 특정한 묘사나 기술을 통해 그것을 옹호한다. 구약의 증인들은 하나같이 진리와 절대 실재이신 하나님에 대해 옹호하고 있다. 야웨 하나님께서 주도하시는 진리, 그분의 다스리심이라는 실재에 대해 그분의 부재가 느껴지는 상황에서도 옹호를 계속한다.[44]

이렇게 브루그만은 구약성경을 증언 내러티브로 읽어갈 수 있도록 도와주며, 그들이 제시하는 연설speech 형식 메시지를 들을 수 있도록 인도한다. 이스라엘이 제시하는 증언의 네 가지 형태, 즉 핵심 증언core testimony, 반대 증언counter testimony, 요청받지 않은 증언unsolicited testimony, 구

---

43 위의 책, xvi.
44 위의 책, xvii.

현된 증언 embodied testimony 으로 제시한다. 이것은 해석 공동체인 이스라엘이 증언 사역을 수행하는 방식이며, 증언의 지침이기도 한다.

먼저, 이스라엘의 증언에는 '핵심 증언'이 있었다. 그 증언은 하나님에 대한 것이었고, 일차적 관심은 언제나 하나님이었다. 이스라엘의 스피치는 언제나 그분이 말씀하고 계신다는 토대 위에서 수행된다.[45] 그 증언은 하나님은 위대하시며 선하시다는 것인데, 규범적 형태는 언제나 '감사드림' thanksgiving 과 야웨 하나님의 '의로우심', 비교할 수 없는 '현저하심' incomparability 에 초점을 맞춘다.[46] 증언은 다양한 형식을 통해 이뤄지지만, 언제나 "하나님에 대한 공식적인 정교한 묘사" official royal portrait of God 가 핵심을 이룬다. 하나님의 광대하심을 생각하면 그 증언은 초보적이고 스케치 연습에 불과하다는 인식과 함께 주어진다. 다양한 표현, 상상력, 은유 등을 통해 제시되는 그 증언은 듣는 사람들에게 그것이 어떻게 들려질 것인가를 늘 고려한다. 증언의 핵심은 야웨 하나님이지만 늘 "풍부한 표현" fully uttered 을 통해 증언한다. 그것은 증인이 고려해야 할 마땅한 책무이고, 수행하는 해석공동체가 기억해야 할 마땅한 과제로 인식한다.[47]

둘째, 이스라엘의 증언은 자주 '반대 증언' 형식을 취한다. 힘껏 진리를 말하지만, 세상은 그 증언이 가지는 신실성 truthfulness 을 의심할 때가 있다. 이것은 증인이 행한 '진리 말하기'에 대해 반대 심문이 주어질 때를 연상하게 한다. 담대한 증언에 대한 반대 심문이 따라온다. 이것을 통해 증인들은 적합성 adequacy 과 신빙성 reliability 을 깊이 숙고하고 고심

---

45 위의 책, 117.
46 구약의 증인들이 풍부한 은유와 감성과 상상력, 명사와 동사 등의 언설을 통해 표현하려고 노력했던 것은 하나님의 현저하심에 대한 주제였다. 위의 책, 266.
47 위의 책, 267.

하게 된다. 해석 공동체인 이스라엘 언설 가운데에는 이런 반대 증언이 자주 등장한다. 하나님의 신실하심에 대해 의문을 갖기도 하고, 때론 탄원의 형태로도 제시되며, 여호와 하나님의 은닉성 hiddenness 과 모호성 ambiguity 때문에 깊은 회의 가운데 빠지기도 한다.[48] 이러한 반대 증언은 이스라엘이 하나님께 던지는 질문을 통해서 잘 드러나는데, 예를 들면, 언제까지 how long, 어찌하여 why, 언제 when, 어떻게 how 와 같은 표현을 통해 이스라엘의 핵심 증언은 교차 점검을 받게 된다. 모호성과 불안정성, 버림받았다는 생각 등은 계속해서 질문으로 던져지고 있다. 이러한 상황에서 해석공동체의 증언은 이러한 주제와 관련한 반대 증언을 통해 믿음의 백성들로 세상을 볼 수 있는 여지를 제공하며, 핵심 증언인 야웨 이야기를 능동형 동사를 통하여 말함으로 그분은 이스라엘의 삶 가운데서 지속적으로 역사하고 계심을 증언한다.[49]

셋째, '요청받지 않은 증언' 모티브가 사용된다. 마치 법정에서 요청받지 않은 내용을 말할 때 증인이 제재받는 것에 착안하여 성경에는 해석 공동체인 이스라엘이 종종 그런 증언을 할 때가 있다. 제재를 받기도 하고, 요청을 받지 않았음에도 이스라엘 해석 공동체의 증인은 하나님에 대한 증언을 멈추지 않는 열정을 보인다. 그것은 신약성경에 나오는 증인들과 교회사 가운데 나오는 많은 증인의 모습에서 찾아볼 수 있는 것처럼 그들은 그 증언을 부끄러워하지 않고 자랑스럽게 생각하였으며, 요청받지 않은 그들의 증언을 통해 열방 가운데 그 증거가 나타났다 시 96:10. 그러한 증언을 통해 그들은 야웨 하나님의 파트너로 우뚝 서 있다.[50]

---

48 위의 책, 317~18.
49 위의 책, 333, 359. 특별히 9~11장을 참고하라.
50 위의 책, 408.

넷째, 이스라엘의 증언은 '구현된 증언'의 형태를 취한다. 그들은 늘 최선을 다하지만, 하나님 신비의 세계를 드러내기에는 언제나 역부족이다. 그 증언은 언제나 불완전함으로 끝날 수밖에 없다. 아무리 대담하게 외치고, 노력해도 야웨 하나님의 독특성을 온전히 드러내지 못한다. 하지만 그들의 증언의 구체적 구현 concrete embodiment 은 어떤 중재자를 통해서가 아니라 야웨 하나님의 임재와 '직접성'을 통해서 이루어진다. 하나님은 스스로 그 임재를 드러내시고 중재하시는 분이시다.[51] 해석공동체 이스라엘의 증언은 그렇게 완성되고, 완결된 형태로 세상 가운데 드러나게 된다. 하나님의 직접적인 중재는 토라, 왕, 예언자, 지혜자, 예배 의식 등을 통해 드러난다.[52]

이렇게 월터 브루그만은 야웨 하나님께서 세상을 향한 증언 사역을 위해 이스라엘을 해석공동체로 세우셨고, 다양한 언설 utterance 을 통해 그의 메시지를 드러내신다고 분석한다. 신학의 과제는 이런 이스라엘의 강화 speech 를 숙고하는 것이며, 설교학의 과제는 그 담대한 강화를 그 후예들이 이어가게 하는 것이다.[53] 무엇보다도 이스라엘 공동체를 통해서 제시된 증언에 참여할 뿐만 아니라 그것을 새롭게 들려줄 수 있는 해석 공동체가 필요하다. 공동체의 해석을 위한 수고와 노력, 삶 속에서 그 증언을 삶으로도 실행하는 것이 증언의 사명을 가능케 하기 때문이다.[54]

---

51 위의 책, 567~69.
52 위의 책, 21~24장을 참고하라.
53 브루그만이 제시하는 이런 차원을 보기 위해서는 Walter Brueggemann, *Finally Comes the Poet: Daing Speech for Proclamation* (Minneapolis: Fortress Press, 1989); *The Practice of Prophetic Imagination: Preaching an Emancipatory Word* (Minneapolis: Fortress Press, 2012); *Cadences of Home: Preaching among Exiles* (Louisville: Westminster John Knox Press, 1997); *The Word Militant: Preaching a Decentering Word* (Minneapolis: Fortress Press, 2007) 등을 참고하라.
54 Brueggemann, *Theology of the Old Testament*, 743~44.

브루그만은 해석 공동체인 이스라엘의 담론을 통해 어떻게 증언 사역이 펼쳐지는지 고찰한 후 해석 공동체가 증언의 사명을 수행하기 위해서 구체적으로 실행해야 할 몇 가지 삶의 형태를 제시한다. "토라의 전통에 견고하게 거하기, 왕의 대리자로서 확고한 삶$^{well-being}$의 능력 배양에 전념하기, 잘못된 권력과 제도에 대해 예언적 소리 발하기, 제사장의 전통이 제시하는 방식을 따라 삶의 모든 현장에서 하나님의 임재 경험 실행하기, 지혜의 전승을 따라 탄력성이 있는 삶의 일상성 만들어 가기" 등이다. 이것이 각 시대 속에서 증언 사역을 가능케 한다고 주장한다.[55]

증언으로서의 설교

교회는 하나님의 동역자로 세상 가운데 하나님의 세계를 알리고 그 신비와 진리를 말하는 증언 사역을 감당하도록 부름을 받았다. 그 증언 사역을 위해 먼저 해석공동체가 되어야 한다. 그것이 수행해야 할 것은 증언의 해석학이다. 해석학적 토대는 설교 사역의 토대를 제공하는데, 교회 규범으로 주신 성경을 통해 설교자는 그 메시지를 공급받는다. 하지만 현대 사회에서 교회 공동체가 그러한 사명을 수행하는 일은 아주 위험해 보이기도 하고, 어리석은 것으로 인식되기도 한다. 과거와 전혀 다른 오늘의 상황과 위협으로 가득 찬 세상은 하나님의 말씀을 하찮은 것으로 만들었고, 그 사명을 수행해야 할 설교자와 신앙공동체가 두려움과 소심증에 사로잡혀 있다. 안주함을 벗어나 부활의 아침 증인들과 같이 오늘 설교자들은 주어진 책무를 어떻게 수행

---

[55] 위의 책, 745.

할 것인지에 대한 과제 앞에 서 있다. 설교자는 하나님의 말씀과 그 신비를 증언해야 할 책무를 가진다. 그 책무는 야웨 하나님을 주인과 왕으로 인정하는 것으로부터 시작된다.

증언으로서의 설교 이해는 이미 설교학 진영에서 다양하게 제시되었다.[56] 브루그만이 주장한 대로 오늘 설교자는 그 사명을 온전히 수행하기 위하여 "모든 것의 재정립 reordering"이라는 요구 앞에 서게 된다.[57] 설교를 증언으로 이해할 때 신학적으로 재정립해야 할 설교학적 과제가 있다.

첫째, 증언으로서의 설교는 진리-말하기 telling-truth 이다. '진리 말하기'로서의 증언은 역사 가운데서 오랫동안 사용해 온 법정 용어였다. 세상은 진리를 어둡고, 볼 수 없게 만들며, 왜곡하거나 애매한 것으로 만들어 버린다. 그러한 현상은 자기 자신이 만들기도 하는데, 두려움이나 어떤 사실을 알지 못하는 무지에서부터 시작된다. 증언으로서의 설교는 그러한 모든 세력에 대해서 진리 말하기이다. 하나님 말씀의 선포인 설교는 본질적으로 세상의 "통치자들과 권세들의 활동에 저항하는 중요한 실천"이며, 교회는 그런 어두움의 세력에 대해서 저항의 공동체로 서게 된다.[58] 이렇게 기독교 설교는 본질적으로 하나님의 말씀을 통하여 세상의 지배자와 권세에 항거하여 생명과 정의를 유지하게 하는 저항 행위이며, 생존을 위한 몸부림이었다. 그래서 사람들로 하여금 망각의 늪에 빠져들지 않게 만들어 어두움의 권세에 대항하여 생명

---

56 이러한 증언의 관점을 통해 설교학 연구를 개진한 학자로는 토마스 롱, 앤나 플로렌스, 데이비드 로즈 등을 들 수 있다. 그들은 모두 설교자를 증인으로, 설교를 증언으로 이해한다. Long, 『증언으로서의 설교』; Anna Carter Florence, *Preaching as Testimony* (Louisville: Westminster John Knox Press, 2007); David J. Lose, *Confessing Jesus Christ: Preaching in a Postmodern World* (Grand Rapids: Eerdmans, 2003) 등을 참고하라.
57 Brueggemann, *Theology of the Old Testament*, 747.
58 Charles Campbell, *The Word before the Powers*, 김운용 역, 『실천과 저항의 설교학: 설교의 윤리』(서울: WPA, 2014), 30.

유지와 저항을 위한 가장 효과적인 수단이 바로 증언이라고 한 캐롤린 포르세의 주장이 이런 맥락에서 나온 것이다.[59]

둘째, 증언으로서의 설교는 시적 언어와 강화 방식을 통한 사역이다. 리쾨르가 말한 대로 성경의 증언은 언제나 시적 기능을 통해 거짓의 기준을 중단시키고, 하나님께서 보여주시는 세계와 그 신비를 현시한다. 설교자는 성경이 말해지는 방식과 다양한 언어 형식에 대해 관심을 기울여야 한다. 현대 설교학은 성경이 말하는 교리나 주제를 논증하고 연역식으로 추출하여 가르치려는 방식보다는 성경이 말하는 방식을 따라 그 사건에 참여하고, 경험하게 하며, 그것을 나의 사건으로 체험하게 하는 데에 초점을 맞추어 왔다. 이런 시적 방법은 도덕적 교훈이나 교리의 명료화, 문제 해결 등의 방식을 지양하고, 시적 언어를 통한 커뮤니케이션 패턴을 강조한다. 그래서 브루그만은 포스트모던 시대에서 증언 사역을 위해서 형이상학적 사고에서 벗어나 드라마 중심의 사고로 전환이 필요하다고 주장한다. 드라마 중심의 사고, 즉 시적 강화 방식은 구약성경이 하나님의 진리를 증언하는 방식이었으며, 신약성경이 제시하는 원초적 증언 방식이라고 주장한다.[60]

셋째, 증언으로서의 설교는 성경의 사건에 참여와 관여 involvement 를 중요한 요소로 여긴다.[61] 그들이 보았던 세계와 체험한 진리를 '어떻게' 말할 줄 아는 것은 증인의 중요한 자질이다. 증언은 참여, 갈등, 논쟁, 판단, 확신의 과정을 따라 이룩되었다는 사실을 앞서 살펴보았다. 증언

---

59 Carolyn Forché, ed., *Against Forgetting: Twentieth-Century Poetry of Witness* (New York: W. W. Norton & Co., 1993).
60 이러한 그의 주장을 보기 위해서는 Walter Brueggemann, *Texts under Negotiation: The Bible and Postmodern Imagination* (Minneapolis: Fortress Press, 1993)을 참고하라.
61 브루그만은 삶의 사건들에 '참여'(participation)와 '연루'(involvement) 되는 차원을 강조한다. 세월호에서 희생된 아이들은 내 아이라는 차원, 팔레스타인에서 죽어가는 아이들이 내 아이라는 차원을 '연루'라는 관점으로 설명한다. 말려듦, 휩쓸림, 참여적 연관성 등의 개념이다. 이분법적 사고가 강한 한국강단에서는 다소 생소한 개념이고, 문제가 야기될 수도 있는 차원이다.

자는 필요한 과정과 그 나름의 강화 방안을 찾아야 한다. 브루그만은 그것은 구약의 해석 공동체가 수행했던 증언 강화 가운데서 "증언, 논쟁, 옹호"라는 기본개념으로 설명하면서, 증인에게는 그 세계와 말씀으로의 참여가 필요하다. 리쾨르도 그 과정을 증언 해석학으로 설명하면서, 참여와 귀속성의 중요성을 강조한다. 여기에서 필요한 것은 "포괄적이며 총괄적인 관계성"이다.[62] 마가가 부활 내러티브에서 보여주는 것처럼 해당 사건에 직접 참여하고 그 세계를 경험한 자가 증인이 되었다. 그래서 리차드 보컴은 그렇게 주장한다. "가장 바람직한 목격자는 냉담한 구경꾼이 아니라 역사적 사건에 참여하여 거기에 가장 가까이 있었던 자들이요, 그 사건을 직접 체험한 덕분에 자신이 목격한 사건의 의미를 이해하고 해석할 수 있었던 사람"이다.[63]

증언으로서의 설교는 설교자들이 하나님의 말씀 세계에 직접 참여하고, 갈등과 논쟁, 그리고 판단 과정을 통해 증언할 메시지를 다듬고, 확증하고, 효과적으로 들려줄 방법을 세우도록 요청한다. 참여와 관여는 일어났던 일의 이해뿐만 아니라 증언에 있어서 필수 요소였다. 복음 내러티브는 초기 교회 증언 목격자의 이야기를 통해서 이루어졌으며, 증인들의 경험, 확신, 해석 과정을 통해서 이루어졌음을 강조한다. 역사적 사실을 직접 체험한 내부의 증언이야말로 진실에 접근하는 가장 확실한 방법이었다.[64] 설교는 "성경 본문과 삶 속에서 그가 보았고 들은 것"을 증언한다.

넷째, 해석 공동체이자 증언 공동체인 교회는 텍스트와 문화, 상황에 대한 바른 해석을 필요로 한다. 텍스트는 해석되어야 한다는 리쾨

---

62 Ricoeur, "Toward a Hermeneutic of the Idea of Revelation," 107.
63 Bauckham, 『예수와 그 목격자들』, 33.
64 위의 책, 35.

르의 주장이나, 텍스트는 하나의 목소리라는 브루그만의 이해는 그것이 가지는 다양한 특성뿐만 아니라 전달되는 상황과 청중의 다양성을 고려한다. 그들의 증언 사역을 감당함에 있어서, 깊은 텍스트의 해석뿐만 아니라 다양한 강화 방식을 활용해야 한다. 효과적 증언을 위해 진리에 대한 해석과 그것의 전달을 위해 다양한 강화 방식을 추구하였던 점을 고려한다면 현대 상황에 대한 분석과 고려는 증언 사역의 필요충분조건이다.

다섯째, 증언으로서의 설교는 하나님 나라 선포와 임재의 중재 행위이다. 여기에서 삶에서 실천이 동반되어야 한다는 것은 필수 요소이다. 본래 이스라엘의 증언 행위는 "여호와의 임재를 중재하는 행위"였다. 브루그만은 증언과 재판이라는 메타포를 통해 신앙공동체의 증언과 계시의 상관관계를 설명한다. 즉 하나님에 관한 이스라엘의 언어표현을 통해 증언이 이루어지고, 판결이라는 재판의 과정을 통해 그것이 실재 reality 로 인식될 때, 그것은 참되고 신뢰할 만한 드러냄계시으로 나타나게 된다는 사실과 가장 신뢰할 수 있는 계시로 받아들여지는 특이성을 그의 구약신학의 연구를 통해 선명하게 보여준다. 이스라엘의 언어 패턴은 그들이 하나님으로부터 보고, 듣고, 받은 것을 말하는 증언 testimony 형식으로 이루어졌고, 증인들은 그것을 통해 하나님의 임재, 통치, 구원의 역사, 심판을 증거한다. 그런 점에서 신앙공동체는 증언의 해석 가운데 존재하며, 증언은 앎 knowing, 해석 interpreting, 말함 speaking 의 방식에 대한 신학적 관심을 선명하게 제시한다. 이렇게 기독교 설교는 단순히 추상적 진리의 선포를 넘어서 그가 보았고 경험한 세계와 믿고 확신한 것을 선포하는 증언 행위이다. 해석과 증언 행위를 통해 신앙공동체는 세상이 하나님 나라와 그분의 임재를 보게 하고 경험하게 하는 증언 사명을 감당한다.

설교, 교회의 가슴 떨리는 증언

이렇게 설교는 교회의 가슴 떨리는 증언이었다. 리쾨르는 '증언'이라는 은유를 통해 설교자가 해석학적 특성을 탐구하도록 초대한다. 초대교회의 삶과 문헌을 통해 분석하면서 '증인 캐릭터'witness character 를 설교자의 원형으로 제시하면서 증언 해석학의 특징과 중요성을 일깨워 준다. 브루그만은 이스라엘의 믿음의 고백이자 증언인 구약성경 연구를 통해 그들은 '해석 공동체'였으며, 다양한 방식으로 당시 삶의 자리를 이해하고 분석하여 적절한 형식을 통해 말씀을 증언했음을 보여주면서 오늘 설교자가 마땅히 관심을 기울여야 할 설교학적 통찰을 제시한다.

1970년대 이후, 현대 설교학 진영의 논의 중심에 청중이 있었다. 그것은 하나님의 말씀이 중요하고 그것이 오늘 삶의 자리에 온전히 들려졌을 때만 설교는 하나님의 말씀이 될 수 있다는 이해에서 시작된 것이다. 오늘의 청중이 어떻게 듣고, 어떻게 의식이 형성되느냐에 관심을 기울이게 되면서, 설교학에서 삶의 자리와 청중 이해는 다양하게 진행되었다. 민족지학적 특성을 통해 회중들이 가지고 있는 독특한 이야기에 관심을 기울이기도 했고, 그 특성을 따라 설교 형태에 깊은 관심을 기울이기도 했으며, 심리학적 특성과 메시지를 받는 방식에까지 연구의 지평을 넓혔다. 하지만 본의 아니게 텍스트의 중요성을 간과하지 않았느냐는 염려의 소리도 나오게 되었다.

사실 포스트모던 시대에는 청중의 기호와 만족이 중요한 요소로 대두된 것을 부인할 수 없다. 소비자 중심주의는 그러한 요소에 더 관심을 기울이도록 끊임없이 재촉하고 있으며, 현대 상업주의는 끝없는 불만족을 부추기고 있다. 이런 문화에 길들어진 그리스도인들도 예배의 자리에서 어느새 '말씀의 소비자'로 앉아있게 만들었으며, 설교자는 그들은 즐겁게 하고 만족시켜야 하는 새로운 과제를 끌어안게 되었다. 쾌락주의, 오락 추구^{entertainment}, 소비주의 등은 설교의 전통까지 흔들고, 변질시킬 수 있는 개연성 앞에 놓이게 했다.

성경이 보여주는 '증언'으로서의 설교에 대한 신학적 토대는 중요한 도전을 가져다준다. 성경은 "위험하고 전복적이며, 스캔들을 일으킬만한" 하나님의 세계와 신비를 증언하는 책이었고, 설교는 거짓 진리와 관념이 지배하는 세상에 대한 저항의 특성을 가진다. 해석공동체는 텍스트와 컨텍스트에 대한 바른 이해와 해석의 과정을 통해 증언의 사역을 감당했음을 이해할 때 오늘의 시대에서의 설교 사역에 대한 중요한 신학적 통찰을 제시한다. 교회는 하나님의 말씀을 해석하고 증언하도록 초청을 받은 해석공동체이며, 증언공동체이다. "야웨 하나님에 대한 신실함이라는 방식으로 공동체의 내적 삶을 새롭게 구성하는 것"과 "그 공동체 너머에 있는 세상을 향해 야웨 하나님과 관련하여 그들의 삶을 새롭게 하라고 계속 초청하는 일"을 위해 공동체는 부름을 받았다.[65] 세상은 증언공동체에 의해서 해석되고, 전파된 메시지를 통해 하나님 나라의 복음을 듣게 된다. 그 공동체는 인간의 증언을 참되게 하는 것은 부활하신 그리스도의 임재임을 기억하면서 주님의 임재와 성령님의 기름 부으심을 부단히 구하는 청원^{에피클레시스} 공동체임을 기억해야 한다.

설교는 복음으로 인해 가슴이 떨렸던 교회의 증언이었다. 구약의 예언자 전통으로부터 시작하여 신약의 사도들 전통까지 설교자는 증인이었다. 유진 피터슨$^{Eugene\ H.\ Peterson}$의 주장처럼, "증인은 결코 중심에 서지 않는다. 다만 중심에서 일어나는 일을 가리키거나 밝힐 뿐이다.

---

65 Brueggemann, *Theology of the Old Testament*, 747.

… 중심에서 일어나는 일이란 곧 성부와 성자와 성령의 모든 작용을 통해 나타나는 하나님의 행동과 계시다."[66] 하지만 오늘 설교자는 마치 사사 시대와 포로기처럼 '고향'이 무너진 시대에서 설교사역을 감당해야 하는 시대가 도래하였다. 오늘의 문화는 설교자가 소명을 수행하기에 쉽지 않은 상황이다. '포스트모던'으로 대표되는 문화는 진리 거대담론 자체를 거부하고, 소비주의는 목회 마저 경쟁적 비즈니스로 바꾸면서 공교회성 상실과 영성 왜곡 현상이 두드러지게 만들었다.

성경은 설교자들이 '요셉을 알지 못하는' 시대에서도 이집트의 문화나 바벨론 제국의 패권주의에 결코 굴복도, 타협도 하지 않았음을 증언한다. 아니 굴복하지 않아야 함을 요청한다. 오히려 그 설교자들은 여호와 하나님이 그 중심에 좌정하시는 세상을 담대하게 증언하였고, 세상의 지배적 담론에 저항하고 담담히 맞서면서 대안적 의식 alternative consciousness 을 펼친다. 증언자들에게 필요한 것은 "전복적 영성" subversive spirituality 이며, 그들이 우뚝 서 있을 때 설교는 전복적인 사역으로 나타나게 된다.[67]

오늘, 설교자의 고백이 이것이어야 하지 않겠는가? "하나님께 자기를 내어드리는 그대/ 세상 사람들의 '확실한 것'을 등지고/ 세상 사람들이 숭배하는 것을 무시하는 그대는 복이 있다/ 세상은 하나님의 기적과/ 하나님의 생각으로 가득 쌓인 곳/ 그 무엇도, 그 누구도/ 주께 견줄 수 없습니다/ 주님에 대해 내가 아는 것을 말하려 해도/ 금세 말문이 막히고 마니/ 지극히 크신 주님을/ 숫자나 말로는 다 담아낼 수 없습니다" 시 40:4~5, 메시지. 플로렌스는 주어진 증언 사명을 교회가 어떻

---

66 Eugene H. Peterson, *The Pastor: A Memoir*, 양혜원 역, 『유진 피터슨: 부르심을 따라 걸어온 나의 순례길』(서울: IVP, 2011), 27.
67 이 용어는 월터 브루그만, 유진 피터슨, 마르바 던에게서 빌려온 것임을 밝힌다.

게 감당해 왔으며, 어떻게 감당해야 할지에 대한 지혜를 제시한다.

내가 그것을 어떻게 말할 수 있을까? 어떤 증거도 내가 말하는 것을 보증해 주지 못하는데, 내가 어떻게 하나님의 해방케 하시는 말씀을 선포할 수 있을까? 아니, 내가 어떻게 설교하지 않을 수 있다는 말인가? 성경 본문과 우리의 삶 가운데서 운행하시는 하나님을 보았는데, 내가 어떻게 그것을 말하지 않을 수 있다는 말인가? 하나님은 어떤 제도보다 위대하시고 선하시며 능하신 분이시며, 내가 그것을 진정으로 믿는데 그것을 어떻게 말하지 않을 수 있다는 말인가? 사랑하는 교인들이 거짓 세력에 사로잡혀 있는데 내가 어떻게 그것을 말하지 않을 수 있다는 말인가? 내가 전하는 것이 자유케 하시는 하나님의 말씀인데 어떻게 그것을 말하지 않을 수 있다는 말인가? 내 인생이 그 말씀에 온전히 인이 쳐져 있는데 내가 어떻게 그것을 말하지 않을 수 있다는 말인가? 이것이 성경이 말씀하시는 방식이며, 설교의 논리이고, 사랑하는 교회의 모국어이며, 지금까지 잘 보존된 비밀인데 내가 어떻게 그것을 말하지 않을 수 있다는 말인가? 내가 진정으로 깨어 있다면 어떻게 그것을 말하지 않을 수 있다는 말인가? 내가 어떻게 하나님을 증거하지 않을 수 있다는 말인가? 그렇다. 당신은 할 수 있다. 특별한 용기가 없는 당신이라 할지라도 당신은 할 수 있다. 당신이 감당하는 사역은 실로 영광스러운 것이다. 하나님께 감사를 올려드리자.[68]

---

68 Florence, *Preaching as Testimony*, 158.

2부

설교의 기초석 Foundation

마음을 씻고 닦아 비워내고
길 하나 만들며 가리.
이 세상 먼지 너머 흙탕물을 빠져나와
유리알같이 맑고 투명한
아득히 흔들리는 불빛 더듬어
마음의 길 하나 트면서 가리.
이 세상 안개 헤치며, 따스하고 높게
이마에는 푸른 불을 달고서

— 이태수, "마음의 길 하나 트면서," 전문

4장
설교자, 설교 사역, 그리고 소명

들려주시게
바람에 드러눕던 갈대처럼 풋풋했던 목소리
보여주시게
붉은 잎새보다 더 붉던 그대 가슴을
가을이 깊어가네
이 계절을 어찌 지내시는가
— 이필연[1]

그대들 눈에서

민족의 어두운 시간을 살면서 민족의 봄을 꿈꾸고 노래했던 시인 심훈은 "거리의 봄"에서 그렇게 노래한다. "지난겨울 눈 밤에 얼어 죽은 줄 알았던 늙은 거지가/ 쓰레기통 곁에 살아 앉았네/ 허리를 펴며 먼 산을 바라다보는 저 눈초리!/

[그림1] 1934년 심훈이 직접 설계해 지은 '필경사'(筆耕舍, 충남 당진).

우묵하게 들어간 그 눈동자 속에도/ 봄이 비치는구나 봄빛이 떠도는구나/ 원망스러워도 정든 고토(故土)에 찾아드는 봄을/ 한 번이라도 전 눈으로 더 보고 싶어서/ 무쇠도 얼어붙은, 그 치운 겨울에 이빨을 앙물

---

[1] 이필연의 시에 박경규가 곡을 붙인 "가을앓이"의 가사 일부이다.

고 살아왔구나/ 죽지만 않으면 팔다리 뻗어 볼 시절이 올 것을/ 점쳐 아는 늙은 거지여 그대는 이 땅의 선지자로다// 사랑하는 젊은 벗이여/ 그대의 눈에 미지근한 눈물을 거두라!/ 그대의 가슴을 헤치고 헛된 탄식의 뿌리를 뽑아버리라!/ 저 늙은 거지도 기를 쓰고 살아왔거늘/ 그 봄도 우리의 봄도, 눈앞에 오고야 말 것을/ 아아, 어찌하여 그대들은 믿지 않는가?"[2]

조국의 현실은 암담하여 거리엔 눈이 쌓여가고 '늙은 거지'는 아무래도 봄을 볼 수 없을 것 같다. 그래서 모두가 변절의 길을 걷고 있을 때 민족의 봄을 기다렸고, 해방의 '그날'을 기다렸던 시인, 지금은 잠든 영혼을 깨우는 계몽의 시간임을 인식하며 아버지가 계시던 충남 당진으로 내려가 작은 집을 짓고, 그 이름을 '필경사'筆耕舍라 명명한다.[3] 그곳에서 엎드려 원고지를 채워 쓴 것이 계몽 소설 『상록수』이다. 처절하게 저항의 삶을 살았던 시인은 오늘 환경을 보며 낙담하는 이들에게 가슴에 담긴 이야기를 풀어놓는다. "미지근한 눈물을 거두라… 그대의 가슴을 헤치고 헛된 탄식의 뿌리를 뽑아버리라… 저 늙은 거지도 기를 쓰고 살아왔거늘…"

많은 고난과 위기를 헤쳐온 선배들을 생각하게 되고, 오늘 우리가 감당해야 할 사명을 생각하게 된다. 오늘 우리의 들판에도 봄도 오고

---

2 심훈의 시, "거리의 봄," 전문. 심훈 시집, 『그날이 오면』(서울: 한성도서주식회사, 1949). 1932년, 『심훈 시가집』이란 제목으로 발간하려고 했지만, 총독부 검열에서 시의 내용 대부분을 삭제해야 해서 시집 발행을 포기했고, 해방 후 1949년에야 유고 시집으로 출간되었다. 여기에서는 "감옥에서 어머님께 올린 글월"을 시작으로 47편의 시와 시조 10편, 산문 7편이 수록되어 있다. 짧은 생애 동안에 시 99편, 소설 8편, 시나리오 3편, 평론 17편, 수필 20편, 서간문 5편, 일기 105일분 등이 남겼다. 여기에 실린 시 외에 다른 시도 함께 참고하려면 정종훈 편집, 『심훈 작품집』(서울: 범우, 2022)를 참고하라.
3 필경(筆耕)은 '붓으로 밭을 일군다'는 뜻으로 그의 시의 제목이기도 하다. 1934년, 심훈이 직접 설계하여 집을 짓고 이름을 붙였다. 그에게 붓은 밭을 일구는 쟁기였고, 연장이었다. '마음의 붓으로 조국의 논밭을 일구자'라는 의미로 붙인 당호이다. 충남 당진시 송악면 부곡리에 있으며, 한때는 교회당으로도 사용하였는데, 그의 장조카 심재영이 사들인 후 관리해 왔다.

야 말 것을 어찌하여 그대들은 믿지 않는지 묻는다. 지금 한겨울과 같은 시절에 새봄을 기다리며 희망 노래를 부른다. 오늘 설교자에게 필요한 외침이 바로 이것이 아니겠는가? 심훈은 그 암담한 때에 스스로에게 이렇게 외치곤 했다. "우리의 붓끝은 날마다 흰 종이 위를 갈며 나간다/ 한 자루의 붓, 그것은 우리의 쟁기요, 유일한 연장이다/ …우리의 꿋꿋한 붓대가 몇 번이나 꺾였었던고/ …파랗고 빨간 잉크는 정맥과 동맥의 피 최후의 한 방울까지 종이 위에 그 피를 뿌릴 뿐이다."⁴

일본 제국주의자들에게 짓밟힌 조국에는 봄이 올 것 같지도 않고, 설령 봄이 와도 새싹이 움틀 것 같지 않은 상황에서 짓밟힌 논밭을 일구는 마음으로 시를 썼다는 말이다. 마지막 피 한 방울을 뿌리듯 그렇게 시를 써야 짓밟힌 땅을 일구고, 그곳에 생명이 자란다는 뜻이다.

[그림2] 심훈(1901~1936), 독립운동가, 소설가, 시인, 영화감독

변절자들이 앞다투어 줄을 서는 때 심훈은 처음부터 죽음의 그날까지 해방의 날을 기다리고 꿈꾸고 외쳤던 사람이다. 경성제1고등보통학교^{현 경기} 재학 중에 학생 신분으로 3·1만세운동에 가담했고, 구속되어 긴 옥고를 치뤘고, 나중 학교에서는 퇴학 처분을 받았다. 아들이 행방불명되어 걱정하던 어머니는 아들이 만세운동에 참가했다가 체포되어 서대문형무소에 갇혀 있는 것을 3개월이 지난 다음에야 알게 되었다. 어머니가 보내준 고의적삼⁵을 받아 들고 비밀스럽게 쓴 편지가 어머니에게 배달 되어,

---

4 심훈, '필경(筆耕)' 시 전문. 『철필』지에 1930년 7월에 처음 발표 하였다.
5 총독부가 1920년에 펴낸 『조선어사전』은 이 단어를 "袴衣赤衫"이라는 한자어로 표기했지만, '여름에 입는 홑바지와 저고리'라는 뜻의 순수 우리말이다.

현재는 중학교 교과서에 "옥중에서 어머니께 올리는 글월"이라는 제목으로 실려있다. 그때 시작한 그 걸음을 죽는 날까지 이어간다.

나중 출옥하여 중국 상하이로 유학을 가지만 고문 후유증으로 학업을 중단해야 했고, 저장성 항저우시 지장대학^{之江大學} 국문학부에 입학하지만 역시 건강 문제로 졸업하지 못했다. 그때 독립운동가 신채호, 이회영 등과 교류하며 그는 집안사람들과는 전혀 다른 길을 걷는다.[6] 소설로, 영화로, 시로 저항하며 조선 독립을 외치다가 서른다섯 젊은 나이에 장티푸스에 걸려 요절한다. 갑작스런 그의 죽음을 슬퍼하며 그의 장례식에서 여운형은 추도사에서 심훈의 시를 낭송한다. "…오늘 밤 그대들은 꿈속에서 조국의 전승을 전하고자/ 마라톤 험한 길을 달리다가 절명한 아테네의 병사를 만나 보리라/ 그보다도 더 용감하였던 선조들의 정령^{精靈}이 가호하였음에/ 두 용사 서로 껴안고 느껴 느껴 울었으리라// 오오, 나는 외치고 싶다! 마이크를 쥐고/ 전 세계의 인류를 향해서 외치고 싶다!/ '인제도 인제도 너희들은 우리를 약한 족속이라고 부를 터이냐!'"[7]

죽어가면서도 조국 독립의 열정이 쇠하지 않았던 사람, 오히려 미지근한 눈물을 거두라고, 헛된 탄식을 거두고 다시 일어서 그 길을 걸어가라고 외친다. 아니 그만이 아니라 그 고난의 길을 함께 걸었던 사람들이 모두 같았음을 어린 나이에 감옥에 갇혀 어머니에게는 그렇게 쓰고 있다.

---

6 심훈의 집안은 시류에 순응하며 살았던 전통 양반 지주 가문이었고, 두 형(우섭, 명섭)은 친일의 길을 걸었다.
7 이것은 그의 시, "오오 조선의 남아여"의 마지막 두 연을 인용한 것이다. 1936년 동갑내기였던 손기정, 남승룡 두 선수가 베를린 올림픽 마라톤에서 금메달과 동메달을 획득했을 때, '중앙일보' 호외(號外)를 길거리에서 주워 들고 감격하여 그 뒷면에 쓴 즉석 시이다. 이 시를 쓴 후 한 달 만에 세상을 떠나면서, 그의 마지막 시가 되었다. 『상록수』는 그의 마지막 소설이었다.

어머님! 날이 몹시도 더워서 풀 한 포기 없는 감옥 마당에 뙤약볕이 내리쪼이고, 주황빛의 벽돌담은 화로 속처럼 달고 방 속에는 똥통이 끓습니다. 밤이면 가뜩이나 다리도 뻗어 보지 못하는데, 빈대, 벼룩이 다투어 가며 진물을 살살 뜯습니다. 그래서 한 달 동안이나 쪼그리고 앉은 채 날밤을 새웠습니다. 그렇건만 대단히 이상한 일이 있지 않겠습니까? 생지옥 속에 있으면서 괴로워하는 사람이 하나도 없습니다. 누구의 눈초리에나 뉘우침과 슬픈 빛이 보이지 않고 도리어 그 눈들은 샛별과 같이 빛나고 있습니다….[8]

무엇이 그를 일어서게 한 것이며, 무엇이 그 고난의 길도 당당하게 달리게 하였으며, 그의 노래를 멈추지 않은 것이 무엇이었던가? "기나긴 겨울밤에/ 가늘게 떨며 흐느끼는/ 고달픈 영혼의 울음 소리/ 별 없는 하늘 밑에 들어 줄 사람 없구나!"[9]라고, 탄식하듯 외치면서도 달려가게 했던 것은 무엇이었을까? 그의 다른 시에서 그 동인動因을 읽게 된다. "그날이 오면 그날이 오며는/ 삼각산이 일어나 더덩실 춤이라도 추고/ 한강물이 뒤집혀 용솟음칠 그날이/ 이 목숨이 끊기기 전에 와주기만 하량이면/ 나는 밤하늘에 날으는 까마귀같이/ 종로의 인경[人定]을 머리로 들이받아 울리오리다/ 두개골은 깨어져 산산조각 나도/ 기뻐서 죽사오매 오히려 무슨 한이 남으오리까/ 그날이 와서 오오 그날이 와서/ 육조六曹 앞 넓은 길을 울며 뛰고 뒹굴어도/ 그래도 넘치는 기쁨에 가슴이 미어질 듯하거든/ 드는 칼로 이 몸의 가죽이라도 벗겨서/ 커다란 북을 만들어 둘쳐메고는/ 여러분의 행렬에 앞장을 서오리

---

8 심훈, "어머님께," 정종훈 편집, 『심훈 작품집』, 20.
9 심훈의 시, "밤," 일부. 심훈 시집, 『그날이 오면』, 19. 유고 시집으로 처음 발간된 것이며, 이 시는 '서시'로 수록되었다.

다/ 우렁찬 그 소리를 한 번이라도 듣기만 하면/ 그 자리에 거꾸러져도 눈을 감겠소이다."¹⁰

　이 단장의 아픔과 간절함이 느껴지는가? 그 고난의 길을 달려가게 했던 것은 조국 광복에 대한 염원 때문이요, 하늘의 부르심 때문이었다. "무슨 한이 남으오리까"의 구절에 담긴 시인의 열정이 느껴진다. 1연이 인경을 제 머리로 들이받아 종을 울리고 싶어 하는 죽음보다 강한 염원, 바로 해방의 그날을 노래하고 있다면, 2연은 칼로 자기 가죽을 벗겨 북을 만들어 매고 앞장서는 거룩한 정념pathos 을 노래한다. 이 모든 것이 자기 부정과 죽음으로 실현되는 것이지만 그에게는 조금의 망설임이 없다. 일제의 검열로 빛을 보지 못했지만, 출간을 위해 준비한 시가집 서문에는 이렇게 그 열정을 그렇게 고백한다.

　　나는 쓰기를 위해서 시를 써 본 적이 없습니다. 더구나 시인이 되려는 생각도 해 보지 아니하였습니다. 다만, 닫다가 미칠 듯이 파도치는 정열에 마음이 부대끼면 죄수가 손톱 끝으로 감방의 벽을 긁어 낙서하듯 한 것이 그럭저럭 근 백수나 되기에 한곳에 묶어보다가 이 보잘것없는 시가집이 이루어진 것입니다.¹¹

　어두운 들판에 서 있는 민족을 깨웠던 시인의 사명, 그것은 설교자의 사명이기도 하다. 하나님의 정념pathos 에 사로잡힌 사람, 그것이 목숨을 걸어야 하는 길이래도 어두운 들판에 작은 등불 하나 들고 하나님의 길을 보여주는 사람이 설교자이다. 설교자는 아무리 어려운 시대

10　심훈, "그날이 오면" 전문. 원래 이 시는 이것은 1930년 3월 1일에 쓴 시로 잡지『신생(新生)』(1932년 5월호)에 '斷腸二首'(단장2수)란 제목으로 발표한 시였다.
11　정종훈 편,『심훈 작품집』, 17.

에서도 하나님의 현존과 역사하심을 믿기에 희망을 노래하고, 선포하는 사람이다. 복음이 가지는 변혁성을 확고하게 믿는 사람, 하나님의 현존과 다스리심을 믿는 사람이다. 하나님은 길이 없는 곳에서도 길을 여시는 분이시며, 칠흑 같은 어두움으로 덮여 있는 들판에서도 빛을 비추시는 분이시고, 죽음의 재가 덮인 자리에서도 생명의 새싹이 돋아나게 하시는 분 사 43:19, 눅 2:9, 7:14-15 이심을 확신하는 존재이다.

구약의 설교자인 예언자는 악에 대해 민감한 사람이며, 하나님의 장엄함에 붙들린 사람이었다. 아브라함 헤셸 Abraham J. Heschel 이 묘사한 것처럼 그들의 "언어는 빛을 내며 불타오르고," 그들의 귀는 소리 없는 한숨도 듣는 사람들이며, 그들은 "한 옥타브 높은 음계를 사용"한다. 그들은 "노래하는 성자도 아니고 도리를 가르치는 시인"도 아니지만 그들은 "인간의 마음을 습격하는 자"이다. 설교자는 "양심이 끝나는 곳에서 그의 말이 불타오르기 시작"하는 존재들이다. 그들의 중심 되는 사명은 "하나님의 말씀을 지금, 여기에 밝히는 것"이며, 지금 무엇이 이루어지고 있는가를 드러내는 존재이다. 그들의 메시지는 언제나 심판으로 시작하여 소망으로 끝난다.[12]

설교한다는 것은 그분의 신실하심을 믿고 그분을 깊이 신뢰하는 행위이고, 그것을 세상 속에 확증하고 confirm, 구현하는 사역이다. 설교자는 세상을 지배하는 담론과 지배의식 royal consciousness, 거짓 의식 false consciousness 에 끌려가기보다는 야웨 내러티브에 귀를 기울이는 사람이다. 말씀을 따라 세상의 지배 담론을 비판하고 criticize, 세상을 흔들어 일깨우는 dismantling 사람이요, 하나님의 백성들과 공동체가 나아가야 할 방향을 제시하며, 그 믿음의 길을 걸어갈 수 있도록 활력을 불어넣는 ener-

---

12 Abraham J. Heschel, *The Prophets*, 이현주 역,『예언자들』(서울: 삼인, 2017). 20, 33~47.

gizing 사람이다.[13] 그렇다. 설교 사역은 하나님의 구속 역사 Heilsgeschichte 가운데 나타나는 소망을 선포하는 사역이다. 오스카 쿨만의 주장대로 초기 교회의 선포 핵심에는 하나님의 구속 역사가 자리 잡고 있었듯이,[14] 기독교 설교는 예수 그리스도 안에 나타난 하나님의 구원 행동에 집중하며, 십자가에서 나타나는 생명 노래, 희망 노래를 제시하는 사역이다.

희망 노래, 믿음 노래

류승완 감독의 영화, 『군함도』는 일본 나가사키현 하시마 섬의 일본 재벌 탄광의 한국인 강제 징용 실화를 영화화한 것이다. 어린 딸과 함께 속아서 끌려간 경성 반도호텔 악단장 강옥 황정민이 딸과 함께 부르는 "희망가"가 엔딩곡으로 흘러나온다. "이 풍진風塵 세상을 만났으니 너의 희망이 무엇이냐/ 부귀와 영화를 누렸으면 희망이 족할까/ 푸른 하늘 밝은 달 아래 곰곰이 생각하니/ 세상만사가 춘몽 중에 또다시 꿈 같도다/ 이 풍진 세상을 만났으니 너의 희망이 무엇이냐/ 부귀와 영화를 누렸으면 희망이 족할까/ 담소화락談笑和樂에 엄벙덤벙 주색잡기酒色雜技에 침몰하랴/ 세상만사를 잊었으면 희망이 족할까." 일제 강점기, 한국전쟁기를 지나는 동안 가난하고 배고프던 시절에 너무 캄캄하고, 앞날이 보이지 않아 입에 달고 살았던 노래였다. 어릴 적, 어머니가 늘 입에 달고 사셔서 필자도 늘 들으면서 자랐다.

한일병탄이 일어났던 1910년, 독실한 크리스천인 임학천이 미국 찬송 곡에 가사를 붙여 만든 노래이다. 소작료와 눈덩이처럼 불어나는

---

13 이러한 개념과 용어는 월터 브루그만에게서 빌린 것임을 밝힌다. Walter Brueggemann, *The Prophetic Imagination*, 2nd ed. (Minneapolis: Fortress, 2001), 3.
14 Oscar Cullmann, *Christ and Time* (Philadelphia: Westminster Press, 1950), 29.

빚을 감당할 수 없어 북간도로, 만주로 야반도주하기도 하고, 젊은이들은 억울하게 끌려가 총알받이로, 일본군 강제 위안부로, 강제 노역에 시달려야 했다. 자신의 영달榮達을 위해 나라 팔아먹고 친일하여 돈과 명예를 얻으려는 이가 대부분이었지만 작은 호롱불을 들고 캄캄하고 암울하던 시절에 희망을 전하려던 사람이 거기에도 서 있었다. 초기 그리스도인들은 함께 고난의 터널을 지나면서 그 노래를 믿음의 노래로 바꾸어 불렀다. "이 풍진 세상을 만났으니 우리 할 일이 무엇인가/ 믿음과 소망과 사랑 중에 제일은 사랑이라/ 형제여 서로 사랑하자 우리 서로 사랑하자/ 사랑의 주님 계명 지켜 힘써서 사랑하자." 희망이 없는 시대에 믿음의 노래로 바꾸어 불렀다.

긴 어둠의 터널을 지나듯, 바벨론 포로기를 보내고 있는 이들에게 작게 가늘게 희망의 노래가 드려온다. 포로 귀환의 희망 노래를 하나님의 구속 역사 관점에서 새롭게 바꾸어서 믿음의 노래로 전하는 설교자의 외침이 들려온다. 40장부터 시작되는 말씀에는 희망 노래를 넘어 하나님의 위로와 회복의 노래로 바뀌고 있다. 얼마나 확고하고 선명한지, 근심과 걱정을 다 녹여낼 만큼, 마음의 무거움을 넉넉히 녹여낼 만큼 분명하고 따뜻하다. "하나님께서 말씀하신다. 대양 가운데 길을 내시고/ 거센 물결 사이로 길을 뚫으시는 하나님/ 말과 전차와 군대를 소환하시면/ 다 쓰러져 일어나지 못하고/ 촛불처럼 꺼져버리고 마는/ 그 하나님께서 말씀하신다/ 내가 사막 가운데 길을 내고/ 황무지에 강을 낼 것이다"사 43:16~17.

하나님께서 새 일을 행하신단다. 큰 바다 가운데 길을 내시고, 거센 물결 사이로 길을 뚫으신단다. 사막에 길을, 황무지에 강을 내신단다. 요즘에야 바다에 긴 다리도 놓고, 해저터널도 뚫고, 사막에 고속도로도 건설하는 시대이지만 당시엔 바다와 사막에 길을 낸다는 것은 불가능한 일이었다. 그런데 하나님께서 그 놀라운 일을 행하실 것이란다. 강대국 포로로 붙잡혀 간 지 70년이 지나고 있었다. 70이라는 숫자는 절망하고 포기하기에 넉넉한 시간이었다. 강대국의 노예로 끌려간 사람들이 죽고, 그 아들에 이어, 그 아들의 아들이 노예로 묶여 있던 시간이다. 풀려난다는 것은 꿈도 꿀 수 없는 일이었다.

더욱이 당시 노예는 그 나라의 주요 산업을 책임지는 이들인데, 그들을 풀어준다는 것은 나라의 기반을 무너뜨리는 일이었기에 패망한 나라 백성들에게는 꿈조차 꿀 수 없는 일이었다. 하지만 그 설교자는 불가능한 상황에 눈길이 가는 우리의 고개를 다른 곳으로 돌려놓는다. '경험해 보지 못한 전혀 새로운 일, 기대할 수조차 없는 일'을 행하시는 분께서 바다 한가운데 새롭게 길을 내신다는 선언은 지금 그들의 시선을 그분의 현존에 두게 만든다.

설교자의 가장 큰 사명은 깊은 어둠 속에 서 있는 사람들에게 하나님 이야기를 들려주는 것이요, 하나님의 현존과 그분의 일하심을 보여주는 것이다. 그래서 리차드 리셔는 주장한다. "설교의 중요한 관점은 뒤로 돌아가는 것이 아니라 앞에 계시는 주님을 만나도록 하는데 있다."[15] 오늘 급변하는 시대에 상황을 바꿀 수는 없어도 우리는 믿음의 노래를 부를 수 있으며, 하나님의 역사하심과 현존을 보여줄 수는 있다. 리셔는 한 예배 공동체에서의 행해진 설교 사역을 통해 생생하게 그것을 보여주는 설교자의 이야기를 들려준다.

> 어느 주일, 예배 공동체 가운데서 엄마가 죽어 장례를 막 마친 한 어린아이에게 유아세례를 베풀었다. … 일반적으로, 우리 목사님은 설

---

15 Richard Lischer, *The End of Words: The Language of Reconciliation in a Culture of Violence* (Grand Rapids: Eerdamns, 2005), 39.

교할 때 강단을 벗어나지 않고 하시는데, 그 주일은 달랐다. 목사님은 잠든 아이를 팔에 안아 가볍게 흔들면서 설교를 이어갔고, 중앙 통로를 가볍게 걸으면서 설교하였다. 마치 본회퍼가 설교를 규정한 것처럼 그 설교자는 그리스도께서 그의 백성들 사이를 거닐고 계심을 보여주는 것 같았다. 우리 목사님은 눈물로 그 아이에 대한 하나님의 약속을 선포하셨고, 그 아이에 대한 우리의 책임을 아주 엄중하게 일깨우셨다. 회중들은 그 강력하고 감동적인 설교에 우리는 그 아이가 믿음으로 자랄 수 있도록 돌볼 것이라고 다짐했다. 기교가 뛰어난 완벽한 설교는 아니었다. 하지만 그것은 오직 우리를 위한 바른 설교였다. 그날 아침, 온 교회는 말씀 앞에서 하나가 된다.[16]

소명에 사로잡힌 이

이렇게 누군가가 거기 우뚝 서 있을 때 말씀의 역사는 계속된다. 소명을 따라 평생을 살았던 한 사람을 통해 "세계 역사상 가장 획기적 사건 중 하나"가 이루어졌다. 끝없는 비방과 암살 위협에 시달렸고, 실제로 두 번이나 공격을 받아 부상을 입기도 했지만 끝까지 달려가게 한 것은 소명 때문이었다. 19세기 영국의 정치 개혁자 윌리엄 윌버포스 William Wilberforce 의 이야기이다. 그의 일대기가 영화로도 제작되었는데,[17] 1787년 10월 28일, 28살의 그 영국 하원의원의 일기에는 그렇게 기록한다. "전능하신 하나님께서는 나에게 두 가지 위대한 목표를 주셨다. 그것은 노예무역 폐지와 관습을 개혁하는 것이다."[18]

---

16 위의 책, 40.
17 Michael David Apted, dir., *Amazing Grace*, with Ioan Gruffudd and Romola Garai (20th Century Fox Studios, 2006).

18세기 말, 영국 사회는 노예무역과 아동 노동, 대중의 빈곤과 상류층 타락이라는 토대 위에 세워져 있었다. 윌버포스는 런던 근교 클래펌을 중심으로 신앙 양심을 따라 사회개혁에 뜻을 같이하는 이들을 결집하였고, 영적 각성 운동과 정치, 도덕 개혁에 앞장선다. 타락한 영국 사회개혁과 노예제도 폐지 등에 온 마음을 두었다. "물고기는 머리부터 썩는다"는 속담처럼, 당시 영국 상류층의 타락은 극에 달해 있었고, 음란과 도박, 음주 등 타락한 문화가 넘실대고 있었다. 윌버포스를 중심으로 클래펌 공동체에 속한 각계 지도자들은 힘을 모아 비도덕적 행동을 적발하고 고발할 수 있는 법령을 만들었고, 성경의 가르침에 따라 도덕성에 기초한 사회개혁에 앞장선다.

그중 가장 어려운 과제 가운데 하나가 노예제도 폐지였다. 자신들의 이익과 관련된 일이었기에 사회 지도층의 반대가 극심했다. 당시 세계 최고 해군력과 상선을 보유한 영국은 아프리카에서 흑인 노예를 북미 대륙으로 실어 나르는 노예무역의 종주국이었고, 그것은 국가 중요 산업이었다. 당시 영국은 190여 척의 노예무역선을 운영하고 있었고, 연 4만 7천여 명의 노예를 운송했다니 그 규모를 짐작할 수 있다. 수만 명의 고용 창출과 해군력 증강에 기여한 국가 기간산업이었다. 당시 영국 교역과 경제의 약 2/3를 차지할 정도였다니 오늘날 미국의 방위산업과 맞먹는 규모였다. 그런 산업이 폐지될 경우 국가 경제에 미칠 영향은 막대했기 때문에 그에 대한 사회적 반대는 극렬했다. 상인과 귀족, 해군 제독넬슨 경과 같은 식민지 기득권 세력은 강력한 적대자였다.

윌버포스는 지금 수행하는 일이 얼마나 무모한 것이며, 사회적 파

---

18 William Wilberforce, *William Wilberforce: Greatest Works*, 서진영 역, 『윌리엄 윌버포스의 위대한 유산』(서울: 요단, 2013), 34~35..

장도 잘 알고 있었다. 하지만 그는 물러서지 않는다. 그는 그것이 하나님의 뜻임을 알았고, 그것을 해결하도록 세움 받았다는 소명을 따라 살았고, 행동한다. 1789년, 노예무역 폐지 법안을 처음 발의하였고, 그는 굴하지 않고 그 법안을 11번이나 발의하였다. 예상대로 매번 통과되지 못하였으며, 영국 의회에서 그와 관련하여 150여 차례 토론회가 열렸다. 하지만 그로부터 18년 후 1807년, 노예무역 폐지 법안은 의회를 통과한다. 사명이 끝났기 때문일까? 그로부터 며칠 후, 그는 이 땅의 삶을 접는다. 그것이 통과되던 날, 하나님의 뜻과 자신의 소명에 온 생애를 걸었던 작은 거인은 당당하게 외친다. "영국이 진정으로 위대한 나라가 되고자 한다면 하나님의 법을 지켜야 합니다. 노예제도는 분명 하나님의 분노를 자극하는 일입니다. 기독교 국가를 자처하는 영국이 황금에 눈이 멀어 노예제도를 갖고 있다니… 이러고도 오래 살아남은 제국은 역사에 없었습니다."[19]

소명, 그것은 어떤 역경에도 불구하고 달려가게 만드는 힘이 된다. 권력에 대한 유혹, 가족에 대한 염려, 정신을 산란하게 만드는 세상의 유혹들을 딛고 소명을 위해 자신의 삶을 바쳤고, 노예제 폐지와 영국의 도덕 개혁이라는 두 가지 사명을 이뤄낸 윌버포스가 주목 받는 이유이다. 그래서 기니스는 소명에 대해 그렇게 피력한다. "소명이란 하나님이 우리를 너무나 결정적으로 부르셨기에, 그분의 소환과 은혜에 응답하여 우리의 모든 존재 우리의 모든 행위, 우리의 모든 소유가 헌신적이고 역동적으로 그분을 섬기는데 투자된다는 진리이다."[20]

그리스도인의 삶은 소명으로부터 시작된다. 내 인생을 향한 목적

---

[19] Kevin Belmonte, *William Wilberforce: A Hero for Humanity*, 오현미 역, 『윌리엄 윌버포스: 세상을 바꾼 그리스도인』(서울: 좋은씨앗, 2008), 4~5장.

[20] Os Guinness, *The Call: Finding and Fulfilling the Central Purspose of Your Life*, 홍병룡 역, 『소명』(서울: IVP, 2006), 98에서 재인용.

을 발견한다는 것, 즉 소명을 발견한다는 것은 진정한 나를 찾아가는 여정이며, 이 땅에 나를 세우신 하나님의 뜻을 발견해 가는 일이다. 그 소명을 따라 살아가는 삶은 나 자신을 성취하는 길이며, 종국에는 하나님을 영화롭게 하는 일이다. 그래서 쬘렌 키엘케골 Søren Kierkegaard 은 '소명'에 대해 그렇게 피력한다. "그것은 나 자신을 이해하는 것이요 하나님이 진정 내게 무엇을 하기 원하시는지를 아는 것이다. 그것은 나에게 참된 진리를 발견하는 것이며 내가 그것을 위하여 살기도 하고 죽을 수 있는 이념을 찾는 것이다."[21]

소명은 주어진 본연의 목적을 찾는 것이다. 부르심에 대해 어떻게 응답하고, 어떻게 그 일을 위해 수행할 것인가와 연결된다. 부르신 분에 대한 인식, 정체성 확인, 수행해야 할 임무에 대한 인식, 그리고 모든 것을 거는 헌신의 자세로 이어진다. 누가 부르셨고, 무엇을 위해 부르셨는가에 대한 확인, 그리고 그것을 위한 헌신의 자세로 연결된다. 그래서 소명은 모든 걸 결정짓는 핵심 요소로 작용한다. 설교는 하나님의 부르심을 받고, 맡기신 일을 수행해야 한다는 점에서 소명과 깊이 연결되어 있다. 그것은 '왜 설교해야 하는가'에 대한 답을 지속적으로 제공하게 된다.

옛 세상에서 새 세상으로

오늘 우리가 설교해야 하는 세상은 이전과는 전혀 다른 세상으로 바뀌고 있다. 앞으로 우리 앞에 펼쳐질 세상은 '더 새로운' 세상이 될 것이며, 복음에 대해서는 적대적인 세계로 전환될 것이다. 기독교 신앙

---

21 위의 책, 23.

위에 세워진 서구사회는 당연하게 여기던 타당성의 구조가 허물어지고, 더는 '결합의 긴밀성'coherence을 갖지 못하면서 이질성을 갖게 되며, 소통에 있어서 그 영향력이 점차 약해지고 상실 되어가는 상황으로 치닫게 된다. 기독교는 사회의 중심center에서 주변margins으로 옮겨가는 변화를 이미 경험하고 있으며, 다수가 아니라 소수자minority로 인식되는 세상으로 바뀌었다.[22] 소위 후기 기독교 시대로 빠른 전환을 경험하고 있다.

그런 세계 가운데 우린 어떻게 주님의 복음을 전할 것인가? 오늘 설교자에게는 '새 세상으로 건너가는 다리를 건설하는 것'이 중요한 과제로 다가온다.

우리는 다니엘과 같은 순간에 서 있다고 말할 수도 있다. 다니엘과 세 친구 앞에 닥쳐온 도전은 이전의 대다수 유대인의 경우와는 달랐다. 여호수아 이후로 유대인들이 수백 년 동안 알았던 세상은 사라졌다. 이집트에서 노예로 지냈던 이후로 유대인이 외국에서 이방인이 된 적은 없었다. 그런 그들이 주전 6세기에 바벨론에 망하여 포로로 잡혀갔다. 그러나 다니엘과 세 친구는 향수에 젖어 한숨이나 짓고 있을 수는 없었다. 그들은 이방 땅에서 여호와의 노래를 부르기 싫어하기로 유명했던 동포들처럼 되지 않았다. 조국의 멸망으로 이전에 알던 세상을 잔인하게 빼앗기고 포로 생활을 하던 와중에도 그들의 과제는 당대 최강 제국의 최고위층에서 하나님께 충실하는 것이었다. 옛 세상은 사라졌다. 그래서 다니엘이 있는 곳은 예루살렘이

---

[22] Stuart Murray, *Post-Christendom: Church and Mission in a Strange New World*, 2nd ed. (Eugene: Cascade Books, 2018); *A Vast Minority: Church and Mission in a Plural Culture* (London: Authentic Publisher, 2022) 등을 참고하라.

아니라 바벨론이었고, 통치자들은 유대교도가 아니라 이교도였고, 그의 사고의 틀은 하나님과 이스라엘의 언약만이 아니라 역사의 큰 흐름이었고, 하나님의 계시가 주어진 통로는 "여호와의 말씀이다"는 명백한 권위만이 아니라 꿈과 환상과 상징물이었다.[23]

오래전 바벨론 땅에 서 있던 유대 청년들이 경험했던 것과 유사한 기독교 '이후' 시대에 우리가 서 있음은 분명하다. 이 과도기에 설교자로서 우리는 그것을 어떻게 이해하고, 무엇을 행할 것인가? 건축가 승효상은 "또 하나의 세기말에 서서"라는 제목으로 글을 쓰면서 건축물이 되게 되는 판단기준, 즉 건축적 요건을 세 가지로 제시한다. "하나는 그 건축이 수행해야 하는 합목적성이며, 또 하나는 그 건축이 놓이는 땅에 대한 장소성이고, 또 다른 하나는 그 건축이 배경으로 하는 시대성이다." 건축을 이해할 때 본질적 요소에 의해서만이 아니라 그것의 의미성은 서 있는 장소와 시대, 정해진 목적에 부합할 때 아름다운 건축물이라고 이해한다.[24] "아름다운 금수강산을 철저히 유리하는 집짓기"와 "국적도 정체성도 없는 쓰레기 같은 도시 건축과 졸부들의 거리"에 저항하고, "시대의 소란에 맞서는 침묵과 가느다란 약함으로 표현하는 긴장된 절제의 힘, 공허한 풍요를 이기는 소박한 의지의 아름다움"[25]을 추구하는 건축가처럼 설교 사역도 아름답게 세워가야 할 '건축물'이다. 우린 하나님 말씀의 건축가들이요, 무너진 가슴을 세우는 자들이요, 쓰러진 자들을 일으켜 세우는 자들이다. 우린 어떻게 그것을 기획하고 세워갈 것인가?

---

23 Guinness, 『르네상스』, 30~31.
24 승효상, 『빈자의 미학』, 개정판 (서울: 느린걸음, 2016), 11, 21.
25 이것은 위의 책에서 승효상의 생각을 인용한 것임을 밝힌다.

늘 확인해야 할 것

이러한 사역을 위해 설교자는 먼저, 늘 확인해야 할 것이 있다. 먼저는 설교자로서의 소명에 대한 부분이다. 설교자의 소명은 새로운 사실은 아니지만 중요한 사실이고, 사역의 처음부터 마지막까지 결코 간과되어선 안 되는 부분이다. 나는 지금 누구를 위해, 무엇을 위해 세움 받았고, 거기 서 있는지에 대한 점검이다. 이것은 평생에 계속되어야 할 일이다. 설교자는 평생 구도자로 사는 존재이며, 나를 부르신 분께 응답하고, 그분의 부르심을 좇을 때만 진정한 모습을 갖추게 된다. 설교자는 그리스도께 속박된 존재가 아니라 '부름 받은 존재'이다. 설교자 됨은 항상 "하나님의 부르심에 대한 반응"에서 결정된다.[26] 그는 계속해서 '나는 누구이고, 누구여야 하는가'를 묻고, 답을 찾아가는 구도자이다.

구도자의 자세로 평생 시를 쓴 시인 구상의 노래를 듣다 보면 설교자의 자세가 어떠해야 할지 보게 된다. "땅이 꺼지는 이 요란 속에서도/ 언제나 당신의 속삭임에/ 귀 기울이게 하옵소서/ 내 눈을 스쳐 가는 허깨비와 무지개가/ 당신 빛으로 스러지게 하옵소서/ 부끄러운 이 알몸을 가리 울/ 풀잎 하나 주옵소서/ 나의 노래는 당신의 사랑입니다/ 당신의 이름이 내 혀를 닳게 하옵소서/ 이제 다가오는 불 장마 속에서/ '노아'의 배를 타게 하옵소서/ 그러나 저기 꽃잎 모양 스러져 가는/ 어린 양들과 한가지로 있게 하옵소서."[27]

1950년대 전후 어두운 상황에서 쓴 이 시는 '땅이 꺼지는 요란, 눈을 스쳐 가는 허깨비와 무지개, 부끄러운 알몸, 다가오는 불 장마' 등의 시어를 통해 시인이 서 있는 자리를 암시적으로 묘사한다. '풀잎 하나'

---

26 Guinness, 『소명』, 89~91.
27 구상의 시, "기도" 일부. 구상 시집, 『초토의 시』(서울: 도서출판 답게, 2000).

라는 시어를 통해 마치 아담과 하와의 몸을 가려준 풀잎 하나를 연상하게 하면서 자신의 부끄러움이 "노아의 방주"를 거쳐 "어린 양"에게 나아가는 단계에서 채워지는 구조이다. 인간 존재의 부끄러움과 연약함을 태초와 연결시키면서 전후의 혼란과 모더니즘 세계의 혼동을 '불장마'로 묘사하면서 그는 전심으로 '하늘 은혜'를 구하고 있다. 설교자는 '하나님의 사람'으로 끊임없이 하늘 은혜를 구하는 사람이다. "당신 이름이 내 혀를 닳게 하옵소서!"

불의에 항거하다가 39세, 젊은 나이에 생의 마지막 순간에 서 있던 한 젊은 신학자에게서 우리는 그 모습을 찾게 된다. 불의한 나치 정권과 그 만행에 항거하다가 1945년 4월 9일, 독일 플로센뷔르그에서 사형을 당한다. 옥중에서 쓴 편지의 모음집인 '옥중서신'에는 죽음 앞에서 쓴 시가 나온다. '나는 누구인가?' Who am I?. 죽음 앞에서까지 자신의 소명과 정체성을 확인한 한 신학자에게는 그 소명이 존재할 용기를 공급하고 있음을 발견하게 된다. 시의 끝부분의 고백이 늘 입가에 맴돈다. "나는 누구인가? 이 고독한 질문이 나를 조롱한다/ 오 하나님, 내가 누구인지 당신은 아시나이다/ 저는 당신의 것입니다." 거대한 권력 앞에서도, 심지어는 죽음 앞에서도 당당했던 이유는 소명 때문이었다.

부르심을 찾아 방황하던 대학 시절부터 지금까지 애송하고 있는 김정준의 시에서 설교자가 가져야 할 고백을 듣게 된다. "나는 주님의 것이외다/ 내가 주님의 것이 되고자 하기 전에/ 주님은 나를 주님의 것이라 말씀했나이다/ 내 부모, 형제에게서 선함이 없고/ 내 자신에게서 아무 의로움이 없지만/ 그저 주님은 나를 주님의 것이라 말씀하나이다/ 내 과거나 현재에도 죄뿐이요/ 또 내 미래도 거룩한 보증을 할 수 없건만/ 그저 주님은 나를 주님 것이라 말씀하나이다// 주님이 이것을 나의 소유물 하셨어도/ 천지나 역사에 털끝만 한 변함이 없겠지만/ 주님은 그저 주님 것이라 말씀하나이다/ 이것을 주님의 소유물로 하시오면/ 주님이 이것 위해 마음 쓰시기 괴로우실 텐데/ 그래도 주님 것이라 하시나이다

주님은 나를 주님 것이라 하시지만/ 이것은 몇 번이나 주님을 반역할지 모르겠는데/ 그래도 주님은 주의 것이라 하시나이다// 이것이 주님 것 됨으로/ 주님의 곳간이 부해질 것 아니지만/ 그래도 주님은 너는 내 것이라 하나이다// 내게는 배암 같은 간사함이 있고/ 표범 같은 악독함이 있사온데도/ 주님은 너는 내 것이라 하나이다/ 내 교만함이 바벨같이 높고/ 내 비루함이 수풀처럼 우거졌건만/ 그래도 주님은 너는 내 것이라 하나이다// 음부의 흑암이 비길 바 못 되고/ 우주도 오히려 내 죄악보다 적건만/ 그래도 주님은 너는 내 것이라 하나이다// 주님 너는 내 것이라 하신 참뜻을 모르겠나이다/ 이것을 몰라도 주님은 상관치 않으시고/ 그저 너는 내 것이라 말씀하시나이다// 주님 이것이 주님의 소유의 하나이오니/ 쓰셔도 주님 뜻, 버려도 주님 뜻이외다/ 다만 당신의 뜻만이 이루어지사이다."[28]

둘째, 설교자가 평생 점검하여야 할 또 한 가지는 설교 사역에 대한 신학적 고백이다. 앞서 언급한 대로 설교 사역과 관련한 신학적 고백은 사역을 결정하고, 그것을 바르게 수행하도록 돕는 역할을 하기 때문이다. 신학은 교회가 수행하는 복음의 선포가 바로 행해지는지 감시하고 조정하는 역할 뿐만 아니라 성경을 바로 읽고 그것을 설교에 담아낼 수 있도록 지로指路 한다.[29] 그뿐 아니라 설교자로서의 소명, 신앙, 품성, 고백을 성숙하도록 만들어 준다. 우리는 설교자가 "하나님의

---

28 김정준의 시, "주님의 것," 전문. 김정준, 『삶에 이르는 병』(서울: 대한기독교서회, 1974).
29 Michael Pasquarello III, *Christian Preaching: A Trinitarian Theology of Proclamation* (Grand Rapids: Baker Academic, 2006), 37.

비밀^{신비}을 맡은 자"^{고전 4:1-2}라는 신학적 이해로부터 이 탐구의 여정을 시작하였다. 기독교 설교는 '하늘의 비밀을 드러내는 작업이고 이 땅에 그것을 펼치는 사역'이며, 그것은 하나님의 계시를 통해서만 가능한 '신비 사역'이라는 신학적 이해를 전제하였다. 설교자가 그 신비의 세계, 말씀의 세계로 달려가는 걸음이 약해질 때 그 사역은 약화할 수밖에 없다는 사실로 귀결된다. 설교자에게 필요한 가장 중요한 요소는 말씀이 선포될 때 거기 그리스도께서 현존하시며, 회중에게 말을 걸어오시는 사건이며, 계속되는 하나님의 계시 사건이라는 신학적 확신이다.

설교자는 말씀의 사람이다. 말씀의 능력을 확신하는 사람이고, 그 말씀을 삶으로 구현해 가는 사람이다. 그러므로 설교자는 말씀이 들어갈 때 에스겔 골짜기의 마른 뼈들도 살아난다는 말씀의 능력, 좌우의 날선 검처럼 혼과 관절과 골수를 찔러 쪼갠다는 말씀의 능력을 믿는 사람인지 늘 자신을 점검해야 한다. 설교자의 신앙과 품격, 삶은 늘 점검의 대상이 되어야 한다.

성경의 설교자들은 속된 표현으로 '돈'에 이끌린 사람들이 아니라 '말씀'에 이끌린 사람들이었다. 아니 더 정확하게 말하면 설교자는 "아무것도 없는 상황에서 고기, 떡, 물을 공급하시는 야웨께 응답적 행동"을 하는 사람들이며, "죽음의 환경을 비옥한 생활 환경으로 바꾸시는" 여호와 하나님의 능력을 믿는 사람이다.[30]

아브라함 헤셸은 이것을 "하나님의 정념^{pathos}"으로 설명한다. 그들은 세상 사람들을 불편하게 하는 사람들이었을지 모르지만, 설교자는 그의 정념으로 활활 타오르고 있는 사람들이며, 성경은 그들을 설교자

---

30 Walter Brugemann, *The Practice of Prophetic Imagination: Preaching an Emancipatory Word* (Minneapolis: Fortress, 2012), 27.

예언자로 명명한다.³¹ 그들에게 하나님은 "거역 못 할 실재"였고, "당황하여 쩔쩔매게 하는 임재"였다. 그들은 "결코 하나님에 대하여 먼 거리에서 말하지 않았"고, 하나님의 "본성을 밝혀보려는 탐색자"로서가 아니라 "하나님의 말씀에 얻어맞은 증인"으로 살았던 존재들이었다. 그들이 드러내 보이기 위해 몸부림친 것은 "하나님의 본질이 아니라 인간에 대한 하나님의 통찰과 인간에 대한 그분의 관심"이었다. 그들은 "하나님과 인간 사이를 갈라놓은 구렁을 하나님의 정념으로 뛰어넘을 수 있다"는 확신으로 나아간다. 설교자는 성삼위 하나님의 현존에 대한 확신뿐만 아니라 하나님의 말씀과 임재를 받아들이는 감수성이 뛰어난 사람이다.³²

셋째, 설교자는 설교의 목적을 늘 점검해야 한다. 왜 나는 강단에 오르는 것이며, 무엇을 위해 나는 밤을 새워 말씀을 준비하는 것인가? 그 목적의식이 선명하지 않으면 다른 것이 그 자리를 차지하게 된다. 잘못된 야망이 이끌어가는 것도 문제이지만 목적의식 없이 습관적으로 그것을 수행하는 것도 실로 위험한 일이다. 설교의 목적은 여러 가지로 제시할 수 있지만³³ 그중 중요한 목적의 하나가 주님의 교회를 세우는 것이다. 주지하는 대로 여기에서 '교회'는 건물이나 조직보다는 하나님의 백성의 공동체, 신앙공동체를 의미한다.

공생애 시작 후, 예수님께서는 제자를 부르시고, 훈련하신 일을 가장 먼저 하셨다. 일정 기간 훈련이 끝난 후, 그들을 사역의 현장으로 파송하시는데, 이어지는 파송의 자리마다 주님은 그들에게 동일한 명령

---

31 Heschel, 『예언자들』, 352~53.
32 위의 책, 352, 361.
33 설교 목적론에 대해서는 다른 책에서 정리하였기 때문에 여기에서는 약술하였다. 김운용, 『현대설교코칭』(서울: 장로회신학대학교출판부, 2017), 1부 참고.

을 제시하신다. '오이코도메오' οἰκοδομέω! '주님의 교회를 세워라. 무너진 것을 다시 일으켜 세워라. 피 묻은 십자가의 복음 위에 사람들을 세워라. 오이코도메오!' 설교자는 '세우는 사람'으로 부름 받았다는 뜻이다. 이것은 서신서에서도 자주 등장하는 개념으로 고린도교회가 분쟁할 때 바울은 아볼로와 자신의 정체성을 명료하게 밝히는데, '사역자'로 번역된 디아코노스 διάκονος, 종와 하나님의 '동역자'로 번역된 수네르고스 συνεργός를 사용한다 고전 3:5, 9. 그리고 성도들을 향하여 오이코도메 οἰκοδομή, 집라고 선언한다. 이것은 성경에서 집, 성전이라는 의미 마 24:1, 고후 5:1, 엡 2:21 뿐만 아니라 그것을 세우는 행위와 연결되는 의미 롬 14:19, 고전 14:3, 고후 10:8, 엡 4:12, 16 로 사용되었다.

오이코도메오는 복음 전도와 양육의 기능을 함께 포함하는 명령이다. 이것은 정체성 형성뿐만 아니라 그것에 합당한 삶을 살도록 한다는 의미를 담고 있다. 본질적으로 교회도, 그리스도인들도 세상과 대조되는 삶을 사는 존재들이다. 그런 점에서 보면 현대 교회에 가장 필요한 것은 '다움'의 회복이다. 교회다움과 그리스도인다움의 회복. 교회가 교회답지 못하고, 그리스도인이 그리스도인답지 못하고, 목사가 목사답지 못할 때 세상에 전하는 메시지는 힘을 잃게 된다. 세상에 대해 '대조사회' Contrastgesellschaft가 되어야 하고, 교회는 세상의 지배 의식 royal consciousness이 아니라 대안 의식 alternative consciousness을 따라 살고, 전하는 대안공동체가 되어야 한다.[34] 반칠환 시인은 그 '다움'의 의미를 이렇게

---

[34] 이 용어는 각각 게하르트 로핑크(Gerhard Lohfink)와 월터 브루그만에게서 빌린 것이다. 로핑크에게 있어 초기 교회는 하나님의 '대조사회'였으며, 교회는 세상과 구별된 존재 방식을 보여주어야 하며, 세상과는 다른 뚜렷한 윤리와 실천의 기초를 구성해야 한다는 의미로 사용하였다. 브루그만의 경우도 구원받은 공동체는 세상의 지배의식이 아니라 하나님이 제시하시는 대안 의식을 따라 사는 대안 공동체여야 한다고 규정한다. Gerhard Lohfink, *Wie Hat Jesus Gemeinde Gewollt?*, 정한교 역, 『예수는 어떤 공동체를 원했나?: 그리스도 신앙의 사회적 차원』(서울: 분도출판사, 1985); Brueggemann, *The Prophetic Imagination*을 참고하라.

깨우쳐 준다.

"경복궁 맞은편 육군 병원엔 울타리로 넝쿨장미를 심어 놓았습니다/ 조경사의 실수일까요 장난일까요/ 붉고 탐스런 넝쿨장미가 만발한 오월/ 그 틈에 수줍게 내민 작고 흰 입술들을 보고서야 그중 한 포기가 찔레인 줄을 알았습니다/ 그토록 오랜 세월, 얼크러 설크러 졌으면/ 슬쩍 붉은 듯 흰 듯 잡종 장미를 내밀 법도 하건만/ 틀림없이 제가 피워야 할 빛깔을 기억하고 있었습니다/ 꽃잎은 진 지 오래되었지만/ 찔레 넝쿨 가시가 아프게 살을 파고듭니다/ 여럿 중에 너 홀로 빛깔이 달라도 너는 네 말을 할 수 있겠느냐고."35 찔레는 화려한 장미들 틈바구니에 서 있어도 기죽지 않고 자기 색깔로 꽃을 피운단다. 오랜 시간 서 있어도 틀림없이 그 색깔로 피어난다.

여러 중에 너 홀로 색깔이 달라도 그리스도인으로서 너만의 색깔로 설 수 있겠느냐는 시인의 물음은 사실 강단에서, 삶의 자리에서 계속 묻고 답해야 할 질문이다. 하나님의 백성 된 사람들과 교회의 색깔을 잃어버리지 않았느냐는 질문에 답이 희미해지거나 약해질 때 그 공동체는 바로 선 것이 아니다. 오늘 교회 위기는 세상과 다르지 않고 같아지는 데서 출발한다. 세상 사람들처럼 교회 안에서도 똑같이 싸우고, 서로 미워하고 파당을 가르고, 세상 가치관을 따라 자기 잘남을 자랑하는 자기 과시에 사로잡혀 살아가면서 위기가 생겨난다.

대안 공동체는 기억함에서부터 시작된다. 설교는 하나님의 구원 역사와 자신에게 주어진 은혜를 기억함에서 시작되어 그리스도인답게 살도록 돕는 사역이다. 이것은 단순한 윤리적 차원을 넘어 신학적 이슈이며, 설교 이후 삶의 차원을 의미한다. 수많은 왜곡과 혼동이 일어

---

35 반칠환의 시, "장미와 찔레" 전문.

나고 있는 시대에 바른 정체성을 형성하고, 그것을 따라 살도록 세우는 사역이다. 데이비드 버트릭이 첫 인간 아담에게 그 사명이 주어졌듯 설교자에게는 정체성을 부여하는 naming 사명이 주어졌음과 설교는 정체성 부여의 사역으로 이해한 것이 이런 맥락에서 나온다.[36]

설교자에게 달렸다

바바라 브라운 테일러 Barbara Brown Taylor 가 말한 대로, 우리의 보편적인 관심은 그리스도의 몸인 교회의 건강이며, 그것을 위해 설교가 교회 안에서 어떤 역할을 해야 하는지에 대한 것이다. 설교 외에도 다양한 사역들이 그 몸의 생명력에 중요한 역할을 수행해 왔지만, 예배 가운데서 들려지는 설교의 목소리는 다른 스피치가 수행하지 못하는 방식으로 그것을 수행한다. 이러한 점 때문에 설교를 듣는 사람에게나 전하는 사람에게 '축복' blessing 일 수도 있고, '저주' curse 일 수도 있다고 주장한다. 설교가 그것을 온전히 수행하면 축복이 되겠지만 그 계시의 말씀을 온전히 들려주지 못하고, 그 역할을 온전히 수행하지 못할 때는 저주가 된다는 말이 두렵게 한다.[37]

결국 모든 시작은 설교자로부터 비롯되고, 말씀이 말씀답게 선포되느냐에서 결정된다. 그래서 주님은 설교자들에게 "견실하며 흔들리지 말 것"과 "더욱 힘쓰는 자들이 될 것"을 명하셨고, 설교자의 수고가 "주안에서 헛되지 않을 것"임을 약속하시면서 고전 15:58 권고한다. "그대

---

36 이것은 데이비드 버트릭에게서 빌린 것이다. 설교가 가지는 이런 신학적 특성에 대해 더 상세하게 보기 위해서는 David Buttrick, *Homiletic: Moves and Structures* (Philadelphia: Fortress, 1987), 1장 참고하라.
37 Barbara Brown Taylor, *When God Is Silent: The 1997 Lyman Beecher Lectures on Preaching* (Boston: Cokley Publications, 1998), ix~x.

는 하나님을 위해 최선을 다하고, 그대가 부끄러워하지 않을 일, 곧 진리를 쉽게 풀어 분명하게 전하는 일에 집중하십시오. … 경건한 삶이 뒷받침되지 않는 말은 독약처럼 영혼에 쌓이게 마련입니다"딤후 2:15~16, 메시지. 선포하는 내용과 삶의 일치, 그것은 어떤 것보다 중요한 메시지로 작용한다. 설교에서 말한 것은 삶으로 살아내야 할 책무를 준다. 단순히 율법적 요구가 아니라 형성된 정체성을 따라 살아가야 한다는 당위성과 연결된다.

언젠가 아침 등산길에 조용한 아침 산을 울리는 딱따구리의 나무를 찍는 소리에 취한 적이 있다. 이리저리 살펴보았더니 열심히 나무를 찍어대는 소리의 주인공을 찾을 수 있었다. 작은 부리로 나무를 찍어내고 그 안에 숨어있는 벌레를 잡기 위함인데 공중에 날아다니는 벌레를 잡는 것이 훨씬 수월할 텐데 사는 방식이 여러 가지라는 생각을 한 적이 있다. 그건 창조주께서 부여하신 본성을 따라 사는 것이라 생각하니 작은 새가 대단해 보였다. 영국 빅토리아 시대의 시인인 제라드 맨리 홉킨스Gerard Manley Hopkins의 재미있는 제목의 시, "물총새 꼬리에 불이 붙듯"을 읽으면서도 가졌던 생각이다. "물총새 꼬리에 불이 붙고 잠자리가 불꽃을 그리듯/ 가장자리 둥근 우물 안으로 떨어진/ 돌멩이가 소리를 내고/ 퉁겨진 현이 저마다 말을 하고/ 매달린 종이 절을 하듯 흔들리며/ 자신의 소리를 널리 쏟아놓듯/ 모든 피조물은 똑같이 하나의 일을 한다/ 각자 안에 있는 그것을 드러내는 일/ 말과 글로 자기 자신을 드러내고 써 내려간다/ '내가 행하는 것이 나 자신이며 그것을 위해 나는 왔다'고 외치면서// 말하고 싶은 게 더 있다/ 의로우신 그분은 공의를 행하시고/ 은혜를 간직하시는 분이시니 행하시는 일은 늘 은혜로우시다/ 하나님 사랑의 눈길을 따라 행하시는 분/ 그리스도, 오늘도 수만 곳을 거니시며/ 해와 달 가장자리도 아름답게/ 자신이 아니라 많은 이의 눈에 담긴 것도 아름답게 만드시며/ 사람들의 얼굴에 나타난 것들을 하늘 아버지께로 가져가시는 분."³⁸

문득 시를 읽다 보면 시인이 외치는 소릴 듣게 된다. 창조주께서 담아 주신 정체성 identity 을 따라 행할 때, 즉 온전히 '저 자신이 되려는' 행위를 할 때 그것의 진정한 아름다움은 형성된다…. 시인은 자기 안에 형성된 본성을 따라 그 특성을 명확하게 드러내는 피조 세계를 섬세하게 묘사하고 ¹연, 이어 하늘의 아름다움을 이 땅에 보여주시기 위해 성육신하신 예수 그리스도의 행하심이 간결하지만, 선명하게 그려진다 ²연. 시인은 십자가 앞에서 "나는 진리를 증언하기 위하여 태어났으며, 진리를 증언하기 위하여 세상에 왔다" 요 18:37 고 하신 그분의 분명한 선언을 듣게 한 후 '자신이 행하고 계심'을 보게 한다.

"물총새 꼬리에 불이 붙듯"이란 독특한 제목도 그 차원을 잘 보여준다. 강이나 호수 근처에 둥지를 틀고 살면서 작은 민물고기와 양서류를 먹이로 하는 물총새는 공중에서 정지 비행을 하다가 빠른 속도로 물속으로 다이빙하여 먹잇감을 사냥한다. 몸통 윗부분은 청색, 아랫부분은 붉은 갈색이어서 급히 하강하는 모습에서 시인은 '꼬리에 불이 붙어 뛰어드는' 아름다움을 보여준다. 공중의 벌레가 아니라 물속의 고기를 잡기 위해 뛰어드는 건 창조주가 부여하신 정체성 때문이다. 담아 주신 품성을 따라 살아갈 때 아름다움이 생성된다. 햇살을 받으며 쉼 없이 호수 위를 나는 잠자리도, 우물 안으로 떨어지며 작은 소리를 내는 돌멩이도, 팽팽하게 조여진 현을 마찰할 때 소리를 내는 현악기도, 좌우로 흔들릴 때마다 소리를 만들어 내는 종탑의 종도 그래서 아름답다.

---

38 Gerard Manley Hopkins, "As Kingfishers Catch Fire," *Poems and Prose* (London: Penguin Classics, 1985)

이 땅에 처음 복음이 전파되고 교회가 세워지던 무렵^{1881년}에 이 시를 쓴 시인에게서 우린 교회의 위기 요인과 해법을 듣게 된다. '불일치와 간극'이 그 원인이라면 해법도 거기에 있단다. 존재와 행위, 믿는 것과 행하는 것, 목적과 수단, 하는 일과 하는 방법, 설교하는 것과 사는 것의 일치가 해법이라면 불일치는 '위기'를 만든단다. 시인은 그리스도 앞으로 우릴 데리고 가서 부여된 고아한 품격, 터질 듯한 감격, 그 품격을 따라 행하게 하시는 또 한 번의 은혜를 깨닫게 한다. 결국 그분을 본받아 살려는^{imitatio Christi} 몸부림과 '고아한 품격'에 어울리는 삶이 약화할 때 위기는 시작된단다. 유진 피터슨은 이 시에서 현대 교회 위기에 대한 통찰력을 얻었다고 고백한다. 이 시를 읽고 난 후 자신이 살아온 대로 쓰고 쓴 대로 살려고 했으며, 말하는 것과 사는 방식이 어긋남이 없으려는 몸부림으로 살겠다고 다짐한다. "그리스도인다움에 일치하고자 하는 평생의 노력"이 필요함을 정교한 상상력을 통해 전해주는 것처럼 설교가 수행해야 할 일도 바로 그것이다.

5 장
설교의 기본, 다시 다지기

> 사랑하는 마음이 깊어지면
> 하늘의 별을 몇 섬이고 따올 수 있지
> 노래하는 마음이 깊어지면
> 새들이 꾸는 겨울 꿈 같은 건/ 신비하지도 않아…
> ― 곽재구[1]

어리석음 그 자체

3세기 초반, 로마 시대의 것으로 추정하는 "알렉사메노스 벽면 낙서 그림" Alexamenos Graffito 은 로마의 "막시무스 경기장 the Circus Maximus 근처 팰라틴 힐 Palatine Hill 경비초소 돌에 낙서하듯 새긴" 낙서 벽화로 현재 팰라틴 힐 박물관에 보관되어 있다.[2] 예수 그리스도를 그린 그림으로는 현존하는 가장 오래된 것인데, 특징적인 것은 십자가에 달린 예수 그리스도의 얼굴을 당나귀로 표현하고 있다는 점이다. 당시

[그림3] Alexamenos Graffito

---

1 곽재구, "첫눈 오는 날," 일부. 곽재구, 『꽃보다 먼저 마음을 주었네』 (서울: 열림원, 1999).
2 Everett Ferguson, *Backgrounds of Early Christianity*, 3rd ed. (Grand Rapids: Wm. B. Eerdmans Publishing Co., 2003), 596~97.

당나귀는 어리석음의 대표적인 상징이었다. 그런 조롱의 의미를 담고 있어서 "불경스러운 낙서 벽화" graffito blasfemo라는 별명이 붙어 있다. 그렇게 당나귀 얼굴을 한 그리스도는 십자가에 매달려 있고 그 옆에 한 사람이 서 있는데, 손을 들고 서 있는 모습이 기도하는 것 같기도 하고 경배의 자세를 취하고 있는 듯하다. 밑에는 헬라어로 "ΑΛΕ ΞΑΜΕΝΟC CEBETE ΘΕΟΝ" 알렉사메노스는 그의 신을 예배하고 있다라는 글씨가 휘갈기듯 새겨져 있다. 벽화를 그대로 찍은 사진[그림3]과 글씨만을 드러나게 정리한 것[그림4]을 비교해서 보면 더 선명하게 볼 수 있다.

당시 로마 사회에서 '당나귀'는 어리석음의 상징이었고 경멸의 대상이었다. 십자가 달린 이를 당나귀 모양으로 그린 것은 로마인들에게는 죽임을 당한 나사렛 출신의 그 청년이나, 그를 추종하는 이들과 그들이 행하는 신앙 행위는 어리석음 그 자체로 표현한 것이다. 십자가에 달린 이나 그를 경배하고 있는 이들 모두가 함께 조롱거리였던 셈이다. 십자가에

[그림4]

달린 이를 경배하고 있다면 그도 당나귀가 되는 셈이다. 이것은 십자가에 못 박히신 예수 그리스도를 믿는 초기 그리스도인들의 신앙과 예배 행위, 복음 전파를 조롱하고 경멸하는 당시의 시선이 담겨있다. 당시에 십자가는 식민지의 중죄인과 노예에게 부과되었던 치욕스러운 형벌의 사형틀이었다. 그래서 초기 교회 한 설교자는 십자가의 못 박히신 그리스도를 전하는 것 자체가 유대인들에게는 거침돌이었고, 다른 민족에게는 어리석은 행위로 인식되었다고 고백한다 고전 1:23.

이렇게 당시 로마 사회에서 그리스도인이 된다는 것은 사람들의

조소와 경멸을 받으며 산다는 것을 뜻했다. 그러나 그들은 오히려 그 복음의 능력으로 그 거대한 세속 사회를 덮어갔다. 1870년, 다른 장소에서는 그 조롱에 대한 그리스도인의 답으로 보이는 유적이 발견되었다. 한 젊은 그리스도인은 조롱하는 세상을 향해 하늘과 땅에 그렇게 외치고 있었다. 못으로 새긴 글귀는 그렇게 새겨져 있었다. "알렉사메노스는 충성을 다한다!" 이렇게 초기 교회 상황은 예수 그리스도, 그 추종자들, 그들이 전하는 복음 이야기는 조롱의 대상이었다. 하지만 십자가 앞에서 한 젊은이는 일어나 예배하고, 복음을 자랑스럽게 증거한다. 그 사형 틀에서 인류의 모든 죄와 허물은 깨끗하게 씻기고 새 생명이 시작되는 승리의 표지였기 때문이다.

메시지를 삼키는 시대, 가슴에 불을 가진 설교자

기독교 복음이 처음 선포되던 때와 마찬가지로 오늘의 교회와 설교 사역의 상황 역시 거대한 도전 앞에 서 있다. 어제의 것이 오늘에는 별 의미가 없는 급변하는 시대 가운데 서 있다. 그 변화의 폭과 흐름은 더욱 거세지고 있다. 데이비드 로즈 David Rose 는 오늘의 상황을 '갈림길' crossroad 로 비유하면서 설교자에게 필요한 것은 무엇이 문제이며, 그 해결책이 무엇인지에 대한 인식이라고 주장한다. 그중 가장 확실한 해결책은 복음의 신비와 능력에 대한 설교자의 확신과 충실함이라고 주장한다.[3]

설교자는 회중들이 복음의 말씀을 듣게 하는 사람이요, 하나님의 세계를 보게 하는 사람이다. 하늘의 신비를 열어 보여주려는 설교자는

---

[3] David Rose, *Preaching at the Crossroads: How the World - and Our Preaching - Is Changing* (Minneapolis: Fortress, 2013), 2~4.

하나님 말씀의 능력을 믿는 사람이며, 설교가 가지는 변화의 힘 transformational power 을 믿는 사람이어야만 그 일을 수행할 수 있다. 그러나 설교는 쉽지 않은 사역이다. 그 능력과 변혁의 힘이 선명하게 드러날 것인가? 전혀 다른 세상 counter-world 과 그것을 지배하는 의식 royal consciousness 에 대항하여, 대안 의식 alternative consciousness 을 어떻게 심어줄 수 있을 것인가? 수행해야 하는 사명 때문에 브루그만은 설교를 "대담한 모험 행위"로 이해하였고, 루돌프 보렌 역시 설교를 '놀이' Spiel 이면서 '모험'이라고 주장한다.[4]

설교는 언어를 통한 "거룩한 유희"가 되어야 한다면서 보렌은 설교자는 하나님의 말씀으로 인한 "정열적인 기쁨을 가지고 그 일에 참여하고 있음"을 인지하여야 한다고 주장한다. 성경에 귀를 기울이면서 설교자가 그리스도의 음성을 듣게 된다면 "차고 넘치는 기쁨으로 들어가는" 차원을 경험하게 된다. 설교자는 그 기쁨의 놀이에 생명을 걸어야 한다는 점에서 '모험'이며, 하나님의 도래와 임재를 고하는 것이기에 실로 복된 사역이다. 보렌은 그 차원을 이렇게 설명한다. "우리는 불을 끄는 자가 아니라 불을 붙이는 자가 되어야 한다. 불꽃놀이를 하는 자가 아니라 화염을 던지기 위하여 세상에 온 방화자들이다." 설교자는 위험한 임무를 수행하는 존재임을, 그리고 설교는 가득 찬 '정열'로만 감당할 수 있기에 늘 '초심자'의 자세로 감당해야 하는 사역이라는 말이다.[5]

세상은 그 메시지를 듣고 싶어 하지도 않고, 이해할 수도 없으므로

---

4 이러한 브루그만의 관점을 살펴보기 위해서는 Walter Brueggemann, *The Word Militant: Preaching a Decentering Word* (Minneapolis: Fortress, 2007), 1장과 *From Whom No Secrets Are Hid: Introducing the Psalms* (Louisville: Westminster John Knox Press, 2014), 3장을 참고하라. 역시 루돌프 보렌의 주장을 보기 위해서는 Rudolf Bohren, *Predigtlehre*, 박근원 역, 『설교학 원론』(서울: 대한기독교출판사, 1979), 1장을 참고하라.
5 Bohren, 『설교학 원론』, 15~17, 20.

거기에는 늘 간극이 존재한다. 그 간극은 비아냥거림과 조롱의 형태로 나타나기도 하고, 현대 사회에서 설교자는 어릿광대나 돈키호테 정도로 비유되기도 한다. 토마스 롱은 신실한 신앙인인 한 유능한 뉴요커New Yorker가 쓴웃음을 지으며 들려준 이야기를 통해 그 상황을 잘 설명해 준다.

> 이 동네의 상류 인사들이 모이는 한 만찬 모임에서 당신은 어떤 것에 대해서도 말할 수 있습니다. 정치에 대해서도 말할 수 있고, 섹스에 대해서도 말할 수 있고, 돈에 대해서도 말할 수 있고, 당신이 원하는 것은 무엇이든지 이야기할 수 있습니다. 그러나 만약에 당신이 한 번 이상 하나님에 대해서 언급한다면 아마 당신은 다음에는 그 모임에 초대를 받지 못할 것입니다.[6]

1세기, 로마와 헬라 시대가 그러했던 것처럼 21세기 현대인도 물질적 풍요와 과학, 다양한 사상의 숲을 거닐면서 예수는 고리타분한 것 외에는 별로 줄 것도 없고, 상관성도 없는 존재로 인식한다. "신무신론New Atheism의 발흥"은 미디어와 결합하면서 인기를 누리고 있고, 세속주의는 교회 안으로까지 깊숙이 들어와 있다. 오래전, 디트리히 본회퍼가 하나님 없는 무종교 시대를, 하비 콕스가 '세속도시' 출현을 예견한 것처럼 고도의 기동성을 가진 현대도시는 기존의 제도에서 완전히 탈바꿈해 가고 있다. 웹으로 전 세계가 연결되는 초연결사회, 인공지능AI 시대의 도래는 많은 변화를 예고한다.

현대에서 종교의 영향은 급격하게 약화 되었고, 종교적 규범은 세

---

[6] Thomas G. Long, *Testimony: Talking Ourselves into Being Christian* (San Francisco: Jossey-Bass, 2004), 3.

속 영역에서 분리 differenciation 되었으며, 공적 영역에서 종교 영향력은 쇠퇴하였다. 종교적 가치와 실천은 사적 영역에 머물게 되었다.[7] 현대 자본주의와 물질주의, 과학적 세계관과 기술 문명을 토양으로 성장하는 현대 문화는 쾌락, 무신론적 탈종교화를 부추기고, 개인주의와 욕망 지향 인간을 양산하면서 피로사회, 우울 사회로 치닫는다.[8]

본회퍼는 감옥에서 보낸 편지에서 점점 세상은 "'하나님이 존재하지 않는다고 해도' 보존되는 세상"으로 치닫고 있다면서 이제 인간과 세상의 자율을 꿈꾸면서 하나님으로부터 자유로운 세상, 즉 하나님 없는 세상을 구축해 가고 있다고 주장한다.[9] 마치 하나님의 간섭 없이도 잘 돌아가는 장치와 같다. 이런 세상에서 설교자는 설교 사역을 수행한다. 이제 "하나님에 대해 예전처럼 '말하는 것'은 불가능"한 시대로 전환되면서, 설교자는 '종교 없는 시대'를 살고 있다고 주장하는[10] 본회퍼의 권고를 귀담아들을 필요가 있다. 오래전, 1944년 4월 30일, 테겔 감옥에서 보낸 편지에서 그는 그렇게 적고 있다.

> 도대체 기독교는 오늘 우리에게 무엇인가, 그리스도는 오늘 우리에게 누구이냐는 물음이 내 마음을 끊임없이 움직이고 있네. 신학적인 말이건 신앙적인 말이건 간에, 사람들에게 말로 기독교를 알리는 시

---

7 José Casnova, *Public Religions in the Modern World* (Chicago: University of Chicago Press, 1994), 7.
8 규율사회에서 성과사회로의 전환이 급속하게 일어나면서 우울증과 낙오자를 양산한다. Han Byung-Chul, *Mudigkeitsgesellschaft*, 김태환 역, 『피로사회』(서울: 문학과지성사, 2012), 참고. 한병철은 여기에서 한 걸음 더 나아가 오늘의 시대를 '투명 사회'로 규정한다. 투명성은 신자유주의의 가장 강력한 요구인데 폭력적인 방식으로 모든 것을 표출시킨다. "속이 들여다보이는 유리 인간"을 양산하고, "만인이 만인을 감시하는 새로운 통제 사회"가 된다. 무제한의 자유와 커뮤니케이션은 전면적 감시와 통제로 이어진다고 주장한다. Han Byung-Chul, *Transparenzgesellschaft*, 김태환 역, 『투명 사회』(서울: 문학과지성사, 2014), 참고.
9 Dietrich Bonhoeffer, *Widerstand und Ergebung*, 김순현 역, 『옥중서신: 저항과 복종』(서울: 복있는사람, 2016), 341.
10 위의 책, 249, 341~42.

대는 지나갔네. 내면성의 시대와 양심의 시대도 지나갔네. 이를테면 종교 일반의 시대가 지나간 것이네. 우리는 완전히 종교 없는 시대를 맞이하고 있네. 사람들이 지금의 모습으로는 더는 종교인으로 살아갈 수 없는 시대를 말일세.[11]

수천 년 이어왔던 기독교의 기반이 흔들리는 때에, 종교적 선험성이라는 바탕 위에 세워진 기독교 선포를 어떻게 수행해야 하는지에 대한 깊은 고민을 토로한 것이다. 물론 주지하는 대로 그의 상황은 히틀러 치하에 있던 독일 상황이었고, 연일 공습이 진행되는 때에 감옥이라는 고통의 현장에서 그는 어떻게 그리스도의 제자들로 설 것인가에 대한 윤리적 고민을 제시한 것이다.[12] 그의 한 설교 가운데서 우리는 그의 생생한 외침을 듣게 된다. "우리는 세상의 섬뜩한 현실이 교회의 발언을 그냥 삼켜 버린다는 사실을 느끼고 있습니까?"[13]

'교회의 설교를 삼켜 버리는 시대', 본회퍼가 선견자처럼 제시한 이런 인식은 오늘의 상황을 잘 적시해 준 표현임에 틀림이 없다. 어쩜 오늘의 교회는 전혀 다른 상황 가운데 서 있고, 이전과 다른 바다를 항해하고 있다. 거대한 풍랑이 몰려오고 있어도 그것을 헤쳐 나갈 힘이 있다면 문제는 되지 않겠지만 그렇지 못하다면 심각해진다.

바바라 브라운 테일러가 설교에 대해 숙고한 내용이 기억난다. 터키 북부 지역을 여행하는 중에 11~12세기, 큰 번영을 누렸던 조지아

---

[11] 위의 책, 251.
[12] 고재길, 『한국교회 본회퍼에게 듣다』(서울: 장로회신학대학교 출판부, 2014), 188~91. "타자를 위한 존재"라는 신앙의 비종교적 해석에 기반을 두고 본회퍼는 자신의 고민을 풀어간다.
[13] Dietrich Bonhoeffer, 정현숙 엮음, 『교회가 세상에 소망을 말할 수 있을까?』(서울: 좋은 씨앗, 2015), 106. 이 책은 본회퍼가 1931년에서 1940년 성탄절까지 베를린과 런던 등지에 행한 15편의 설교문을 엮은 것이다.

Georgia 왕국이 서 있던 지역을 방문했을 때의 경험을 생생하게 들려준다. 기독교 왕국 카멜롯 Camelot 과 같이 자애로우면서도 강력했던 군주는 황무지 위에 기독교 문화를 새겨넣었고, 수많은 적의 공격으로부터 그것을 지켜내면서 번영을 이룬 곳이었다. 그러나 200여 년이 지난 후, 인근 부족들에 의해 나라는 여러 조각으로 찢어지면서 그 영광은 사라졌다. 아름다운 산맥과 큰 소나무는 아름다운 장관을 이루고, 시냇물은 많은 사람이 목장을 이루며 살도록 여전히 흐르고 있었지만 이제 그 기독교 왕국은 무너져 황무지가 되었다.

어느 날 오후, 작은 거주지역으로 안내하는 가이드를 따라 먼지가 일어나는 흙길을 따라 올라갔단다. 모퉁이를 돌아서자 황폐한 대성당 cathedral 의 윤곽이 눈에 들어왔는데 그 시골 마을에 단연 돋보이는 거대한 돔을 가진 회색빛 돌로 지어진 교회당이었다. 거의 모두 파괴되고 이제는 형체만 알아볼 수 있을 정도의 윤곽만 남아 있었지만, 그것이 교회임을 알아보는 것은 어렵지 않았단다. 마치 살아있는 것은 아무것도 남아 있지 않은 해변의 조개껍질 같았단다. 지붕은 날아가고 없고, 거대한 벽면에는 프레스코 벽화만 부분적으로 남아 있었다. 남아 있는 것만으로도 이 하나님의 집을 건축하기 위해 얼마나 많은 정성과 예산이 쏟아부어졌을지 가늠할 수 있었다. 뿌려진 복음의 씨앗은 비옥한 그 땅에서 잘 자랐고, 모진 비바람에도 꺾이지 않았는데 이제 옛날의 흔적은 모두 사라지고 없었다.[14]

이제 옛 믿음의 흔적들은 더는 그 땅에서 작동하지 않고 있었다. 그러한 일은 언제든 일어날 수 있는 가능한 일이다. 내가 그 언덕의 폐

---

14 Barbara Brown Taylor, *The Preaching Life* (Boston: Cowley Publications, 1993), 3~5.

허로부터 배운 것이다. 하나님께서는 사람들이 이해할 수 있는 형태로 복음의 복된 소식을 주셨고, 그것을 전파할 수 있는 은혜까지 허락해 주셨다. 그러나 인간에게 주신 자유는 안타깝게도 우리 목소리를 잃어버리게 한 것이었으며, 가고 있었던 목적지를 잃어버리게 했으며, 왜 가야 하는지 그 동기도 잃어버리게 했다. … 만약 우리의 삶의 한복판에서 하나님의 임재를 경험하지 못한다면, 그리고 세상 한 가운데 그 임재를 드러내는 일에 모든 은사를 온전히 활용하지 않는다면, 박물관으로 바뀐 그 건물에 들어가는 입장권을 팔고 있는 자기 모습을 곧 발견하게 될 것이다.[15]

'그 언덕의 폐허…' 오늘 설교자들은 그것을 기억하고 가슴에 담아야 한다. 그것은 남 이야기가 아니라 우리 이야기가 될 수 있다. 그 폐허는 이미 서구 기독교에서 시작된 지 오래고, 그것은 반기독교적 정서가 높아가는 한국 사회에서도 벌써 시작되었다. 테일러는 이것을 "미몽에서 깨어난 상태 disillusionment라고 설명한다. 교회에 대한, 목회자(설교자)에 대한, 심지어는 하나님에 대한 환영illusion이 깨진 것이며, 고통스러운 것이지만 잘못 알고 있던 것이 깨지는 것은 결코 나쁜 것이 아니라고 설명한다.[16] 설교가 하나님과 그분의 세계를 보여주는 것이라면 당연히 미몽에서 깨어나야 하며, 교회 안팎에 세워진 '우상'과 왜곡으로부터 깨어나야 한다. 그 환영에서 깨어나 "그분의 현존과 행하심의 신비" 가운데로 더 깊이 들어가도록 돕는 것이 설교자의 사명이다.

---

15 위의 책, 5.
16 위의 책, 8.

하나님에 대한 우리의 논증들이 무가치한 것으로 바뀐 그곳에서 그러한 몽상 아래로 깊은 어두움이 내려앉을 때 오히려 희망을 찾게 된다. 왜냐하면, 그런 미몽에서 깨어나는 것은 그렇게 나쁜 것이 아니기 때문이다. 그러한 각성은 우리 자신과 세상에 대해, 그리고 하나님에 대해 가지고 있었던 환영으로부터 깨어나는 것이며, 그것이 언제가 고통스러운 것이지만 우리가 진리로 착각하고 있었던 거짓된 것에서 벗어나게 하는 것이라면 결코 나쁜 것만은 아니다. 미몽에서 깨어난다는 것은 하나님께서 언제나 우리 기대를 그대로 인정해 주시는 분은 아니라는 것을 깨닫게 되었다는 의미이다. 우주 가운데 있는 인간 존재가 상대적으로 얼마나 미미한 존재이며, 누구도 하나님은 이러해야 한다거나, 혹은 하나님은 이렇게 행동해야 한다고 말할 수 없는 존재라는 사실을 인지하게 된다.[17]

설교는 하나님의 현존과 그 세계의 신비 속으로 계속해서 끌고 들어가는 사역으로 이해한 테일러는 기독교 후기의 시대를 오히려 새로운 설교 사역의 시작점으로 이해한다. 그동안에 설교 사역이 혹시 주님의 이름으로 전하였지만 쓰레기와 변질된 음식, 독을 먹여온 것은 아닌지를 점검하게 만든다. 로버트 브라운이 언급한 대로 설교자는 누구나 "설교할 만큼 훌륭하지 않다는 사실에 늘 시달리고"[18] 있지만 어떤 점에서 수많은 선택 앞에 서 있는 현대인들에게 어떻게 하나님 말씀의 진수를 바로 맛보게 할 것인가를 고백해야 하는 존재이다. "변덕스럽고 흠이 많은 사람이지만 우리는 믿어주시는 분을 전적으로 신뢰하기에 우리는 항상 그 이상의 존재들"이며, 하나님께서 최고(best)로 여

---

17 위의 책, 8.
18 Robert E. C. Browne, *The Ministry of the Word* (Philadelphia: Fortress Press, 1976), 15.

기시는 존재이다. 때론 하나님의 창조 사역을 함께 해 가는 사랑스러운 자녀로, 능력 있는 파트너와 동역자로 여기시며, 어느 때보다 중요하지만 훨씬 더 어려워진 사역을 위해서 우리를 부르시는 "지침이 없으신 목자"이시다.[19]

아직도 설교해야 하는 이유

이런 상황 가운데서 우리에게는 한가지 질문이 제기된다. 도대체 우리는 왜 설교를 하려는 것이며, 어떻게 설교할 것인가? 기독교의 기반 전체가 흔들리는 시대에 도대체 우리는 모험과 같은 대담한 행위인 설교를 왜 감당하려고 하는가? 이런 변화하는 시대에 설교를 이어가려는 것이 지금까지 해 왔기 때문인가, 아니면 직업의식 때문인가? 거기에 대한 심각한 점검이 필요하며, 우리가 바로 감당하지 못하면 이 땅에 서 있는 교회는 머잖아 복음의 황무지로 바뀌게 될 것이다. '그 언덕의 황폐함'이 예견되는 상황에서 우리는 그 중요한 사역을 어떻게 감당할 것인가?

이 질문과 관련하여 기본적인 내용, 몇 가지를 정리해 보자. 첫째, 설교 사역에 앞서 설교자가 확인해야 할 것은 소명이다. 어쩜 어떤 방법론이나 기교보다 먼저 확인해야 할 것이 바로 소명과 그 직무를 수행하는 자세이다. 이것은 상황이 바뀌고 시대가 바뀌어도 그것을 수행해야 할 동인을 제공해 주기 때문이다. 목회자가 수행해야 할 사역은 다양하지만 본래 장로교회는 말씀 선포와 성례전의 바른 수행을 위해서 목사를 세운다. 그래서 미국장로교 PCUSA는 목사직을 "말씀과 성례

---

19 Taylor, *The Preaching Life*, 12.

전의 사역자"minister of the Word and Sacrament 로 명명한다.[20] 목회자는 하나님의 말씀 선포 사역을 위해 세움 받은 존재라는 정체성을 선명하게 제시한다. 에베소교회의 사역자로 디모데를 세우고 마케도니아로 갔던 사도 바울은 그에게 그렇게 권면한다.

> 나는 하나님 앞과 산 사람과 죽은 사람을 심판하실 그리스도 예수 앞에서 그분의 나타나심과 그분의 나라를 두고 엄숙히 명령합니다. 그대는 말씀을 선포하십시오. 기회가 좋든지 나쁘든지 꾸준하게 힘쓰십시오. 끝까지 참고 가르치면서 책망하고 경계하고 권면하십시오. 딤후 4:1~2

여기에서 '전파하라'는 말의 헬라어는 '케뤼소' κηρύσσω 는 '설교하다'는 뜻을 가진 말로 왕의 사자가 그의 명령을 전하는 것을 뜻하는 의미를 가진다. 그가 수행해야 할 긴급한 최고의 사명이라는 뜻을 담고 있다. 이것은 우리 의지로 결정되는 요소가 아니라 하늘의 명령임을 상기시킨다.

그가 일어서서 강단으로 나아가는 것은 보내심을 받은 존재이기 때문이다. 첫 복음 설교자인 세례 요한을 가리켜 요한복음 기자는 하나님으로부터 "보내심을 받은 사람" ἀπόστέλλω ἄνθρωπος 이라고 소개한다 요 1:6. 이것은 '사도'라는 헬라어 아포스톨로스 ἀπόστολος 와 같은 의미의 표현인데, 본래 왕의 명령을 받고 항해하는 항해자라는 뜻을 가진다. 요한복음 기자는 첫 설교자의 정체성을 왕의 명령을 받고 보냄을 받은

---

20 The Office of the General Assembly, *Book of Order 2017~2019: The Constitution of the Presbyterian Church (U.S.A)*, Part II (Louisville: The Office of the General Assembly Presbyterian Church [U.S.A.], 2017), G-2.05 참조.

자로 달려가는 항해자라는 의미로 표현하고 있다. 무엇보다도 설교자에게는 보내심을 받은 자라는 자기 정체성이 분명해야 한다.

늘 염두에 두어야 할 것은 두 가지이다. 그를 보내신 분과 지금 달리고 있는 목적. 나는 보내심을 받은 말씀의 종이라는 점과 내가 전해야 할 것은 그분이 말씀하시기를 원하시는 '그것'이어야만 한다는 말이다. 그래서 바울은 말씀 사역을 위해 세움 받은 사람에게 경고처럼 권면한다. "심판하실 그리스도 예수 앞에서 그분의 나타나심과 그분의 나라를 두고 엄숙히 명령합니다. 그대는 말씀을 선포하십시오." 그 사역을 맡겨 주신 분은 "엄숙히 명령"하고 계실 뿐만 아니라 감찰하고 계신다. 설교자는 '하나님 앞에서' coram Deo 의 정신으로 그 사역을 섬세하게 감당해야 한다고 강조한다. 그가 하고 싶은 말이 아니라 '그분'이 말씀하기 원하시는 그것, 그 말씀 λόγος 을 선포하라고 명령하신다. 여기에서 설교를 명령하신 주체와 설교자가 전해야 할 것이 분명해진다.

설교자는 그 무엇으로 대신할 수 없는 소명을 가졌기에 결코 주춤거릴 수 없는 존재이다. 리차드 리셔는 이것을 "궁극적 소명" ultimate vocation 이라는 용어를 통해서 설명한다. 설교는 이러한 궁극적 소명을 통해 이루어지는 사역인데, "그것이 다른 사람의 생명을 살리는 사역"이기 때문이다.[21] 소명은 아무도 가지 않는 길을 걸어갈 수 있게 하며, 아무도 하지 않은 일을 감당할 수 있게 만드는 동인 動因 으로 작용한다. 하나님께서는 그 말씀이 세상 속에 들려지기를 간절히 원하셔서 오늘도 사람을 보내고 계신다. 설교자의 소명과 관련하여 설교에는 두 가지 차원이 존재하게 되는데 '설교자의 수동성'과 '설교의 기대성'이 그것이다. 이것은 설교자가 보냄을 받은 존재이며, 자기 말을 하는 존재가 아

---

21 Richard Lischer, *The End of Words: The Language of Reconciliation in a Culture of Violence* (Grand Rapids: Eerdmans, 2005), 42.

니라는 사실이다. 그는 한 텍스트를 사용하여 하나님이 말씀하시기를 원하시는 바를 전하기 위해 세움 받은 존재, 즉 계시의 채널channel이라는 사실을 기억해야 하며, 그 설교를 통해 하나님께서 무엇을 말씀하실 것인지 먼저는 하나님께 귀를 기울여야 할 것이고, 그가 강단에 서서 입을 열 때 하나님께서 무엇을 행하실 것인지에 대한 기대감을 가지고 있어야 한다는 의미이다.

둘째, 설교에 앞서 설교자에게 필요한 것은 말씀의 능력을 믿는 믿음이다. 하나님의 말씀이 들어가면 에스겔 골짜기의 마른 뼈들도 살아나 여호와의 군대가 될 수 있으며, 실망과 좌절 가운데 사로잡혀 낙향하고 있던 엠마오의 제자들도 하나님의 말씀이 들어가니 그들의 가슴이 뜨거워졌고 영의 눈은 열렸으며, 무너져 내리던 그들의 삶은 다시 세워졌다. 설교자가 하나님 말씀의 능력을 믿지 못한다면 그는 강단에 서서는 안 된다. 그는 말씀의 능력을 깊이 신뢰하는 사람이다. 설교자는 성경의 사람이고, 성경을 안고 평생을 달려야 하는 사람이다. 또한 그는 성경을 사랑하는 사람이어야 한다. 성경과의 사랑에 빠지지 않은 사람이라면 그는 적어도 아직 설교할 준비가 안 되어 있거나 자격을 상실한 사람일 수 있다.

필자는 대학 3학년 때 한 아가씨와 교제를 시작했다. 입주 과외 아르바이트를 하면서 대학 생활을 이어가야 했던 처지였으니 자주 만나지는 못했다. 주로 서신 왕래를 통해 교제를 이어갔다. 신대원 2학년 때 군복무를 시작했을 때 본인은 강원도 전방에서 군 복무를 했고, 여자 친구는 지방의 한 도시에서 직장생활을 했다. 장교여서 가끔 주말에 나올 수는 있었지만 매주 만나는 것이 쉽지 않았으니 주로 편지로 교제를 이어갔다. 거의 1년에 300여 통의 편지를 주고받았다. 편지를 받으면 다음 편지를 받을 때까지 주머니에 담고 다니면서 하루에도 수

차례 꺼내 읽고는 했다. 그래서 모티머 애들러 Motimer J. Ardler가 『독서의 기술』에서 '연애편지를 읽을 때처럼' 책을 읽으라는 권면이 가슴에 확 와닿는다.

> 사랑에 빠져서 연애편지를 읽을 때 사람들은 자신의 실력을 최대한으로 발휘하여 읽는다. 그들은 단어 한마디 한마디를 세 가지 방식으로 읽는다. 행간을 읽고 여백을 읽는다. 부분의 견지에서 전체를 읽고, 전체의 견지에서 부분을 읽는다. 콘텍스트와 애매함에 민감해지고, 암시와 함축에 예민해진다. 말의 색깔과 문장의 냄새와 절의 무게를 알아차린다. 심지어는 구두점까지도 고려하며 읽는다.[22]

사랑하는 사람이 보낸 편지이고, 그 사람이 사랑을 담아 보낸 글이니까 몇 번씩 읽는 것이지 나와 상관이 없는 것이라면 전혀 그렇지 않을 것이다. 그래서 조선 정조 시대의 문인이었던 유한준 俞漢寯, 1732~1811은 당시의 미술 수장가였던 김광국의 그림집, 『石農畵苑』석농화원의 추천의 글에서 그림의 묘미는 아는 것과 사랑하는 것에 의해 결정된다는 사실을 그렇게 표현한다.[23] "知則爲眞愛 지즉위진애 愛則爲眞看 애즉위진간 看則畜之 간즉축지 而非徒畜也 이비도축야. 알면 참으로 사랑하게 되고, 사랑하면 참되게 보게 되며, 볼 줄 알면 모으게 되니, 그것은 그저 쌓아두는 것과 다르다." 어떤 것을 사랑하는 것, 보는 것, 수집하는 것이 다 필요한 일이지만 '아는 것'과 '사랑하는 것'의 중요성을 강조한다. 설교자가 진정으로

---

22 Mortimer J. Adler, *How to Read a Book*, 민병덕 역, 『독서의 기술』(서울: 범우사, 1993).
23 유홍준, 김채식 편, 『김광국의 석농화원』(서울: 눌와, 2015). 이 책에는 공민왕과 안견으로부터 김홍도까지 조선 시대를 아우르는 방대한 그림첩이었다. 김광국이 세상을 떠난 후 흩어지고 말았지만, 지인들에 의해 그림 목록과 해설, 감상 등을 담은 육필본이 발견되었는데, 그것을 번역한 것이다. 7대째 의관(醫官) 집안에 태어난 김광국은 21세에 의과에 합격하여 수의(首醫)까지 올랐으며, 학식과 그림을 볼 줄 아는 넓은 안목을 가지고 있었고, 당대 문인, 화가들과 폭넓게 교류하였다.

사랑해야 할 성경은 도대체 무엇이던가? 왜 우리가 그것의 중요성을 알아야 하고, 진정으로 사랑해야 하는가? 테일러의 설명을 들어보자.

> 성경은 우리가 들어야 하고, 또 듣기를 원하는 이야기를 들려준다. 그것은 우리가 삶을 영위해 가는 데 도움이 되는 이야기, 죽음 앞에서 필요한 이야기, 우리가 다시 살게 될 것임을 믿을 수 있도록 도와주는 이야기들이다. 그 이야기를 들으면서 우리는 그것을 말씀해 주시는 그분과 깊은 관계성 속으로 초대를 받는다. 그 이야기를 믿으며 우리는 변화된다. 살아있는 하나님의 살아있는 말씀은 우리의 상처를 치유하고, 우리의 마음을 부드럽게 만든다. 그 이야기는 우리의 비전을 선명하게 해 주며, 우리의 걸음을 인도한다. 시간의 처음 시작부터 마지막까지 연결된 생명줄과 같이 그 이야기는 문화, 자연, 역사의 모든 폭풍을 뚫고 나아가도록 길을 보여준다. 그 이야기는 우리의 말을 뛰어넘어 말씀으로 오신 그분에게로 나아가는 길을 보여주며, 그분의 현존 가운데서 결국 설교자인 우리는 담대하게 말씀을 전할 수 있게 만들어 줄 것이다.[24]

성경은 설교의 근거이며, 토대이다. 성경은 하나님의 음성을 담고 있고, 설교는 그것을 구체적으로 담아내야 한다. 그렇게 준비된 설교는 생명을 살리는 하나님의 말씀으로 우리 시대에서 역사한다. 1517년, 마틴 루터가 비텐베르크 성(城)교회당 문에 95개조 조항을 내걸고 교회개혁의 기치를 내걸었을 때 그것은 목숨을 내건 행동이었다. 그가 당긴 불길은 봉홧불처럼 온 유럽으로 퍼져나갔고, 바다 건너 잉글랜드와

---

24 Taylor, *The Preaching Life*, 62.

스코틀랜드까지 전해졌다. 언젠가 사람들이 물었다. "이 거대한 교회 개혁을 어떻게 일으켰습니까? 어떻게 유럽의 나라들을 뒤집어 놓았습니까?" 그때 루터는 그렇게 대답했다.

> 저는 그저 하나님의 말씀을 가르치고, 설교하고, 그것을 글로 기록했을 뿐입니다. 그 외에는 아무 일도 하지 않았습니다. 제가 잠들어 있는 동안 어떤 황제도, 귀족도 교황직을 어찌하지 못했지만, 그 직을 흔들어 허물었습니다. 제가 한 것은 전혀 없고, 모두 하나님의 말씀이 한 것입니다.[25]

그렇다. 하나님의 말씀에는 살리고, 세우고, 회복시키는 능력이 있다. 하나님의 말씀은 확고하며, 강력하다. 그래서 장 칼뱅은 성경 신학자답게 하나님의 말씀인 "성경은 신학의 유일한 원리" scriptura est unicum principium theologiae 이며, 삼위 하나님과 그 세계를 탐구하고 알 수 있는 유일한 열쇠라고 주장한다. 또한 우리를 인도하는 유일한 길이며, 그 길을 비추는 빛이 되신다고 말한다. 말씀이 없이는 신앙도 바로 설 수 없으며, 바른 신앙인지를 가늠하게 만들어 줄 뿐만 아니라 인간의 죄성과 초월해 계시는 하나님과 그 세계를 볼 수 있게 해주는 '거울'로 말씀을 이해한다.[26] 설교자에게 있어서 성경은 하나님의 세계와 연결하는 통로이며, "나를 해석해 주는 책", 즉 내가 어떠한 존재이고, 어떻게 살아가야 할지를 구체적으로 알려주고 이끌어 주는 책이다. 그래서 테일러는 성경을 창조주 하나님과 연결해 주는 "생명의 활기를 더해주는 혈관" living vein 이라고 규정하면서 "시간의 시작 때로부터 인생의 시간이

---

25 Martin Luther, "On God's Sovereignty," *Luther's Works*, 51:77.
26 John Calvin, *Institutes of the Chrisian Religion*, 3.21.2; 3.2.6.

얼마나 남지 않았을 때까지 우리는 서로에게 누구였고, 지금 누구인지, 그리고 어떤 존재가 되어야 하는지에 대해 알아야 할 이야기를 계속 펌프질해서 공급해 주는" 책이라고 이해한다.[27]

설교자는 성경을 통해서 드러나는 하나님의 음성과 숨을 오늘의 시대에 설교를 통해서 다시 펼치는 것이다. 말씀의 재현은 음악을 통해서 설명할 수 있다. 35년의 짧은 생애를 살면서 41곡의 교향곡을 남긴 볼프강 아마데우스 모차르트 Wolfgang Amadeus Mozart는 1788년 7월, 오스트리아 빈에서 오늘날 대중에게 가장 사랑을 받는 교향곡 40번 K.550을 작곡했다. 그가 마지막으로 작곡한 세 곡은 흔히 '최후의 교향곡'으로 칭하기도 하는데, 짧은 기간에 작곡되었으나 규모와 완성도 면에서 기존의 인식을 바꿔놓은 최고 작품으로 평가받는다. "스타일과 분위기의 다양성이라는 면에서 충격적"이라는 평가를 받는 이 최후 교향곡 39번이 고요하다면, 40번은 열정적이고 강렬하고, 41번은 찬란하게 빛나는 곡이다.[28]

교향곡 40번을 듣다 보면 1악장 몰토 알레그로 매우 경쾌하게는 바이올린과 비올라의 소리로 시작되어 목관악기가 합세하면서 단조 분위기는 서서히 지워지고 격정적 고조를 이룬다. 무척 서정적인 선율에 평화로운 느낌이 가득하다. 2악장은 안단테로 소리가 펼쳐지는데, 바이올린이 소리를 이어가다가 호른과 첼로가 합세하면서 부드럽고 평화롭지만 슬픔의 그림자가 짙게 드리워진다. 3악장은 춤의 리듬을 담아내지만, 장중한 느낌을 주면서도 평화롭고 목가적이다. 4악장은 빠르고 격

Mozart,
Symphony
No. 40

---

27 Taylor, *The Preaching Life*, 52.
28 Andrew Huth, *Symphony*, 김병화 역, 『교향곡과의 만남: 세계를 담은 음악』(서울: 포노, 2013), 22.

렬하게 펼쳐지지만 슬픔의 심연으로 가라앉는 듯한 느낌을 준다. 이렇게 구성된 교향곡을 가리켜 문학수는 "한숨과 위로의 안단테"라고 칭한다.[29]

생애 후반부 작품이었기 때문에 모차르트 생전에 이 교향곡 연주가 이루어졌는지는 불분명하다.[30] 연주가 이루어졌다고 한들 녹음 시설이 없던 때이니 그것은 소리로는 남아 있지 않다. 지금 그 소리는 음표로만 남아 있다. 그 소리를 듣기 위해서는 연주자가 필요하다. 1971년, 모차르트의 고향, 잘츠부르크에서 이 교향곡 전곡이 연주되었다. 그곳 출신인 헤르베르트 폰 카라얀 Herbert von Karajan 이 지휘하고 빈 필하모니 오케스트라가 연주했다. 1978년에는 베를린 필하모니 오케스트라를 지휘하여 다시 연주한다. 카라얀은 나치 부역 혐의로 비판을 받기도 했지만, 그의 노력으로 악보에 묻혀 있던 교향곡의 선율을 우리는 생생하게 듣게 된다. 악보 위에 단지 음표로 남아 있던 것들이 지휘자와 연주자를 통해 아름다운 음악으로 살아나 우리에게 다가온다.

설교도 마찬가지이다. 하나님의 말씀은 성경이라는 책 안에 글자로 담겨있다. 그것이 생생하게 들려 살아있는 말씀 living Word 이 되는 것은 설교자가 우뚝 서 있을 때 가능한 일이다. 세상은 설교자를 통해 그 음성을 듣게 된다는 점에서 설교는 일종의 '하나님의 소리 재생하기'이다.

셋째로, 이 사명을 수행하는 설교자에게는 지속적 충전이 필요하다. 설교자에게는 늘 가슴에 말씀이 고여야 한다. 십자가와 부활의 복음을 위해서 불러 세우신 그분께서 설교자의 입술에 담아두신 메시지

---

29 문학수, 『더 클래식 하나: 바흐에서 베토벤까지』, eBook (서울: 돌베개, 2016), 참조.
30 이 곡은 1788년에 작곡되었고, 1791년 4월에 초연되었다. 안토니오 살리에리(Antonio Salieri)가 지휘를 했다는 주장도 있다. 모차르트는 1791년 12월에 세상을 떠났다.

가 마르지 않아야 한다. 설교자 바울은 그가 받은 계시가 너무나 크고 놀라워^{고후 12:7} 후배 설교자에게 자신과 그동안 받은 가르침을 살피며 읽는 것을 계속하면서 말씀 사역을 감당할 것을 권고한다^{딤전 4:13~16}. 이것은 어떤 사실이나 신념을 선전propaganda한다는 말 이상의 것이다. '선전'이 어떤 신념이나 사상을 단순히 전달하거나 조작하는 행위라면, '설교'는 생명의 소식을 전하는 것이다. 그 소식은 인간의 영혼을 살리시기 위해 오래전에 성령께서 그것을 형성하시고, 사용하셨고, 지금도 사용하시는 '그 책'을 통해 오늘도 말씀하시는 하나님의 진리 세계와 그 아름다움을 전한다. 유진 피터슨은 설교자는 단지 성경을 탐구하는 것이 아니라 성경이 자신을 형성하도록 먼저 내놓아야 하며, 삶의 내면이 되도록 그것을 받아들이고, "그 리듬과 이미지가 기도의 실천, 순종의 행위, 사랑의 방식이 되도록" 해야 한다고 권고한다. 이것을 사도 요한은 "먹는다"고 표현한다^{계 10:9}. 성경을 그냥 읽고, 그 정보를 설교에 채워 넣는 작업이 아니라 "자기 신경 말단에, 자신의 반사작용에, 자기 상상력 안에 집어넣는" 차원을 포함한다.[31]

존 맥아더는 그의 할아버지의 이야기를 이렇게 들려준다. 유년 시절, 설교자였던 그의 할아버지는 돌아가시기 직전까지 하나님의 말씀을 신실하게 선포하신 설교자였단다. 어릴 적, 그의 부친과 함께 할아버지의 임종을 지킨 적이 있는데, 그의 부친이 물었단다. "아버지, 원하시는 게 있으세요?" 그러자 세상을 떠나기 직전의 자리에 누워있던 할아버지가 그렇게 말씀하셨단다. "그래, 딱 한 번만 더 설교하고 싶구나." 암으로 죽어가는 자리에서 그가 진정으로 원하는 일은 "한 번 더 설교하는 것"이었단다. 하나님의 말씀이 그의 뼈에 사무치도록 다가오

---

31 Eugene Peterson, *Eat This Book: A Conversation in the Art of Spiritual Reading* (Grand Rapids: Eerdmans, 2006), 1장 참고.

는 불과 같았기 때문에 그 불을 토해 내고 싶었던 것이리라.[32] 예레미야는 "주님의 말씀이 나의 심장 속에서 불처럼 타올라 뼛속에까지 타들어 가니 나는 견디다 못해 그만 항복하고 맙니다"렘 20:9, 새번역라고 고백한다. 설교자는 뼛속까지 타들어 가 그것을 전하지 않고는 견딜 수 없는 불을 평생 간직해야 말씀의 영향력을 나타낼 수 있다.

오늘도 필요하다

갈수록 복음을 증거하는 것이 어려워지고 있던 때, 1세기 한 설교자는 설교자들에게 담대하게 외친다. "말씀을 전해주는 사람이 없으면 어떻게 들을 수 있겠습니까?" How will they hear without a preacher?[33] 설교는 하나님의 세계와 말씀을 설명하게 들려주고, 보여주는 작업이라고 한다면 설교자의 중요성을 아무리 강조해도 지나침이 없다. 오늘의 상황을 돌려놓을 수는 없을지 모르며, 영적 침체 상황에서 목회직을 옛날로 돌려놓을 수는 없을지라도 설교자는 소명에 이끌려 가는 존재이다. 설교자는 적어도 그가 말하지 않으면 아무도 그 말씀을 들을 수 없게 된다는 사실을 아는 존재이고, 그래서 그 소명을 따라 나아가는 존재이다.[34]

그 소명자의 첫 번째 조건은 보내신 분에게서 듣는 것이다. 그분의 음성을 듣는 것이고, 그분이 행하시는 일을 듣는 것이고, 그분이 어디로 나아가는지 그 방향을 함께 바라보며 그 발자국 소리를 듣는 것이다. 문득 임정현 시인은 그 특성을 이렇게 들려준다. "삼월에는/ 땅에 귀를 대고/ 먼 길 걸어오는/ 발자국 소리를 들어라// 지상의 빛깔을 다시 바꾸

---

32 John MacArthur, ed., *The Shepherd as Preacher*, 이대은 역, 『목회자는 설교자다』(서울: 생명의 말씀사, 2015), 23.
33 롬 10:14.
34 Lischer, *The End of Words*, 41~42.

시는/ 조용한 그분의 숨소리를 들어라."[35] 긴 겨울이 지나고 이제 봄의 문턱에 서 있는 사람에게 "땅에 귀를 대고 먼 길 걸어오는 발자국 소리를" 들으란다. 오늘 어두움의 색깔로 덮여 있던 세상을 바꾸고 계시는 그분의 손길을 바라보며, 세상의 생명을 불어놓고 있는 그분의 숨소리를 조용히 들으란다. 생명은 언제나 숨으로부터 시작된다. 창조 기사는 그분의 숨נְשָׁמָה, 네샤마이 불어 넣어졌고, 그 숨이 가닿았을 때 '생령'이 되었음을 강조한다창 2:7. 생명의 숨이 가닿았을 때 '생령'נֶפֶשׁ חַיָּה, 네페쉬 하야, 살아있는 존재가 되었다.

설교는 다가오시는 성삼위 하나님의 발자국 소리를 들은 사람들이 일어나, 온통 잿빛인 세상에서 한숨 가득한 인생길을 걸어가는 사람들에게 그 발걸음 소리를 들려주는 사역이 아니겠는가? 이 땅의 색깔을 바꾸시는 그분의 숨소리를 들은 설교자들이 일어서 눈물뿐인 길을 걸어가는 사람들에게 태초에 사람에게 숨네페쉬을 넣어주시던 바로 그분의 숨길을 전하는 것이 설교 사역이 아니던가? 그래서 설교자로 나서는 사람들에게 루시 호간은 그 특성을 이렇게 들려준다.

> 설교는… 영감과 땀의 호기심을 자아내는 공교한 결합an intriguing mixture of inspiration and perspiration으로 이루어진다. 하나님께서 설교자를 부르셨고, 성령님께서 그들에게 영감을 주신다. 그러나 설교는 또한, 연구하고 배워가야 할 실행이고 예술이다. 설교자는 하나님께 듣는 것과 능력을 갖춘 설교자와 선생들에게 듣는 것을 통해 발전하고 성숙해 갈 수 있어야 한다.[36]

---

35 임정현의 시, "삼월에" 전문.
36 Lucy L. Hogan, *Graceful Speech: An Invitation to Preaching* (Louisville: Westminster John Knox Press, 2006), vi.

개혁교회 전통은 설교자가 가슴에 새겨야 할 설교의 의미와 중요성을 한 신앙고백서에서 선명하게 들려준다. 츠빙글리 후계자로 취리히에서 종교개혁을 완성해 가려고 애쓴 하인리히 불링거에 의해 주도되었던 제2 헬베틱 신앙고백[37]이 들려주는 의미를 다시 들어 보자.

합법적으로 부름을 받은 설교자에 의해 교회에서 이 하나님의 말씀이 선포(설교)되기 때문에, 우리는 바로 그 하나님의 말씀이 선포되고 성도들은 그것을 하나님의 말씀으로 받아들인다는 사실을 믿는다. 우리는 이 말씀 이외에 다른 말씀을 날조해 내거나 하늘로부터 어떤 말씀이 내려올 것으로 기대해서는 안 된다. 설교 된 하나님의 말씀 그 자체는 그것을 설교한 사람과 상관없이 하나님의 말씀이다. 즉, 그 설교자가 악한 사람이요, 죄인이라 해도 하나님의 말씀은 여전히 참되고 선한 말씀으로 남는다.[38]

오늘 세상이 하나님의 말씀을 듣기 위해서는 설교자가 필요하고, 그가 바로 서서 그 사역을 성실하게 감당할 때 세상은 그를 통해 하나

---

37 이것은 제 2 스위스 신앙고백으로도 칭해진다. 헬베틱(Helvetic)은 스위스(Switzerland)의 라틴 이름으로, 사보이 공작의 지배 아래 있던 스위스가 로마가톨릭교회에서 독립하여 나온 스위스 개신교를 지칭하는 용어로 사용되었다. 개혁교회의 신앙을 정리하여 교회를 하나로 묶고, 입장을 변호할 수 있는 신앙 해설서의 필요성과 함께 시작된 것으로 하인리히 불링거와 장 칼뱅이 연합하여 제 2 헬베틱 신앙고백을 중심으로 교회를 이루었다. 이 신앙고백서는 다소 짧다고 생각했던 제1 신앙고백서를 확장하여 블링거가 작성하였으며, 당시의 로마 가톨릭교회의 주장에 대응하는 공식 신앙고백서로 자리매김하였다. 1562년에 처음 나왔을 때는 "참 기독교를 위한 바른 신앙과 보편타당한 교리"(Confessio et expositio simplex orthodoxae fidei et dogmatum Catholicorum syncerae religionis Christianae)라는 제목을 사용하였는데, 후에는 제2 헬베틱신앙고백(Confessio Helvetica posterior)이라는 명칭을 사용한다. 1566년에는 스코틀랜드교회가, 1567년에는 헝가리 교회가, 1571년에는 프랑스 개신교가, 1578년에는 폴란드 개신교가 공식 신앙고백서로 채택하였고, 개혁교회의 중심 신앙고백서의 하나로 자리매김한다.

38 Heinrich Bullinger, *The Second Helvetic Confession*, ebook (Philadelphia: Dalcassian Publishing Co., 2020), ch. 1.

님의 말씀을 듣게 된다는 의미이다.

절실하게, 더 절실하게

시인 백석은 해방 후에, 오산학교 시절의 스승 조만식의 부름을 받고, 어머니가 계신 곳이기도 했던 평양으로 가서 그의 비서 겸 러시아어 통역으로 일하게 된다. 결국 월남할 기회를 놓쳐버리고 북쪽에 갇히게 된다. 그가 "분단으로 잃어버린 시인"이라는 평가를 받는 이유이다.[39] 오산학교 7년 선배이자 같은 고향의 선배였던 김소월에게 깊은 영향을 받은 그는 향토색이 짙은 모국어를 정감있게 사용하여 민족혼을 시에 담아낸 시인이었고, "'가장 모던한 것'과 '가장 조선적인 것'을 어떻게 결합할 것인가"를 고민했던 시인이었다.[40] 윤동주 등 많은 시인에게 영향을 주었기에 "시인들의 시인"으로 칭함을 받고 있다.

안도현은 다음과 같이 고백한다. "스무 살 무렵, 백석의 시 '모닥불'이 처음 내게 왔다. 그때부터 짝사랑하기 시작했다. … 백석의 시는 내가 깃들일 거의 완전한 둥지였다. … 잃어버린 시의 나침반을 찾아 헤맬 때 길을 가르쳐 준 것도 그 둥지였다. … 백석의 시를 베끼기 위해 시를 써 왔다."[41] 혹자는 아무것도 아닌 것들이 그의 시에서는 생생하게 살아나게 만들며, 고향의 따스함과 그리움까지 살려낸다고 주장

---

[39] 일본제국주의 위협과 회유를 그만 피해 갈 리가 없었겠지만, 백석은 일제 강점기, 강압에도 불구하고 단 한 편도 일본어로 된 시도, 친일 성향의 시도 쓰지 않았다. 북한에서도 그는 공산당을 찬양하는 시를 쓰지 않았기 때문인지 1948년 10월에 마지막으로 시를 발표한 이후, 그는 시를 쓰지 않았다. 압록강 인근으로 추방당하여 협동농장에서 노년을 보내다가 1996년에 세상을 떠난 것으로 밝혀지고 있다. 분단으로 인해 남쪽에 남았던 그의 연인 김영한은 다시 그를 만나지 못했는데, 후에 1,000억대의 재산인 대원각을 법정 스님에게 시주해서 세간의 화제가 되었다. '재산이 아깝지 않느냐'는 한 기자의 질문에 "1,000억 원이 그 사람 시 한 줄만 못해요. 다시 태어나면 나도 시 쓸거야"라는 말을 남겼다. 김자야, 『내 사랑 백석』, 개정판 (서울: 문학동네, 2019).

[40] 안도현, 『백석 평전』(서울: 다산책방, 2014), 73.

[41] 위의 책, 24.

한다. 그의 시, "모닥불"은 그런 특성을 이렇게 노래한다. "헝겊 조각도 막대 꼬치도 기왓장도 닭의 깃도 개터럭도 타는 모닥불."[42]

백석의 한 시에는 사람을 행복하게 만드는 요인이 선명하게 드러난다. 묻고 답하는 것처럼 쓰인 이 시에는 행복의 이유가 대단한 것도 아니고 '외면하고'로 연결되는 내용은 부정적이어서 그렇게 행복해 보이지 않는 조건인 듯하지만, 행복감이 가득하다. 먼저 그 시를 읽어보자. "내가 이렇게 외면하고 거리를 걸어가는 것은 잠풍 날씨가 너무나 좋은 탓이고/ 가난한 동무가 새 구두를 신고 지나간 탓이고 언제나 꼭 같은 넥타이를 매고 고운 사람을 사랑하는 탓이다/ // 내가 이렇게 외면하고 거리를 걸어가는 것은 또 내 많지 않은 월급이 얼마나 고마운 탓이고/ 이렇게 젊은 나이로 코밑수염도 길러보는 탓이고 그리고 어느 가난한 집 부엌으로 달재 생선을 진장에 꼿꼿이 지진 것은 맛도 있다는 말이 자꾸 들려오는 탓이다."[43]

한 신사가 어제와 똑같은 넥타이를 매고 활기차게 걸어가고 있다. 늘 같은 걸 매는 것을 보니 단벌 신사가 분명해 보인다. 그런데 활기찬 모습이 그렇게 행복해 보일 수가 없다. 시인은 그 행복의 이유를 '…것은 …탓이다'의 구조를 통해 여섯 차례 답을 제시하는 문답 구조로 제시한다. 내용은 당시에는 큰 비판의 대상이 되었던 '부르조아적'이다. 2연으로 구성된 시의 앞부분에서 내가 행복한 이유가 세 가지, 뒷부분에서도 세 가지를 배치하는 구조로 되어 있다. 먼저 제시된 세 가지 이유는 날씨 탓, 동무 탓, 내 탓인데, 먼저는 잠풍_{잔잔하게 부는 바람} 날씨가 너무 좋은 탓, 가난한 동무가 새 구두를 신고 지나간 탓, 내가 언제나 똑같은 넥타이를 매고 고운 사람을 사랑하는 탓이라고 그 이유를 제시한다.

---

42 백석의 시, "모닥불" 일부. 백석 시집, 『팔공산』(서울: 민음사, 1986).
43 백석의 시, "내가 이렇게 외면하고," 『여성』, 3권 5호 (1938년 5월).

둘째 연에서는 다른 이유 세 가지가 제시된다. 월급 탓, 콧수염 탓, 맛있는 음식 탓이다. 내가 직장을 다녀 경제력이 있는 탓, 내가 젊은 나이에 코밑수염도 길러보고 모양도 낸 탓, 달재 생선달강어을 진장진간장에 지진 것은 맛도 있다는 말이 자꾸 들려온 탓으로 이유를 밝힌다.

일상에서 찾아낸 그 이유는 모두 가난한 풍경이다. 늘 똑같은 넥타이를 매고 다니는 화자도, 처음 새 구두를 사 신고 뻐기며 거리를 걷고 있는 친구도, 이제 성인이 되어 어릴 적 길러보고 싶었던 콧수염을 길러보는 행복에 빠진 젊은이도 그리 넉넉해 보이지 않는다. 가시가 많아서 먹기가 쉽지 않은 달재 생선을 진간장에 조려서 저녁 식사를 준비하고 있는 가난한 집의 부엌에서 풍겨 나오는 냄새는 미각과 후각을 자극한다. 하지만 그 또한 가난한 정경이다. 그러나 오늘은 잔잔한 바람이 불어오고, 많지는 않아도 월급을 받은 날이라 주머니가 두둑하고, 일할 수 있는 직장이 있어서 화자는 행복감 가득 안고 거리를 활보하고 있다.[44]

첫 연에 나오는 언제나 매고 다니는 그 넥타이는 사랑하는 여인이 사다 준 옅은 검은색 바탕에 다홍빛 빗금 줄무늬가 잔잔하게 박힌 넥타이였다. 백석은 '조선일보'에 재직 시에 늘 한 넥타이만 매고 출근했고, 시에 나오는 "고운 사람"은 서로 깊이 사랑했지만, 당시 관습과 집안의 반대 때문에 결혼은 하지 못한 사랑이다. 남과 북으로 나뉘어 한 사람은 북쪽에서, 한 사람은 남쪽에서 평생 그리움을 안고 살았던 그 연인을 지칭한 말이다.[45] 행복의 이유로 "좋은 날씨, 가난한 친구의 새

---

[44] 이 평가는 김옥순, "백석의 시 '내가 이렇게 외면하고'에 나타난 행복감," 『쉼표, 마침표』, 13호 (2006년 10월); 소래섭, 『백석의 맛』(서울: 프로네시스, 2009) 등을 참고하였음을 밝힌다.
[45] 본명은 김영한이며, '자야'는 백석이 지어준 애칭이었다. 그는 그 애칭을 즐겨 사용하였는데, 당시선집(唐詩選集)『子夜吳歌』(자야오가)에서 따온 것이다. 시집에 나오는 이백(李白)의 "가을 노래"(秋歌)는 그렇게 되어 있다. "장안도 한밤에 달은 밝은데(長安一片月)/ 집집이 들리는 다듬이 소리 처량도 하구나(萬戶擣衣聲)/ 가을바람은 불어서 그치지를 않으니(秋風吹不盡)/ 이 모두가 옥관의 정을 일깨

구두, 똑같은 넥타이, 월급, 코밑수염, 달재 생선 지진 맛"과 같은 일상의 기록들이 계속해서 언급되지만, 가난한 삶에서도 행복할 수 있었던 것은 '사랑하는 사람이 있었기 때문'이다. 그가 건네준 '길이 간직하고 픈 사랑의 선물'이 있었기 때문이었다. 한 시인은 사랑을 가리켜 봄물보다 깊고, 가을 산보다 높고, 달보다 깊고, 돌보다 굳다고 말하면서 "사랑을 묻는 이 있거든 이대로만 말하리"라고 노래한다.[46] 지금 시인의 행복은 사랑으로 불타는 가슴에서 나오고 있다.

설교는 이런 행복한 가슴에서부터 시작되고, 계속 이어가게 만드는 원동력은 바로 사랑하는 사람에게서 나온다. 누가 나를 세우셨고, 무엇을 하라고 세우셨는지에 대한 명확한 인식과 거기에서 기인하는 불타는 가슴이다. 그래서 토마스 롱은 설교자의 마음과 시선이 머물러야 할 곳, 명확히 감지하고 있어야 할 것으로 설교자의 명확한 인식을 든다. 보냄을 받은 존재로서 자기 인식과 설교가 행해지는 자리에 대한 인식을 강조한다.[47] 일제 강점기와 분단 조국의 아픔을 온몸으로 경험하였던 백석이 그 어두운 시간에도 노래할 수 있었던 것은 바로 이런 인식에서 기인한다.

시인 박노해의 외침이 막막한 길을 걸어가는 오늘의 설교자에게 큰 울림을 주는 이유이다. "절실한 것들은 다 아름답다/ 아스팔트 틈새로 피워 올린 민들레꽃이건/ 일 마치고 온 엄마 젖을 빠는 아이이

우노나(總是玉關情)/ 언제쯤 오랑캐를 평정하고(何日平胡虜)/ 원정 끝낸 그이가 돌아오실까(良人罷遠征)." '자야'는 변방에 병역의 의무를 위해 나가 있는 남편을 애타게 기다리는 중국 동진(東晉)의 여인 이름이었다. 김영한은 집안이 망하여 조선 권번에 들어가 기생이 되었고, 정악계의 대부인 하규일의 지도를 받아 여창 가곡, 궁중무 등 가무의 명인이 되었다. 1935년에 조선어학회 신윤국의 후원으로 유학을 가서 일본에서 공부를 하기도 했다. 1936년, 신윤국이 투옥되자 그를 면회하기 위해 잠시 귀국하여 함흥에 머물게 되는데 함흥 영생고보 영어 교사로 재직 중인 백석을 만나 사랑에 빠진다. 김자야, 『내 사랑 백석』, 개정판 (서울: 문학동네, 2019).

46 한용운의 시, "사랑," 일부. 한용운 시집, 『달밤』(서울: 민음사, 1988).
47 Thomas G. Long, *The Sense of Preaching* (Atlanta: John Knox Press, 1988), 10.

건/ 리어커에 손으로 쓴 군고구마 장수 간판 글씨이건/ 절실한 것들은 다 아름답다// 절실한 것들은 다 아름답다/ 목숨 걸고 성벽을 쌓고/ 목숨 걸고 무너뜨리고/ 영원히 살 것처럼 일하고/ 내일 죽을 것처럼 기도하는/ 절실한 것들은 다 아름답다// 절실한 것들은 꾸밈이 없고/ 절실한 것들은 단순하고 진정한 것/ 詩도 일도 삶도 사랑도/ 절실하게! 절실하게! 절실하게!"[48]

---

[48] 박노해의 시, "절실한 것들은 다 아름답다," 전문. 박노해 시집, 『오월의 어느 봄날』(서울: 문학과 지성사, 2019).

6 장
설교 작성을 위한 단계 이해

> 등불을 들고
> 타인의 길을 비춰주는 사람은
> 자신의 길을 더 분명히 볼 수 있다.
> ― 케빈 홀[1]

인생길을 걸어가는 이들에게

2020년 봄, 중국발 코로나바이러스가 온 세계를 덮치면서 교회당에 모일 수 없어 주일에도 온라인예배를 드려야 했다. 사순절 넷째 주일 아침, 설교 일정이 일찍이 취소되었다. 온라인예배를 드린 후, 아침 일찍 가까운 산에 올랐다. 한적한 산길에서 마스크를 벗고 걷다가 앞에서 사람이 오면 바로 마스크를 착용하고 걸었다. 코로나바이러스가 점점 확산하면서 모든 나라가 비상사태였고, 외출금지령이 내려지기도 했다. 그런 상황인데 아침 등산길에 봄을 알리는 진달래가 활짝 피어나고 있었다. 그때 쓴 시 한 편이 있다. "온 땅엔 어두움 가득한데/ 많은 이들 눈엔 눈물 그득한데/ 오늘, 주일 아침/ 하늘은 저리도 높고 푸르다// 아직 어두움에 갇혀/ 추위에 갇혀 죽은 듯/ 숨죽이고 있는 산자락엔/ 진달래 활짝 피어난다// 한 치 오차도 없이/ 역사의 톱니바

---

[1] Kevin Hall, *Genshai*, 민주하 역, 『겐샤이-가슴 뛰는 삶을 위한 단어 수업』(서울: 연금술사, 2013), 27. '겐샤이'는 "누군가를 대할 때 그가 스스로 작고 하찮은 존재로 느끼도록 해서는 안 된다"라는 뜻을 가진 인도어이다.

퀴 돌리시는 분/ 오늘도 여전히/ 다스리심 선포하며// 아 내 어머니가 이때쯤이면/ 들에 다녀오실 때 꺾어오시던 꽃/ 내 아버지가 일 마치고 돌아오시는/ 지게에 꽂아오시던 그 꽃/ 어린 마음에 무심히 보았으나/ 오늘에야 그 마음 느껴져/ 가슴 울컥하는 아침// 오늘 우리 땅/ 모두 두려움에 떨며/ 모두 숨죽이고 있을 때/ 생명의 봄소식 전해 주시던/ 내 어머니 따뜻한 손길 같아/ 내 아버지 깊은 마음 같아/ 가슴 울컥하는 오늘 주일 아침."[2]

전염병 확산으로 모든 것이 묶였을 때 사연들이 참 많았다. 말씀을 전할 수 없어 아무것도 손에 잡히지 않는다는 분, 월세도 낼 수 없는 상황에서 눈물로 기도하시는 개척교회 목회자, 연로하신 성도님들이 많아 온라인예배도 드릴 수 없어 주일이면 정성 다해 설교문을 큰 글씨로 프린트하여 집집이 문에 걸어놓고 돌아서면서 '주님, 꼭 두 배로 은혜를 주셔야 합니다' 기도한다는 시골교회 목회자까지 눈물 젖은 사연이 많았다. 한국전쟁 중에도 쉬지 않았던 예배를 드릴 수 없는 상황에서 닫힌 교회당 문고리 잡고 눈물로 기도하고 교회당에 들어가지도 못하고 돌아섰다는 분, 두려움에 붙들려 병상에서 힘들게 바이러스와 싸우다 그렇게 갑자기 이 땅의 여정을 접은 분들, 밤낮없이 치료와 방역에 애쓰시는 분들까지…. 그들이 생각나서 하늘의 긍휼과 자비를 간절히 기도하며 걸음을 떼고 있을 때 문득 계절을 다스리시는 분의 손길 앞에 펼쳐지는 생명의 봄소식을 전하는 작은 봄꽃의 외침이었다. '하나님께서 다스리신다.'

1930년대 세계 대공황과 2차 세계대전의 어려움의 시간을 보내며, 두려움에 떨고 있는 성도들에게 말씀을 전하였던 미국 유니온신학교

---

2   김운용, "생명의 봄 소식"(2020년 5월).

설교학 교수였고, 리버사이드교회 담임목사였던 해리 에머슨 포스딕Harry E. Fosdick이 그의 설교에서 했던 이야기가 떠오른다. 한 어린이가 호랑이에게 공격받는 악몽을 꾸곤 했단다. 매일 아침 두려움과 공포에 사로잡혀 눈을 떴고 온몸과 침대는 식은땀에 젖어 있었다. 결국 그 소년은 정신과 의사 진료까지 받게 되었다. "그 호랑이를 너의 친구로 만들어 보렴." 의사는 두려움에 떨고 있는 소년에게 그렇게 권면했다. 그 다음 날 꿈에도 어김없이 호랑이가 나타났다. 그러자 소년이 손을 내밀며 그렇게 인사했단다. "안녕, 친구야…" 그러자 그 호랑이는 친구로 변했다.

포스딕은 매 주일 전쟁의 공포와 어려운 경제 상황으로 인해 두려움을 가득 안고 예배의 자리에 나와 앉아있는 사람들에게 어떻게, 무엇을 설교할 수 있을지 가늠할 수가 없었다고 했다. 사람이 사는 곳에는 과거에도, 오늘도, 장래에도 문제는 끊임없이 이어질 것이다. 그것이 감당할 수 없을 정도로 큰 것일 수도 있고, 시간이 가면서 해결될 수 있는 작은 문제일 수도 있다. 그런 삶의 상황에서 그 설교자는 하나님의 임재와 통치, 그분에 대한 신뢰에서 나오는 평안, 문제에 대한 해법으로서의 복음을 생생하게 제시하려고 몸부림쳤고, 바로 그곳에서 광야 길을 걸어가던 사람들은 힘을 내, '안녕, 친구!'하고 외칠 수 있게 되었다.

치유와 살리는 능력

복음에는 여전히 치유와 회복, 사람을 살리는 능력이 있다. 사실 부활의 아침에 주님께서 두려움에 떨고 있는 제자들에게 찾아와 들려주셨던 것도 바로 그것이 아니었던가? 그렇다. 설교 사역은 말씀을 통해 하늘의 뜻을 전하는 것이고, 또한 눈물 날 일 많은 인생길을 걸어가고 있는 가슴 시린 사람들에게 하나님의 위로와 소망으로 일으켜 세우는 사역이다.

2015년 8월 5일, 미국의 항공우주국 NASA 은 인류 역사상 처음으로 지구와 함께 찍힌 달의 뒷면을 촬영한 사진을 공개한 적이 있다. 그해 2월에 발사된 심우주 기상관측 위성 DSCOVR 이 지구에서 160만km 떨어진 곳에서 촬영하여 전송해 준 것이다. 정계에서 은퇴 후 환경운동가로 변신한 앨 고어 Albert Arnold Gore Jr. 전 미국 부통령이 1998년 제안하여 진행된 프로젝트여서 흔히 '고어샛' GORESAT 으로 불린다. 물론 1972년에 아폴로 16호가 달의 뒷면을 촬영하는 등 달의 뒷모습 공개가 처음은 아니지만, 이 위성은 빨강, 파랑, 녹색 등 색상으로만 촬영한 사진을 합성하여 원색 사진을 얻는 방식으로 달의 뒷면을 원색 그대로 보여주었다. 지구의 파란 모습을 배경으로 거무스름한 달이 그 위를 5시간 가까이 지나가는 모습을 촬영하였다는 점에서 주목받았다. 그동안 달의 앞모습은 보았지만, 지구에서 달의 뒷모습은 볼 수 없었던 이유는 달의 자전 주기와 달의 공전 주기, 즉 지구를 한 바퀴 도는 주기가 27.3일 27일 7시간 43분 로 같기 때문이다.[3]

그렇게 창조 이래 처음으로 지구인들에게 공개된 달의 뒷면은 충격이었다. 왜냐하면, 달의 뒷면은 수많은 자국과 구멍들로 덮여 있었기 때문이다. 대부분 고지이고, 충돌한 흔적이 가득한 모습이었다. 수많은

---

3   1959년 10월 7일, 소련 탐사선 루나 3호가 달 뒷면의 사진을 최초로 찍은 이래, 1968년 아폴로 8호 승무원은 최초로 달의 뒷면을 맨눈으로 관찰한다. 미국 동부 시간으로 오후 3시 50분부터 약 5시간 동안 지구를 공전하는 달이 북아메리카 인근 태평양을 지나는 장면을 촬영, 전송하였다. 한편, 2023년 8월 5일에 발사된 한국형 달 궤도 탐사선 '다누리'가 고해상도 카메라로 달 뒷면 촬영에 성공하여 사진을 전송해 왔다. 달 지표면의 크레이터, 그곳에 솟아있는 봉우리 형상까지 선명하게 확인할 수 있다. 영상을 보기 위해서는 다음을 참고하라. https://youtu.be/O0NHD61grRg [검색일: 2025년 1월 20일].

운석에 부딪혀 난 상처들로 덮여 있었다. 육안으로 처음 그 모습을 본 아폴로 8호 승무원 윌리엄 앤더스(William Alison Anders)은 "호되게 얻어맞아 생긴 혹과 구멍투성이"a lot of bumps and holes였다고 증언한다. 영어권에서는 달의 뒷면을 종종 "달의 어두운 면"dark side of the Moon이라는 용어로 부르기도 하지만 정확한 뜻은 '어두운 면'이라는 의미보다는 '알려지지 않은 면'이라는 의미이다.[4]

이렇듯 달의 뒷모습, 탐사선이 보여 주지 않으면 볼 수 없는 감추어진 모습은 마치 인간의 내면을 이야기하는 듯하다. 눈물 날 일 많은 인생길에 수없이 날아오는 '운석'에 부딪혀 난 수많은 상처를 안고 성도들은 예배의 자리로 나아온다. 설교자는 그 '뒷모습'을 볼 수 있어야 한다. 그 상처가 때론 아픔이 되고 찌르는 가시가 될 수도 있지만, 향기롭게 하고 넉넉하게 하는 것도 될 수 있으니 "산다는 것이/ 너와 나의 상처를/ 부비며 만져주며/ 걸어가는 일"이라고 알려주는 시인의 지혜를 배워야 한다.[5] 상처 진 세상에서 돌아온 성도들에게 예배와 설교가 무엇이 되어야 할까? 한 시인에게서 그 지혜를 듣게 된다. "가까스로 저녁에서야// 두 척의 배가/ 미끄러지듯 항구에 닻을 내린다// 벗은 두 배가/ 나란히 누워/ 서로의 상처에 손을 대며// 무사하구나 다행이야/ 응, 바다가 잠잠해서."[6]

하루의 일과를 마치고 들어온 모습을 그리면서 시인은 '가까스로'라는 단어를 제일 앞에 배치한다. 거기에는 오늘 하루 바다에서 있었

---

[4] 1973년 발매한 영국 록밴드 핑크 플로이드(Pink Floyd)의 앨범, *The Dark Side of the Moon*은 재즈 요소와 당시로는 획기적이고 실험적인 요소를 과감히 도입하였는데, 상업적 성공뿐만 아니라 음악적으로도 높은 평가를 받았다. 인간 심리와 사회의 그늘진 면, 인간의 광기를 '달의 뒷면'이라는 은유를 통해 표현한다. Pink Floyd, "The Dark Side of the Moon,"(2023). https://youtu.be/k9ynZnEBtvw [검색일: 2025년 1월 20일].
[5] 홍수희의 시, "그대의 향기," 일부. 홍수희 시집, 『한강의 기적』(서울: 문학과 지성사, 2015).
[6] 정끝별의 시, "밀물," 전문. 정끝별 시집, 『소박한 행복』(서울: 문학동네, 2012).

던 고단한 일은 시를 읽는 독자들이 자기 이야기를 담도록 시인은 첫 행을 미완의 문장을 사용한다. 거기에는 보금자리로 돌아와 누리는 저녁의 고요와 내 힘으로 헤쳐나올 수 없었던 버거움이 함께 담겨있다. 그 거칠고 위험한 바다의 항해를 마치고 항구에 들어온 두 배는 이 평화를 '가까스로' 누리게 된다. 두 척의 배는 마치 일을 마치고 들어온 부부가 서로의 상처에 손을 대며 잠자리에 드는 모습으로 보인다. 수없이 밀려왔던 삶의 파도는 깊은 상처의 흔적으로 남았을텐데 '다행이야' 말해주는 이가 있어 삶이 포근해진다.

헤쳐나온 인생길에서 경험한 많은 파도는 불행한 느낌에서 벗어나기 힘들게 만든다. 그래서 시인 장석주는 우리 삶을 "대수롭지 않은 작은 불행들을 무수한 잎으로 매단 나무"로 비유하였고, "나무가 제 속에 도끼를 품고 번개를 품고 살 듯이" 사람은 "누구나 가슴에 벼랑을 하나쯤 품고 산다"고 하지 않던가?[7] 그 치열한 삶의 현장에서 돌아온 그 자랑스러운 배를 바라보며 서로 쓰다듬으며 온몸 가득한 상처를 보듬는다. '가까스로'는 그 치열한 삶의 현장을 보여주고, 그 수고와 힘듦이 감사로 바뀌게 한다. 마치 험한 인생길을 함께 가는 부부의 모습이다. 다른 시에서 시인은 "우린 서로 다른 소리를 내지만/ 어차피 한 악기에 정박한 두 현"이라고 표현하면서 "가장 따뜻한 두엄의 속삭임으로 받아줘"라고 당부한다.[8] 한 악기에 정박해 있는 두 현처럼 가정도, 교회도, 그리고 예배의 자리도 위로와 충전의 자리이다. 거친 바다를 항해하다 지치고 상처 진 몸으로 돌아온 성도들에게 예배의 자리는 위로와 충전, 치유와 회복의 자리가 되어야 한다. 여기에서 설교자에게는 무엇

7　장석주, 『누구나 가슴에 벼랑 하나쯤 품고 산다』(서울: 21세기북스, 195), 98. 장석주, "장석주의 시와 시인을 찾아서: 정끝별, 〈밀물〉," 『Topclass』(2008년 6월호).
8　정끝별의 시, "현 위의 인생," 일부.

what을, 어떻게how 전할 것인가가 중요한 요소로 대두된다.

복음 치료제

설교자의 손에 들려있어야 할 치료제는 무엇이어야 할까? 거친 바다를 항해하다 지친 몸으로 돌아온 성도들을 무엇으로 위로할 것인가? 아주 오래전, 좋아하는 설교자의 새 책이 나와 사역하러 가는 주말, 들고 간 적이 있다. 미국에서 박사과정 공부할 때, 매주 주말이면 미국 버지니아주에서 메릴랜드주까지 4시간 넘게 고속도로를 달려, 주말부터 주일까지 사역하고 밤늦게 돌아오곤 했다. 어느 주말, 몇 곳의 심방을 마치고 저녁 성경 공부까지 마친 후 숙소로 들어와 주일 설교를 점검하고서, 잠자리에 들기 전에 가지고 간 책을 펼쳤다. 첫 부분부터 감격이 되어 내일 주일 설교를 해야 한다는 사실도 잊은 채, 새벽까지 책을 탐독한 적이 있다. 아주 오래전, 한 의사가 설교자의 삶을 살기 위해 환자 진료하는 일을 내려놓는 이야기로부터 시작하고 있었다. 그 의사는 왕진 가방을 내 던진 것이 아니라 그 가방에 내용물을 바꿔 담았을 뿐이었단다. 가위, 외과수술용 메스, 요오드팅크 등을 꺼낸 후, 거기에 "복음의 약"Gospel medicine 으로 채워 넣었단다. 상상력이 뛰어난 저자는 서론에서 결론과 같은 이야기를 던지고 있었다.

그때만이 아니라 지금도 그렇다. 나만이 아니라 당신도 그렇다. 우리는 모두 복음의 의사들이다. 고통을 없애는 방식이 아니라 복음과 함께 사는 방식, 즉 그것을 분명하게 명명하고naming, 함께 나누고, 복음과 함께 고난 당하기를 두려워하지 않는 방식을 제시하여 영혼을 치료하는 복음의 스토리를 말하는 사람들이다. … 우리 대부분은 나름의 아픔을 가지고 살아가는데, 어떤 이들은 그것을 말로 다 표현할 수도 없는 경우도 있다. 그래서 복음의 향유gospel balm가 필요한 이유이다. 우리 매일의 삶의 표면에 복음이 스며들게 하면서 우리가 어떤 사람인지 여전히 알려주는 그 스토리, 우리가 우리 자신을 아는 것보다 우리를 더 잘 아시는 그 복음의 스토리에 더 열중하면서 시작하는 것이다. 복음의 능력이 우리의 약함을 고칠 것이며, 복음의 진리가 우리의 어리석음을 녹여낼 것이다. 복음의 생명력이 우리의 죽음까지도 살균할 것이다. 사람들에게 복음의 이야기를 들려주고, 복음으로 치료하면서 우리에게 다가오시는 '그 영원하신 의사'는 말씀으로 우리를 치료하고 우리의 상처를 덮는다. 우리는 그분 앞에 우리 자신을 내려놓는다. 이 복음의 약을 나누도록practicing 부름을 받은 우리의 문제는 그것이 가지고 있는 원색적 능력을 드러내기가 쉽지 않다는 점이다.9

이어지는 장에서 "복음의 약"이라는 주제가 더 풍성하게 이어지고 있었다. 우리가 잘 알고 있는 의사 누가의 이야기를 이렇게 가슴 떨리게 풀어놓을 수 있다는 사실에 경탄을 금할 수 없었다. 그때의 감격이 떠올라 다시 그 책을 폈다.10 젊은 날, 의사인 누가는 생명을 살리기 위해 밤낮 연구하고 뛰어다녔을 것이다. 그의 기쁨은 사람들에게 치유되고 회복된 것에 있었다면 그의 슬픔은 그의 노력에도 불구하고 회복되지 못한 사람을 볼 때였을 것이다. 그의 모습을 보는 사람들은 누군가의 치유와 회복에 참여하는 일이 얼마나 놀라운 일인지, 반대로 그렇지 않았을 때는 그것이 얼마나 두려운awful 일인지 보고 있었다. 우리가

9   Barbara Brown Taylor, *Gospel Medicine* (Boston: Cowley Publications, 1995), xi~xii.
10 다음의 내용은 위의 책, 1장 앞부분을 풀어 쓴 것임을 밝힌다.

알 수 있는 것은 그는 하나님의 꿈을 꾸는 사람이었고, 그분의 구속 역사의 동역자로 사는 것을 인생의 목표로 삼은 사람이다. 그는 살고 죽는 것, 성공과 실패, 기쁨과 슬픔보다 더 위대한 '신비'mystery를 열망하고 추구한다. 하나님께서 우리와 같이 되셨고, 우리 가운데 거하신다는 소식은 초대교회 그리스도인들에게는 복음이었고, 인간 이성으로 이해할 수 없는 '미스테리움'이었다.

의사 누가는 예수 그리스도의 이름으로 세례를 받고 난 다음 전혀 새로운 정체성이 그에게 부여되었다. 그리스도의 몸에 참여한 후 그의 처방 약이 바뀌었다. 전에 주로 그가 배운 전통 치료법과 약재를 처방했지만 이제 그는 다른 약재를 처방한다. 그것은 예수님의 약재였고, 복음의 약재였다. 그 약재는 말씀을 통해 치료가 일어나는 참 기이한 약재였다. 하나님께서 행하신 것과 행하고 계신 것, 행하실 것을 말함 saying의 사역이었다. 그가 나아가 복음의 약재를 처방하기 시작했을 때 예수님의 사역 가운데 일어난 일들이 그의 말씀 선포를 통해 일어났다.[11]

생수의 근원: 우물 파기

성경이 말씀하시는 복음은 예수 그리스도의 사건을 통해 완성된 하나님의 구속 역사의 이야기이다. 기독교 설교에 담아내야 할 것은 성경이 말씀하시는 그 스토리이다. 지친 마음으로 나온 성도들에게 시원한 얼음냉수와 같은 은혜를 어디에서 얻어 전달할 것인가? 자기 자신도 갈증에 허덕일 때가 있고, 방황할 때가 있는데 다른 사람을 세울

11　Taylor, *Gospel Medicine*, 3~4

힘과 자산은 어디에서 얻는가? 자신도 은혜로 살아가는 존재이니 내부에 그 힘을 간직하고 있어서가 아니라 공급받아서 감당하는 사역이 설교이다. 성경은 설교자에게 주신 가장 크고 중요한 보고이고, 인간 삶과 내면을 해석한다. 그것은 오래되어 현실과는 별 연관이 없는 박제화된 지식을 전하는 것이 아니라 "특정한 한 시대를 살아가는 나를 만나기 위해 설계된 어떤 것"을 새롭게 발견하게 만들어 준다. 그래서 테일러는 성경을 가리켜 "내가 그것을 해석할 수 있는 것보다 더 빠르게 나를 해석하는" 책이라고 규정하였을 것이다.

성경은 나의 출생증명서 birth certificate 이자 나의 가계도 family tree 를 보여 준다. 아니 그 이상이다. 성경은 창조주 하나님과 나를 연결해 주는 살아있는 혈관이다. 그것은 마치 심장이 펌프질을 통해 혈액을 공급해 주듯이 처음 창조 때부터 서로에게 우린 누구였으며, 지금은 누구인지, 그리고 장래에 시간이 얼마 남지 않았을 때 우리는 어떤 존재일 것인지를 정확하게 알려주는 이야기, 내가 반드시 알아야 할 그 이야기를 계속해 공급해 준다.[12] 이렇게 성경은 오늘 우리를 향해 걸어오시는 하나님, 우리에게 말을 걸어오시는 그분을 대면하게 하면서 생명력을 공급해 준다.

마틴 루터는 1529년 4월, 2차 슈파이어 Speyer 제국의회에 제출한 "항변서" The Letter of Protest 에 설교가 가지는 이런 신학적 특성을 담아낸다. 설교자는 "거룩한 그리스도 교회에 의하여 공인된 문서들에 대한 해석에 의거하여 거룩한 복음을 설교해야 한다"고 규정하면서, "하나

---

12 Taylor, *The Preaching Life*, 52.

님의 말씀이 거하는 것 이외에는 확실한 설교나 교리는 있을 수 없다"는 사실을 강조한다. 그리스도인들에게 참으로 필요한 거룩한 책인 성경은 "성경 자신의 빛에 의하여 밝게 빛나며 스스로 어두움을 밝혀준다"고 주장하면서 "우리는 하나님의 은혜와 도우심으로 구약과 신약의 각 성경책에 포함된 하나님의 말씀, 거룩한 복음에만 거할 것을 결심"하게 된다고 주장한다. 설교와 관련하여 그의 외침은 생생하다.

> 목사는 거룩한 교회가 공인한 문서들의 해석에 따라 거룩한 복음the Holy Gospel을 설교해야 합니다. 이것은 '무엇이 참되고 거룩한 교회인가?'라는 질문을 제기합니다. 이것에 대해 크게 이견이 있을 수 없습니다. 우리가 단언하건대, 하나님의 말씀을 따르는 것 이외에는 그 어떤 확실한 설교나 교리는 있을 수 없습니다. 하나님의 명령에 따르면, 이 사실 외에 다른 어떤 교리가 설교 되어서는 안 됩니다. 하나님의 말씀인 거룩한 성경의 각 본문은 다른 본문에 의하여 명료해지고 설명되어야 합니다. 이 거룩한 책, 성경은 그리스도인에게 모든 일에 있어서 필요합니다. 성경은 그 자체의 빛에 의해 선명하게 빛이 나며, 어두움을 깨우쳐 줍니다. 우리는 하나님의 은혜와 도우심으로 신구약 성경 안에 담겨있는 하나님의 말씀, 거룩한 복음 가운데 거하기로 결심합니다. 오직 이 말씀만 설교 되어야 합니다. 그리고 이 말씀에 대립이 되는 어떤 것도 설교해서는 안 됩니다. 이 말씀만이 유일한 진리입니다. 이것이 모든 기독교 교리와 행위의 확실한 법칙입니다. 그것은 우리에게 결코 부족함이 없고, 우릴 기만하지 않습니다. 이 기초에 세움을 입고 거하는 사람은 지옥의 모든 문을 대항하며 설 것이지만 이 말씀에 대항하여 추가되는 단순한 인간적 부가물과 무익한 일들은 하나님 현존 앞에서 무너지게 될 것입니다.[13]

종교개혁은 무엇보다도 그리스도의 복음과 말씀에 대한 '긍정'이 었고, 그에 대한 공적 선포였다. 이런 점에서 보면 기독교 설교의 근원은 언제나 성경이다. 중요한 것은 설교자가 그것을 어떻게 해석하고, 거기에서 생생한 하나님의 음성을 어떻게 들을 것인가는 중요 과제이다. 사실 성경을 설교해야 한다는 것을 모르는 설교자는 없지만 성경이 나의 설교에서 어떻게 역할 하게 하느냐는 또 다른 이야기이다. 설교자에게 성경은 무엇인가? 칼 바르트가 그 관계를 이렇게 명료하게 제시한다. "하나님의 말씀은 성경 안에서 우리를 기다린다" The Word of God waits for us in the Bible. 그런 점에서 설교는 성경이 펼쳐 놓는 말씀을 오늘의 시대에 구체적이면서도 선명하게 들려주는 "성경적 실행" scriptural practice 이다.[14] 성경은 그리스도인이 바른 예배와 삶을 실행할 수 있도록 가르침과 인도, 교화를 제공하는 '교회의 책'이며, 우리는 '그 책의 사람'들이다. 설교 사역은 설교 준비로부터 시작되며, 설교 준비는 반드시 하나님의 말씀인 성경이 지배해야 한다.

듣기 묵상하기 체화하기

설교 준비와 관련하여 설교자의 중요한 과제는 정해진 본문에서 성삼위 하나님께서 말씀하시는 바를 정확히 듣고, 그것을 그날의 설교에 공교하게 담아내는 일이다. '정확성'과 그것을 풀어내는 '공교성'은 설교 작성에 있어서 가장 우선되어야 할 요소이다. 전자가 본문 해석

---

13 John H. Leith, *An Introduction to the Reformed Tradition: A Way of Being the Christian Community*, rev. ed. (Atlanta: John Knox Press, 1981), 32~33.
14 Pasquarello, *Christian Preaching*, 5장 참고.

과 중심 메시지 도출의 차원이라면, 후자는 그것을 설명하고, 납득할 수 있도록 논리 전개와 구성을 섬세하게 해야 한다는 의미이다. 그래서 린더 켁Leander E. Keck이 "효과적인 성경적 설교는 기교skill일 뿐만 아니라 예술art"이라고 한 주장은 이런 차원을 언급한 것이다.[15] 이것은 설교 사역의 양면성을 언급한 것이다. 설교 사역은 세상 문화를 호흡하다가 온 이들에게 말씀을 전해야 한다는 점에서 문화적 요소를 적극 고려하여야 하지만 "예수 그리스도 안에서 나타난 하나님의 계시에 의해 시작되고 형성된다는 이해와 확신" 위에서 진행되는 특수성을 가진다. 설교 사역은 세상과 직접적 연관성을 가지면서도, "세상에 의해서 규정되지는 않는"[16] 사역이라는 변증법적 특성을 가진다.

사실 하나님의 말씀이 바로 선포된다는 것은 교회와 그리스도인의 생명력과 직결되는 요소이다. 그것은 말씀을 전달하는 설교자나 설교를 듣는 회중들에게 '축복'blessing이 되기도 하지만 반대로 '저주'curse가 될 수도 있다. 설교자가 전하는 메시지가 "신선한 계시의 말씀이 되게 하는 사건"이 일어나게 될 때 그것은 축복이지만 설교의 언어들이 그러한 역할을 제대로 수행하지 못하고 하나님 말씀이 들리지 않으면 저주가 될 수도 있다.[17] 그러므로 설교자가 말할 것이 있다는 것도 중요하지만 하나님께서 말씀하시기를 원하시는 것인지를 분별하여 듣는 것이 중요하다.

하나님께서 말씀하실 때 혼돈의 세계χάος는 그분이 운행하시고 다

---

15 Leander E. Keck, *The Bible in the Pulpit: The Renewal of Biblical Preaching* (Nashville: Abingdon, 1978), 7. 예일대학교 성서학 교수였던 켁은 설교에 대해 숙고할수록 회복되어야 할 부족한 부분은 바로 '예술'의 차원이라는 확신이 더 강해졌다고 주장한다.

16 Eugene H. Peterson and Marva J. Dawn, *The Unnecessary Pastor*, 『껍데기 목회자는 가라』(서울: 좋은 씨앗, 2000), 19~20.

17 Barbara B. Taylor, *When God Is Silent: The 1997 Lyman Beecher Lectures on Preaching* (Boston: Cowley Publications, 1998), x.

스리시는 질서의 세계 κόσμος가 되었다. 설교자의 임무는 태초에 말씀하셨던 그분의 말씀을 해석하고, 메시지를 도출하고, 그것을 설교로 디자인하여, 창조의 역사가 시작될 때 들려진 그 말씀을 들려주어 사람들의 입에서 그때의 찬양이 나오게 하는 것이다. 아모스의 경고대로 '말씀'의 부재에서 시작되는 '기근' famine 이다. 말씀의 부재와 하나님의 침묵은 생명 역사의 중단을 의미한다. 하나님을 떠난 인간이 우상숭배에 빠질 때, 말씀에 대한 외면이 일어날 때 일어나는 현상이다. 하나님의 침묵은 우상숭배에 대한 "하나님의 마지막 방어물" God's final defense 이다.[18]

오래전 아모스 선지자는 이러한 기근 현상을 감지하며 타락한 세대를 향해 외치는 소리가 생생하다. "사람들이 이리저리 동서남북으로 헤매고 다닐 것이다. 하나님의 말씀을 듣겠다며 어디든 가서, 아무 말에나 귀를 기울이겠지만, 아무리 애써도 결국 듣지 못할 것이다" 암 8:12, 메시지. 그 당시에도 설교자들이 늘 강단에 오르고 있었지만, 말씀의 부재를 고발한다. 설교에는 자기 생각으로 가득하고, 하나님의 말씀은 희미하다. 설교자들의 말씀 주머니는 텅 비었다. 그것은 과거의 이야기가 아니라 오늘, 우리 이야기가 아닌가 두려울 때가 있다. 말씀이 희미한 설교를 듣고 있을 때면 '네 책임이다'라는 책망이 들려오는 것 같아 힘이 들 때도 있다.

가난한 시절을 소재로 하여 쓴 시에서 시인 조기영은 권고하듯 외친다. "내 안에 주머니가 비어 있다는 것은 슬픈 일이야. 하지만 마음이 비어 시를 쓸 수 없게 된다면 더욱 슬픈 일이 될 거야." 그의 시에는 시인의 가난이 가득 담겨있는데, '주머니 빈 것'과 '마음이 빈 것'을 대조하면서 전자도 힘든 일이지만 후자는 훨씬 슬픈 일이라고 전한다.

---

18 이러한 통찰력은 테일러에게서 빌린 것이다. 위의 책, 1장 참고.

자신에게 그 사실을 전하면서 그는 웃었단다.[19] 물질만능주의를 넘어 아예 물신숭배로까지 나아가는 시대에 사람들은 비어가는 주머니를 걱정하는데 시인은 지금 비어가는 마음을 걱정하고 있다. 어쩜 설교자가 평생 깊이 경계해야 할 것도 바로 이 차원이 아니겠는가? 주머니가 비어 있는 설교자는 설교에 담아내야 할 것을 제대로 담아내지 못하고 있다는 말이 된다.

선포해야 할 복음의 메시지가 어떻게 마음속에서 솟아오르게 할 것인지는 말씀 묵상과 영적 훈련 차원과 깊이 연결된다. 설교자는 "성경 안에 놓여 있는 낯설고 전혀 새로운 세계" the strange new world in the Bible 를 늘 탐구하는 존재이고,[20] 그것을 전하는 존재이다. "아이가 죽은 것이 아니라 잔다"고 외쳤던 예수님처럼 지치지 않고 쇠하지 않을 확신과 열정을 가지고, 육안으로 보이지 않는 그 너머의 세계까지 볼 수 있는 혜안을 가진 존재여야 한다. 그것은 하나님을 우리 사역 가운데 끌어들이는 방법을 찾아내는 것이 아니라 성경을 통해 우리를 깨우시는 그 실재 reality 가운데로 매일 나아가는 것이다. 그것을 '설교자의 우물 파기'라고 명하자.

요즘 세대에겐 '샘'이나 '우물'이라는 개념이 그렇게 와 닿지 않을 수도 있다. 아주 오래전, 초등학교 때인가 당시 시골 마을에서는 대부분 마을에 하나 정도 있는 공동 우물을 사용하였다. 두레박이 달린 작은 우물가에는 아침저녁 사람들로 붐볐다. 사용할 물까지를 머리에 이고, 혹은 물지게로 길어 날라야 했으니, 집마다 큰일이었다. 그때 입대를 앞두고 살던 도시에서 잠시 고향에 와 있던 형이 집에 우물 파는 일

---

19 조기영의 시, "시를 쓰며 산다는 것은," 일부. 조기영 시집, 『사람은 가고 사랑은 남는다』 (서울: 살림터, 2000).
20 이 용어는 Karl Barth, *The Word of God and the Word of Man* (Gloucester: Peter Smith, 1978), 2장에서 빌린 것임을 밝힌다.

을 시작했다. 요즘에야 돈을 주면 1천m까지도 뚫어 물을 퍼 올리는 샘 파는 사업체가 있지만 1970년대 초에는 곡괭이와 삽으로 그 작업을 해야 했다. 반경 1.5m 넓이로 땅을 계속 파고들어 가면서 파낸 흙은 위로 들어 올리는 작업이 연일 계속되었다. 보름이 지나가도 물은 나오지 않아 계속할 것인지에 대한 고민이 이어졌다. 하지만 계속해서 이틀을 더 파 내려갔을 때 샘물이 콸콸 쏟아져 환호성을 질렀다. 둥글게 돌로 쌓아 올린 고향 집의 샘은 50년이 넘도록 어떤 가뭄에도 마르지 않았다. 어릴 적 우린 그 물을 먹고 자랐다.

설교 준비의 관점에서 보면 설교자는 우물 파는 사람이다. 깊이 파고 들어가 물을 찾는 사람이고, 그렇게 퍼 올린 물을 자신도 마시고, 다른 사람도 마시게 하는 사람이다. 말씀의 우물, 거기에서 생수를 길어 올리는 사람이다. 정말 그에게 필요한 것이 있는데, 성경은 '유일한' 텍스트이며, 인생의 '최고의' 텍스트라는 확신이다. 그 확신이 없거나 그것이 희미해지면 말씀의 '우물 파기'는 불가능해지거나, 소홀히 될 수밖에 없다. 지혜를 담은 책도 많고, 당장 써먹을 수 있는 실용성 높은 인생 지침서도 많이 있다. 하지만 설교자에게는 성경은 하나님 계시의 완성이며, "하늘과 땅을 창조하신 그 말씀, 우리의 구원을 위해 예수님 안에서 인간의 육신이 된 그 말씀을 드러 낸다"[21]는 분명한 확신이 필요하다. 성경은 설교의 근원적 텍스트 the primary text 이다. 설교는 그 근원에 뿌리를 두어야 하며, 그것이 제시하는 복음 스토리가 중심 내용이 되어야 한다.

그런 확신은 이제 다음 차원으로까지 나아가야 한다. 그것을 성경은 설교자에게 '명령'의 형태로 주어진다. 고대의 설교자였던 예레미

---

21 Peterson, *Eat This Book*, 20.

야, 에스겔, 사도 요한 등이 동일하게 받았던 명령^{겔 2:8, 3:1~3, 계 10:9~10}이 었다. "이 두루마리^책를 먹으라!" 이것은 단순히 성경을 읽거나 연구하는 차원을 훨씬 넘어서는 내용이다. 유진 피터슨은 이것을 "성경을 자신의 말초 신경^{nerve ending}에, 행동양식^{reflex}에, 그리고 상상력에 채우는 것"으로 설명한다. 사실 그렇게 말씀을 먹었던 사람들은 그들의 예배와 기도, 상상하는 것과 쓰는 것을 그 말씀과 동화시켰고^{assimilate}, 그들이 먹었던 말씀이 물질대사를 일으켜 나온 것이 기록된 성경이라고 이해한다. 그래서 많은 설교자는 자신에게 주어진 사명을 바로 수행하기 위하여 이 책을 먹는 방법을 배우는데 거대한 양의 에너지와 지성을 쏟아부었다고 주장한다.[22]

설교 준비, 본문에서 시작하라

이렇게 '우물 파기'와 '먹기' 메타포는 설교자에게 성경은 무엇이며, 무엇이어야 하는지를 잘 설명해 주면서, 설교 준비의 중요성과 방향성을 알려준다. 설교 준비는 수맥을 찾아내듯 메시지 근원을 찾는 것이고, 말씀의 샘이 솟아오르게 하는 과제를 수행하는 것이다. 또한 '그것을 먹으라'는 명령은 그 말씀을 내면화하고 삶이 되게 하라는 명령을 내포한다. 물론 말씀이 우리 삶의 원리와 실재가 되게 하는 일은 설교자가 평생에 걸쳐 이루어 가야 할 과제이다. 그것이 설교 준비의 장기적 차원이라면 단기적 차원도 있다. 여기에서는 후자를 중심으로 단계적 차원 몇 가지를 정리해 보자.

먼저는 설교 준비는 본문 선정으로부터 시작된다. 일반적으로 설

---

22 위의 책, 9, 21.

교자가 본문을 선정하는 방식에는 크게 세 가지 정도로 구분된다. 성경을 연속적으로 읽어가면서 설교하는 방식 lectio continua, 임의 선정 방식 lectio selecta, 성서정과 lectionary 활용 방식 등이 있다. 물론 이런 기본 형태를 응용하여 활용하는 방식도 있을 것이다. 예컨대, 두 번째 것을 응용하여 목회적 필요를 따라 특정 주제를 정하고 그것을 중심으로 본문을 선정하는 방식도 있겠고, 첫 번째 것을 응용하여 체계적인 구성과 배열을 통해 선정하는 방식으로 첫 번째와 두 번째 것을 혼용한 방식 등을 들 수 있겠다. 모든 방식에 강점과 약점이 있으니 그 특징을 고려하여 활용할 수 있겠다.[23]

둘째는 그 본문에서 듣기이다. 이것은 본문 연구와 해석은 성삼위 하나님께서 그 본문을 통해 말씀하시기를 원하시는 것이 무엇인지를 정확하게 이해하는 작업이다. 성경은 언제나 해석을 요구한다. 그 설교가 바른 설교인가는 본문이 말씀하는 바를 얼마나 정확하게 듣고 이해했는가와 깊이 연결되어 있다. 여기에서 석의 exgesis 와 해석 interpretation 의 과정을 갖는 것인데, 전자는 본문이 기록될 당시의 처음 청중 독자 에게 말씀하는 것이 무엇인지를 밝혀내는 작업이라면 후자는 오늘의 청중들에게 의미하는 바를 밝혀내는 작업으로 정리할 수 있을 것이다. 전자를 위해서는 다양한 성서해석 방법을 활용할 수 있는데, 특별히 문학적 비평, 수사학적 비평, 독자반응비평, 내러티브 비평 등은 설교를 위한 본문 연구에 유용한 도구들이 될 수 있을 것이다.

성경을 연구할 때도 정해진 주제나 관점을 가지고 성경으로 나아가는 연역적 방식보다는 본문이 말씀하는 바를 들으려는 귀납적 접근 방식이 성경을 바로 이해하는 데 더 도움이 될 것이다. 이것은 마치

---

23 이것에 대해서는 김운용, 『현대설교코칭』 10장을 참고하라.

"말씀하옵소서. 주의 종이 듣겠나이다"삼상 3:10의 자세이다. 전자는 설교자가 전하려는 주제나 현재의 필요를 가지고 본문으로 들어가 그것에 대해 어떻게 말씀하는가를 연구하는 방식이라면 후자는 본문이 말씀하는 바를 들으려는 자세로 정리할 수 있겠다. 이 두 접근 방식은 모두 필요하다고 할 수 있으나 주제설교를 하는 설교자는 전자를 선호할 것이다. 성경은 하나님의 계시이고, 설교 준비는 오늘 말씀하시는 하나님의 음성을 듣는 것이며, 그 본문 속에 담아 놓으신 성삼위 하나님의 신비를 찾아가는 과정으로 볼 때 후자를 권하고 싶다.

듣기를 위해 설교자에게 가장 필요한 것은 읽기이다. 읽기로부터 시작하여 본문 연구를 위한 기본 지침을 몇 가지로 정리해 보자. 왕도가 있는 것은 아니기에 이러한 기본 지침을 따라 자신만의 방법을 개발해 활용할 것을 추천한다.

① **본문을 여러 번 읽고, 여러 번역본으로 읽으라.** 무엇보다도 본문을 여러 번 읽되, 가급적 소리를 내서 읽는 것이 좋다. 아무런 느낌도 없이 그저 책 읽듯이 읽지 말고, 등장인물, 문학 양식, 표현, 내용의 특성을 살려 읽는 것이 좋다. "머리와 가슴의 모든 기능을 작동시켜 가며" 읽는 것이 필요하며, 앞서 언급한 것처럼 무엇을 말할 것인가를 염두에 두고 읽기보다는 본문이 말씀하는 바를 듣고, 생각하고, 느끼고, 상상하고, 질문을 던지면서 읽는 것이 좋다.[24] 여러 번역본으로 읽을 것을 권하는 것은 익숙함에서 벗어나 새로운 통찰력과 표현, 강조점을 발견하기 위해서이다. 학문적으로 원어에 충실한 번역본도 있고, 교단이나 교회에서 사용하는 현대어 번역본도 있고, 현대인들이 쉽게 이해할 수 있도록 성경을 풀어서 번역한 것도 있다. 이것들이 모두 강점과 약점

24　Fred B. Craddock, *Preaching*, 25th Aniversary ed. (Nashville: Abingdon, 2010), 170.

을 가지고 있지만 익숙한 본문에서 발견하지 못하는 새로운 통찰력을 받을 수 있다는 점에서 추천할 만한 방법이다.[25] 무엇보다도 히브리어, 헬라어 원어를 해독할 수 있는 능력이 있으면 본문의 세계를 더 깊게 이해할 수 있을 것이다. 신대원 과정에서 원어 강독까지 마친 후에도 어학은 활용하지 않거나 원어 해독 능력을 보존하기 위해 노력하지 않으면 시간이 가면서 잊히는 것이 사실이기에 원어 해독 능력을 보존하기 위한 노력도 필요하다.

② **전체 맥락과 당시의 정황을 고려하여 읽으라.** 설교자가 정한 본문은 그 단위로서도 의미가 있지만 전체 문맥 속에서 읽지 않으면 전혀 다른 해석이 될 가능성이 크다. 이를 위해서는 성경 전체와 본문이 속한 책의 흐름과 내용을 통합적으로 이해하는 성서학적 훈련이 필요하다. 그것을 놓치게 되면 전혀 다른 해석을 내리거나 본문의 중요 메시지를 놓치게 된다. 두 가지 정도의 예를 들어 보자. 마태복음 20장에는 우리가 잘 아는 포도원 품꾼의 비유가 나온다. 흔히 이 본문은 일꾼들의 태도와 관련하여 본문을 이해할 수 있고, 그렇게 해석하여 설교하는 것을 종종 듣게 된다. 즉 일찍 온 일꾼과 늦게 온 사람의 태도에 초점을 맞추는 것이다. 본문이 정확하게 그것을 이야기하고 있지 않기는 하지만 설교자의 관점을 따라 본문을 읽고 자기 해석을 한 것 eisegesis 이라고 할 수 있다. 전자는 느슨하고도 감사가 없는 태도로 일에 임했다면 후자는 감격으로 최선을 다했다는 내용으로 본문을 해석하는 것이다. 유추하여 그렇게 해석할 수도 있지만 전후 문맥과 정황을 고려해 보면 단지 일꾼의 일하는 태도와 관련된 말씀이 아님을 알 수 있다.

---

25 영어로 예를 든다면 전자의 경우는 NRSV(New Revised Standard Version)가 있다면, 고어체 영어표현을 선호하는 연령이 높은 층에서 선호하는 KJV(King James Version), 유진 피터슨이 현대인들이 이해하기 쉽게 풀어서 번역한 *The Message*(메시지 성경)를 들 수 있다.

이것은 앞의 19장 16절 이하의 예수님께 찾아와 영생에 대해 질문을 던진 '어떤 청년 내러티브'와 연결하여 주신 말씀임을 알 수 있다. 신앙의 행위마저도 무엇을 얻기 위한 '수단'과 '과시의 내용'으로 생각하는 이 사람에게 예수님께서는 책망보다는 '네 소유를 팔아 가난한 자들에게 주고, 나를 따르라'는 도전으로 답변을 주신다. 그가 슬그머니 도망간 이후 내러티브는 제자들의 질문과 예수님의 답변으로 이어진다. '부자'와 '낙타' 개념을 은유적으로 사용하여 설명하지만, 제자들의 반응을 보면 말씀하신 내용과 의도를 정확하게 이해하지 못하고 있다. 역시 무엇을 하면 무엇으로 보상받게 된다는 사고에 매여 있는 제자들에게 '비유'로 말씀하신 내용이다. 보상에 대한 말씀이 아니라 부름 받은 자에게 주신 은혜에 대한 말씀임을 알 수 있다. 제자로 부름 받은 것, 포도원에 부름 받은 것 자체가 이미 감당할 수 없는 은혜인데 무엇을 더 요구할 수 있을 것인가에 대한 말씀임을 알 수 있다.

마가복음 6장 중반부에서 8장까지 이어지는 말씀도 살펴보자. 6장에서의 오병이어로 5천 명을 먹이신 기적, 바다 위로 걸어오심과 잔잔케 하심, 게네사렛 병자를 고치심, 7장에서의 장로의 전통에 대한 논쟁, 수로보니게 여인의 딸을 고치심, 귀먹고 말 더듬는 사람의 치유, 8장에서의 4천 명을 먹이신 기적, 제자들의 염려와 헤롯의 누룩에 대한 경고, 벳새다의 시각장애인을 고치심, 베드로의 주 고백, 고난과 죽으심에 대한 예고 등은 별 연관성이 없이 일련의 사건의 기술로 보인다. 그래서 대부분 설교자는 이것을 단일의 사건으로 놓고 본문을 읽고 해석하게 된다. 그래서 5천, 4천 명을 먹이신 사건은 '우리의 어려움을 아시고 채우시는 주님'으로, 그 여인에 대한 내러티브에 대해서는 '딸을 위한 엄마의 간절한 간청과 기도의 능력'과 같은 주제로 설교할 수 있다.

그러나 말씀을 상세히 읽다 보면 이것은 단일 사건으로도 의미가 있지만 일련의 사건들이 연결되면서 예수님의 구속 사역과 깊이 연결된 말씀임을 발견하게 된다. 굶주린 무리를 먹이신 두 내러티브에는 깊은 연관성을 가지고 있다. 첫 번째 내러티브에는 보리떡 5개와 5천 명, 12 광주리라는 숫자가 강조되고, 두 번째 내러티브에는 떡 7개, 7 광주리가 강조된다. 그 중간에 이방인 수로보니게 여인에 대한 내러티브와 제자들의 무지에 대한 기록이 삽입되어 있다. 다소 풍유적 접근일 수 있지만 오병이어 사건에서는 모세오경과 열두 지파와 관련하여 숫자를 통해 유대인과 연결하려는 의도를 읽게 되고, 사천 명을 먹이신 내러티브에서는 이방 지역에서 이루어진 일임과 동서남북 사방을 의미하는 4가 강조되고, 7 광주리라는 단어에선 당시 지구촌의 국가 숫자70개국와 연결하려는 의도를 읽게 된다. 그 중간에 외국 여인수로보니게을 등장시켜 은혜의 대상이 아니던 사람이 그 지위가 바뀌고 있음을 명시하면서 마가는 예수님의 십자가 사역이 유대인 영역을 포함하여 이방인 영역, 즉 지구촌을 향하고 있음을 명시적으로 드러낸다.

 그다음 내러티브는 이러한 사실을 강화하는 구조로 되어있다. 듣지 못하고 말을 더듬는 사람 이야기가 7장 끝부분에, 8장의 첫 부분에는 남은 떡을 가져오는 것을 깜박하고서 걱정하는 제자들 이야기와 당시 가장 경건한 존재로 자부하던 온 땅의 구주로 오신 예수님을 알아보지 못하고 힐난하는 바리새인의 이야기, 그리고 8장 중반부에는 다시 벳새다의 시각장애인 이야기를 병치시킨다. 제대로 알지 못해, 고백하지 못하는 영적 장애 상태이며 엉뚱한 말을 늘어놓는, 다시 말해, '제대로 말하지 못하는 존재들'로 부각 시키는 구조이다. '주는 그리스도'라는 베드로의 고백이 이어지고, 고난과 죽음에 대한 말씀으로 이어진다. 베드로에게서도 제대로 보지 못하고, 바로 말하지 못하는 상태를 보게 된다. 이러한 일련의 사건이 이어지는 중간에 마가 기자는 시각

장애인을 고치는 기적의 사건을 삽입구처럼, 그러나 가장 핵심 요소로 제시하는데 예수님의 치유 방식이 독특하다. 그를 붙들고 마을 밖으로 데리고 나가셔서 눈에 침을 뱉어 바르시고, 안수하셨다. 무엇이 보이는지를 물으시고, 두 번째 안수하여 모든 것을 밝히 보게 하였다[8:22~26]. 이것은 예수님의 능력이 넉넉하지 못해서가 아니라 마가가 보는 것과 이해하는 것에 대한 관점에서 이 모든 사건을 연결하여 신학적 의도성을 가지고 배열하였음을 알 수 있다.

이렇게 설교자가 성경 본문을 읽을 때 전후 문맥과 맥락을 잘 고려하여야만 본문에 함축된 의미를 놓치지 않게 되고, 그 풍성함을 설교에 담을 수 있게 된다. 이런 맥락을 무시할 때 전혀 다른 메시지가 될 수도 있고, 성경 구절을 임의적으로 스크랩하여 경구나 격언처럼 사용하는 것에 대해 부정적으로만 볼 수는 없지만 성경을 자칫 왜곡할 수 있는 위험을 안고 있음을 기억해야 한다. 대표적인 말씀이 욥기 8장 7절 말씀이다. "네 시작은 미약하였으나 네 나중은 심히 창대하리라." 이 구절은 개업 예배, 새로 집을 장만하고 입주예배를 드리는 가정을 위해 널리 사용되는 성구이다. 얼핏 축복의 말씀으로 들리지만, 전후 문맥과 연결하여 읽으면 전혀 다른 말씀인 것을 알 수 있다. 자신의 무고함을 주장하는 욥을 세 친구가 번갈아 가며 비난하고 책망하는 내용이 37장까지 이어지고, 38장 이후엔 하나님께서 직접 등장하셔서 욥에게 말씀하시고, 42장에서는 세 사람에게 노하시며 옳지 않다고, 우매한 주장이라고 책망하신 말씀이다. 공동번역 성경으로 문맥을 따라 다시 읽어보자.

언제까지 그런 투로 말하려는가? 자네 입에서 나오는 말은 마치 바람 같네그려. 하느님께서 바른 것을 틀렸다고 하시겠는가? 전능하신 분께서 옳은 것을 글렀다고 하시겠는가? 자네 아들들이 그분께 죄를 지었으므로 그분께서 그 죗값을 물으신 것이 분명하네. 그러니 이제라도 자네는 하느님을 찾고 전능하신 분께 은총을 빌게나. 자네만 흠이 없고 진실하다면 이제라도 하느님께서는 일어나시어 자네가 떳떳하게 살 곳을 돌려주실 것일세. 처음에는 보잘것없겠지만 나중에는 훌륭하게 될 것일세 욥 8:2~7, 공동번역.

욥의 친구들이 찾아와 위로한다고 권면한 내용, 나중엔 크게 하나님의 책망을 들었던 내용이었다. 본문의 전후 문맥과 정황을 고려하지 않았을 때 전혀 다른 메시지가 될 수 있다. 회중들이 읽고 듣는 성경 본문이 바르게 해석되지 않는다면 그것은 설교가 아니라고 한 데이비드 바틀렛의 주장이 이런 맥락을 이야기한다. 그는 하나님의 말씀이 세 가지 형태로 우리에게 다가온다고 주장하는데, 예수 그리스도를 통한 성육신이 그 첫 번째이자 최고의 형태라면, 하나님의 말씀이 성경을 통해 우리 가운데로 오는 것이 둘째이고, 설교는 세 번째 형태이다. 설교의 권위는 그 자체로 생성되거나 설교자의 권위나 교회의 권위 때문에 주어지는 것이 아니고 그것이 하나님의 말씀인 성경과 그것이 증언하는 예수 그리스도를 증언하기 때문이다. 무엇보다 세 번째 형태는 두 번째가 제대로 이뤄져야 한다는 전제하에 성립된다. 그러므로 설교자들은 그의 충고를 깊이 명심할 필요가 있다. "설교는 말씀이 충실하고 주의 깊게 해석되는 곳에서 하나님께서 그분의 백성들에게 여전히 말씀하신다고 하신 약속 가운데서 생명력을 갖게 된다."[26]

③ **상상력과 공감을 통한 읽기가 중요하다.** 어떤 교리나 정보, 사실을

---

26 David L. Bartlett, *Between the Bible and the Church: New Methods for Biblical Preaching* (Nashville: Abingdon Press, 1999), 11~12.

찾아내기 위한 좌뇌적으로 읽기보다는 공감적 읽기가 필요하다. 성경은 인생과 신앙생활의 지혜를 말해주는 여러 격언을 담고 있는 책은 아니다. 펼치기만 하면 바로 사용할 수 있는 경구들을 담고 있는 것으로 생각한다면 그 보고를 너무 제한한 것이 된다. 여러 단어와 문장이라는 울타리 가운데서 정해진 리듬과 선율을 따라 노래하기도 하고, 언어로는 다 담아낼 수 없는 하늘과 땅의 신비를 행간between, under, and behind the lines에 담아 놓았다. 그런 점에서 유진 피터슨이 성경 스토리텔러의 "분명한 과묵함"certain reticence이라고 한 차원을 설교자는 깊이 고려해야 한다. 성경 본문은 "간소하면서도 말을 절약해서 사용하는 특성"an austere, spare quality과 "서술함에 있어 많은 공백"을 남겨두었으며, 본문의 세계 속으로 들어와 스스로 찾아보라는 "암묵적 초대"implicit invitation를 담고 있다.[27]

설교 준비를 위해 성경을 읽을 때 설교자는 단순히 지식 탐구나 교리적, 사변적 탐구의 목적으로 하기가 쉽지만, 위의 특성을 고려한다면 참여적, 공감적 성경 읽기가 필요하다. 인물, 사건, 배경, 당시의 상황에 참여적으로 성경을 읽는 것과 화자話者, 상황, 이슈, 문제, 등장인물 등의 관점에서 공감적 읽기가 필요하다. 이러한 읽기를 위해 오감과 상상력의 적절한 활용이 필요하다. 시각, 후각, 청각, 미각, 촉각 등을 활용하여 느낌을 가지고 읽어야 한다.[28] 그것은 성경의 세계로 전 감각을 통해 몰입하는 것이고, 사건에 잠입하는 차원이 필요하다는 의미이다.

가령 요한복음 21장을 예로 들면 부활하신 예수님께서 제자 베드로를 처음 만나시는 내용을 읽을 때, 물고기를 잡으러 간 일곱 제자에

---

27 Peterson, *Eat This Book*, 42.
28 오감으로 성경 읽기의 실례를 참고하기 위해서는 김동문, 『오감으로 성경 읽기』(서울: 포이에마, 2014)를 참고하라. 그는 이 책에서 말씀 읽기는 '단순한 지식 습득이라기보다는 몸으로 체득하는 경험'으로 이해하면서 눈으로만 읽지 않고 오감을 동원하여 온몸으로 읽을 것을 권면한다.

게 나타나심, 조반을 준비하여 제자들을 먹이심, 예수님의 물음과 부탁 등을 읽었다면 표면적, 사변적으로 읽은 것이다. 밤새 고기를 잡기 위해 그물을 던지는 그 배에 함께 올라타는 것이며, 그들의 한숨 소리를 듣는 것이며, 주님 명령을 따라 그물을 던져 물고기를 많이 잡은 제자들의 기쁨과 환호성 소리를 듣는 것이며, 수영하여 물가로 나오는 베드로와 함께 수영하는 것이고, 조반을 준비하시는 예수님의 손길을 보고, 숯불에 고기가 익는 소리와 냄새는 맡는 것이며, 조반을 준비하시는 예수님의 손등에 있는 못 자국을 보는 것, 그것을 보고 울컥하는 베드로의 감격을 지켜보는 것, 예수님 친히 준비해 주신 아침 식사를 하면서 주먹으로 눈물을 훔치며 식사하는 베드로 곁에 앉아서 그 감격을 함께 느끼는 것…. 이것이 공감적, 참여적 성경 읽기이다.

앞서 언급한 것처럼 여기에서 필요한 것은 설교자의 상상력이다. 흔히 상상력을 공상空想과 혼동하기도 하지만, 둘은 전혀 다르다. 전자는 현실을 바탕으로 하여 삶을 확대하는 능력이라면 후자는 현실을 무시하거나 도피하며 허구, 즉 가공의 세계를 추구한다. 상상력은 '너머'와 '틈새'를 보는 능력이며, 신비의 세계를 보고 잠입하는 능력이다. 그러나 현대 설교자들이 설교에서 이러한 상상 능력을 상실하게 된 직접적인 이유는 계몽주의와 실용주의 때문이었다. 전자는 설교를 실증주의적 관점을 바라보게 하면서 명제와 논리를 논증하는 토론장으로 설교를 인식하게 했다. 이러한 인식은 "성경을 읽을 때도 신학적 정의나 교리"를 찾는 것에 주력하게 했고, 성경이 담고 있는 상상력의 흔적을 놓치게 만든다. 후자는 실리적, 현세적, 외면적 가치 추구에 몰입하게 만들면서 상상력을 경시하게 만든다.

그래서 테일러는 상상력을 "교회의 중심 직무"라고 주장하면서, 유용성과 실용성에 갇혀 하나님의 세계를 납작하고 일차원이 되어버린 세계, 출입구도 없는 벽이 되어버린 세계로 전락시키려는 움직임에서 벗어나 그 세계를 새로운 실제로 형상화는 능력을 상상력이라고 이해한다. 모든 감각을 채용하고 활용하여, 그럴 것이라 단정하는 단순화와 고정화를 살려내는 능력이며, 상상적 행위를 통해 우리는 전체를 간파하게 된다고 주장한다. 사람들은 성경에 대한 정보에 굶주려 있지 않으며, 하나님을 경험하는데 굶주려 있다.[29] 그는 설교자에게 이렇게 충고한다.

> 평범함 속에 숨겨진 비범한 것을 발견하도록 우리는 하나님 자신의 상상력에 참여하도록 초대를 받았다. 하나님의 시선으로 우리 자신과 이웃, 그리고 세계를 보고, 가능성과 약속으로 가득 차 있음과 변형을 기다리고 있음을 통해 그것들을 보도록 초대를 받았다. … 마치 창조가 아주 오래전에 다 끝난 것처럼 행동하고, 우리 안에 그것을 가둬두고 수 세기가 지난 것으로 바라볼 뿐 절대로 만지지 않으려는 자세를 취한다. 진리로부터 멀어진 상태에서 존재할 수 있는 것은 아무것도 없다. 성령님은 수면 위에 여전히 운행하며, 하나님께서는 흙으로 빚어진 것에 아직도 생명을 불어넣고 계시며, 예수님께서는 여전히 무덤 밖에서 우리를 부르고 계신다. 계시의 깊은 강물은 신선한 물 근원에서 힘차게 흘러나와 하늘 도시의 보석으로 쌓은 강둑을 따라 힘차게 달리고 있다. 그렇게 흘러가는 강줄기는 우리의 메마른 시대를 능력으로 적시고 계신다.[30]

상상력이란 성경 본문 행간 속에 숨겨놓으신 세계를 설교자가 발

---

29 Taylor, *The Preaching Life*, 39, 40, 47.
30 위의 책, 50.

견하는 것이고, 하나님의 숨결과 심장을 경험하는 능력이다. 설교자가 상상력을 동원하여 본문의 세계에 잠입해 들어가 말씀과 씨름하고, 함께 거닐고, 그 길목에서 느끼고, 냄새를 맡고, 거기에 담긴 환희와 감격, 낙심과 절망, 아픔과 한숨 등을 공감하는 작업이 필요하다. 자기의 생각과 통념을 과감히 떨쳐내고 하나님의 세계로 잠입해 들어가는 능력을 개발해야 한다. 계몽주의 이후 하나님의 말씀을 이성의 세계에 가둬버리기도 했고, 실용주의가 득세하는 현대에는 유용성이라는 잣대로 본문을 보기도 한다.

설교자에게 중요한 것은 성경의 세계를 보고 듣는 능력이 중요한데, 성경 본문을 읽을 때 역사와 계절을 움직여 가시는 성삼위 하나님의 '보이지 않는 손' invisible hand이 보여야 하고, 운행하심과 역사하심이 느껴져야 한다. 계절의 냄새, 푸른 초원을 지나가는 훈풍과 흙먼지를 날리며 운동장을 휘감아 도는 회오리바람 소리, 낮의 열기가 서서히 식어가는 사막의 밤에 온 하늘을 덮고 있는 장엄한 은하수와 적막, 아침 호수에서 피어오르는 안개 등도 설교자의 눈에 들어와야 한다. 혹은 예수님의 발에 부어진 향유 냄새로 온 집이 진동하는 향기를 맡을 수 있어야 하고, 갈릴리 호수를 건너가는 제자들의 노 젓는 소리와 그곳에서 고물을 베고 주무시는 예수님의 가느다란 코 고는 소리까지 들을 수 있어야 한다. 이것을 우리는 '오감 성경 읽기'라고 칭할 수 있다. 어떤 팩트를 찾기 위해서, 교리적 정보와 설교할 내용을 찾는 것에 온 마음을 두는 것에 길들어 있어 다소 어렵게 느껴질 수도 있다.

성경에서 설교자를 세우시는 장면에는 늘 그에게 말씀을 주시면서 '먹는다'는 표현이 자주 사용하는 것을 발견하게 된다 겔 2:8, 3:1~2, 렘 15:16, 계 10:9. 하나님을 떠난 이스라엘 백성들을 위해 에스겔을 설교자 파수꾼로 세우시면서 하나님께서는 그에게 말씀이 기록된 두루마리를 '먹으라'

고 말씀하신다. 두루마리를 먹는 독특한 행위는 상징적 표현이지만, 특별히 말씀의 체화體化와 바른 전달과 연결된다. 유진 피터슨은 '말씀'이라는 단어를 "하나님의 존재와 하나님이 하시는 일에 우리를 참여시키는 최고의 수단"이며 특정한 유형의 언어라고 주장하면서 "직접적으로든, 간접적으로든 우리 안으로 파고들어 와서 우리의 영혼을 만지고, 하나님의 창조하신 세상과 그분이 수행하신 구원 그리고 그분이 불러 모으신 공동체에 적합한 삶을 형성하고자 하는 의도를 가진다"고 주장한다. 성경은 우리의 삶을 꿰뚫고 진리와 아름다움과 신학을 만들어 내는 말의 능력을 믿는 글임을 확인하면서 그는 라이너 마리아 릴케를 인용하여 '언제든지 책에만 얼굴을 묻고 있지 않고, 종종 뒤로 기대어서 자신이 다시 읽은 문장을 생각하며 눈을 감으면 그 의미가 혈관으로 퍼지는 것을 느끼는' 성경 읽기를 요구한다.[31]

④ **당시의 정황과 연결하여 읽으라.** 성경은 특정 시대 상황 속에서 기록되었다. 그러므로 텍스트는 특정 상황context과 연결하여 읽지 않으면 전혀 다른 내용이 될 수 있다. 반대로 당시의 상황과 연결하여 말씀을 읽을 때 말씀은 훨씬 더 풍성해진다. 예를 들어 골로새서는 흔들리고 있는 교회에 주신 말씀이다. 골로새교회는 바울을 통해 복음을 받아들인 에바브라가 자기 고향으로 돌아가 세운 교회였다. 구성원은 주로 복음을 받아들인 이방인이었고, 복음의 열정을 가지고 인근 도시 히에라볼리, 라오디게아에도 복음을 전해 교회를 세웠다. 하지만 당시 성행하던 금욕주의, 영지주의, 율법주의 등으로 신앙이 흔들리고 있었고, 사역자인 에바브라는 그 문제 해결을 위해 로마 감옥에 갇혀 있는 바울을 찾아왔다. 빌레몬도 골로새교회 지도자였다. 이단사상에 의해 흔

---

31 Peterson, 『이 책을 먹으라』, 23~25.

들리는 교회를 바로 세우고, 잘못된 이단적 교훈을 넘어 바른 신앙을 형성하게 하려는 목적을 가지고 쓰여진 말씀이다. 그래서 골로새서에는 예수 그리스도의 유일성과 우주적 그리스도론이 중심 메시지이다. 말씀으로 바로 세우기 위해 기록된 말씀을 들고 로마에서부터 골로새까지 2,000km가 넘는 먼 거리를 도보로 걸어간 사람은 두기고였다. 이렇게 텍스트는 컨텍스트와 관련하여 해석될 때 정확한 메시지가 될 수 있고, 그 지평이 넓어질 수 있다.

⑤ **본문의 문학 형식을 고려하여 읽으라.** 성경은 다양한 문학 장르로 되어 있다. 즉 율법, 시, 격언, 이야기, 비유, 교리, 묵시, 예언, 역사, 서신 등이 그것인데 각 장르는 독특한 문학적, 수사학적 특성을 따라 구성된다. 토마스 롱은 이러한 장르에는 수사학적 효과를 나타내기 위한 문학적 동력을 가지고 있다고 주장한다.[32] 성경의 기자는 이렇게 하나님의 메시지를 전할 때 다양한 장르 형식을 따라 전하고 있음을 고려할 때 설교자가 본문을 연구할 때 반드시 본문의 문학적 장르와 그 소통의 특성을 따라 읽어야 한다. 그것을 외면하거나 무시할 때 중요한 특성을 놓칠 수밖에 없다. 그러므로 설교자는 본문의 구조와 문학적 기교, 문법과 표현, 단어와 개념, 수사학적 특징을 고려하여 본문 연구를 돕는 문학비평 연구방법론이 제시하는 방식에 대해서도 깊은 관심을 기울이는 것도 도움이 될 것이다.[33] 또한 성경 본문이 사용하고 있는 수사학적 표현, 문법과 시제, 특별한 단어나 개념들을 고려하여 읽는 것은 본문의 의미를 정확히 읽어내는 데 도움이 될 것이다. 성경은 많

---

32 Long, 『성경의 문학 유형과 설교』, 60.
33 문학비평 연구는 구조주의, 수사비평, 독자반응비평, 서사비평 등의 방법을 포함한다. 설교를 위한 성경해석에 대한 지침을 참고하기 위해서는 J. Scott Duvall and J. Daniel Hays, *Grasping God's Word*, 류호영 역, 『성경해석: 성경을 바르게 읽고 적용하는 실제적 지침서』(서울: 성서유니온, 2020); 박정관, 『성서해석학: 시간 이론에서 서사학까지』(서울: 복있는사람, 2023) 등을 참고하라.

은 단어와 문장, 문학적 표현 등이 어우러지면서 열매를 내놓은 농장과 같다.

유진 피터슨은 미국의 시인, 웬델 베리 Wendel Berry가 그의 시에서 사용한 '농장' farm의 은유를 통해 설명한다. 농장에서 어떤 곡식이 자라 열매를 맺고 과일이 익어가는 것은 하늘과 땅, 빛과 비, 토질의 상태와 활동 등을 통해 이루어지는 유기적 결실로 나타난다. 농장 farm에는 열매를 내놓기 위해 그 모든 것을 조합하는 형식 form이 작용한다고 주장한다. 거기에는 긴 기다림과 느린 리듬으로 부르는 노래가 존재하듯이 성경을 연구하는 설교자도 성경의 세계에 참여하되 통제하지 않는 움직임이 필요하다. 그 문학 형식에 담긴 하늘과 땅이 어떻게 리듬과 춤, 노래를 통해 우리 앞에 펼쳐지는지를 놓치지 않아야 한다.

⑥ **행간을 따라 읽으라.** 성경은 종종 "감추인 말씀" 눅 18:34으로 표현할 때가 많이 있다. 그래서 설교자의 중요한 임무 가운데 하나는 바로 성경 본문을 어떻게 읽느냐인데, 성경은 모든 내용과 사실을 다 기술한 백과사전이 아니라는 점이다. 그런 점에서 설교자는 행간을 읽을 수 있는 능력이 필요한다. 라인과 라인 사이 between, 그 배후 behind, 아래 under에, 즉 행간에 담긴 것을 잘 찾아 읽을 수 있어야 한다. 그때 이전에 보지 못했던 본문의 세계가 새롭게 인식되게 될 것이다. 행간 읽기를 위해서는 설교자에게 상상력의 활용이 요구된다. 물론 그 활용은 본문의 정황과 해석학적 관점을 벗어나지 않아야 한다.

사도행전 27~28장은 사도바울이 로마로 가는 마지막 여정을 보여준다. 지중해 바다 가운데서 유라굴로 광풍을 만나 열나흘 동안 생사의 갈림길에서 허덕인다. 얼마나 다급했던지 실린 화물뿐만 아니라 배의 기구들도 그들의 손으로 내던졌다는 기록이 나온다. 상징적으로 '해도, 별도 보이지 않았다'면서 살 수 있는 희망이 완전히 상실한 상황이었다. 어젯밤, 설교자에게 주신 말씀을 증거하는 내용으로 이어진다 ^{행 27:21}. 27장 20, 21절 그 행간에는 기록되지 않은 많은 내용이 담겨있다. 그 행간에 죽겠다고 아우성치는 사람들 가운데 서 있던 사람이 그 어려움의 시간에 주님 앞으로 나아갔고, 간절하게 기도하고 있는 모습을 읽어낼 수 있다. 그렇게 절박하게 기도하는 자리에 임재하신 주님께서 말씀을 주신 것을 유추하여 해석할 수 있다. 모두가 죽겠다고 아우성치는 자리에서 기도의 자리로 나아간 사람, 주님의 말씀에 사로잡힌 사람, 텅 빈 가슴을 말씀으로 채우는 사람, 그 말씀을 믿고 주님을 신뢰하면서 걸어가는 사람을 그 행간은 선명하게 보여 준다.

 설교자가 성경을 연구하면서 행간을 읽을 때, 무엇보다도 성경 가운데서 자신을 계시하시는 성삼위 하나님의 현존과 역사를 읽을 수 있어야 한다. 성경이 보여 주려는 것은 사람이나 어떤 역사적 지식이 아니라 하나님 당신을 보여 주시기 원하신다는 사실을 잊지 않아야 한다. 그것은 성경을 읽고 연구할 때 어떤 정보의 차원에 머물러서는 안 되며, 오늘도 말씀하시는 하나님께서 그 본문을 통해서 말씀하시는 바를 정확히 듣고 분별해 내려는 계시의 차원으로까지 나아가야 한다. 성경은 과학적, 윤리 도덕적 사실이나 정보를 전해 주기 위해서가 아니라 성삼위 하나님의 계시 말씀, 삶으로 살아내야 할 말씀을 기록한 것임을 기억해야 한다. 그래서 전통적으로 설교자들은 성경을 교회의 책으로 읽었고, 그리스도를 선명하게 보여 주는 수단으로 읽었으며, 우리 자신을 성찰하는 지침^{way}으로 성경을 읽었다.[34]

 ⑦ **성령님의 조명을 구하며 읽으라**. 원론적 이야기일 수 있지만 영감으로 기록된 하나님의 말씀은 성령님의 조명을 구하며 읽을 때 바로

---

[34] Paul S. Wilson, *God Sense: Reading the Bible for Preaching* (Nashville: Abingdon, 2002), 10.

이해할 수 있다. 예수님께서도 보혜사 성령님께서 '모든 것을 가르쳐 주실 것'이며, 주님께서 가르쳐 주시고, 행하신 '모든 것을 생각나게 하실 것'이라고 약속하였다요 14:26. 보혜사를 뜻하는 헬라어 '파라클레토스' παράκλητος는 '파라' 곁에서와 '칼레오' 권고하다가 합성된 것으로 고대 법정에서 사용되던 용어였다. 고소를 당한 친구를 위해 유력한 지인이 함께 출두하여 그가 어떻게 말하고, 행동해야 할지를 알려주는 조언자 역할 수행에서 유래한다. 오늘로 치면 멘토, 변호인, 조력자와 같은 존재이다.

'조력자' enabler를 생각하면 떠오르는 기억이 있다. 그림을 잘 그리는 능력은 모두에게 주어진 것은 아닌 듯하다. 고교 시절, 필자는 그림을 잘 그리지 못해서 미술은 언제나 평균 점수를 깎아 먹는 원흉?이었다. 그런데 고2 때부터 미술 점수가 좋아졌다. 유명 미대를 갓 졸업하고 부임하신 젊은 선생님이 많이 예뻐해 주셨기 때문이다. 데생 실기를 시켜놓고 학생들 작업을 둘러보시던 선생님은 내 그림을 보실 때마다 뒤통수를 치시며 말씀하셨다. '야 이놈아, 이걸 그림이라고 그리느냐?' 그리고 제 손을 잡고 그림을 그려주시는데, 그림이 살아나 훌륭한 작품으로 바뀌었다. 그리고 선생님은 점수까지 잘 주셨다. 이론 점수는 좋았기 때문에 그 선생님 덕분에 미술 점수가 좋아진 것이다.

성경 본문을 대하는 설교자가 성령님의 조명 illumination을 구한다는 것은 그런 차원을 의미한다. 장 칼뱅이 성령의 내적 증거 inner witness를 강조한 것도 이 차원에 대한 강조이다. 성령님의 조명이 없이 설교자는 그것을 바로, 정확히 이해할 수 없고, 증거할 수 없으며, 전하는 말씀이 삶을 변화시키는 말씀이 될 수 없음을 강조한 것이다. 그래서 칼뱅은 당시 로마가톨릭교회의 이해를 비판하면서 사람의 판단이나 교회의 권위에 의해서가 아니라 성령님의 내적 증거를 통해 우리는 성경

을 하나님의 말씀으로 확신하게 된다고 주장한다.³⁵

⑧ '제사장적' 읽기가 필요하다. 설교자는 오늘도 하나님 계시의 책인 성경을 통해 말씀하시는 것을 듣고, 본 것을 증언하도록 세움을 받은 존재이다. 그러므로 설교자는 개인 자격으로 본문 앞으로 나아가는 것도 아니고, 개인 자격으로 강단에 올라가지 않는다. 그는 회중을 위해 보냄을 받은 존재이다. 이것을 린더 켁은 설교자의 제사장직 수행으로 설명한다. 설교자는 단지 한 시민으로서 말씀을 읽고 듣는 것이 아니라 공동체의 대표자로 나아가는 것이다. 그런 점에서 설교 준비를 위해 성경 본문을 연구하는 설교자의 듣기는 "제사장적 행동" priestly act 이다. 이 유비적 표현은 설교자가 설교 준비를 위해 성경을 읽는 과정을 가질 때, "교인과의 연대 속에서 대리적 vicariously 듣기"을 해야 하며, 설교는 "교인을 위하여 행하는 사역"임을 알려준다.³⁶

앞서 설교자에게 '듣기'가 중요하다는 사실을 언급했지만, 한 걸음 더 나아가 설교자에게는 단순한 듣기를 넘어 '제사장적 듣기'가 필요하다. 삶의 현장에서 허덕이며 달리는 청중이 본문에 대해 가지게 될 질문을 던지고, 삶의 현장에서 갖게 되는 회의감을 표하며, 그렇게 듣게 된 본문이 말씀하시는 바를 들어야 한다. 설교가 가지는 목양적 특성뿐만 아니라 청중의 삶의 자리와 관련하여 성경 읽기가 진행되어야 한다는 말이다. 성경을 연구하는 시간, 설교자는 단순히 본문 석의를 하고 전할 설교의 내용을 발견하는 것보다 훨씬 더 폭넓은 신학적 프락시스를 행한다. 그는 성도의 삶의 자리와의 연관성 속에서 성경 본

---

35 John Calvin, *Institutes of the Christian Religion*, rev. ed. (Peabody: Hendrickson Publishers, 2008), I. vii. 1, 4, 5. 물론 이러한 이해에 대해 주관주의의 위험성을 주장하기도 하지만 칼뱅은 성경의 내적 증거와 함께 성경의 내재적 권위를 강조하기 위해 자기 증거(self-authentication)를 강조한다. 자기 증거에 대해서는 I. viii. 1~13을 참고하라.
36 Keck, *The Bible in the Pulpit*, 61~62.

문을 읽고, 듣는다. 설교를 준비한다는 것은 말씀을 들은 설교자가 응답했던 것을 공동체가 함께 응답하도록 돕는 프로세스이다.

이렇게 설교 준비는 대면의 작업 confrontational work 이다. 본문을 통해 말씀하시는 성삼위 하나님을 대면하는 것이며, 청중의 삶의 자리와 대면해야 한다. 설교자는 본문을 읽을 때 하나님의 마음을 읽는 것이 중요하다. 특별히 복음서 사가들은 예수님의 감정을 묘사하는 표현을 자주 사용하는데 마 9:36, 14:14, 20:34, 막 1:41, 6:34, 눅 7:13, 15:20, 요 11:33, 그중의 대표적인 것이 예수님께서 연민의 마음을 드러낸 표현으로 '불쌍히 여기다'를 들 수 있다. 그래서 찰스 스펄전은 "우리를 향한 그리스도의 마음을 한 문장으로 요약한다면 '불쌍히 여기시니'이다"고 주장한다.[37] 이 말의 헬라어, '스플랑크니조마이' σπλαγχνίζομαι 는 창자가 끊어지는 것과 같은 아픔, 즉 '단장'斷腸의 아픔에서 유래한 표현이다.[38]

'단장의 미아리 고개'라는 대중가요 제목 때문에도 우리에게 익숙한 이 표현은 본래 '어미 원숭이의 창자가 끊어졌다'는 뜻의 '모원단장'母猿斷腸이란 사자성어에서 온 것으로 '창자가 끊어질 듯한 극한 슬픔'을 나타낼 때 쓰는 말이다. 『세설신어』世說新語 출면편黜免篇에 나오는 고사에 따르면, 동진東晉의 군주 환온桓溫이 촉蜀나라 정벌에 나섰을 때 배를 타고 양자강 중류 협곡을 지나는데 나뭇가지에 매달려 있던 새끼 원숭이가 배에 떨어졌단다. 되돌려주려고 했지만 배가 움직이면서 그러지 못했다. 그런데 새끼를 잃은 어미가 며칠 동안 슬피 울면서 계속해서 배를 뒤따라오더니 강어귀가 좁아지는 한 지점에서 배로 뛰어오르긴 했는데 지쳐 바로 죽고 말았단다. 병사들이 이상해서 어미 원숭

---

37 메트로폴리탄교회에서 1914년 12월 24일에 선포한 설교, "The Compassion of Jesus."
38 'σπλαγχνίζομαι'의 명사형은 '스플랑크논'(σπλάγχνον)인데, 흔히 연민, 동정, 자비(compassion)로 번역되지만 본래 뜻은 '창자, 내장'이라는 뜻을 가진다. 의학에서 내장을 연구하는 분야를 splanchnology라고 하는 이유이다. 애간장이 타고, 녹아내리는 것과 같은 차원을 뜻한다

이의 배를 갈라 보니 창자가 도막도막 끊어져 있음을 발견하였단다. 거기에서 유래된 말이 '母猿斷腸'이다.

이 세상과 인간을 향한 하나님의 마음도 이러함을 알았던 사람, 그것을 전하였던 사람들이 예언자였다. 아브라함 헤셸은 아파하시는 하나님의 마음을 알았기에 하나님의 정념 pathos 에 사로잡혔던 사람으로 설명하지 않던가? 예언자는 심판하실 수밖에 없어 한탄하시는 하나님의 마음을 전하여 그들을 하나님의 존전 앞에 세워, 결국 그분과의 화해를 이루게 하는데 있었다. "말씀을 내리시는 대로 저는 받아 삼켰습니다. 만군의 야훼 하나님, 이 몸을 주님의 것이라 불러 주셨기에 주님의 말씀이 그렇게도 기쁘고 마음에 흐뭇하기만 하였습니다."렘 15:16, 공동번역. 설교자의 귀는 하늘 향해 항상 열려 있고, 그의 눈은 백성이 살아가는 길을 분석하는 자렘 6:27이다. 이스라엘 백성들이 하나님의 진노와 심판 앞에 서 있을 때 주의 뜻이 이뤄지기보다는 그 뜻을 바꾸어 주시길 탄원했던 자들이었다. 그들은 이 땅의 삶을 살고 있었지만 언제나 하나님의 삶을 살았던 존재들이었고, 하나님의 마음과 그 긍휼을 모르고서는 말씀을 전할 수 없는 이들이었다.

언젠가 설교 준비하다가 가슴을 치는 한 편의 시를 읽으면서 마음에 '쿵'하는 소리를 들은 적이 있다. 가슴이 철렁 내려앉는 느낌을 어찌할 수 없어 한참 생각에 빠져든 적이 있다. "끙끙 앓는 하나님/ 무엇보다도 당신이 불쌍합니다/ 우리가 암 덩어리가 아니어야/ 당신 몸이 거뜬할 텐데// 피둥피둥 회충 떼처럼 불어나며/ 이리저리 힘차게 회오리치는/ 온몸이 혓바닥뿐인 벌건 욕망들."[39] 시인은 지금 끙끙 앓고 있는 하나님의 모습을 보여 준 다음, 그분께 감히 "불쌍하다"는 표현을 서슴

---

39 최승호의 시, "몸" 전문. 최승호 시집, 『세속도시의 즐거움』(서울: 세계사, 2002).

없이 사용한다.

설교자를 향한 외침, "우리가 암 덩어리가 아니어야 당신 몸이 거뜬할텐데…" 하는 구절에서 가슴 깊은 곳에서 '쿵!'하는 소리가 들려온다. 신앙마저도 수단이 되고, 욕망의 도구가 되는 세상에서 "온몸이 혓바닥뿐"이라는 말씀에서 가슴이 덜컹해지는 이유는 이리저리 힘차게 회오리는 치는 그 걸음이 주님께는 도움이 안 되는데 오늘도 나는 달리고 있고, 강단에 오르고 있지 않는가라는 생각이 들었기 때문이다. 나는 과연 하나님의 '파수꾼'인가, 아니면 복음을 팔아 먹고사는 '기생충'인가? 끊임없이 점검하고 성찰해야 한다.

⑨ 본문이 드러내시는 성경의 주인공에 초점을 맞추라. 설교자가 성경 읽기에서 수행해야 할 가장 중요한 과제는 성경의 주인공이신 성삼위 하나님과 그분이 행하시는 구원 역사를 드러내는 것임을 잊지 않아야 한다. 설교의 최종 목적은 성삼위 하나님의 현존과 역사를 드러내며 찬양을 올려 드리는데 있다. 그것은 성경 본문 역시 마찬가지이다. 태초부터 지금까지 창조와 구속의 역사를 계속하시는 성삼위 하나님이 성경의 주인공이고, 성경의 목적으로 그 섭리와 역사를 증언하는 것이다. 그렇다면 설교자의 1차 목표는 성경이 증언하는 그것을 바로 듣기에 초점을 맞춰야 할 것이며, 설교가 드러내야 하는 것도 그것이다. 기독교 설교는 그 실행 자체가 가지는 신학적 의미가 있는데 마이클 파스퀘렐로는 그것을 다음과 같이 진술한다.

> 기독교 설교의 실행은 다수히 설교학적 이론이나 실제적 기교, 혹은 종교 커뮤니케이션의 형태가 아니다. 오히려 구속의 은혜를 받고 하나님과 화해를 이룬 사람들에게 그것은 성령님의 선물gift이며, 성자를 통해 성부 하나님께서 주도하셔서 교회에 말씀하시는 대화이다.

그 말씀The Word은 부활하신 그리스도이시다. 그분은 교회가 증인의 삶을 살도록 부르신 분이신데 삼위 하나님을 찬양하고 아는 것이 피조물의 최종 목표임을 증언하도록 부르셨다.[40]

설교는 그 말씀을 듣는 공동체의 정체성과 소명, 본래와 바뀐 운명을 드러내는 사역이며, 우리 가운데 성삼위 하나님께서 일으키신 변화의 역사를 증언하고, 영광을 올려드리는 사역이다. 교회 공동체를 이룬 그리스도인들은 하나님의 역사와 현존 앞에 서 있는 "특별한 사람들" particular people 이며, "찬양의 사람들" people of praise 이다. 이미 우리 가운데 시작되었고, 그러면서 다가오고 있는 하나님 나라를 경축하는 "왕국의 사람들" kingdom people 이다.[41] 이것이 그리스도인과 교회의 존재론적 특성이다. 이러한 특성을 선명하게 하고, 그것을 다시 상기시키는 것이 설교 사역이라고 할 때, 설교자가 그 사명을 수행하는 설교를 준비할 때, 본문을 읽을 때 이것은 기본적인 틀frame 이 되어야 한다. 위대한 복음 전도자 스탠리 존스는 그의 주제가는 예수 그리스도였으며, 그것은 사역의 중심이었다고 고백한다.

내가 노래를 부르는 것은 노래할 이유가 있기 때문이다. 나의 주제가는 예수 그리스도다. 내가 예수 그리스도에 대해 부르는 노래는 캄캄한 어둠 속에서 용기를 북돋우려고 부르는 휘파람이 아니다. 나의 노래는 나의 전부를 다해, 마음을 다하고, 감정을 다하고, 뜻을 다해 부르는 노래다. 나는 달리 어찌할 수 없어서 노래를 부른다. 만일

---

40 Pasquarello, *Christian Preaching*, 31.
41 이 용어는 인나그레이스 디테리히(Inagrace T. Dietterich)에게 빌린 것이다. George R. Hunsberger and Craig van Gelder, ed., *The Church between Gospel and Culture: The Emerging Mission in North America* (Grand Rapids: Eerdmans, 1996), 347~64.

내가 침묵한다면, 돌들 – 무뚝뚝한 삶의 현실들 – 이 소리쳤을 것이다. … 그분 안에 과거, 현재, 미래의 문제가 맞물려 있었다. 그분은 역사의 정점이자 새로운 역사의 출발점이었다.[42]

---

42 E. Stanley Jones, *A Song of Ascents*, 김순현 역, 『순례자의 노래: 위대한 복음 전도자, 스탠리 존스의 영적 자서전』(서울: 복있는사람, 2007), 177~79.

3부

설교의 소통과 전달

봄이 꽃나무를 열어젖힌 게 아니라
두근거리는 가슴이 봄을 열어젖혔구나
봄바람 불고 또 불어도
삭정이 가슴에서 꽃을 꺼낼 수 없는 건
두근거림이 없기 때문
두근거려 보니 알겠다

— 반칠환, "두근거려 보니 알겠다", 전문

7장
공감 능력과 설교:
끊임없이 연마해야 할 설교자의 무기

> 시인이여,
> 시의 말 한마디 한마디가 그대의 심연을 그치고
> 그대의 혼에 인각 된 말씀이거늘
> 치열한 장인 의식 없이는 쓰지 말라
> 시인이여, 시여,
> 그대는 이 지상을 살아가는 인간의 삶을 위안하고
> 보다 높은 쪽으로 솟구치게 하는 가장 정직한 노래여야 한다
> — 김종해[1]

선명한 묵화

한 해를 보내는 송년주일, 자꾸 입술에서 되뇌어지는 시가 있었다. 어느 시골, 고향 풍경을 시에 담아 놓고서 시인은 제목을 '묵화'墨畵라고 붙인다. "물먹는 소 목덜미에／ 할머니 손이 얹혀졌다／ 이 하루도／ 함께 지났다고／ 서로 발잔등이 부었다고／ 서로 적막하다고."[2] '먹으로 짙고 옅음을 이용해 그린 단색 그림'이란 제목처럼 풍경은 요란하지 않고 그리 화려하지도 않다. 시의 행도, 시어도 간결하다. 간결함과 함

---

[1] 김종해의 시, "시인 선서," 일부. 김종해 시집, 『하늘을 나는 새』(서울: 문학동네, 2016), 20.
[2] 김종삼의 시, "묵화" 전문. 김종삼 시집, 『십이음계(十二音階)』(서울: 삼애사, 1969). 쇤베르크가 창안한 12음 기법에서 따온 시집의 제목처럼 김종삼은 그의 이론을 적극 수용하면서, 시 가운데 음악적 요소를 담아낸다. 울림과 아름다움, 음악적 기법을 통해 절제된 소리의 공간까지 만들고, 거기에 회화의 특성을 덧입힌다. 상세한 내용을 위해서는 정치훈, "김종삼 시집, 『십이음계』의 위상과 의미," 『한국시학연구』 vol. 60 (2019), 283~310을 참고하라.

께 여백으로 가득한 한 폭 동양화로 와 닿는다. 서사narrative가 행간에 담기고, 배경도 담백하다. 그 여백을 통해 시인은 독자들이 할머니와 소에게 주목하도록 이끈다. 하루 일을 마친 소는 고단함을 가득 안고 여물을 먹다가 목이 말랐는지 물을 마시고 있다. 할머니는 그런 소가 안쓰러워 목덜미를 계속 쓰다듬는다. 오늘 하루도 고단한 일을 하느라고 얼마나 힘들었느냐고, 종일 수고가 많았다고 그 손이 말을 대신한다. 손끝으로 전해지는 따뜻한 마음을 알았기 때문인지 고단함을 잊은 듯 감사의 마음으로 소가 여물을 먹고 있다. 마치 추임새를 넣듯 쇠방울 소리가 어두워지는 마구간을 가득 채운다.

 시를 읽다 보면 마음은 벌써 고향 집을 서성이고 있다. 도회지로 자식들 다 떠나고 혼자 남은 어머니에겐 고된 일 도와주는 소가 자식이다. 종일 밭 갈고 온 날이면 수고했다고 말 못 하는 짐승이 얼마나 목이 마르고 배고프겠냐며 먼저 소에게 물부터 먹이고, 여물통 가득 먹이를 담아 먹이셨다. 소 목덜미를 쓰다듬는 어머니 손을 통해 전해지는 사랑의 마음에 감격한 듯 큰 눈을 껌벅이며 소는 더 맛나게 먹이를 먹는다. 어릴 적, 고향에서 자주 보았던 광경이기에 짧은 시를 읽다 보면 벌써 마음은 부모님 떠나신 고향 마을을 서성이게 되고, 자식들 떠난 후 홀로 걸으셨던 그 적막한 길도 떠올리게 한다.

 시인도 그런 소중한 추억을 가지고 있었기 때문일까? 1969년, 48세 때 시인은 이런 멋진 시를 첫 시집에 수록한다. 50여 년이 훌쩍 지나 빛바랜 듯 소박한 정경이지만 그리움이 가득 배어 나오는 생생한 묵화로 다가온다. 고요하지만 그 어루만짐은 강렬하고, 늙고 거친 손길에서 생명력이 꿈틀거린다. 때론 짙게, 때론 옅게, 먹물로 그린 배경 앞에 서 있는 두 존재가 어울려지면서 멋진 풍경과 서사를 만들어 낸다. '함께'라는 시어와 반복되는 '서로'라는 시어가 반복되면서 깊은 유대감이 형성된다. '함께'여서 걸어가는 길이 외롭지 않고, 서로를 향한 감사한 마음이 가득해서 고단함도 사라진다. 여백엔 외로움과 고단함이 스며들 법하지만, 그 길을 함께 가는 누군가가 있어 거기 행복한 미소가 스며들 듯 번져간다. '네가 있어, 함께여서 행복하다.' 그 메시지를 선명하게 보여 주고 들려주는 묵화이다.

설교, 번져나가야 할 묵화

이것은 설교가 수행해야 할 신학적 특성을 유비적으로 보여 준다. 투박한 고향 집 어머니의 손길에 위로의 메시지가 가득 담겨있듯, 강단에 오르는 설교자에게도 그런 과제가 부여된다. 그런 점에서 설교자는 전해야 할 '메시지를 어떻게 효과적으로 전달할 것인가'의 과제 앞에 서있다. 요란하지 않으면서도 '묵화'처럼 번져가는 메시지 전달을 어떻게 감당할 것인가? 시가 전해 주는 감명은 깊은 공감 능력에서 기인하고 있음을 알 수 있다. 고단한 소의 등덜미를 쓰다듬는 시골 어머니의 손에는 이런 진한 공감 능력이 담겨있다. 지금 방울 소리를 울리며 여물을 먹는 지친 소는 지금 그 마음을 모두 전해 받았기에 고단함도 사라진다.

한 책을 읽다가 마음에 깊은 여운이 남는 이야기가 있었다. 익히 알고 있는 이야기가 새롭게 들려오고, 오래전 세상을 떠난 저자의 호소력 있는 목소리가 전해져 오는 듯했다.

노트르담 대성당 앞에 한 눈먼 거지 소녀가 있었습니다. '저는 눈이 멀었습니다. 한 푼 주십시오'라고 적힌 푯말을 들고 그 앞을 지나가는 사람들에게 도움을 요청했지만 다들 거들떠보지 않고 그냥 지나갔습니다. 그런데 한 남자가 다가와서는 그 문구 밑에다 한마디를 더 써주고 갔습니다. 나중에 그 남자가 다시 왔을 때, 소녀가 물었습니다. "여기에 뭐라고 썼기에 사람들이 갑자기 나에게 돈을 많이 주고 격려해 주는 건가요?" 그 남자가 덧붙인 한 문장은 이것입니다. '나는 당신들이 볼 수 있는 봄을 보지 못합니다.' 여기에 감동한 사람들이 소녀에게 온정을 베푼 것이지요.[3]

메시지 전달이라는 관점에서 보면 어떻게 말하느냐에 따라 달라진다는 점을 선명하게 보여준다. '태어날 때부터 맹인'이라는 팻말을 목에 걸고 종일 구걸해도 10프랑도 안 되었단다. 그런데 지나가던 행인이 그 팻말을 뒤집어 문구를 고쳐 썼단다. "당신이 볼 수 있는 봄을 저는 보지 못합니다." 그 맹인은 나중에 그 신사를 만나 도대체 무엇이라고 썼길래 하루 수입이 50프랑도 넘는지 감사를 전하며 물었단다. 문구를 고쳐 준 사람은 프랑스 시인 로제 카이유 Roger Caillois 였다. 단적인 이야기 속에서 단순한 정보 전달의 차원을 넘어, 어떻게 전달하느냐에 따라 달라진다는 사실을 알려준다. 사람의 마음과 관심을 끌어내는 공감의 차원으로 나아가는 방식의 메시지가 전달력을 높인다는 말이다.

좋은 설교는 듣는 사람을 정확히 알고, 그들이 서 있는 삶의 자리에 대한 바른 이해 위에 세워진다. 결국, 삶의 자리란 사람이 서 있는 자리이고, 걸어온 길이다. 엄밀히 말해 설교가 회중을 위해 존재한다고 할 때, 이러한 이해는 깊이 고려하여야 할 필요충분조건이다. 그런 점에서 해리 에머슨 포스딕은 설교를 삶의 자리로부터 시작해야 한다고 주장하였고, 존 킬링거는 이러한 특성을 설교가 가지는 "인격적 차원"

---

[3] 장영희, 『그러나 내겐 당신이 있습니다』 (서울: 샘터, 2019), 86.

으로 규정한다. 설교는 복음과 인간 삶의 자리를 연결하며, 그 둘 사이를 오가며 이루어지는 사역이며, 목회 전 영역과의 연결성 속에서 진행된다는 점을 강조한 것이다.[4] 이렇게 기독교 설교는 인간 삶과 긴밀한 관계를 가지면서 그 현장에 구현되어야 하는 당위성을 가진다. 그래서 찰스 라이스는 설교는 "화육화 된 말씀" embodied Word 이어야 한다고 주장한다.[5] 즉 존재에 대한 이해, 삶의 자리에 대한 이해로부터 시작하여, 말씀은 삶의 구체적 사건으로 구현되어야 한다. 로고스 기독론을 제시하는 요한은 복음서 1장에서 그 사실을 구체적으로 보여준다. "그 말씀이 살과 피가 되어 우리가 사는 곳에 오셨다. 우리는 그 영광을 두 눈으로 보았다. 단 하나뿐인 그 영광은 아버지 같고 아들 같아서 안팎으로 두루 충만하고 처음부터 끝까지 참된 영광이었다" 요 1:14, 메시지. 설교는 체화된 말씀이어야 한다.

월터 버가르트 Water Burghardt 는 하나님의 은혜를 증거하는 말씀은 삶의 경험을 통해 윤색되어야 하며, 설교자는 설교를 듣는 청중의 삶의 자리와 그들이 듣는 방식에 민감해야 한다고 주장한다. 하나님의 은혜는 실로 강력한 힘을 가졌지만 설교의 자리에는 언제나 장애물이 작동하게 된다면서, 설교의 언어가 효과적이지 않거나 생명력이 없는 것, 추상적인 교리와 개념에 빠져 있다는 것이 현대설교의 문제라고 지적한다.[6]

설교는 다양한 정의가 가능하지만, 사람의 삶을 어루만지고, 그리스도인 됨과 걸어가야 할 바른길을 제시하여 '하나님의 아름다움 토브'을 추

---

[4] Harry Emerson Fosdick, *The Living of These Days* (New York: Harper & Brothers, 1956); John Killinger, *Fundamentals of Preaching* (Minneapolis: Fortress Press, 1996), 2장 참고.
[5] Charles Rice, *The Embodied Word: Preaching as Art and Liturgy* (Minneapolis: Fortress Press, 1991), 26.
[6] Water Burghardt, *Preaching: The Art and The Craft* (New York: Paulist Press, 1987), 15.

구하는 담화'discourse이다.[7] 히브리어 '토브'ᴬᴵᴮ는 구약에 자주 등장하는 용어로 다양한 의미로 사용되었다. 가장 대표적인 것이 창조 내러티브에 등장한다. 매일 하늘과 땅을 지으신 후에 하나님께서는 '보시기에 좋았더라'고 말씀하셨다창 1:4, 10, 12, 18, 21, 25. '좋았더라'에 해당하는 단어가 '토브'이다. 기분이 좋아 어쩔 줄 모를 정도의 행복에 겨워 토해 놓는 감탄을 뜻하는 표현이다. 그런데 창조 사역을 마치신 후에는 '심히'를 붙여서 '좋았더라'고 표현한다창 1:31.

설교 사역은 하나님께서 '토브 메오드'ᵀᴼᴮ ᴹᴱᴼᴰ, 심히 좋았더라라고 감탄하실 차원, 아름다움의 최고 정점을 추구한다. 그런 점에서 설교자가 추구해야 할 것을 우리는 다윗의 고백에서 찾게 된다. "내가 여호와께 바라는 한 가지 일 그것을 구하리니 곧 내가 내 평생에 여호와의 집에 살면서 여호와의 아름다움을 바라보며 그의 성전에서 사모하는 그것이라"시 27:4. 어려움 가운데서 그는 하나님의 아름다움을 구하고 있을 뿐만 아니라 하나님의 영광을 간절히 추구한다. "하늘이 하나님의 영광을 선포하고 궁창이 그의 손으로 하신 일을 나타내는도다"시 19:1. 영광에 해당하는 히브리어, 카보드ᴷᴬᴮᴼᴰ는 하나님의 현존에서 나오는 아름다움과 연결된다.[8] 설교는 바로 이런 신학적 차원을 드러내는 사역이다.

---

7 히브리어 '토브'(ᴛᴏʙ)는 구약에 자주 등장하는 용어로 다양한 의미로 사용되었다. 가장 대표적인 것이 창조 내러티브에 등장한다. 매일 하늘과 땅을 지으신 후에 하나님께서는 '보시기에 좋았더라'고 말씀하셨다(창 1:4, 10, 12, 18, 21, 25). '좋았더라'에 해당하는 단어가 '토브'이다. 기분이 좋아 어쩔 줄 모를 정도의 행복에 겨워 토해 놓는 감탄을 뜻하는 표현이다. 그런데 창조 사역을 마치신 후에는 '심히'를 붙여서 '좋아더라'고 표현한다(창 1:31).
8 70인 역에서는 이 단어를 δόξα(독사)로 번역하였다. 히브리어 쉐키나(שכינה)는 하나님의 현존, 임재와 관련하여 나타나는 영광, 다시 말해 존재의 양식으로서의 영광을 뜻한다. 유대교에서 이 두 히브리어는 신의 성품을 표현하는 단어로 사용된다.

중요한 기본기, 공감 능력

영국에는 '외로움 담당 장관' Minister for Loneliness이 생겼다. 외로움에 대한 영국 사회의 관심은 브렉시트 영국의 유럽연합 탈퇴 국민투표를 앞두고 노동당 의원이 한 극우 남성에 의해 살해를 당하면서 2016년에 초당적으로 위원회가 꾸려지고 본격적인 연구가 시작되었다. 영국에는 외로움으로 고통을 겪고 있는 이들이 약 900만 명에 달하는 것으로 집계되었다. "외로움은 또 매일 담배 15개비를 흡연하는 수준의 해를 건강에 끼치는 것"으로 전문가들은 밝히고 있다. "추운 날씨와 외로움이 겨울철에 치명적"이라고 경고했다. 그것도 그럴 것이 영국의 75세 이상 인구의 절반에 해당하는, 약 200만 명의 혼자 사는 사람들이 일주일 내내 아무런 사회적 교류 없이 지내는 것으로 밝혀지고 있다. 영국 총리는 "외로움은 현대인의 삶의 슬픈 현실"이라면서 "노인이나 돌봄이 필요한 이들, 사랑하는 이를 잃은 이들이 자기 생각을 나누지 못하고 지내는 것을 막기 위해 모두가 나서야 한다"고 제안했다. 위원회 보고서에 의하면 외로움은 노인 세대만이 아니라 모든 세대의 것이며, 정신적 자극이 부족한 사람은 치매에 걸릴 확률이 64%나 높아진다고 말한다.

하지만 정호승 시인은 "외로우니까 사람"이라고 외친다. 아니 하나님도 외로우셔서 사람을 찾아오신단다. "울지마라/ 외로우니까 사람이다/ 살아간다는 것은 외로움을 견디는 일이다/ 공연히 오지 않는 전화를 기다리지 마라/ 눈이 오면 눈길을 걸어가고/ 비가 오면 빗길을 걸어가라/ 갈대숲에서 가슴 검은 도요새도 너를 보고 있다/ 가끔은 하나님도 외로워서 눈물을 흘리신다/ 새들이 나뭇가지에 앉아 있는 것도 외로움 때문이고/ 네가 물가에 앉아 있는 것도 외로움 때문이다/ 산그림자도 외로워서 하루에 한 번씩 마을로 내려온다/ 종소리도 외

로워서 울려 퍼진다.'"⁹

외로우니까 사람이란다. 그것을 당연한 것으로 여기고 견디고 이겨 내야 한단다. 외로움을 증폭시키는 삶의 여건들, 즉 오지 않는 전화를 기다리고, 긴 기다림에 지쳐가는 이들에게 시인은 '눈이 오면 눈길을 걷고 비가 오면 빗길을 걸으라'고 충고한다. '갈대숲에서 가슴 검은 도요새도 너를 지켜보고 있다'는 작은 위로를 전한다. 얼마나 외로웠으면 가슴이 새까맣겠느냐면서 '그가 너와 함께 있다'고 외친다. 다 외로움투성이인 사람들이란다. 그러면서 시인은 이야기 무대에 하나님도 등장시키고, 새들과 산그림자, 종소리까지 등장시킨다. 외로움을 견디지 못하고 해 질 무렵 슬그머니 마을로 내려오는 산그림자, 자신의 살아있음을 알리기 위해 긴 침묵 속에서 소리를 발하는 종소리까지….

이런 위로를 전하면서 시인은 시의 제목을 뜬금없이 '수선화에게'라고 붙인다. 자기 사랑의 대명사인 수선화를 등장시켜 외로움이 가득한 인생길에서 나를 사랑하고, 그리고 그 길을 걸어가는 누군가를 향해 작은 손을 내밀 수 있을 때 세상은 밝아질 수 있음을 말하고 싶었을 게다. 작은 사랑과 위로를 전할 수 있으면 외로움이 가득해도 살만한 세상이 된다는 메시지를 전하고 싶었을 것이다. 누군가의 외로움과 아픔을 함께 느끼는 능력을 우리는 '공감' empathy 이라고 말한다. 공감 능력은 누군가의 외로움과 아픔, 어려움을 깊이 이해하고 같은 마음, 같은 느낌을 공유하는 것을 의미한다. 공감은 감정이입에서부터 나오며, 상대방이 느끼고 경험한 것을 그의 관점에서 이해하고, 그 사람이 느끼는 것을 함께 느끼고, 그가 보는 것을 함께 볼 수 있는 능력을 말한다.

---

9 정호승, "수선화에게" 전문. 정호승 시집, 『외로우니까 사람이다』(서울: 열림원, 2011).

우리는 다른 사람이 경험한 것을 함께 경험하고, 그들의 신경 구조에 의해 사로잡는 방식을 따라 그들의 경험에 참여할 수 있는 능력을 갖추고 태어났다. 진정한 질문은 "세상에서 어떻게 이러한 일들이 일어날 수 있는가?"가 아니다. 우리는 정말 좋은 생각good idea을 갖기 시작한다. 진정한 질문은 그것이다. "언제나 누군가의 신경 구조에 붙잡혀 있지 않기 위해 그 일어난 일을 어떻게 멈출 수 있게 할 것인가?" 그 신경 구조 안에는 많은 제동장치가 있으며, 아직 우리에게 알려지지 않은 흥미로운 생각interesting idea이 존재한다는 것이다.[10]

공감 능력은 선천적으로 주어진 능력이면서 그것은 개발되어야 할 능력이라는 정신과 의사인 다니엘 스턴Daniel Stern의 이야기가 인상적이다. 많은 제동장치를 풀 수 있고, 장벽도 뛰어넘게 만드는 그 능력은 우리에게 알려지지 않은 새로운 세계로 인도한단다. 그런 점에서 공감 능력은 지속적으로 개발해야 하며, 그것은 또한 다양한 차원에서 이뤄짐을 이해해야 한다. 흔히 심리학자들은 인지적 공감cognitive empathy, 감정적 공감emotional empathy, 육체적 공감somatic empathy으로 구분한다.[11] 다양한 차원, 채널, 방식을 통해 이루어진단다. 간단히 생각해도 공감은 마음으로, 감정으로, 표정으로, 손길로, 표현으로, 고개 끄덕임, 작은 동작 하나를 통해서도 이뤄지는 차원이다. 어느 하나보다는 이 채널이 함께 작동할 때 그것의 효율은 더 높아진다.

과거에는 우리 사회도 공동체가 중요한 역할을 했고, 그 구성원으로 더불어 살아가는 특성이 강했지만 현대 자본주의와 디지털 문화는

10　Babette Rothschild and Marjorie L. Rand, *Help for the Helper* (New York: W. W. Norton & Company, 2006), ch. 1.
11　위의 책.

공동체성의 와해와 개인주의적 성향이 지배적 흐름이 되었다. 스마트폰이 일반화되면서 디지털 기기의 빠르고 강력한 자극에 익숙해 지면서 뇌가 튀어 오르는 팝콘처럼 즉각적으로 자극에 반응하는 대신, 현실 생활과 인간관계에서는 느리고, 무감각해 지면서 흥미를 느끼지 못하고 타인의 감정을 읽는데도 어려움을 갖게 되는 현상을 나타내는 현상을 흔히 '팝콘 브레인'이라고 한다. 집중력이 떨어지고, 즉각적 욕구와 감정에 따라 행동하는 충동성, 불안감이 증폭되면서 정신적 안정감 상실, 타인과 잘 어울리지 못하는 고립감 등을 그 특징으로 한다. "스낵 컬처" Snack Culture 소비자가 양산되는 시대에 정신적 공황이 더 깊어져 설교자의 역할은 더 중요해진다. 공감의 차원에서 설교를 이해하려고 할 때 그것이 얼마나 삶을 풍성하게 하는지를 알려주는 이창숙 시인의 재미있는 시가 떠오른다.

"깊은 산속에 혼자 사는 고만례 할머니는/ 어느 여름 저녁 모깃불 피운 멍석에 앉아/ 밤하늘에 솜솜 박힌 별을 세며 옥수수를 먹고 있었대/ 그때, 머리에 커다란 짐을 인 아줌마가/ 사립문을 빼꼼 열고 들어오더래/ 저녁도 못 먹었다는 아줌마에게/ 있는 반찬에 남은 밥을 차려 준 뒤/ 짐을 풀어 하나하나 살펴보던 할머니는/ 반짝반짝 빛나는 놋양푼이 그렇게나 좋아 보였다지 뭐야.

며칠 뒤 있을 할아버지 제사 때/ 떡과 나물과 전을 담으면 좋을 것 같았지/ 한 개에 삼백 원이라는 놋양푼을/ 두드려 보고 만져 보고 문질러 보다/ 할머니는 은근하게 흥정을 했대/ '세 개 살 테니 천 원에 주슈'/ 열무 비빔밥을 한입 가득 떠 넣던/ 놋양푼 아줌마는 눈을 깜빡이며 한참 생각에 잠겨 있더니/ 그렇게는 안 된다고 거절했대/ 하지만 할머니는 조르고 또 졸랐지/ 결국 아줌마는 하룻밤 자고 난 다음 날/ 천 원에 놋 양푼 세 개를 주고 갔대.

할머니는 그걸 들고 산길을 내려가 동네방네 자랑을 했지/ 그 말을 들은 사람들이 깔깔 웃었지만 이유를 모르는 할머니는 그냥 같이 웃어버렸대/ 그 뒤로 할머니는 아줌마가 오면/ 있는 반찬에 함께 저녁을 먹고 나란히 누워 오순도순 얘기를 했지/ 친자매처럼 가까워져야 수줍게 고백을 했는데/ 고만례 할머니도 놋양푼 아줌마도 전혀 셈을 할 줄 몰랐다지 뭐야/ '남편이 갑자기 죽어서 헐 수 읎이 장사를 시작했슈'/ '셈을 모르고서 어찌 장사를 하누'/ 할머니가 혀를 차며 걱정을 하자 아줌마는 환하게 웃었대/ '괜찮어유. 사는 사람이 하잖유'/ 그 뒤로도 오랫동안 아줌마는/ 깊은 산속 고만례 할머니 집을 성님 집처럼 자주 찾아왔대/ 어느 날 반듯이 누워서 일어나지 않는/ 고만례 할머니를 안고 눈물 흘리던 그날까지."[12]

겨울 화롯가의 따스한 온기가 느껴지는 것은 가난했던 시절에 서로의 고단한 삶에 대한 공감에서 나오고 있고, 서로를 보듬는 공감 능력이 삶의 자리를 아름답게 한다. 앞서 언급한 '묵화'의 할머니의 손은 거칠고, 주름 가득한 손일 것이다. 하지만 고단한 마음을 어루만지고 있어 훈훈하고 아름답다. 갈수록 세상이 삭막해지는 것은 이런 손길, 이런 마음이 사라지기 때문일 것이다. 이 시가 아름다운 것은 서로를 깊이 위하는 마음, 즉 공감의 마음이 가득한 묵화이기 때문이다.

목회, 공감 사역

사실 목회는 '공감 사역'이다. '고만례 할머니의 마음'이 없는 사람, 이 마음의 소중함을 모르는 사람은 목회자가 되면 안 된다. 더 빨리, 더

---

[12] 이창숙의 시, "고만례 할머니와 놋양푼 아줌마," 전문. 장철문 외, 『전봇대는 혼자다』, 사계절 동시집 9, 전자책 (서울: 사계절, 2017).

많이 해내라고 소리를 지르며 채찍으로 내리치기만 하는 사람은 사실 목회자가 되면 안 된다. 자신도 힘들고, 그 목양지에 있는 교인들도 힘들기 때문이다. 아니 위로와 회복의 여정이 아니라 서로에게 상처와 스트레스의 여정이 될 것이기 때문이다. 인생, 별것 없다. 서로 쓰다듬으면서 사는 것이고, 서로 붙잡아주면서 사는 것이다. 담임 목회 시절, 내 마음을 가다듬기 위해 종종 꺼내 읽는 시가 있다. 그분이 쓰신 시에는 그런 마음이 진솔하게 배어 나와 깊은 감동으로 다가왔다.

"목회자의 다른 이름은 '죄송'입니다/ 두 아이 손 잡고 학교 갔다 오다/ 우리 아이 무사하고/ 집사님 아이 교통사고로 생명 잃을 때/ 죄인보다 더 머리 숙여 집사님께 죄송합니다/ 집사님 아이 무사하고/ 우리 아이 생명 잃을 때/ 죄인 되어 교회 앞에 더욱 죄송합니다/ 우리 아이 대학입시 합격하고/ 성도 아이 불합격일 때/ 내 자식만 위해 기도한 죄 같아/ 교회 앞에 죄송합니다/ 성도 아이 합격하고/ 우리 아이 불합격하면/ 미련한 우리가 죄 되어/ 모두 앞에 고개 들지 못하고 죄송합니다/ 불황 속에서/ 장로님들 기업이 쓰러져 부도나고/ 성도들 가정은 불화하고 자녀들은 가출할 때/ 사례비, 판공비, 도서비, 생활보조비/ 쌀, 전기, 수도비, 연료비까지 다달이 받을 때/ 성도들의 피를 받는 것 같아 차마 죄송합니다.

성도들 가정 평탄하고 건강한데/ 목회자 가정 식구들 병으로 쓰러지면/ 은혜 못 받은 것 같아 교회 앞에 죄송하고/ 성도들 가정 식구들 당뇨, 암, 혈압으로 쓰러질 때/ 목회자 가정식구들 건강하면/ 우리만 축복 독차지하는 것 같아 죄송합니다/ 주님/ 삯군은 땀 흘려 일한 값으로 삯을 받으나/ 우리는 땀 한 방울 흘리지 않으며/ 이 축복을 누리니 삯군도 못된 우리가/ 마땅히 주님 앞에 죄송합니다// 이 땅 어디에선가/ 내일의 보장도 없이 날마다 위협을 받으며/ 공산권에서 회교권에서 비문명국에서/ 목숨 걸고 복음 전하는 선교사들을 생각하며/ 목회지 잃고 기도원에서 골방에서/ 기도하는 동역자들/ 학비가 없어 차마 대학에 진학 못 시키고/ 직장으로 보내는 농어촌 개척 목회자들의/ 아픔 생각하고/ 오늘도 내일도 우리는 죄송합니다."[13]

권사님 아들이 교통사고를 당하여 세상을 떠났는데 그 장례식을 치르면서 썼다는 목사님의 시에는 목회자의 따뜻하고 아름다운 마음이 느껴져서 가슴이 뭉클해진다. 투덜거리면서 목회를 할 수도 있고, 불평하면서 인생을 살 수도 있다. 방황하면서 좋은 날을 보낼 수도 있고, 헤매면서 교회 생활을 할 수도 있다. 그런데 그 설교자는 서 있는 곳의 아름다움을 보고 있다. 목회의 어려움을 보고 있는 것이 아니라 그곳에 허락하신 아름다움으로 가슴에 채우고 있다.

설교와 공감 능력

하워드 가드너 Howard Gardner 는 리더십을 "타고난 재능이 적절한 사회문화적 조건 속에서 연습 되고 다듬어진 훈련된 능력"이며, 리더는 "다른 사람의 사고, 감정, 행동에 의미심장한 영향을 미치는" 사람으로 규정한다. 리더십은 그 영향력의 크기에 따라 결정되는 것이어서 그것을 어떻게 극대화할 것인가가 중요하다고 주장한다.[14] 하나님의 말씀을 전하여 성도들의 영적 지평을 넓혀줄 뿐만 아니라 하나님의 현존을 보여주어야 하는 설교자에게도 그 영향력을 어떻게 극대화할 것인가의 과제가 주어진다. 설교에 있어서 공감 능력은 중요한 요소 중이 하나이다. 그것은 하나님의 마음을 알고, 청중들의 삶의 정황을 알고, 성경이

---

13 고훈의 시, "죄송합니다," 전문.
14 Howard Gardner, *Leading Minds*, 송기동 역, 『통찰과 포용』(서울: 북스넌, 2007), 5, 17.

보여주는 말씀의 세계에 잠입해 들어가는 동참 능력까지를 포함한다. 무엇보다 성경을 단순히 문자로 읽지 않고, 오늘도 말씀하시는 하나님의 말씀으로 들을 수 있고 그 세계에 온전히 참여하고 경험하는 공감 능력은 설교자에게 요구되는 중요한 항목이다.

설교에서는 지성, 영성, 감성 등 다양한 영역이 작동되어야 하는데, 어느 것 하나만 중요한 것이 아니라 통전적으로 작동되어야 한다. 이성적, 혹은 지성적 설교를 하시는 분은 설교가 메마르고 감동이 없고, 감성적 설교는 깊이가 약화 될 수 있다. 이성적 설명과 해설에 중점을 두었던 계몽주의 이후 형성된 모더니즘 설교는 이성과 지성의 차원을 자극하고 중요한 지점으로 생각했다. 이러한 영향을 받은 설교에서 통전적 차원을 회복하려고 했던 것이 "새로운 설교학 운동"이었다.[15] 어떻게 들리는 설교를 할 것인가에 대한 관심에서 출발하였다. 공감 능력이 떨어지게 되면 전달 능력도 떨어질 수밖에 없다. 흔히 '말만 잘한다'는 말이 바로 공감 능력이 떨어지거나 작동하지 않은 차원을 지칭한 말이다. 예수님께서는 뛰어난 공감 능력으로 하늘의 비밀과 말씀을 이 땅에 펼치셨다. 사람들의 아픔을 온 가슴으로 체화하시며 말씀을 전하실 때 그들은 이 땅에서 하늘을 경험했고, 지워지지 않을 정도로 메시지는 깊게 각인 되었으며, 그분의 사랑의 손길은 모진 박해에서도 교회를 지킬 수 있게 하는 원동력이 되었다.

설교 사역에서 공감 능력을 증강 시키기 위해 고려해야 할 요소를 몇 가지로 정리해 보자. 먼저 설교자에게 필요한 것은 주님의 마음이다. 설교자에게서 그 마음이 빠져버리면 모든 것이 빠진 것과 같다. 주님의 마음을 읽어야 바른 설교를 할 수 있다. 하늘 보좌를 버리시고 이

---

15 보다 상세한 내용을 위해서는 김운용, 『설교의 새로운 패러다임』; 『새롭게 설교하기』 등을 참고하라.

땅에 내려오셨던 주님의 마음, 병든 사람, 가난한 사람, 방황하는 사람을 보시며 불쌍히 여기셨던 마 9:36, 14:14, 15:32, 막 1:41, 6:34, 8:2, 9:22, 눅 7:13 그 마음이 설교자에게도 필요하다. 사도 바울이 빌립보 교인들을 향해 예수 그리스도의 마음 심장을 언급했을 때 빌 1:8 사용한 단어이다. 마음 깊은 곳에서부터 솟구쳐 오르는 단장의 마음이다. 성경은 주님의 연민에 찬 마음을 표현할 때 이 단어가 반복해서 등장한다.[16] 이 차원을 헨리 나우웬은 이렇게 들려준다.

> 복음서에는 예수님이나 하나님 아버지에 대해 말할 때만 독점적으로 열두번을 사용한 아름다운 표현이 있다. 그것은 '긍휼로 마음이 움직여져서'라는 표현이다. 헬라어 동사 '스플랑니조마이'는 이 표현의 깊고 강력한 의미를 우리에게 들려준다. … 복음서가 예수님의 긍휼에 대해 말할 때 그분의 내장 entrails 이 움직인 것으로 표현할 때, 그것은 아주 깊고 신비스러운 것을 표현한다. 예수님이 가지신 긍휼의 마음은 피상적이고, 잠깐 스쳐 지나가듯 느끼는 슬픔이나 동정심과는 전적으로 다른 것이었다. 오히려 그 긍휼의 마음은 그분의 존재 가장 깊은 곳의 상처받을 수 있는 여린 부분에까지 확대시킨다. '긍휼'을 뜻하는 히브리어 '라카밈'은 야웨의 자궁 womb of Yahweh 을 뜻하는 단어이다. 실로 예수님의 긍휼은 얼마나 깊고, 중심적이며, 강렬한 감정 emotion 인지, 하나님의 자궁의 움직임으로만 표현할 수 있는 개념이다. … 바로 여기에 하나님의 신적인 온유하심과 관대하심이 담겨있다. 여기에서 하나님은 아버지이자 어머니이고, 형제이자

---

16 '자궁'을 뜻하는 히브리어 '레헴'(רֶחֶם)의 복수형인 '라하밈'(רַחֲמִים)을 사용하여 내장과 관련하여 깊은 곳에서부터 일어나는 측은지심, 모성적 자비를 표현하는 단어로 사용하였다(창 43:30, 왕상 3:26, 렘 16:5).

자매이며, 아들이자 딸이 되신다. 바로 여기서 모든 느낌 feelings 과 감정 emotions, 열정 passions 이 신적인 사랑 안에서 하나가 된다. 예수님의 마음이 긍휼로 움직일 때, 모든 삶의 자원이 떨리고, 모든 사랑의 기초가 활짝 열리며, 거대하고, 쇠하지 않고, 측량할 수 없는 하나님의 온유하심이 드러난다… 그분은 상실감에 젖은 자들과 함께 상실감을 느끼셨고, 배고픈 자들과 함께 배고프셨으며, 아픈 자들과 함께 아파하셨다. 예수님은 완전한 민감함 perfect sensitivity 으로 모든 고통을 감지하셨다. … 그분의 신적인 긍휼은 우리의 깨어진 인간 조건을 절망의 원인으로부터 희망의 근원으로 우리의 깨어진 인간 상황을 변화시키기 때문에, 우리의 죄악된 자아와 직면하게 만들어 준다.[17]

이런 긍휼의 마음, 청중의 아픔을 깊이 공감하여 깊은 곳에서 우러나오는 진솔한 감정은 설교에서 중요한 요소이다. 가식으로 전하는 메시지는 힘이 없다. 뜨거운 가슴 깊은 곳에서 나오는 메시지가 인간의 폐부 肺腑 를 찌르고, 연민과 긍휼의 마음에서는 나오는 말씀만이 사람을 변화시키는 힘을 가진다. "하나님의 긍휼은 우리의 긍휼의 기초이자 근원을 형성한다"고 한 나우웬의 주장대로 "그리스도 안에서 그리스도를 통해 신적인 삶에 동참하는 것"이며, "인간 됨이라는 상황 속에 푹 잠기는 것"을 의미한다.[18] 설교자는 긍휼 없는 세상 가운데서 긍휼의 하나님의 임재를 드러내는 것이라고 할 때, 기본적으로 목양자로서의 정체성을 수행하는 존재이다.

둘째, 설교자는 깊이 있는 설교를 위해 공감적 성경 읽기가 필요하

---

[17] Henri J. M. Nouwen, et al., *Compassion: A Reflection on the Christian Life* (New York: Image Books, 1982), 16~17.
[18] 위의 책, 20, 25, 43.

다. 하나님이 우리를 만나시는 수단은 말씀이다. 사도적 말씀, 즉 기록된 하나님의 말씀은 "교회가 선포하는 말씀의 근원이고 불변의 표준"이다.[19] 교회는 이 선포에 있어서 홀로 서 있지 않고 하나님과 그분의 말씀과의 깊은 대면 가운데서 일어난다. 이것을 바르트는 "구체적 마주 섬" concrete confrontation 이라고 지칭한다.[20] 설교자에게 필요한 것은 성경을 통해 말씀하시는 하나님을 만나고, 그 세계에 잠입하여 함께 참여하고, 맛보고, 느끼고, 만지고, 동참하는 과정이 필요하다. 그것이 바로 공감적 성경읽기이다. 성경의 세계, 인물, 구성, 배경, 내러티브 등에 참여하는 방식을 잘 활용하는 것도 도움이 될 것이며, '거룩한 독서' Lectio Divina 방식의 활용도 유용할 것이다.

셋째, 공감 능력과 표현을 개발하라. 설교자의 중요한 과제 가운데 공감하는 능력과 공감된 내용을 표현하는 기술을 익혀야 한다. 나이가 들어갈수록 사람은 감성이 메마르고 공감 능력이 약해지게 된다. 하나님께서는 많은 것들을 계절과 일상에 심어놓으셨다. 그러므로 하나님께서 주신 자연, 인간, 일상이라는 삶의 현장에서 느낌이 없고, 공감 능력이 없으면 설교는 메마를 수밖에 없다. 영국의 낭만주의 시대를 연 시인, 윌리엄 블레이크는 당대 이성의 억압적 세력에 대항하여 사랑과 상상력으로 노래하였던 시인이었다. 그는 주변의 작은 것 속에서 틈새와 그 너머 속에 있는 것들을 보았던 시인이었다. 그의 대표 작품의 하나인 "순수의 전조" Auguries of Innocence 라는 시에 그것이 잘 나타나 있다. "한 알의 모래 속에서 세계를 보며/ 한 송이 들꽃 속에서 우주를 본다/ 그대 손바닥 안에 무한을 쥐고/ 한순간 속에 영원을 담아라…."

---

19 Paul Althaus, *The Theology of Martin Luther*, 이형기 역, 『루터의 신학』(서울: 크리스챤 다이제스트, 2001), 90.
20 Karl Barth, *Church Dogmatics*, I/1 (Edinburgh: T. & T. Clark, 1957), 88, 102.

지금 시인은 작은 모래 알맹이와 들꽃 속에서 세계를 보고, 우주를 보고 있다. 작은 손바닥 안에 '무한'을 쥐고, 오늘에 '영원'을 담아내란다. 창조 세계에 나타난 영광을 보고, 그것을 지으시고 다스리시는 분의 마음을 읽는 능력, 상상의 눈으로 하나님의 세계를 볼 수 있는 능력, 상상력의 손바닥 안에 담긴 무한과 신비를 보는 능력과 담아낼 수 있는 능력이 필요하단다. 아이작 뉴턴이 진리를 대양에 비교하면서 자신을 그 해변에서 조개를 줍고 있는 소년이라고 했던 말이 이런 차원을 드러낸 것이리라. "내가 세상 사람들 눈에는 어떻게 보일지 모르지만, 나는 바닷가에서 아름다운 조개나 매끄러운 조약돌을 찾아 헤매는 소년과 같다. 내 눈앞에는 미지의 진리로 가득한 바다가 펼쳐져 있다."

설교자는 진리의 대양이라는 바닷가에서 상상력의 조개를 줍는 사람들이다. 그것은 공감 능력을 가진 설교자만이 누릴 수 있는 복이다. 분요함으로부터 벗어나 모든 것을 내려놓고 늘 하나님을 향해 마음의 벽을 두드리는 설교자, 하나님께서 생명의 문을 활짝 열어주시기를 간절히 바라는 마음으로 기도하면서 늘 하나님과 동행하는 설교자가 공감의 세계를 거닐 수 있다. 하나님이 다스리시는 세계와 그의 현존, 그분의 역사하심, 그것들을 실재로 경험하는 훈련이 필요하다.

넷째, 설교의 신학적 본질을 이해하는 것은 공감 능력을 확대한다. 설교를 하나님 말씀의 선포라고 이해할 때, 칼 바르트의 주장대로, 설교는 "말씀하시는 하나님"이다. 그가 말씀의 삼중 형태로 예수 그리스도, 성경, 설교를 들고 있음은 이러한 맥락과 연결된다. 특별히 설교가 하나님의 말씀인 것은 설교와 성례전을 통해 하나님의 계시를 선포하도록 교회에게 위임되었기 때문이며, 이것은 계시 자체이신 예수 그리스도와 기록된 하나님의 말씀인 성경에 기초를 둘 때이다. 그러므로 설교는 성삼위 하나님과 그분의 일하심, 역사하심에 대한 민감성으로부터 시작된다. 설교를 '계속되는 하나님의 계시 사건'으로 이해할 때, 설교의 주체이신 성삼위 하나님께 민감성을 가져야 한다. 이 차원을 우리는 '공감'이라는 개념으로 이해해 볼 수 있다.

은폐하심과 드러내심은 절대 타자로 존재하시는 하나님의 속성과 계시 이해에 중요한 틀을 제공한다. 절대 타자로 존재하시는 하나님은 인간 존재와는 다른 초월성이 강조되지만, 은혜로우신 하나님께서는 세상을 향해 다가오시며 말을 걸어오시는 계시의 하나님이시다. 오늘도 설교자를 세우시고, 그에게 계시의 하나님으로 다가오시며, 입술에 말씀을 담아 주신다. 그 말씀 사역의 직무를 교회에 위임하셨고, 설교자가 일어서서 주신 말씀을 증거하기 시작할 때, '말씀하시는 하나님'으로 우리에게 다가오신다. 설교자는 이 계시의 사건을 계속해 가는 하나님의 구원 역사의 한 모퉁이에 서 있는 존재이다. 도무지 하나님을 알 수도 없고, 만날 수도 없는 인간에게 다가오셔서 말씀하시는 하나님, 그리고 마지막에는 예수 그리스도를 통해서 성육신이라는 방식을 통해 온전히 자신을 드러내시는 하나님께서 사람에게 말을 걸어오신다.

이러한 신학적 고백을 가진 설교자에게 가장 필요한 것은 '민감성'이며, 그 신비의 세계에 참여하고 경험하는 공감 능력이다. 하나님과 그분의 역사하심, 그분의 구원계획에 대한 민감성이 없이 어찌 설교가 가능하겠는가? 설교자는 "전적으로 생경한 세계"에 대한 바른 이해와 해석하는 능력이 필요하다. 계시는 하나님을 떠난 인간들과 만나시기를 원하시고, "그분과 연락이 두절 된 나를 향한 하나님의 변함없는 관심"에서 비롯된 생명 회복을 위한 "하나님의 은혜로운 열망"에서 나온 '두드림'울림의 사건이라면, 하늘 아버지의 두드림에 대한 인간의 응답으로서의 떨림 사이에서 형성된다.[21] 이러한 신학적 이해를 바탕으로 할 때, 설교자에게는 하나님의 구원 역사와 그 신비 경험과 전율 경험이 요구된다. 설교자는 그 떨림과 압도 당함 overpoweringness 을 통해 그 사역을 수행할 수 있는 활력을 얻게 된다.

더 밝아진 정결한 눈으로

시인 정일근은 건강의 어려움으로 힘든 시간을 보내면서 쓴 시에서 그렇게 노래한다. "시인의 아내는 겨울에 눈이 밝아진다/ 봄 여름 가을에는 잘 보지 못했던/ 곳집이 비는 것이 눈에 환히 보이는 모양이다/ 새벽 추위에 우리는 함께 잠을 깨/ 아내는 사위어가는 겨우살이를 헤아리고/ 나는 시를 생각한다/ 시인의 가난은 추운 날을 골라서 찾아온다/ 보일러 기름도 추운 날 새벽을 골라 똑 떨어지듯이."[22] 지금 시인의 새벽은 가난하고 춥다. 실제로 교사로, 기자로 살던 시인은 40대 젊은 나이에 뇌종양으로 쓰러졌고 그로 인해 삶의 많은 것을 잃었다. 그 고난의 시간에 시가 찾아왔다고 그는 고백한다. 보일러 기름이 떨어지고 곳간도 비어가니 눈이 밝아지더란다. 춥고, 배고픈 겨울 아침, 청빈함에서 빛나는 시혼詩魂이 가슴을 울린다.

당시 시인은 자신의 아픔을 드러내듯 '겨울 새벽'과 관련된 시를 여러 편 쓴다. 또 다른 시에서는 시인의 간절한 다짐이 선명하게 들려온다. "겨울 새벽에는 일어나 시를 쓰자/ 이 시간 어둠 저편 가장 빛나는 별에서도/ 얼음에 덮힌 추운 새벽잠 떨치고 시를 쓰는/ 시인 친구가 있을 것이다 …/ 그 시인 우리가 깨어 있는 지구별 바라보며 저 별 참으로 빛나네, 가슴 벅차 한참이나 전율하다/ 격정의 시를 쓸 것이다,

---

21 송용원, 『사이에서: 경계의 기쁨, 한계의 은혜』(서울: IVP, 2022), 99~100.
22 정일근의 시, "겨울 새벽에" 전문. 정일근 시집, 『정일근 시선집』(서울: 도서출판 청미경, 2014), 74.

믿으며."[23] 빛나는 지구별을 바라보며 격정의 시를 쓰고 싶단다. 그 누군가 함께 깨어 있는 친구가 있을 것이니 지구별 바라보며 전율을 느끼며 다짐을 새롭게 한다.

또 다른 시에서 시인의 다짐이 새롭게 불타오른다. "겨울 새벽 혹한 추위에 잠 깨어/ 언 살 언 뼈로 볼펜을 들어/ 원고지 빈칸 채워나가며/ 시인을 꿈꾸었던 시간이/ 내게도 있었다// 초저녁 쇠죽 끓이기 위해 달구어진 방은/ 새벽이 오기도 전에 싸늘히 식고/ 방의 안과 밖은 하나가 되어/ 머리맡에 둔 물잔에/ 얼음이 얼었다// …온 몸으로 엄습하는 추위에/ 수마睡魔도 눈을 떠/ 시를 쓰며 나는 꿈꾸었다// …원고지 한 칸 한 칸 채워지는 모국어는/ 신생의 별이려니// 그 별들과 함께 우주를 만들어 가며/ 나는 스스로 뜨거워졌다/ 아아 나는 시로써/ 지구별의 작은 아궁이에/ 불을 밝히는 사람이 되고 싶었다// …내 시는 언제나/ 겨울 새벽에 태어나게 하리라/ 다짐했었다// 영하의 입김에 세상의 물들/ 쩡쩡 제 몸이 어는 아픈 소리로 결빙되어도/ 나를 태워/ 우주의 추위 다 덮는/ 따뜻한 시를 쓰고 싶었다."[24]

그의 시를 읽다 보면 왜 가슴이 뜨거워지는 것일까? 언 새벽에 일어나 시를 쓰기 때문일까, 아니면 아픔 속에서 쓴 시여서일까? 그는 지금 온몸으로 삶을 느끼며 공감하며 사랑과 눈물을 담아 시를 쓰고 있다. 지구별 아궁이에 불을 지피듯 삶의 자리를 깊이 공감하며 시를 쓰는 시인, 그의 삶이 가난하고 아프기 때문에 그 세계를 깊이 공감하며 시를 쓰는 시인의 외침은 절절함이 가득하다. "나를 데워 우주의 추위 다 덮는 따뜻한 시"를 쓰고 싶단다. "내 시는 언제나 겨울 새벽에 태어나게 하리라." 그 다짐이 추운 겨울 새벽에 깨어 있게 한다. 몸이 쩡쩡 얼어

---

23 정일근의 시, "겨울 새벽," 일부. 정일근, 『누구도 마침표를 찍지 못한다』(서울: 시와 시학사, 2001).
24 정일근의 시, "겨울 새벽의 시" 전문. 위의 책, 20.

붙어 있는 아픔이 가득하지만 세상을 향한 뜨거움이 가득하다. 추운 새벽, 아픔 속에서 쓴 시는 가슴을 파고드는 이유일 것이다. 이 시대를 말씀으로 덮어갈 설교자가 가져야 할 다짐이다. 아픔이 가득한 세상에 하나님의 말씀을 어떻게 풀어놓을 것인가? 설교자가 평생 고민해야 할 묵직한 과제이다.

8 장
들려지는 설교만 진정한 설교이다: 설교 형태 이해

> 시인이 되려면
> 새벽하늘의 견명성^{見明星} 같이
> 밤에도 자지 않는 새같이
> 잘 때도 눈뜨고 자는 물고기같이
> 몸 안에 얼음 세포를 가진 나무같이
> 첫 꽃을 피우려고 25년 기다리는 사막 만년 청풀같이
> 1kg의 꿀을 위해 560만 송이의 꽃을 찾아가는 벌같이
> 성충이 되려고 25번 허물 벗는 하루살이같이
> 얼음구멍을 찾는 돌고래같이
> 하루에도 70만 번씩 철썩이는 파도같이
> 제 스스로 부르며 울어야 한다
> — 천양희[1]

소통, 신뢰에서 나오는 여정

구 동독의 28살 젊은 작가가 체코의 한 여성을 만났다. 의사인 그녀와 수백 통의 편지를 주고받으며 사랑이 깊어졌다. 그의 청혼을 받고 그 여성은 주저하지 않고 동독으로 건너왔다. 독재 정권에 대해 저항했던 그는 작가 동맹에서 퇴출당했고, 두 사람은 나중 서독으로 망명했다. 독일 서정시인 라이너 쿤체 Reiner Kunze 의 이야기이다. 인생길에

---
[1] 천양희, "시인이 되려면" 일부. 천양희 시집, 『너무 많은 입』(서울: 창비, 2005).

서 수많은 폭풍우를 헤쳐나온 삶의 여정을 바탕으로 쓴 시에서 그는 그렇게 노래한다. "두 사람이 노를 젓는다/ 한 척의 배를/ 한 사람은/ 별을 알고/ 한 사람은/ 폭풍을 안다// 한 사람은 별을 통과해/ 배를 안내하고/ 한 사람은 폭풍을 통과해/ 배를 안내한다/ 마침내 끝에 이르렀을 때/ 기억 속 바다는/ 언제나 파란색이리라."[2]

'바다'로 대표되는 인생길을 지금 두 사람이 노 저어 가고 있다. 한 사람은 '별'을 잘 아는 사람이고, 또 한 사람은 '폭풍'을 잘 안다. 전자가 어디로 가야 할지 방향성을 잘 아는 지혜가 있다면, 후자는 어떻게 파도를 뚫고 가는 방법을 잘 아는 강인한 정신을 가졌다. 노 젓는 두 사람이 서로를 향한 깊은 신뢰가 있고, 둘의 리듬이 잘 맞으면 그 인생은 노래가 될 것이다. "삶의 지혜는 파도를 멈추는 것이 아니라 파도타기를 배우는 것"이며, "관계의 절정은 함께 힘을 합해 파도를 헤쳐 나가는 일"이다.[3] 그들의 목적지가 어디이든, 어떤 시간을 지나왔든 그들의 바다는 "언제나 파란색"이라는 시인의 외침이 가슴 뭉클하게 다가온다.

소통은 서로를 향한 신뢰와 존경에서 시작되는 항해와 같다. 하나님의 말씀을 세상과 나누는 설교는 일방적인 차원에서 이뤄지지 않는다. 소통의 차원에서 보면 설교는 하늘과의 대화이고, 청중과의 대화 conversation 이다. 상호작용 속에서 이루어지는 공동체의 사역이다. 그래서 루시 로즈 Lucy Rose 는 설교를 단방향 전달에서 벗어나 "설교자와 청중 사이의 대화적 상호작용"으로 이해하였다. 단순히 진리를 전달하는 transmit 것을 넘어서서 청중과의 대화적 참여를 통해 하나님과의 관계

---

2 Reiner Kunze, "Rudern zwei(두 사람)," 류시화 외, 『시로 납치하다: 인생 학교에서 시 읽기』(서울: 더숲, 2018), 10~11.
3 위의 책, 13.

를 깊게 만들어 나가는 과정이어야 한다는 주장이다.[4] 상호작용은 설교가 가지는 소통의 차원을 잘 말해준다. 일방적 선포가 아니라 청중의 삶의 자리와 경험, 그들의 필요를 고려해야 한다는 점에서, 청중을 단순히 메시지의 수용자가 아니라 하나님의 말씀의 여정을 함께 하는 동반자로 인식한다는 점에서 설교가 가지는 신학적 특징을 잘 반영한 것이라고 할 수 있다. 여기에서 청중의 삶의 자리인 문화 사회적 상황과 맥락이 중요한 요소로 작용하게 되며, 설교는 서로의 경험과 삶을 나누며 말씀의 세계를 탐구해 가는 여정이다. 설교자는 청중의 경험과 이해를 경청하면서 하나님의 말씀을 함께 해석하는 여정을 이끌어 간다.

여기에서 중요한 것은 청중의 심적, 영적, 사회적 상황, 기쁨의 사건과 어려움의 사건을 존중하고 공감하면서 그들이 하나님과의 새로운 관계를 형성하고 삶의 변화를 이끌어내도록 돕는 행위이다. 이러한 일련의 과정은 결국 공동체의 경험으로 이어지게 되는데, 설교는 청중들이 하나님의 인격적 만남과 친밀함을 통해 교회 공동체를 세우고, 신앙을 형성하는 장으로 작용하게 된다.

듣기에서 시작

흔히 나이가 들어가면 목소리가 커진다. 전화를 받거나 이야기할 때 공공장소에서도 높은 톤으로 말을 해서 주변 사람을 당황하게 하거나 불편하게 하는 경우를 종종 본다. 청력 약화, 즉 듣기의 문제가 생기면서 야기된 문제이다. 이비인후과 전문의들은 '청력이 떨어지면 자신

---

4 Lucy A. Rose, *Sharing the Word: Preaching in the Roundtable Church* (Louisville: Westminster John Knox Press, 1997).

의 목소리가 잘 안 들리기 때문에 목소리가 커지는 것이며, 소음 때문에 시끄러우면 자연히 큰 목소리로 말하는 것과 같은 원리'라고 분석한다. 잘못된 습관 때문이든, 노화 때문이든, 청력 저하, 즉 듣기에 문제가 생기면 다른 문제로 이어진다.

말씀의 기근 현상을 외쳤던 예언자 아모스는 남왕국 유다 사람이었다. 베들레헴 부근에서 뽕나무를 재배하면서 양치는 일을 주업으로 했던 그를 하나님께서 부르셔서, 북왕국 이스라엘을 위한 설교자로 세우셨다. 여로보암 2세가 통치하고 있던 당시 북왕국 이스라엘은 국가적 안정과 물질적 풍요를 누리는 최고 황금기를 누리고 있었다. 하지만 사회적 불의, 신앙적 타락과 도덕적 퇴폐, 영적 교만 등은 극에 달했던 영적 암흑기였다. 보내심을 받은 예언자는 하나님의 명령을 따라 그들에게 나아가 심판의 메시지를 전한다. 아모스서는 열방을 향한 심판의 메시지[1~2장], 이어지는 다섯 편의 설교[3~6장], 심판에 대한 환상과 비유의 메시지[7~9장]로 이어진다. 말씀 부재로 인한 기근과 기갈에 대한 심판의 메시지는 강력하였다. "보라 날이 이를찌라. 내가 기근을 땅에 보내리니 양식이 없어 주림이 아니며 물이 없어 갈함이 아니요, 여호와의 말씀을 듣지 못한 기갈이라"[암 8:11]. 결국 말씀을 듣지 않는 청력 저하(低下)는 북왕국 이스라엘은 BC 721년에 앗수르의 공격을 받아 온 국토가 폐허가 되었고 멸망하게 된다. 듣지 못함에서 야기된 결과였다.

이 메타포는 사무엘 시대에도 동일하게 연결된다. 어머니 한나의 눈물 젖은 기도를 통해 출생한 사무엘의 어린 시절을 성경은 그렇게 전한다. "그 아이는 제사장 엘리 앞에서 여호와를 섬기니라"[삼상 2:11]. 엘리 제사장의 아들들의 영적 부도덕함을 끼워 넣은 다음, "사무엘은 어렸을 때에 세마포 에봇을 입고 여호와 앞에서 섬겼더라"[삼상 2:18]는 말씀으로 이어진다. 그리고 그 이후에도 중첩하듯 제사장 가문의 타락상이 언급된다. 그리고 '여호와의 말씀이 희귀하여 이상이 흔히 보이지 않았다'는 말씀과 '엘리의 눈이 점점 어두워져 잘 보지 못하였다'는 말씀이 중첩되어 나타난다 삼상 3:1~2. 여기에서 '희귀하여'로 번역된 히브리어 '야카르'יָקָר는 "귀하다, 소중하다, 가치 있다"라는 의미를 가진 단어로, 가치 있는 것을 나타낼 때 사용되는 단어이지만 여기에서는 '희소성'을 뜻하는 말로 사용된다. 희소성은 골동품을 만들기도 하지만 말씀이 드물어서 아무런 역할을 하지 못하는 시대였음을 우회적으로 표현한다.

어린 사무엘이 이스라엘의 마지막 사사 설교자로 준비하고 있을 때 "여호와의 말씀이 희귀하여 이상이 흔히 보이지 않던 때"로 규정한다. '이상'으로 번역된 히브리어 '하존'חָזוֹן은 '계시'나 '비전'을 뜻하는 단어이다. 하나님의 말씀이 희미한 때, 계시가 희미하고, 하나님 나라의 비전이 보이지 않는 시대였단다. 그 모든 것은 말씀에 대한 무관심과 듣지 못함에서 기인한다.

우리 시대도 비슷한 영적 기갈의 시대를 살고 있다. 생명의 말씀을 들을 수 있는 청력도, 듣고자 하는 열망도 약화되고 있다. 절대 진리와 권위를 해체하는 '포스모던' 상황과 모바일, AI로 대표되는 매체의 발달, 사실에 기반을 두기보다는 감정과 느낌에 의존하는 경향이 강한 '포스트트루스' post-truth 상황은 이러한 맥락을 더 강화하고 있다. 사실 여부를 떠나 선정적인 제목과 내용으로 거짓, 왜곡된 정보의 확산도 우리 시대의 큰 문제점으로 다가온다. 하지만 그것은 단지 오늘의 문제만이 아니라 형태만 다를 뿐 하나님을 떠난 시대의 문제점이었다.

하나님을 떠난 세대를 향한 하나님의 방법은 '증인'이었다. 이것은 진리의 전달자로서 하나님께 대한 신실성과 책임의 관점에서 중요한 메타포로 작용한다. 종교적 진리의 전달자라는 관점 외에도 신앙공동체가 하나님과의 관계성 속에서 그분의 현존과 역사를 기억하고, 그것을 드러낸다는 점에서 중요한 요소이다. 그래서 월터 브루그만은 증인의 메타포를 개인적 차원과 경험에 의존하지 않고, 공동체의 관점으로 확대한다. 공동체는 신앙의 역사를 기억하고 전달하는 역할을 수행하는데, 이것은 그들의 정체성과 연결되어 있으며, 하나님의 통치와 공의를 알리는 존재이며, 저항의 차원으로 연결한다. 증인은 단지 과거의 사실만 증언하는 것에 머물지 않는다. 세상을 지배하는 허위의식 royal or false consciousness 을 폭로하고 하나님 나라의 대안, 즉 대안의식 alternative conociouseness 을 제시하고 심어주는 존재이다.[5]

    유진 피터슨이 주장한 대로 창조 세계로부터 하나님의 음성이 사라져 버린 시대이기에 증언자가 필요하다. 증인은 자신에게 시선을 집중시키지 않는 존재이며, "있는 그대로 말하고, 보고 들은 것을 정확하고 정직하게 진술하는" 겸손함을 가진 존재이다.[6] 이제 증인은 이 세상을 향하여 그것을 '어떻게' 들려줄 것인가를 깊이 고려해야 한다. 언제나 그렇듯이 증인은 두 가지 사실을 늘 염두에 두어야 하는데, 보내신 분이 '무엇을 말씀하기 원하시는 지' what 와 그것을 '어떻게 말할 것인지' how 이다. 설교자는 이중 과제를 수행하는 존재이다. "인자야 내가 너를 이스라엘 족속의 파수꾼으로 삼음이 이와 같으니라. 그런즉 너는 내 입의 말을 듣고 나를 대신하여 그들에게 경고할지어다"겔 33:7. 파수꾼의 사명은 세우신 분이 말씀하시기 원하는 것을 '듣고' 그것을 잘 전해 줄 것을 요청한다. 여기에서 '경고하다'로 번역된 히브리어 '자하르'זהר 는 '가르치다, 훈계하다, 계몽하다'의 뜻을 가진다. 신앙적 관점에서 위험을 알리거나 신중함을 촉구할 때, 말씀에 대한 주의와 순종을 촉구하고 환기

---

5 이러한 특성을 살펴보기 위하여 Brueggemann, *The Prophetic Imagination*을 참고하라.
6 Eugene H. Peterson, *The Contemplative Pastor*, 양혜원 역, 『목회자의 영성』(서울: 포이에마, 2013), 114~15.

시키는 의미를 담고 있다.

그 목적을 위해 설교자는 자하르의 내용을 어떻게 배열하고, 그것을 어떻게 효과적으로 전할 것인가의 과제에 직면하게 된다. 방법을 선택하고 수행해야 할 차원, '어떻게'의 차원은 설교 형태로 연결된다. 설교 형태는 단순히 내용을 담기 위한 그릇이나 무엇을 위한 방법론이라기보다는 효과적인 말씀 전달을 위해서 필수적으로 필요한 사항이며, 이것은 고대로부터 추구해 온 오래된 전통이다. 효과적으로 메시지를 전달하기 위해서 그 메시지를 쉽게 이해할 수 있도록 조직되고 배열되어야 한다organize.

고대로부터 전해 오는 지혜: 수사학

고대수사학의 토대를 놓은 아리스토텔레스는 수사학을 "어떤 특정 상황에서 사람을 설득할 수 있는 모든 것을 발견하는 능력"으로 이해하였는데,[7] 다른 사람에게 영향력을 행사하기 위해 행해지는 일체의 담론을 포함한다. 그러한 목적을 위해 항상 '청중 중심' 전략과 그 목적을 잘 이룰 수 있는 전략이 필요하다. 여기에서 '전략'이라는 말은 그 목적을 이루기 위해 가용한 자원을 활용한다는 의미를 내포한다.[8] 오래전부터 사람을 설득하는 기술에 대해 연구해 왔고, 그것은 '수사학'이라는 이름으로 칭해졌다.[9] 이것은 당시 서양 문화에서 가장 포괄적

---

[7] Aristotle, *Rhetoric*, II. 2, John H. Freese, ed., *Aristotle with an English Translation: The Art of Rhetoric* (Cambridge: Harvard University Press, 1967), 15.

[8] Edward P. J. Corbett and Robert J. Connorts, *Classical Rhetoric for the Modern Student*, 4th ed. 황병룡 역, 『한 권으로 배우는 수사학』(서울: 꿈을 이루는 사람들, 2020), 17.

[9] 수사학에 대한 개괄적 이해를 위해서는 Edward P. J. Corbett and Robert J. Connors, *Classical Rhetoric for the Modern Student*, 홍병룡 역, 『한 권으로 배우는 수사학』(서울: 꿈을이루는사람들, 2020); Craig R. Smith, *Rhetoric & Human Consciousness: A History* (Long Grove: Waveland Press, 2003) 등을 참고하라.

인 학문 주제였는데, 헬라어로는 'τέχνη ρητορική테크네 레토리케, 즉 말로 설득하는 기술speech art이라는 뜻으로 사용되었다.[10] 주어진 상황에서 누군가에게 특정 영향력을 끼치는 기술을 연구하는 "설득적 강화의 이론과 실행"인 수사학은 전하려는 말을 어떻게 구성하고, 말할 것인가를 다루는 인류의 오래된 기술art이다.[11]

이런 수사학의 오랜 연구를 기독교 설교학에 처음으로 도입한 것은 아우구스티누스였다. 기독교 메시지 전달에 고대 수사학의 지혜를 도입한 책, *On Christian Doctrine*에서 그는 수사학을 "무엇을 받아들이도록 사람을 설득하는 기술"로 이해한다. 청중을 즐겁게 하기 위한 목적으로 화려함, 재담, 익살을 중요한 요소로 여기던 당시 유행하던 소피스트 수사학을 거절하면서, 아우구스티누스는 성경의 진리를 발굴하여 그것을 청중에게 효과적으로 전달하는 방법을 제시한다. 그래서 1~3권은 성경의 진리를 발견하는 방법에 대해서, 4권은 그것은 메시지로 전달하는 방법에 대해 다룬다. 흔히 수사학에서 메시지의 창안/발견 invention, 배열 disposition, 표현을 위한 문체style, 기억memory, 메시지의 표출/전달delivery 등의 당시 5가지 방식을 아우구스티누스는 '발견'과 '전달'이라는 두 차원으로 축소한 셈이다. 그는 세상의 학문도 잘 활용하면 사람들을 구원으로 인도하는 유용한 수단이 된다는 사실을 강조하면서 라틴 수사학의 문체론을 적극 활용하고 있음을 알 수 있다.[12] 그래서 토마스 롱은 아우구스티누스의 책을 "수사학 교재이기를 거부

---

10 Walter Ong, *Orality and Literacy* (New York: Loutledge, 1982), 9. 이 단어는 기술을 뜻하는 단어, τέχνη(테크네)와 수사학, 말로 설득하는 기술을 뜻하는 ρητορική(레토리케)가 결합 된 것으로 당시에 수사학은 가장 중요한 학문의 하나였다.

11 Richard Lisher, ed., *The Company of Preachers: Wisdom on Preaching, Augustine to the Present* (Grand Rapids: Werdmans, 2002), 277.

12 Augustine, *On Christian Doctrine*, trans. D. W. Robertson, Jr. (New York: Macmillan Publishing Co., 1958), 참고. 한국어 번역을 위해서는 『그리스도교 교양』(왜관: 분도출판사, 1989)를 참고하라. 한국어 제목은 이러한 설교학적 차원을 전혀 담아내지 못하였다.

하는 설교학 교과서"라고 평가한다.[13]

이렇게 설교자에게는 성경 텍스트를 연구하고, 메시지 창안 과정, 그렇게 발견한 메시지를 어떻게 구성하고, 전달할 것인가는 중요한 과제이다. 여기에서 소위 설교의 '무엇'과 '어떻게'의 과제로 대두된다. 이것은 설교의 문해력[literacy]과 전달력[orality]으로 정리할 수 있겠다. 하나님을 대신하여 그분의 말씀을 전하는 설교자라면 이 두 차원에 대해 공고한 능력을 갖추어야 한다. 그래서 구약의 전도서는 하나님의 말씀을 전하는 설교자[코헬렛]를 "스스로 지혜를 깨우친 사람"일 뿐만 아니라 사람들에게 "인생의 길을 계속 가르치는" 존재이며, 세상의 많은 지혜를 "마음속으로 저울질해 보고 그 뜻을 더듬고, 엮어" 주는 존재이고, "사람을 참으로 기쁘게 해줄 말을 찾아" 그것을 통해 "참되게 사는 길을 가르쳐주는 말을 찾으면 그것을 솔직하게 기록해" 둔 존재로 설명한다.[14]

여기에서 그가 감당하는 일을 6개의 동사, '가르치다, 깊이 생각하다, 연구하다, 잠언을 짓다, 아름다운 말들을 구하다, 기록하다' 등을 통해 선명하게 제시한다[전 12:9~10]. 구원의 복음을 전하도록 세움 받은 외치는 자, 즉 설교자에게 "마음에 닿도록" 그 메시지를 전해야 한다[사 40:2]는 점에서 수사학 기법과 의사소통의 차원도 고려하게 된다. 설교자는 마음에 닿도록 공고하게 메시지를 전달해야 할 책무를 가진다. 여기에서 설교자는 메시지를 어떻게 조직하고 배열하여 전달할 것인지를 고려하게 된다. 즉 설교 형태론에 관심을 기울이게 된다.

---

13 Long, *The Sense of Preaching*, 19.
14 이것은 전도서 12장 9~10절의 말씀을 공동 번역에서 인용한 것이다. 전도서의 히브리어 명칭이기도 한 '코헬렛'은 '전도자'와 '설교자'로 번역되는 단어인데, 마틴 루터는 이것을 der Prediger, 즉 '설교자'로 번역하였기 때문에 많은 영어 성경에서도 the preacher로 번역하기도 한다.

다시 생각하는 설교 형태

하지만 그동안 설교학 진영에서 설교 형태는 그렇게 중요한 요소로 여겨지지 않았다. 하지만 설교 형태는 단순히 무엇을 담는 그릇이나 선물 포장 정도가 아니다. 효과적인 커뮤니케이션을 위해서 반드시 고려되어야 할 사항이다. 흔히 설교자들은 내용의 중요성을 강조하면서도 형태에 대해서는 애써 무관심하였던 것이 사실이다. 마치 조선시대 통치 이념으로 삼았던 유교의 지도이념인 성리학주자학은 주로 사변적이고 관념적인 요소에 중점을 두면서 실학구시 학문인 실학을 경시 여겼던 풍토와도 맥을 같이한다.

설교 형태는 마치 진흙을 어떤 틀에 넣어 모양을 만들어 내는 것과 같이 "설교를 형성하는 모형" 模型, shape과 같은 역할을 하며, "설교 자료를 배열하고 조직하는 구조" structure가 된다. 이렇듯 어떠한 모형에 담을 것인가와 설교의 자료들은 어떻게 배열할 것인가, 설교의 중심 명제를 어떻게 전개할 것인가를 설교 형태를 지배한다.[15] 그래서 설교 형태는 메시지의 전달과 효과에 중요한 역할을 하는데, 성경이 메시지를 전하는 방식을 다양하게 활용하는 것처럼, 설교 형태는 다양해질 수밖에 없다. 하나님의 말씀인 성경은 어떤 단일 형태로 되기보다는 시, 이야기, 비유, 은유, 서술, 서신형식 등 다양한 형태로 메시지를 전한다.

설교 형태에 대한 분류는 다양하다. 설교를 어떻게 구성하고 전개하는가에 따라 전통적 설교 형태, 새로운 패러다임에 따른 방식, 실험적 방식으로 구분할 수 있다. 앞의 두 형태는 1970년대 이후 설교학계에 제시된 방식을 중심으로 그 이전의 방식과 그 이후로 구분한 것으로 이해할 수 있다. 전통적 설교 형태로는 다소 차이가 있을 수 있지만

---

15 Thomas G. Long, "Form," in William H. Willimon and Richard Lischer, ed., *Concise Encyclopedia of Preaching* (Louisville: Westminster John Knox Press, 1995), 144~45.

주제설교, 강해설교, 분석설교를 들 수 있고, 1970년대 이후 제시된 귀납적설교, 이야기식설교, 현상학적 전개식설교, 네장면설교 등을 들 수 있겠다. 실험적 설교 형태는 다양한 매체를 활용하기도 하고, 메시지와 전하는 설교자의 의도에 따라 기존의 틀을 벗어나 다양한 형식과 매체, 설교 진행에 회중을 참여시키는 방법 등 실험적인 시도를 포함하는 방식이다.[16] 형태와 관련하여서는 다양성을 어떤 것의 우열이나 효과성을 중심으로 한 분류라기보다는 메시지의 내용, 청중, 설교를 구성하는 설교자의 의도에 따라 다양하게 활용할 수 있어야 한다는 점에서 그 특성을 정확히 이해하고, 그것을 어떻게 활용할 수 있을 것인지의 관점으로 접근하는 것이 바람직하다.

영화감독 이재규의 2014년 작품인 영화, 『역린』逆鱗은 사도세자의 아들로 왕위에 오른 정조가 즉위 1년을 맞을 때 끊임없는 암살 위협에 시달리며, 밤에도 잠을 이루지 못하는데, 침전인 존현각에 누군가가 침입하여 암살을 시도한 사건인 정유역변을 배경으로 한 영화이다.

『역린』 중용 23장 (영상)

역사적 사실을 바탕으로 하고 있지만 각색된 드라마이다. 여기에는 신하들과 경연經筵 장면이 나온다. 학식이 높은 신하가 임금에게 경서를 강독하는 것을 경연이라고 하는데, 정조는 신하들에게 중용 23장을 외울 수 있는지를 물었고, 아무도 대답 못하자 책을 담당하는 관리인 '상책'尙冊에게 물었고, 그는 나직이 그 구절을 읊조린다. 정조가 권위적인 신하들을 질타하는 경연 장면이다.

---

16 이러한 실험적 형태, 즉 참여를 통한 방법, 대화 형태를 도입하는 방법, 매체를 다양하게 활용하는 방법 등에 대해서는 김운용, 『다음 세대를 세우는 설교』(서울: 장신대 출판부, 2007), 20장을 참고하라.

작은 일도 무시하지 않고 최선을 다해야 한다. 작은 일에도 최선을 다하면 정성스럽게 된다. 정성스럽게 되면 겉에 배어 나오고, 겉에 배어 나오면 겉으로 드러나고, 겉으로 드러나면 이내 밝아지고, 밝아지면 남을 감동시키고, 남을 감동시키면 이내 변하게 되고, 변하면 생육된다. 그러니 오직 세상에서 지극히 정성을 다하는 사람만이 나와 세상을 변하게 할 수 있는 것이다.[17]

정조 1년 1777년 2월 1일에 있었던 경연 내용이 『조선왕조실록』에 소상하게 기록되어 있다.

임금이 이르기를 "온고지신 溫故知新이란 무슨 말인가?" 하니 上曰, "溫故知新, 何謂也?" 유경이 대답하기를 "옛글을 익혀 새 글을 아는 것을 말합니다"라고 하자 儒慶曰, "溫故書而知新書之謂也", 임금이 이르기를 "그렇지 않다. 초학자는 그렇게 보지만 대개 옛글을 익히면 그 가운데서 새로운 의미를 알게 되어 자기가 몰랐던 것을 더욱 잘 알게 된다는 사실을 말한 것이다"라고 말씀하셨다 上曰, "不然 初學之人 多如此看得, 而蓋謂溫故書, 則知新味於其中, 益知其所不知之謂也".[18]

이날 경연관은 시독관 이재학과 선전관 이유경이었고 정조가 즉위한 지 채 1년도 되지 않을 때였으니 그의 나이 26세 때이다. 고령의 경연관을 야단치면서 새로운 해석을 내놓는 학문에 대한 열정과 학습에서 나온 '자신감'과 '당당함'을 대하게 된다. 溫故而知新 온고이지신 可以爲師矣 가이위사의 는 『논어』 위정편 爲政篇에 나오는 글귀로, '옛것을 알고 새것

---

17 이재규 감독, 『역린』, 현빈, 정재영, 조정석, 한지민 주연, 롯데엔터테인먼트, 2014.
18 『朝鮮王朝實錄』, 正祖 1年(1777) 2月 1日 丁酉.

을 알면 남의 스승이 될 수 있다'는 뜻이다. 옛것과 새것, 어느 한쪽에 치우치지 말고 지식에 대한 균형을 잘 이루어야만 남의 스승 노릇을 할 수 있다는 뜻이다. 하지만 정조는 '옛것'을 익히면서 왜 그런지 '까닭'을 탐구하여 새로운 깨달음을 얻은 자만이 남의 스승이 될 수 있다는 새로운 해석을 제시한다.[19] 새로운 것을 보지 못하는 진부한 해석과 그 너머를 보지 못하는 매너리즘을 질타한 것이다.

설교는 옛것을 새것으로 전하는 사역이다. 옛 선인이 강조한 비판적 관점으로, 그것의 강점을 알고 약점을 보완하여 사용해야 할 설교 형태를 연구하는 신학도들에게 주는 중요한 교훈으로 다가온다. 새것은 좋은 것이고, 옛것, 혹은 전통적인 것은 낡은 것이라는 이분법적 사고를 벗어나 전통적인 것은 오랜 기간 익숙하게 사용해 온 방식이며, 한 시대에서 유용한 방식으로 활용되었음을 뜻한다. 또한, 새롭게 제시된 형태들은 이 시대에 효과적으로 전하기 위한 하나의 시도였다는 점에서 간과해서는 안 된다. 뿐만 아니라 옛것과 새것을 융합해 가면서 오늘의 시대에 맞는 방법을, 또한 나 자신에게 맞는 방법을 개발해야 할 당위성을 가진다. 엄밀히 말해서 설교는 오래전에 형성된 옛사람들에게 주신 말씀을 통해 하나님께서 오늘의 시대 사람에게 여전히 말을 걸어온다는 점에서 계시 사건이다. 옛것(오래전 기록된 말씀)을 오늘의 청중들에게 새롭게 들려주어야 한다는 설교는 옛것을 새것으로 바꾸어 들려주는 사역이다.[20] 그래서 설교자는 이 두 가지 요소와 그 특징을 다 간과해서는 안된다.

19　허성원, "온고이지신(溫故而新)의 재해석," 『매일경제』(2015년 6월 3일).
20　김운용, 『현대설교코칭』, 223.

옛길과 새길: 설교 형태 이해

설교 형태는 그릇과 같다. 어떤 그릇에 음식을 담느냐에 따라 그 음식의 맛과 가치가 달라지듯이 설교 형태는 그렇게 중요하게 여겨지지 않았지만, 전달에 있어서 결정적 역할을 수행하는 요소이다. 단순한 그릇이나 선물 포장 정도로 여길 요소가 아니라 전달의 효과를 위해서는 반드시 고려해야 할 요소이다. 그것은 설교를 형성하는 모형 shape 과 자료를 적절하게 배열하는 구조 structure 로 역할을 수행한다. 자료를 어떻게 배열하고, 전하려는 메시지를 어떻게 전개할 것인가를 지배하는 요소로 작용하면서 활력을 가져다준다.[21]

그래서 1970년대 이후 현대 설교학 진영에서는 설교 형태에 대한 깊은 관심을 기울인다. 이는 전통적 설교 형태가 가지는 한계를 극복하려는 시도였다. 전통적 형태는 설교자가 가지고 있는 말씀 교리나 성경 지식 에 대한 정보 전달 transmitting 과 가르치는 것 teaching 에 주안점을 두었다. 여기에서는 진리에 대한 명확한 설명과 설득을 통한 메시지 전달, 논리성과 명제 중심의 전달에 강조점을 두었고, 논리의 전개는 연역적 구조와 논증의 형식을 취하였다. 교육적 설교, 교리적 설교, 본문의 메시지를 정확히 전해주는데 주안점을 두는 강해 설교 등이 주로 취하는 구조이다. 정보 전달이라는 점에서는 청중의 관심을 끌 수 있지만 익숙한 정보에 대해서는 신선함과 호기심 유발을 상실할 수 있다는 약점을 가진다. 통일성을 가질 수도 있지만 주제와 관련한 조각들을 동원하여 퍼즐 맞추기 construct 의 특성을 가지며, 시간의 흐름을 따라 진행 doing time 되기보다는 하나씩 덩어리로 제시하는 특성 doing space 을 지닌다.

---

21 위의 책, 170~71.

이런 특성을 빗대어 유진 라우리 Eugene L. Lowry 는 얼기설기 엮어 만든 '개집 설교'라고 칭한다.[22] 지금이야 반려견이 과도할 정도로 대접받는 시절이지만 옛날에는 개집은 쓰지 않는 판자 조각을 얼기설기 엮어서 만들었던 것을 비유적으로 설명한 것이다. 마치 덩어리 서너 개를 통해 설교를 구성하는 특성을 지칭한 것이며, 서로 관련이 있을 수도 있고 그렇지 않을 수도 있는 요소들이 결합하는 특성을 비유적으로 설명한 것이다. 여기에서 설교의 목표는 주제와 관련한 내용을 가르치는 것 to teach 이며, 성경의 교훈이나 설교자가 알고 있는 메시지를 전달하는 것 to transmit 에 그 목표를 둔다. 이러한 패러다임을 따르는 설교 형태로는 주제설교, 강해설교, 분석설교 등을 들 수 있겠으며, 여기에서는 세 가지 형태를 제한하여 설명하고자 한다.

20세기 중후반에 이러한 한계를 극복하려는 시도가 북미설교학회를 중심으로 다양한 설교 형태로 제시된다. 앞서 언급한 대로 크래독 Fred B. Cradock 의 저서, 『권위 없는 자처럼』이 발간되면서 여러 논의와 제안이 이루어지면서 설교의 새로운 패러다임과 형태를 추구하게 된다. 형태론적 관점에서 보면 아주 풍성하면서도 보완적인 제시가 이뤄지지만, 그 틀과 지침을 제시하면서도 구체적 방법론에서는 다소 약하다는 평가가 나오면서 후속으로 정형화된 형태도 제시된다. 전자가 원리를 제시하고 설교자의 창의력을 존중하는 방안이라면, 후자는 다소 막연하게 느껴질 수 있는 부분을 보완하기 위해 다소 기계적인 틀거리 제시를 그 특징으로 한다. 그것이 제안된 시점을 중심으로 분석하면 크래독에 의해 창의적 방법인 귀납적 설교 inductive preaching 가 제시되었다면 그 이후 유진 라우리에 의해 다소 기계적 형태인 이야기식 설교 narrative

---

22 Eugene L. Lowry, *Doing Time in the Pulpit: The Relationship between Narrative and Preaching* (Nashville: Abingdon, 1985), 1장 참고.

preaching, 다음에는 데이비드 버트릭 David Buttrick에 의해 다시 창의적 방법인 현상학적 전개식 설교 phenomenological move method가 제시된다. 그 이후 폴 S. 윌슨 Paul Scott Wilson에 의해 다소 기계적 형태인 네장면 설교 four pages of sermon가 제시된다. 물론 이것은 결과론적 관점에서 분석한 것이다.[23]

여기에서 대표 설교 형태의 특징과 사용할 때 유의 사항을 중심으로 간략히 살펴보자. '오솔길'이라는 메타포는 특정 시대에 중요한 설교학적 지혜를 제공한 유용한 '길'이었다는 관점으로 사용하였으며, 옛길과 새길이라는 것도 제시된 시기를 바탕으로 한 용어일 뿐 우월을 따지기 위함이 아님을 밝힌다. 모든 형태는 강점과 약점을 가지고 있기에 그것을 정확히 알고 잘 활용할 수 있어야 함을 전제하였음을 밝힌다.

옛 오솔길 ①: 주제설교

주제설교는 르네상스 이후 인간의 이성에 강조점을 두는 모더니즘 시대에 하나님의 말씀을 들려주기 위해 개발된 설교 형태이다. 서구 교회에서는 17세기 이후, 가장 널리 활용된 설교 방법론으로 인식되었고, 한국교회에서도 지난 선교 1세기 동안 가장 널리 사용되었던 방법의 하나였다. 계몽주의 출현과 함께 이성에 우위를 두는 흐름 속에서 꽃을 피운다. 분명한 '이해'를 추구하는 당시 사람들에게는 효과적인 방안으로 인식되었다. 이성적으로 이해할 수 있는 것만 진리로 받아들이겠다는 지적 흐름 속에서 300여 년 동안 서구 교회가 대표 설교 형태로 활용하였던 설교 형태이다. 그래서 리차드 젠센 Richard Jensen은 거

---

23 이에 대한 보다 상세한 내용을 위해서는 김운용, 『설교의 새로운 패러다임』, 5~7장; 『현대설교코칭』, 4부를 참고하라.

대한 흐름을 형성하면서 지배적 현상으로 자리잡았기 때문에 "구텐베르크 갤럭시" the Gutenberg Galaxy 라고 칭하면서, 그 영향을 받아 진행된 이 설교 형태를 '구텐베르크 설교'라고 칭한다.[24] 그만큼 보편적 방법이었다는 메타포이기도 하다. 합리성이 지배하는 시대에 복음을 효과적으로 들려주기 위한 하나의 방편으로 활용되었다.

주제설교는 전하려는 중심 주제를 정하고, 그것을 하위구조로 설정하여 그 주제를 설명하고 예증하는 방식을 기본 틀로 한다. 이때 주제는 성경 본문에서 나올 수도 있고, 설교자가 어떤 진리 체계, 혹은 교리를 설명하고, 그에 대한 정보를 제공할 목적으로 선정하기도 한다. 여기에서 설교자는 제시된 주제에 대해 청중이 분명한 이해를 갖도록 하는데 그 목표를 둔다. 서너 개의 대지를 통해 설명하는 구조를 취하기 때문에 '대지설교'로 명명하기도 한다.

설교의 전개는 주로 논리적, 명제적 특성으로 전개되며, 연역적 방식을 취한다. 설교 첫 부분에 설교의 중심 주제, 혹은 핵심적 내용을 먼저 언급한 후 그것을 설명해 가는 형식을 취한다. 설교 효과는 논리적으로 내용을 요약, 배열할 때 주어진다고 생각하기 때문에 각 대지에는 그것을 예증하기 위한 예화 illustration 가 동원된다. 주제설교는 설교에서 전하려는 특정 주제나 성경적 교리를 깊이 있게 다룰 수 있다는 점과 하위구조 대지를 통해 설명하고 예증하는 형식을 취하기 때문에 그 주제에 대한 명료한 이해를 제공할 수 있다는 점, 설교 구조의 선명성과 연역적으로 제시되기 때문에 메시지 명료성 등은 장점으로 작용할 수 있다. 그래서 교육적 차원이나 특정 교리에 대한 설명에는 유용한 방식일 수 있다.

---

24 Richard A. Jensen, *Telling the Story: Variety and Imagination in Preaching* (Minneapolis: Augsburg, 1980), 12~18.

하지만 논리적 설명과 주제에 대한 정보 제공의 틀을 취하기 때문에 그 정보에 익숙한 사람에게는 새롭게 들려오지 않을 수 있는 한계를 가진다. 또한 성경 본문의 활용과 해석상에도 문제를 가질 가능성이 높다. 주제를 설명하는 하위구조인 대지를 중심으로 설명하는 구조를 취하기 때문에 설교자가 필요한 내용만 추출하는 형식을 취하기 때문에 자칫 본문은 설교자가 말하려는 것을 보증해 주는 보조 도구 proof text 로 사용될 수 있는 구조적 가능성이 높다. 또한 성경 본문이 말씀하시는 내용이 본문의 전체적 구조 속에서 제시되기보다는 주제를 위해 필요한 사항만 가져다 사용함으로 본문을 왜곡 가능성이 높다. 그래서 버트릭은 전통적 방식은 "추출식 해석학" distillation hermeneutics 을 견지하는 약점을 가진다고 주장한다. 설교자가 본문이 말씀하는 내용을 정확히 듣고 해석하여 전하기보다는 자기가 필요로 하는 내용만 발췌하여 사용하는 방식을 지칭한 것으로 가장 큰 문제는 성경을 살아 역사하는 말씀이 아니라 정물화 still picture 로 전락시키는 누를 범한다고 주장한다.[25] 이러한 약점을 극복하기 위해 설교자는 본문 중심성 textuality 을 분명하게 견지하여야 한다. 이것은 본문이 설교의 내용과 대지를 지배해 가도록 해야 한다는 점이다. 성경 본문을 통해서 성삼위 하나님 성부, 성자, 성령님께서 말씀하신다는 사실을 강조하는 조치가 필요하다.

주제설교는 자칫 설교자의 관점과 신념이 강하게 부각될 수 있는 약점이 있어, 설교자는 대지로 나아가기 전에 본문이 말씀하시는 바가 철저히 제시되고 거기에서 중심적인 메시지인 주제를 도출한 다음에, 그것을 대지를 따라 설명해 가는 구조를 취하는 것이 좋다. 이러한 구조를 취하기 위해서는 각 대지도 '선포, 해석, 적용, 예화'의 순으로 전

---

25 David Buttrick, "Interpretation and Preaching," *Interpretation*, vol. 25, no. 1 (January 1981), 46.

개해 갈 수 있을 것이다. '선포'라 함은 본문에서 대지의 주안점에 대해서 어떻게 말씀하고 있는지를 확인하여 주는 부분이다. '해석'은 그 말씀을 중심으로 본문에서 그 대지에 내용에 대해서 어떻게 말씀하고 계시는지를 드러내는 장이다. 여기에서 주제에 대한 성경적 차원과 신학적 차원이 적절하게 제시되어야 하는 자리이다. 여기에서는 다루고 있는 주제에 대해 균형있고 포괄적인 차원에서 다뤄져야 한다. 그런 점에서 주제에 대한 해석은 통합적이어야 한다. '적용'은 주제에 대한 하위구조인 대지가 제시하는 내용을 구체적으로 오늘 회중의 삶 속에 적용해 주는 자리이다. '예화'는 이러한 내용을 예증하기 위한 이야기 자료가 제시되는 자리이다. 이것은 주제설교는 논리적 특성이 강하기 때문에 이것이 적절하게 활용될 때 이야기성이 제시되면서 균형있는 설교가 될 수 있게 할 것이다.

옛 오솔길 ②: 강해설교

17세기 계몽주의 출현과 함께 태동한 모더니즘 상황에서 가장 지배적인 설교 형식인 주제설교 한계를 극복하는 방안으로 강해설교가 주목을 받게 된다. 그 명칭이 사용되지 않았을 뿐, 그러한 특성은 아주 오래전부터 설교 형태로 사용되었다. '강해설교'라는 명칭은 다의적으로 사용되고 있고, 그것을 이해하는 학자와 설교자만큼이나 다양하므로 하나로 규정하기는 쉽지 않다. '강해' expository 라는 말이 '드러낸다'는 뜻을 가지듯이 강해설교는 본문의 메시지를 명확히 드러내는 것에 초점을 맞춘다. 성경 본문이 가지는 역사적, 문법적, 문학적 연구를 통해 본문의 메시지를 분명히 밝혀내고, 청중의 삶에 적용하는 것을 기본 형식으로 한다. 여기에서 중요한 것은 설교자의 생각이나 주장이 아닌 성경의 메시지가 설교를 지배한다. 그래서 해돈 로빈슨^{Haddon W. Robinson}은 강해설교를 "방법론이라기보다는 설교에 대한 철학"으로 이해한다.

그래서 큰 틀에서 보면 강해설교는 성경 본문을 읽어가면서 '강해와 적용'이라는 구조로 설교를 풀어가는 것을 기본 틀로 한다. 한 절씩 읽어가면서 진행하기도 하고, 본문의 단락이나 전체적으로 주제를 중심으로 구성할 수도 있다. 본문을 선정하는 것 역시, 본문을 연속적으로 읽어가면서 설교하는 방식^{lectio continua}을 취하기도 하고, 특정 주제를 따라 본문을 선정하여 그것을 강해하는 방식으로 설교할 수도 있다. 강해설교는 고착화 된 형태가 존재하지 않고, 원리를 따라 작성해야 하므로 초보자에게는 다소 막연하게 느껴질 수도 있다.

본문이 말씀하는 바를 정확하게 해석해서 메시지를 들려주어야 하므로 기본적으로 여러 주제가 다뤄지는 '멀티포인트 설교'가 될 수 있어 초점이 흐려질 수 있는 약점이 있다. 그래서 최근에는 원포인트 강해설교가 제시되기도 한다. 이것은 현대설교학의 흐름을 도입하여, 응용한 것일 뿐, 본질적으로 '원 포인트'라는 말과 '강해설교'라는 말은 조화가 되지 않지만, 응용 형식이라고 이해할 수 있다.[26] 중요한 것은 성경 본문을 중심으로 설교한다는 점에서 모든 설교는 강해설교여야 한다는 주장이나, 강해설교만이 성경적 설교라는 주장도 있지만 그것은 설교 형태의 다양성을 외면한 주장이다.

---

26 '원포인트 드라마틱 강해설교'라는 장르를 제안하면서 신성욱은 "도라지 세 뿌리보다는 산삼 한 뿌리가 낫다"는 명제로 그것을 주창한다. 하지만 본문이 말씀하는 바를 정확히 해석하고 적용해 주는 강해설교의 특성을 고려하면 본래 멀티포인트를 특징으로 한다. 현대 커뮤니케이션을 고려해 변형된 형태로 이해하는 것이 정확하다. 신성욱, "원포인트의 드라마틱한 강해설교," 『목회와 신학』(2019년 8월호), 112~17 참고.

옛 오솔길 ③: 분석설교

분석설교는 1960년대 윌리엄 에반스$^{William Evans}$가 그의 책에서 제시한 방법에서 출발한다. 그것이 가지는 약점을 보완하고 한국적 상황에 맞게 체계화하고 발전시킨 것은 설교학자 정장복이다. 기존의 대지설교와 강해설교가 가지는 약점을 보완하면서 에반스가 제시한 4가지 골격을 중심으로 성경의 진리를 더 선명하게 운반하는 것에 중점을 두면서 설교자 후보생들이 쉽게 적용할 수 있도록 교육적 측면을 고려하여 체계화한 것이다.

분석설교는 본문의 내용을 중심 주제를 따라 해석하고, 적용, 예증 등의 방식을 따라 전개하는 방식으로 크게 4단계로 구성된다. 석의와 주제 부상, 주제 정의를 통해 본문이 전하는 중심 메시지를 제시하는 단계^{what}, 주제의 필요성을 제시하는 동기유발의 단계^{why}, 주제의 실천 방안을 제시하는 단계^{How}, 그렇게 실천했을 때 어떤 약속을 주시는지를 제시하는 단계$^{what\ then}$ 등이 그것이다. 이 단계의 앞뒤에는 서론과 결론이 배치되는데, 체계적이고 논리적인 특성을 가진 설교 형태이다. 특히 실천방안은 이 형태의 핵심 부분으로 선포, 해석, 적용, 예화 등의 구조로 전개할 것을 제안한다. 개략적인 구조는 '서론, 본문 접근 및 재경청, 주제 부상, 주제 정의, 주제 필요성, 실천방안, 실천결과, 결론' 등으로 구성된다.

분석설교는 성경 본문을 간과할 수 있는 주제설교의 가능한 약점을 보완하면서 본문이 말씀하게 하는 구조를 취한다는 장점이 있다. 특히 성경 본문은 침묵하고 인간의 언어와 생각만 무성한 강단의 회복을 위해 '성언운반일념'의 정신으로 설교할 것을 요청하는 방안으로 제시한 설교 형태이다. 체계적이고 논리성이 강한 분석설교는 회중의 이해를 도울 수도 있지만 기계적 구조여서 설교자의 창의성을 약화할 수 있고, 단계가 다소 복잡하게 여겨질 수 있는 약점을 가진다.

새 오솔길 ①: 귀납적 설교

연역법과 귀납법은 헬라의 수사학에서 사람을 설득하는 대표적으로 활용된 방법이었다. 전자는 보편적인 사실을 먼저 제시한 후 그것을 분석하고 설명해 나가면서 개별적으로 적용하는 형태라면, 후자는 개별적이고 특별한 사실로부터 시작하여 보편적인 사실로 나아가는 방법이다. 연역법이 어떤 개념을 분석하여 전달하는 데 효과적인 좌뇌적 방식이라면, 귀납법은 청중의 관심과 참여를 기대할 수 있는 강화講話로 주로 우뇌적 방식이다. 쉽게 말해서 연역법은 말하려는 중심 주제가 서두에서 선명하게 제시되고 그것을 설명하고 해설해 가는 형식이라면, 귀납법은 설교의 중심 주제, 혹은 결론을 끝부분에서 드러나게 하는 방식이다.

1971년, 크래독의 『권위 없는 자처럼』이 발간된 이후, 북미설교학회를 중심으로 새로운 패러다임 추구와 함께 널리 인식되기 시작한 설교 형태이다. 당시 북미 사회에서 설교는 더 이상 힘을 발휘할 수 없는 "죽은 예술" dying art 이라는 생각이 팽배한 때에, 그런 평결을 잠시 유보해 달라는 마음으로 그 책을 썼다고 그는 고백한다.[27] 이후 북미설교학회를 중심으로 설교의 새로운 패러다임을 추구하는 운동이 광범위하게 일어났고, 당시 문화 사회적 상황에서 하나님의 말씀을 들려주려는 시도로 확대되면서 거대한 물줄기를 형성하였다.

---

27 1970년 시사주간지, *Time*의 표지 타이틀에서 사용한 표현이다. Fred B. Cradock, Speaking of Jesus, 김광남 역, 『권위없는 자처럼』(서울: 복있는사람, 2012), 33~35. 여기에서 '권위'에 대한 이슈는 해체주의적 특성이 강한 포스트모던 상황에서 '마치 권위 없는 자처럼' 나아가 말씀을 듣게 하고, 전한다는 의미로 사용된 메타포적 표현이다.

귀납적 설교의 뿌리는 이야기를 중심으로 한 구약의 히브리 전통과 예수님으로까지 이어지며, 이성에 바탕을 둔 모더니즘 체계에서 형성된 전통적 설교에 대한 반성적 대안으로 제시되었다. 이야기를 바탕으로 둔 히브리 전통으로의 회귀뿐만 아니라 논리와 명제 중심의 전통적 설교 형태의 약점과 한계를 극복하기 위한 시도로 제시된다. 예컨대, 예수님은 비유, 은유, 이야기와 같은 내러티브 방식을 더 즐겨 사용하셨다. 누가 좋은 이웃인가란 질문에 논리적, 명제적으로 설명하시지 않으시고 선한 사마리아인 '이야기'를 들려주셨다. 좋은 이웃이라는 주제를 설명하고 논증하는 구조보다는 보여주시고 느낄 수 있는 이야기 형식을 따라 진행하시면서 결론에 이르렀을 때는 과감하게 "너도 가서 이와 같이 행하라"는 결론에 이르는 귀납적 방식을 취하셨다. 나단이 범죄한 다윗에게 나아가 했던 설교에서도 보면 ^{삼하 12장} 전하려는 중심 내용^{결론}으로부터 시작하지 않고, 이야기와 귀납적 구조를 취한다. 설교가 전개되는 동안 다윗은 말씀 속으로 빠져들어 갔고 당신이 바로 그 사람이라는 말씀 앞에서 스스로 무릎을 꿇는다.

　귀납적 설교는 인간 삶의 자리, 특별한 경험으로부터 시작하여 복음의 깜짝 놀랄만한 결론을 향하여 지속적으로 나아가는 '움직임'을 만들며, "아하!"의 순간^{aha-point}을 향하여 발전되어 가는 형태로, 각 부분은 결론을 향하여 집약적으로 세워져 나가는 작은 단편들, 혹은 움직임으로 설교를 구성할 것을 권고한다. 귀납적 설교는 덩어리로 묶어지는 것이 아니고 시작이 있고 끝^{결론}을 향해 계속 전개해 나가는 움직임^{movement}을 가진다. 공간이 아니라 시간의 특성, 즉 시간의 흐름 속에서 전개되어 가는 과정 때문에 그 다음 과정을 기대하게 함으로 청중이 말씀에 참여할 기회를 증폭시킨다. 또한 그 중심 메시지^{결론}에 이르게 되면 인식의 변화와 삶의 변형을 가져올 수 있는 방식이다. 귀납적 설교는 단일의 주제를 향하여 집약적으로 움직임을 통해 전개해 가면서 결론에 이르게 한다. 그래서 움직임, 통일성, 단일 주제, 이미지, 상상력, 말씀의 세계에의 참여 involvement 와 동일시 identification 를 중요한 요소로 삼으며, 설교는 시작에서 결론을 향해 나아가는 여정 journey 이며, 거기에서 말씀의 세계와 성삼위 하나님의 현존과 실재를 경험하게 하는데 그 주안점을 둔다.

새 오솔길 ②: 이야기식 설교

현대설교학은 '내러티브 설교학'이라고 칭할 만큼 내러티브 중요성에 깊은 관심을 기울인다. 미메시스 본뜻 와 새로운 실재의 형성이라는 차원에서 이야기는 삶의 변형을 추구하는 설교에서 중요한 요소로 인식하기 시작하였다. 이야기를 통한 설교 전달이라는 관점에서 다양한 제시들이 있었지만, 이야기식 설교 narrative preaching 는 유진 라우리가 제시한 설교 형태이다. 이야기가 가지는 플롯 plot 특성을 설교에 담아내려는 시도에서 제시된 것으로, 이것 역시 전통적 설교에 대한 대안으로 제시되었다. 라우리가 제시하는 플롯은 모순점 제시, 심화, 반전을 통한 실마리 제시, 결론에 이르게 하는 요소로 구성된다. 이것은 라우리가 일반적 이해를 바탕으로 한 것이지만 그러한 플롯 방식을 따른 설교 구성을 제안하고 '이야기식' 설교라고 명명한다. 갈등 제시 conflict, 심화 complication, 갑작스러운 반전 sudden shift, 말씀의 펼침 unfolding 등의 단계로 구성하여, 문제와 그 해결로 나아가는 일련의 움직임을 만들어 가는 형식을 취한다.

여기에서 이야기가 사용되지 않을 수도 있지만 설교 자체가 이야기 형식을 취하는 큰 이야기가 된다. 설교 시작 부분에서 문제 상황을 제시하는 것은 모호함과 당혹감을 제시하여 그것을 해결해 가는 방식을 취하면서 청중들이 기대감을 가지고 그 문제 해결의 여정 가운데 참여하도록 초대하고 긴장감을 유지하면서 집약적 움직임을 통해 설교를 이끌어가는 것이 중요한 요소로 작용한다. 물론 이런 문제해결식의 플랏 방식도 활용할 수 있고, 본문의 내용을 재구성하여 다시 들려주는 리텔링의 방식도 있다. 이것은 반드시 문제 해결의 방식을 취하지 않고 본문의 스토리 라인을 따라 설교를 구성하는 방식도 있다. 물론 그런 형태는 내러티브 본문에 유용할 수 있겠고, 그렇지 않은 본문도 배경이나 인물의 심리 묘사 등을 통해 구성할 수 있겠다.[28]

새 오솔길 ③: 현상학적 전개식 설교

설교자의 창의성에 바탕을 둔 설교 형태인 현상학적 전개식설교를 처음 제시한 인물은 데이비드 버트릭이었다. 전통적 설교의 한계를 극복하는 방안으로 제시한 것인데 그는 청중들이 어떻게 듣게 하고, 말씀이 그들의 의식 속에 어떻게 형성되게 할 것인가에 중점을 둔 방식을 제시하였다. 그에게 있어서 설교는 변화시키는 힘이며, 인간의 의식 속에 형성된 말씀은 새로운 정체성을 형성해 주고, 의식의 변화, 삶의 변화를 이루는 사역이다. 그러므로 설교는 언제나 의식 속에 어떻게 하나님의 현존과 말씀을 형성해 줄 것인가에 중점을 두고 구성되어야 한다고 주장한다.

그것은 정교한 언어의 모듈을 사용하여 수행하는 사역이기 때문에 이미지, 상상력, 이야기, 메타포 등은 중요한 요소로 작용한다. 그는 이

---

28 보다 상세한 내용을 위해서는 김운용, 『설교의 새로운 패러다임』, 6장; 『현대설교코칭』, 19장을 참고하라.

러한 요소를 통해 청중의 의식 속에 무엇을 일으키게 할 것이며, 그것이 연결되어 말씀의 핵심 요소를 제시하고 형성하는 것에 중점을 두고 장면^move이 구성되어야 한다고 주장한다. 무엇이 일어나게 할 것인가를 고려한다는 점에서 '현상학적'이며, 그것이 연결되어 결론에 이르게 한다는 점에서 '전개식'이라는 이름으로 명명된다. 성경과 오늘의 다양한 내용과 경험을 제시하여 인간의 의식 속에 무엇이 형성되고 작용하게 한다는 점에서 심리학적, 철학적 기재를 바탕으로 한다. 이 설교 방법에는 다분히 현상학적이고, 성육신적 특징을 바탕으로 한다. 서로 다른 요소들과 경험들이 제시된다는 점에서 상호 주관성^intersubjectivity이 중요한 요소이며, 그러한 사실들이 연결되어 전개될 때 하나님 말씀의 세계와 그분의 현존이 드러나는 '개방성'이 드러나게 된다고 주장한다.

하나님께서 말씀하실 때, 세계가 형성되고 실체로 드러나게 된 것처럼 버트릭은 설교의 현상에 깊은 관심을 가지고 설교자의 창의성을 따른 설교 구성과 전개를 강조한다. 그는 기독교 설교가 무엇이 되어야 할 것인가보다는 청중의 마음속에 무엇이 일어나게 할 것인가를 강조하면서 그 현상들을 어떻게 연결할 것인가에 깊은 관심을 기울인다. 방법론적 선명성이 다소 약하지만 기계적 방식보다는 창의성에 방점을 둔 것이다. 설교 과정에서 청중들 의식 속에 무엇이 일어나게 할 것인가를 염두에 두고 설교를 구성한다. 청중에 의식 속에 일어난 그 현상을 연결하여 말씀의 결론^중심 주제에 이르게 하는데, 여기에서 환기시키고^evocation, 무엇을 끌어내는^invocation 언어 활용이 중요한 요소가 된다.

새 오솔길 ④: 네장면 설교

폴 스캇 윌슨이 제시한 네장면 설교는 새로운 패러다임의 전개 방식을 따르면서 은혜와 율법, 그때^{성경 시대}와 이때, 문제와 해결, 인간의 곤경과 은혜로우신 하나님의 구원^{해결} 행동이라는 양극 구조를 통한 설교 구성을 특징으로 한다. 특별히 마지막 부분, 하나님의 구원 행동에 역점을 둔 설교 방식이라는 점이 특장점으로 작용한다. 여기에는 영상화, 연속성, 이야기성, 대극적 사고 등을 기본 틀거리로 하면서 영화의 장면이나 마치 웹페이지 등을 메타포로 하여 네 장면^{page}으로 구성한다는 점이 그 특징으로 작용한다. 여기에서 사용된 페이지는 정량 단위라기보다는 신학적 기능과 창조적 노력을 위한 은유이다.

이러한 형태로 설교를 작성할 때 고려해야 할 6가지의 지침도 함께 제시한다. 하나의 본문^{text}, 그 본문의 중심 메시지인 하나의 주제^{theme}, 그것과 연결되는 하나의 필요성^{need}, 주제를 잘 설명할 수 있는 하나의 이미지^{image}, 그 설교를 통해 이루기를 바라는 하나의 임무^{mission} 등이 그것이다. 이것을 설교의 목적과 목표를 선명하고 통일성있게 하기 위한 조치들이다. 각 장면은 다음과 같은 요소로 구성된다. 1) 성경 본문 가운데서 발견하는 곤경 상황이나 문제^{trouble in the Bible}, 2) 오늘의 삶에서 발견하는 곤경 상황, 혹은 문제점^{trouble in the world}, 3) 성경 본문에 나타나는 하나님의 구원 행동^{God's action in the Bible}, 4) 오늘의 삶에서 기대할 수 있는 하나님의 구원 행동^{God's action in the world}. 앞부분과 마지막 부분에 서론과 결론을 배치할 수도 있고, 첫 장면과 마지막 장면이 그 역할을 수행하도록 할 수도 있다.

이 설교 형태는 설교의 새로운 패러다임의 골격을 따라 움직임과 연속성을 만들면서 대극적 구조를 통해 설교의 내용을 전개한다는 점, 특별히 인간의 곤경 상황과 은혜로우신 하나님의 구원 행동에 초점을 맞춰 설교 내용을 구성한다는 것이 장점으로 자리잡는다. 하지만 융통성을 부여하고는 있지만 구성 자체가 경직되어 있고, 기계적이어서 설교자의 창의성을 살릴 수 있는 여지가 약하다는 약점을 가진다. 이야기식 설교처럼 문제와 해결이라는 단순 구조로 늘 설교를 구성해야 한다는 점도 약점으로 작용한다.

다양성의 추구

"여우는 많은 것을 알고 있지만 고슴도치는 하나의 큰 것만 알고 있다" Multa novit vulpes, verum echinus unum magnum. 러시안계 영국인인 철학자 아이자이야 벌린 Isiah Berlin은 그리스의 시인, 아르킬로코스가 말한 경구를 인용하여 학문의 대가들을 여우형과 고슴도치형으로 나눈다. 전자는 다양한 목표를 추구하는 스타일이라면 후자는 하나의 핵심 비전, 명료하고 일관된 하나의 체계에 집중하는 스타일이다.[29] 고슴도치형은 변치 않는 하나의 원리에 집중하면서 그것만을 고집하며 나가는 형이라면, 여우형은 세상의 다채로운 모습에 마음을 두고 그쪽을 기웃거리는 형으로 구분한다. 플라톤, 헤겔, 도스토옙스키 등은 고슴도치형으로, 아리스토텔레스, 셰익스피어, 헤로도토스, 에라스뮈스 등은 여우형으로 분류한다.

약삭빠르고 영리하며, 교활한 여우는 먹이를 잡기 위해 날마다 궁리한다. 고슴도치는 우직하고 온몸에 가시를 달고 사는 모습이 우스꽝스럽다. 굴 집을 들락날락하는 것밖엔 모른다. 늘 다니는 길로만 다니며, 삶의 패턴도, 위험에 대처하는 방식도 단순하다. 빳빳한 침을 세워

---

29 Isiah Berlin, *The Hedgehog and the Fox*, 강주헌 역,『고슴도치와 여우』(서울: 애플북스, 2010), 21.

자신을 보호하는 것밖에 모른다. 이 둘이 싸우면 누가 이길까? 당연히 날쌔고 약삭빠르며, 비상한 머리로 여러 궁리를 하는 여우가 이길 것이다. 더욱이 여우는 고슴도치가 흔적을 남기며 다니는 길을 잘 알고 있다. 여우는 목표물을 정하면 번개처럼 빠르게 고슴도치를 공격한다. 하지만 고슴도치는 위험에 처하면 몸을 공처럼 둥글게 만드는 것밖에 모른다. 결국 여우가 실패한다.

에라스뮈스도 이 우화를 중심으로 그런 주장을 남긴다. "여우는 다양하고 기상천외한 방법으로 사냥꾼을 속이지만 마침내 붙잡히곤 한다. 하지만 고슴도치는 오로지 한 가지 방법만으로 사냥개의 이빨을 피한다. 몸을 둘둘 말고 가시 바늘을 세우면 누가 고슴도치를 잡을 수 있겠는가?" 오래전 경영학자 짐 콜린스 James C. Collins 도 '고슴도치 원리'를 제시한다.[30] 한 여우가 숲으로 돌아와 고슴도치를 잡아먹을 새로운 공격 방법을 모색하지만, 항상 단순한 고슴도치가 이긴다. 오직 한가지, 빳빳한 침을 몸 밖으로 세워 자신을 보호하는 것에 집중하기 때문이다. 자신에게 적합한 방식, 그것 하나에 집중하기 때문이다.

꾀가 많은 여우와 우직한 고슴도치, 이것은 서양 전통에서 늘 비교되는 모형이다. 미국 펜실베이니아대 교수인 필립 테틀록 Philip Tetlock 은 전문가들의 예측은 평범한 사람보다 뛰어나지 않으며, 오히려 맞지 않은 worse 경우가 더 많다는 결론을 내린다. 벌른의 고슴도치 개념을 도입하여 분석한 결과 예측의 정확성이 뛰어난 그룹은 여우형이었다.[31]

---

30 James C. Collins, *Good to Great*, 이무열 역, 『좋은 기업을 넘어 위대한 기업으로』 (서울: 김영사, 2021), 5장 참고. 러시아 출신 영국 철학자이자 옥스퍼드대학 교수를 지낸 아이자이아 벌린(Isaiah Berlin)이 자신의 수필에서 제시한 내용을 기초로 한 것이다.

31 Philip E. Tetlock, *Expert Political Judgment: How Good Is It? How Can We Know?*, ebook (Princeton: Princeton University Press, 2017)를 참고하라. 이 책에서 고슴도치들은 공부를 하여 학위를 더 받을 때마다 예측 정확성이 떨어졌다면서 자기 확신의 지식이 가득하여 오히려 지적 건강이 망가진 것이라고 주장한다. Phillip E. Tedrock and Dan Gardner, *Superforecasting: The Art and Science of Prediction*, 이경남 역, 『슈퍼예측: 그들은 어떻게 미래를 보았는가』 (서울: 알키, 2017)를 참고하라.

누가 이기는 것일까? 설교 형태와 관련하여 볼 때 어떤 자세를 취하여야 할 것인가? 어느 한쪽으로 치우치지 않고 신학 연구에도 통전적 사고가 필요하듯, 설교 형태와 관련하여서도 고슴도치의 우직함도, 여우의 기민함도 함께 필요하다.

 오늘 우리는 급격한 변화 앞에 서 있다. 생성형 AI인 ChatGPT 4.0 시대가 열리고, 인공지능 시대로의 빠른 전환이 일어나고 있는 시대에 설교 환경은 더 빠르게 변하게 될 것이다. 사용자 친화적인 환경과 직관적 커뮤니케이션, 즉 사람과 대화하는 것보다 더 자연스럽고 섬세한 대화가 가능하게 되었다. 창의성, 협업 능력, 편집, 반복, 기술 문서 작성, 이미지 인식, 다국어 기능, 조정 가능성까지 이전 것을 완전히 무력화시킬 만큼 업그레이드되었고, 인공지능 언어모델인 ChatGPT는 오픈 AI에서 개발한 대화형 모델로 사용자가 원하는 것과 그가 좋아하는 패턴까지 정확히 읽고 응답하는 자동화 소통 시대가 되었다. 인공지능 응용분야는 무궁무진하게 발전해 갈 것으로 예측 되며, 의사소통의 방식에 큰 영향을 미칠 것이다.

 이러한 시대에 하나님 말씀의 소통을 생각하면서 옛 지혜를 살펴본 이유는 거센 변화의 회오리바람이 불어오는 들판에 서 있기 때문이다. 과거의 것이 해체되는 상황에서 설교자는 옛것의 지혜를 잃지 않으면서 오늘의 시대에 말씀을 어떻게 효과적이고 신선하게 들려줄 것인지의 과제를 수행한다. 오늘의 시대는 끊임없이 새로운 트렌드를 만들어 내고, 그것을 원하는 갈망 속에서 살아간다. 갈망 속에서 낡은 것은 사라지고 새것이 대체해 가면서 소멸과 생성의 과정을 반복한다. 어떻게 대처하고, 방법론을 강구하느냐에 따라 승자가 되기도 하고 패자가 되기도 한다.

 현대 문화의 큰 변화의 방향을 섞음融, 이음連, 움직임動, 느낌感, 쉽

輯으로 들기도 한다. 포스트모던 시대에는 다양한 흐름이 융합되는 경향을 가지며, 통합을 넘어 퓨전fusion의 단계로 나아가는 '융'融의 경향이 두드러진다. 세계화 시대에 문화는 하나로 연결되는 '연'連의 특성을 가진다. 앞서 언급했듯이 그 변화의 속도는 빠르고, 모든 것이 유동적인 특성, 즉 '동'動의 특성을 가진다. 느낌과 감성이 중요한 특성을 가지는 '감'感의 특성을 지니며, 쉼과 누림, 즐김entertainment으로 대표되는 '유'裕의 특성을 지난다. 새로운 경향이 생성되고 소멸한다. 그 문화 속에 하나님의 말씀이 효과적으로 들려져야 한다는 것이 대원칙이다. 그것은 생명이기 때문이다.

9 장
다시 새롭게 설교하기:
'4D 설교'를 시도해 보라

> 일어나라. 예언자여
> 보라 그리고 들으라
> 내 의지로 가슴을 채워라
> 바다와 세상을 돌아다니며
> 말로써 사람들의 가슴을 불태워라
> — 알렉산드르 푸쉬킨[1]

사랑아 피를 토하라

일제 강점기, 나라 잃은 민족의 서러움을 아름다운 노래로 어루만진 소리꾼 임방울[1905~1961]은 화려한 무대보다는 시골 장터와 강변에서 노래하기 좋아했고, 민중과 함께 울고 웃었던 음유시인이었다. "늘 대중과 함께 호흡한 진정한 소리 광대, 우리 소리의 마지막 중흥기를 이끌었던 소리꾼"으로 평가받는다. 유성기 음반인 '쑥대머리'는 1백만 장 이상 팔릴 정도로 당시 대중의 사랑을 받은 노래꾼이었고, 전통 판소리 시대의 마지막 거장으로 평가를 받았다. 자신의 소리를 완성하기 위하여 지리산에 들어가 토굴을 파고 발성 훈련을 하기도 했단다. 서편제, 동편제를 사사 받아 독창적 개성을 덧입히면서 자신만의 기품을

---

[1] Poems by Aleksandr Pushkin, "ΠPOPOK(예언자)," 신연자 역, 『예언자』(서울: 민음사, 1975).

불어넣었던 가객이었다.

시인 송찬호는 저 여울을 건너오는 "소리 한 가락으로 비단옷을 입은" 분으로 그를 묘사하면서 "삶이 어찌 이다지 휘몰아치며 도도히 흘러갈 수 있단 말인가"라고 노래한다.[2] 노래 한 가락으로 비단옷을 지어 입었다는 시인의 표현도 아름답지만 노래 하나에 생명을 걸고 평생을 달린 사람이 지닌 아름다움이 가슴에 쏙 들어온다. 시인 김용택 역시 임방울의 생애를 노래한다. 그는 "커다란 산맥에 휘몰아치는 눈보라를 이기며 오라, 삶이여! 언젠가, 그 언젠가 한 번은 꽃이 피고 싶은 내 인생이여!"라고 적는다.[3] 그렇게 맘껏 노래하며 인생의 꽃을 피웠던 선인先人을 떠올리며 자신도 그렇게 불태우다 가고 싶다는 소망을 담을 것이게다.

임방울의 일대기를 한국적 예술로 그린 소설, 『사랑아 피를 토하라』에서 작가 한승원이 전하는 그의 이야기가 깊은 여운으로 남아 있다. "백성도 살아있고 소리도 살아있다. 온 나라 사람들이 내 소리에 환호한다. 사람들의 가슴에 들어 있는 한스러움과 내 속에 들어 있는 한스러움이 서로 맞닥뜨려 환희의 불꽃이 일어나기 때문이다. … 그 환호가 옛날 임금이 내려주었다는 금팔찌보다 더욱 값진 것이다."[4] 그런 명창으로 만든 것은 '그 소리를 들을 줄 아는 사람' 귀명창이 있었기 때문이었다는 말이다. 여기에는 한 귀명창이 임방울에게 전하는 말도 전한다. "나는 시를 쓸 때 수천수만의 사람들이 읽어주기를 바라고 쓰는 것이 아니라우. 오직 한 사람, 내 시만이 가지고 있는 진짜로 아름답고 슬픈 맛과 아릿한 향기를 알아주는 그 한 사람을 위해 쓰는 것이라

2 송찬호의 시, "임방울" 일부.
3 김용택, 『시가 내게로 왔다2: 김용택이 사랑하는 시』(서울: 마음산책, 2004).
4 한승원, 『사랑아, 피를 토하라』(서울: 박하, 2014).

우… 선비가 책을 써서 전하는 것은 오직 알아주는 단 한 사람을 얻기 위해서라고."

피를 토하는 진지함이 있을 때 감동이 있고, 그렇게 만든 음악은 치유와 회복이 있다. 사랑하는 이를 위해 부르는 노래를 피 토하듯 부를 수 있다면 오늘 우리가 부르는 노래도, 예배도 더 아름답고 멋진 것이 될 것이다. 성경의 첫 장에는 천지를 창조하신 성삼위 하나님의 노래가 나온다. '토브' טוב, 보시기에 좋았다! 여섯째 날 인간을 창조하신 다음에는 '토브 메오드' טוב מאוד, 심히 좋았더라고 외친다. "하나님이 지으신 그 모든 것을 보시니 보기시에 심히 좋았더라"창 1:31. 토브 메오드! 사랑을 위하여 피 토하듯이 노래하였던 선인처럼 오늘 설교자에게도 피 토하듯 주님의 말씀을 외치는 열정이 요구된다. 그리고 마지막 날, 그분의 보좌 앞에 섰을 때 세상의 갈채가 아니라 그분의 고개 끄덕이심과 미소가 '모든 것'을 결정짓지 않겠는가? '토브 메오드!' 그래서 설교자는 오늘 가슴에 말씀을 담고 강단에 올라 피 토하듯 노래하는 사람이어야 한다.

처음 듣는 말씀처럼 늘 신선하게

오래전, 결혼 첫해, 김장하던 때가 생각이 난다. 문화가 바뀌어 요즘엔 김장 안 하는 집이 더 많지만, 당시 겨울 문턱에 서면 가장 큰 겨울 준비가 김장이었다. 준비할 것도 많다. 배추, 무, 당근, 파, 마늘, 생강, 젓갈, 고춧가루, 양념 등…. 며칠 전부터 준비해야 한다. 신혼 때라 방학에 맞춰 김장 날을 잡았다. 아내의 작업 지시를 따라 보조가 해야 할 일들을 수행했다. 배추를 씻기, 절인 것 씻기, 무 썰기, 마늘 까기, 다지기까지 보조 일이 적지 않았다. 버무리는 것은 아내 몫, 항아리에 담아 땅에 묻는 일은 내 몫이었다. 김치냉장고가 없던 시절이니 맛있는 김치를 오래 먹으려면 땅에 김치 항아리를 묻어야 했다. 그렇게 준비된 김치는 한겨울 추위 속에서 맛이 들고 잘 익어 그해 겨울, 식탁을 풍성하게 만들었다. 부부가 함께한 세월이 40년, 그 횟수가 적지 않지만 그중 최고 작품은 결혼 첫해 김장이었다. 정말 우연이었다고 아내는 말하지만, 난 사랑이 가득 담긴 때문이란 해석을 내놓는다.

설교 준비와 사역도 마치 김치 담그는 일과 비슷하다. 여러 자료가 준비되어야 하고, 그 모든 것이 잘 어울려 작품이 나오는 종합예술과 같다. 평생의 여정에서 나온 재료들, 사랑의 마음, 땀과 눈물의 기도까지 배합되어, 또 다른 기도의 항아리에 담기어 적당한 온도와 기다림의 시간까지, 그렇게 많은 과정을 통해 식탁에 오르는 것처럼 설교도 그렇게 준비되고, 맛이 들어 식탁에 오른다. 깊은 맛을 지닌 말씀을 맛본 날의 풍요로움과 기쁨은 세상 어떤 것보다 행복하게 만든다. 그래서 설교자는 늘 새롭게 설교하기 위해 몸부림친다.

처음 듣는 말씀처럼 늘 신선하게 준비한다는 것이 설교자에게는 평생의 부담이지만 수행해야 할 과제이다. 분주한 목회 현장에서 쉬운 일은 아니지만 늘 신선하고, 새롭게 말씀을 들려주는 일은 포기할 수 없다. 아니 설교자로 세움을 받았다면 피해 갈 수 없는 미션이다. 앞서 언급한 것처럼 1970년대 이후 북미설교학회를 중심으로 태동 되어 이 시대에 하나님의 말씀을 어떻게 들리게 하며, 새롭게 듣게 할 것인가의 고민으로부터 현대 설교학은 출발한다. "믿음은 들음에서 나며…" '듣기, 아니 새롭게 듣기'가 중요한 것은 그렇지 못한 곳에서는 믿음의 세계는 형성될 수 없고, 하늘의 신비도 펼쳐질 수 없기 때문이다.

어떻게 생생하게 말씀이 들리게 할 것인지는 설교자 평생의 추구와 노력이어야 한다. 본인도 그런 고민을 안고 평생을 달렸다. 그동안 연구와 설교학적 고민을 담아서 이렇게 설교해 보자는 제안으로 '4D

설교' four dimension-driven preaching를 제안한다. 약자 'D'는 이중의 의미를 담고 있는데, 무엇이 설교의 구성과 전달을 '주도'해 가게 할 것인가, 즉 driven의 의미와 하나님의 신비를 좀 더 효과적으로 전달하는 설교가 되기 위해서 담아내야 할 설교학적 '차원'을 뜻하는 dimension의 의미를 담았다. 이것은 1970년대 이후 현대 설교학이 추구하는 것이며, 그것을 연구하여 학위를 받고 돌아와 국내에 그것을 처음 소개하였던 30여 년 필자의 설교학 연구와 교수 생활에서 터득한 지혜와 고민을 담은 것이며, 실제 설교 사역에 적용하면서 정리한 것들이다.

다시 정리하면 대략 다음과 같다. 1) 본문이 이끌어가는 설교 Text-driven preaching, 2) 이미지와 상상력이 이끌어가는 설교 Image and Imagination-driven preaching, 3) 이야기가 이끌어가는 설교 Narrative-driven preaching, 4) 귀납적 구조 기반 설교 Inductive-driven preaching. 이것은 설교 준비, 구성과 작성, 전달을 지배하는 요소들이며, 현대 설교학의 제안을 한국적 상황에 적용 가능하며 변화하는 시대에 효과적으로 말씀을 전하기 위한 지침들이다.

본문이 이끌어가는 설교

기본적이고 상식적인 것이지만 설교는 본문의 메시지를 전하는 것이고, 설교에는 본문의 내용이 중심을 이루어야 한다. 그런 점에서 설교는 기본적으로 '성경적 설교'를 표방한다. 여기에서 '성경적'이라 함은 그 설교에서 성경이 어떻게 역할을 하느냐에 따라 결정된다. 성경에 대한 설교자의 신학적 고백, 그 본문을 어떻게 대하느냐, 설교가 본문을 어떻게 다루느냐와 관련이 있다. 설교자는 "기독교의 모든 갱신은 설교의 갱신에서부터 시작하고, 모든 설교의 갱신은 성경적 설교의 재발견에서부터 시작된다"⁵는 외침을 깊이 숙고해야 한다. 성경적 설교는 성경 본문이 설교의 모든 것을 지배하고, 결정하고, 채우는 설교이다. 그 설교의 내용, 구조, 음성, 톤, 분위기를 결정한다. 성경은 "하나님의 음성으로 전달된 하나님의 말씀"이며, 설교는 그 하나님의 음성을 다시 복원해서 그것을 재현하고 새롭게 들려주는 것이다. 엄밀히 말해 성경은 다양한 톤과 크기, 빠르기로 말씀하시며, 다양한 장르와 뉘앙스로 말씀하시는 하나님의 음성을 들려주는 말씀이다.⁶

하지만 오래전 형성된 성경은 엄밀히 말하면 '그 시대' 사람들을 위해서 쓰인 말씀이었다. 예컨대 고린도서는 당시 상업중심지였고, 국제도시였던 고린도에 세워진 교회가 안고 있는 많은 문제들, 즉 분파와 파벌, 분쟁, 성적 타락, 은사 혼란, 교리적 오해 등을 해결하기 위해 그 교회에 주신 말씀이다. 설교자는 1세기 중반에 쓰여진 성경의 내용을 오늘의 청중에게 설교한다. 고린도서에 기록된 말씀이 21세기를 사는 오늘의 회중과 무슨 관련이 있으며, 그 이야기를 왜 반복해서 들려주어야 하는가? 중요한 것은 하나님께서 1세기에 그 교회에 들려주신 '그 말씀'을 통해 하나님께서는 오늘 우리에게 말씀하시고, 말을 걸어 오신다는 점이다. 그래서 성경은 하나님 말씀이다.

이것은 앞서 언급한 설교를 하나님의 계시 사건의 연속으로 이해한 신학적 관점과도 연결된다. 다양한 시대, 방법, 패턴으로 말씀하신 하나님께서는 마지막에 그리스도로 말씀하셨고, 그것의 기록인 성경은 하나님의 완성된, 완전하고, 최종적인 말씀이다. 더 이상 다른 것이 필요 없는 강력한 음성이고, "귀청 터질 듯한 초대의 외침"이다.⁷ 하나

---

5   Keck, *The Bible in the Pulpit*, 11.
6   Steve W. Smith, *Recapturing the Voice of God: Shaping Sermon Like Scripture*, 김대혁, 임도균 역, 『본문이 이끄는 장르별 설교: 하나님의 음성 되살리기』(서울: 아가페북스, 2016), 23.

님의 구속 역사 Heilsgeschichte 는 인간 타락 시점 창 3:15 부터 시작되어 예수 그리스도 십자가와 부활 사건에서 그 정점을 이룬다. 그리고 파루시아, 예수 그리스도의 재림으로 완성될 것이다. 성경은 하나님의 구속 역사의 기록이고, 계시의 완성이다. 당시 언어와 세계관을 통해, 당시 사람들을 위해 쓰인 말씀이지만 하나님께서는 그 말씀을 통해 오늘도 계속해서 우리에게 말씀하시고 역사하신다.

인공지능은 각 분야에서 활용되고 있고, 향후 그 활용도가 높아지면서 그것이 주도하는 세상이 될 것이며, 일상과 사회, 노동과 산업 전반을 개편 중이다. 생성형 AI가 지금 세상을 흔들고 있다.[8] AI의 잠재력이 극대화 되고, 어떻게 발전할지 예측이 어려울 정도로 빠르게 변하고 있다. 그것은 사역에도 다양하고 유용한 도움을 받을 수 있으며, 설교 준비에도 예외가 아니다. 명령어만 공교하게 입력만 하면 모든 자료를 취합하여 멋진 설교문을 만들어 주는 인공지능 시대를 살고 있다. 하지만 유용한 도구일 수 있고, 기계학습모델인 AI가 자료와 확률을 기반으로 그럴듯한 답변을 제시할 수 있을지 모르지만 계시 신학의 관점에서 보면 그것은 설교가 아니다. 컴퓨터가 입력된 많은 자료를 편집하고 짜깁기하여 – 가짜 내용도 많다 – 내놓은 결과물일 뿐이다.

설교는 성경 본문을 통해 오늘도 말씀하시는 성삼위 '하나님과의 대면' confrontation 속에서 묵상과 기도를 통해 형성되고, 전달되어야 하는 하나님의 계시 사건을 계속 이어가는 사역이다. 자료만 적절하게 배합한다고 설교가 되는 것이 아니고, 기독교 설교는 오늘 본문을 통해 말

---

[7] 위의 책, 25.
[8] AI가 만들어 낼 미래와 활용에 대해서는 김상균, 『AI 인간지능의 시대: AI 시대를 항해하는 사피엔스를 위한 안내서』(서울: 베가북스, 2024); 최재붕, 『AI 사피엔스: 전혀 다른 세상의 인류』(서울: 쌤앤파커스, 2024); 조성민, 『AI 대전환 시대, AI트렌드 AI2025』(서울: 열린인공지능, 2025) 등을 참고하라.

씀하시는 그분의 음성을 정확히 듣고, 해석하고, 그분과의 대화와 묵상을 통해 정제하여, 그것을 오늘의 회중에게 들려주어야 하는 하나님의 말씀이다.

설교자가 항상 염두에 두어야 할 첫 번째 원칙은 설교는 성경 본문을 통한 성삼위 하나님과의 대면을 통해 나온다는 신학적 고백이다. 그뿐만 아니라 설교는 언제나 본문의 지배를 받아야 하고, 본문이 이끌어가야 한다. 그것을 우리는 '성경적 설교'라고 지칭한다. 하지만 단순히 성경 본문만 많이 언급하면 되는 것이 아니고, 증빙서류 첨부하듯 관련 성구를 끌어와 설교한다고 해서 되는 것도 아니다. 설교는 하나님의 음성 듣기이고, 그 내용을 그 음성의 어조와 구조를 따라 증거하는 것이다. 그러므로 설교자는 우리의 음성을 가지고 어떻게 '그 음성'을 살려낼 것인가를 수행하는 사람이며, 청중의 소리나 필요성을 먼저 들으려고 하기보다는 본문을 통해 말씀하시는 하나님의 음성을 듣고, 그것을 설교에 담으려고 해야 한다.[9]

주제설교의 영향으로 본문이 말씀하는 구조보다는 설교자가 말하려는 내용에 이끌리는 경우가 많다. 예를 들어 선한 사마리아인의 비유로 주제설교를 하는 설교자에게 종종 듣게 되는 전형이다. 주제는 '강도를 만나는 이유'로 잡고, 대지를 "예루살렘을 떠나면 강도를 만나게 된다, 혼자서 가게 되면 강도를 만나게 된다, 예수님을 떠나면 강도를 만나게 된다"로 설정한다. 성구와 감동의 예화를 섞어 설득력 있게 강론한다. 전달력이 뛰어나면 감동도 되고, 은혜로울 수도 있다.

문제는 그 성경 본문이 그것을 말씀하고 있지 않다는 데 있다. 그 설교에는 기독교 교리를 담았을지 모르지만, 설교자가 말하고 싶은 것

---

9   위의 책, 27~28.

이 지배하고 있다는 것이 문제이다. 본문은 '강도 만난 자의 이웃이 된 사마리아인처럼 너도 좋은 이웃이 되라'는 메시지를 비유로 들려주고 있다. 하지만 설교자는 지금 본문이 말씀하는 내용에는 관심이 없거나 파악도 하지 못한 채, 자기가 하고 싶은 내용을 전하고 있다. 설교에는 성경 본문이 말씀하는 메시지는 담지도 않았고, 특정 단어와 표현을 가져와 자기가 하고 싶은 말을 하고 있다는 것이 문제점으로 대두된다. '꿩 잡는게 매'라면서[10] 합리화하는 이도 있지만 설교의 본질을 모르기 때문이다. 방법이 어떻든 목적을 달성하면 된다는 것은 세상 이야기일 수 있지만 하나님께서 명령하신 사역의 이야기여서는 안 된다.

한가지 예를 더 들어보자. 어느 대림절, 마태복음 2장의 동방박사 스토리로 말씀을 전하는 한 설교자의 설교를 들었다. 차분하면서 설득력있는 전달력에 감동스러운 설교였다. 하지만 설교자는 앞서 언급한 오류를 설교에 가득 담고 있었다. 본문에서 "왕이 어디에 나셨는가"라는 주제를 가져와 '하나님을 만날 수 있는 곳'이라는 주제로 설교를 풀어가고 있었다. '성도들이 모인 곳에서, 하나님의 말씀이 선포되는 곳에서, 거룩한 처소에서 왕이신 하나님을 만날 수 있다'는 요지였다. 감동도 있고, 탁월할 수 있었으나 문제는 그 본문이 그것을 말씀하고 있지 않다는 데 있다. 기독교 설교는 자기가 하고 싶은 말을 하는 것도 아니고, 성경 본문을 읽어놓고 성경 전반에 담긴 교리를 설명하는 것도 아니다. 이방에서 온 박사들이 별을 따라와 '세상 오신 주[메시야]께 경배하였다'가 본문이 말씀하는 중심 내용이지만 설교자는 자기가 하고 싶은 말로 설교를 채운다.

설교자가 빠질 수 있는 오류는 본문을 설교한 것이 아니라 자기가

---

10 유목 시대, 빠른 꿩을 잡는데 훈련된 매를 활용한 데서 나온 속담으로, 무엇을 활용하든, 어떻게 하든 꿩만 많이 잡으면 된다는 수단을 합리화하는 출세주의자들의 좌우명으로 자주 활용되었다.

하고 싶은 말로 설교를 채우는 것이다. 그것을 위해 성경 본문을 보조자료proof-text로 사용하는 것이 문제이다. 이때 성경은 살아 생동하는 말씀이 아니라 박제되고 정적인 말씀, 정물화 still picture가 되고 만다. 기독교 설교는 기록된 하나님의 말씀을 "교회가 선포하는 말씀의 근원이고 불변의 표준"으로 삼았으며, 교회는 선포에 있어서 홀로 서 있지 않고 성경을 통한 하나님과의 "구체적 대면"concrete confrontation을 통해 말씀 사역을 감당하였다.[11] 성경본문이 지배하는 설교는 한 시대의 강조점이 아니라 설교의 신학적 본질이다.

상상력과 이미지가 이끌어가는 설교

이미지와 상상력은 현대설교학에서 중요한 요소이다. 성경이 메시지를 전하는 특성이고, 그 자체로 메시지 전달과 기억에 있어서 탁월한 역할을 하기 때문이다. 개릿 그린Garrett Green은 "하나님께서는 죄인을 구원하시기 위해 상상력을 이용하셨다"고 주장한다.[12] 말씀을 통해 하나님을 선명하게 보여주기 위해, 회중이 메시지를 깊이 이해하고 그것을 삶으로 살아낼 수 있도록 돕기 위해 상상력이 필요하다. 마치 전기의 두 극이 만났을 때 불꽃이 튀기는 것처럼 창의적 통찰력은 상상력을 통해서 만들어진다. 설교자가 본문 가운데서 말씀하시는 하나님을 만나고, 그 세계에 잠입하고, 사건에 참여하고, 맛보고, 느끼고, 만지고, 동참하기 위해 상상력이 필요하다.

상상력은 말씀의 행간between the lines을 읽고, 배후behind와 아래에under

---

11 Paul Althaus, *The Theology of Martin Luther*, 이형기 역, 『루터의 신학』(서울: 크리스챤 다이제스트, 2001), 90; Karl Barth, *Church Dogmatics*, I/1 (Edinburgh: T. & T. Clark, 1957), 88, 102.
12 Garrett Green, *Imaging God: Theology and the Religious Imagination* (New York: Harper & Row, 1987).

담긴 내용을 보고, 듣고, 만지고, 느낄 수 있게 도와준다. 그것을 우린 상상력을 통한 공감적 성경 읽기로 명명할 수 있겠다. 요한복음 21장을 예로 들어보자. 상상력을 통한 공감적 성경 읽기를 하는 설교자는 단순히 팩트 위주로 말씀을 읽지 않는다. 그 분위기를 읽고, 주님의 그윽한 눈빛을 보며, 식사를 준비하시는 주님의 손등에 있는 십자가의 상흔을 보며, 거기 흐르는 침묵 가운데 함께 서며, 모닥불 타는 소리를 들으며, 주님께서 준비해 주신 조반을 들고 감격하는 베드로의 속울음 소리까지 듣게 될 것이다. 눈물을 섞어 식사하는 모습과 사랑의 눈으로 그를 그윽이 바라보시는 주님의 눈길까지 읽어낼 것이다.

이렇게 상상력을 통해 본문을 읽고, 거기에서 창의적 메시지를 발견한 설교자는 그의 설교를 또한 그렇게 구성하고 풀어갈 것이다. 현대설교학은 단순히 관념적 메시지가 아니라 본문의 세계로 깊은 참여를 위해 상상력의 회복을 강조한다. 상상력은 말씀 세계 재현을 도와주며, 다양한 차원에서 말씀의 화육화와 말씀 세계 경험을 도와준다. 결국 설교는 상상력 작업이다. 필립 윌라이트 Phillip Wheelwright 가 제시한 네 가지 상상력 유형은 창조적이며 예술적 작업을 수행해야 할 설교자에게 중요한 지침을 제공한다.[13] 대면적 상상력 confrontative imagination 은 말씀과 삶의 자리와 대면하면서, 문체적 상상력 stylistic imagination 은 성경을 읽고 메시지를 창안하여 작성할 때와 설교 준비 과정에서 형태, 스타일, 구성, 전개, 언어 선택과 표현에 있어서, 중요한 역할을 한다. 구성적 상상력 compositive imagination 은 여러 아이디어나 요소를 결합하여 일관성 있고 통일성 있는 완성품을 만들어 가며, 원형적 상상력 archetypal imagination 은 지역과 시대, 문화를 초월하여 인간 경험에서 반복해서 보편적으

---

13 Phillip Wheelwright, *The Burning Fountain: A Study in the Language of Symbolism* (Bloomington: Indiana Univ. Press, 1968).

로 활용되는 상징과 정서를 통해 변하지 않는 진리를 표현한다.

그렇게 메시지를 설교에 담으려 할 때 이미지 만들기 작업이 필요하다. 하나의 이미지가 설교 전체를 관통할 때, 설교는 일관성을 유지하여 청중의 이해를 촉진하고 삶의 경험과 연결하면서 기억을 강화한다. 여호수아 1장에서 가나안 정복의 중요한 사명을 수행하는 여호수아에게 주신 말씀수 1장은 갑작스러운 모세의 죽음을 병치시킨다. 젊은 지도자 여호수아가 수행해야 하는 사명과 연결할 때 두려움이 몰려온다. 그것을 상상력으로 그릴 때 이미지화를 어떻게 할 수 있을까? 여러 가지가 가능하겠지만 '벼랑 끝' 이미지가 적합하게 여겨진다. 그래서 설교자는 본문에서 벼랑 끝에 서 있는 젊은 지도자를 보았기에 '벼랑 끝'을 전체 설교를 관통하는 이미지로 잡았다. 예수님의 설교를 풀어 전하는 메시지 성경이 그 이미지를 강화해 준다. "벼랑 끝에 서 있는 너희는 복이 있다. 왜냐하면 너희가 작아질수록 하나님과 그분의 다스림은 커지기 때문이다"마 5:3, 메시지. 이렇게 이미지를 통해 메시지를 구성할 때 그것이 훨씬 깊어지고, 그것은 삶 속에서 누구나 경험한 바가 있어 그것이 훨씬 선명하게 다가온다.

이렇게 이미지를 통해 설교를 구성하면 전체 메시지의 통일성과 즉각성이 만들어지면서 이해와 기억이 수월해진다. 추상적이고 교리적 언어보다는 이미지 언어가 힘이 있는 이유가 그것이다. 그래서 버트릭은 생각의 흐름과 의식 형성에 이미지가 중요한 역할을 하므로 설교를 일종의 이미지 작업으로 이해한다. 특별히 시를 읽을 때 그 이미지가 강렬하여 필자는 자주 시를 통해 이미지화한다. 시는 이미지의 산물이어서 이미지의 보고이다. 교회를 세우기 위해 애쓰는 이들을 '새벽 별'의 이미지에 담기도 하고, 기도로 교회와 가정을 세워가는 이들을 '버팀목'의 이미지에 담기도 한다.[14] 성경 본문을 연구할 때 그것이 전하는 메시지를 선명하게 보여주는 이미지를 찾아보라. 그리고 그 이미지를 따라 설교를 구성하고, 그것이 설교 전반을 관통하게 하라. 그때 전하려는 메시지가 훨씬 더 선명해 짐을 느낄 것이다.

내러티브 중심 설교

정확한 구분이 쉽지 않긴 하지만 논리성이 강한 설교가 있고, 이야기성이 강한 설교가 있다. 추상적 아이디어가 지배하는 설교가 있고, 이야기와 이미지가 지배하는 설교가 있다. 메시지를 받는 것과 기억하는 것은 사람의 성격이나 취향, 그것을 전하는 화자에 따라 달라질 수 있어 어떤 것이 더 유효하다고 단정적으로 말하기는 어렵다. 하지만 설교는 마음의 작용이며, 정서적, 감성적 터치가 이뤄질 때 이미지는 삶과 행동의 변화에 있어 유용하다. 이야기는 사람들이 이해를 도와주고 오래 기억할 수 있도록 하며, 이야기에는 힘이 있어 그것을 듣는 사람들의 마음을 움직여 어떤 변화가 일어나게 한다.

성경도 다양한 문학 양식을 통해 구원의 복음을 전하고 있는 것이 사실이지만 하나님의 구속 역사와 복음은 내러티브를 통해 전하고 있음도 자명하다. 그래서 복음서의 2/3은 내러티브로 되어 있다. 주님께서는 누가 우리의 이웃이냐고 물었을 때, 선한 사마리아인에 대한 내러티브를 사용하셔서 설명하셨고, 기도에 관해 설명하실 때는 불의한 재판관의 내러티브를 사용하셨다. 하지만 계몽주의 영향이 강했던 모더니즘 시대를 지나면서 기독교 설교는 이성적 논증 중심의 특성을 취하게 된다. 심지어는 성경의 내러티브[비유]도 논증으로 풀어서 설교하게

---

14 이것은 박노해의 시, "새벽 별", 『사람만이 희망이다』(서울: 느린걸음, 2011); 복효근, "버팀목에 대하여," 『새에 대한 반성문』(서울: 시와 시학사, 2000)에서 가져온 것이다.

되는데, 이것은 모더니즘 시대의 산물이다.

현대신학은 이야기의 중요성을 새롭게 발견한다. 이야기가 시작될 때 사람들은 귀를 기울이게 되고, '더 있음'을 기대하게 되며 그다음 단계에 대한 깊은 관심을 보이기 때문에 어떤 형태의 강화 discourse 이든 내러티브 특성을 취하려는 시도가 지배적이다. 현대 광고도 그 짧은 시간에 내러티브의 특성을 도입하는 이유가 그것이다. 내러티브가 메시지 전달에 효과적이고, 힘이 있기 때문이다. 내러티브는 기승전결의 '움직임' movement 이 있으며, 탄탄하면서도 극적인 '플롯' plot 을 가진다. 갈등과 클라이맥스, 대반전 등의 플롯을 바탕으로 한 배열과 구성, 등장인물의 명확한 설정과 공감대 형성, 아이러니의 적절한 활용 등을 기반으로 한 전개가 필요하다.[15] 그런 이야기가 시작될 때 그 세팅과 인물이 펼치는 이야기 세계에 '잠입' involvement 이 일어나게 되며, 결과에 대한 깊은 '기대감' anticipation 이 형성되게 된다. 화자와 함께 청자는 스토리 라인을 따라가면서 스토리 세계, 내용, 인물 등과 '동일시' identification 의 경험을 갖게 되며, 그 세계로 구체적 '참여' participation 가 일어나면서 메시지 '경험' experience 과 결단이 일어나게 된다.

그래서 브루그만은 논리와 설명으로 전하는 산문체 설교와 시적 설교 poetic preaching 를 비교하면서 결국 이야기, 시적 언어로 전하는 메시지만 남게 된다고 했을 것이다. 1970년대 이래 현대 설교학 진영에서는 많은 정보를 제공하는 논리적 설교보다는 설교에서 이야기성의 회복에 중점을 둔다. 이야기의 구조를 따라 메시지를 전하는 방법이 제

---

15 EBS 다큐프라임, 『이야기의 힘』(서울: 황금물고기, 2012), 2장. 아이러니는 '나만 알고 주인공은 모르는 사실'을 의미하는 것으로 관객을 몰입하게 만드는 요소로 작용하게 된다. 즉 "이야기 속의 인물보다 많은 것을 알고 있는 관객은 이야기를 그냥 보는 것이 아니라 그곳으로 훨씬 더 깊이 참여하게 된다"고 한 서스펜스의 거장, 영국 영화감독 앨프레드 히치콕이 한 이야기가 이러한 차원을 잘 알려준다.

기되기도 하고, 한편의 이야기로 설교를 구성하기도 한다. 이야기의 그릇에 말씀을 담는 것은 어떤 형식이든 유용하다. 예화의 진열이 아니라 이야기의 틀에 전하려는 메시지를 담는 것이고, 설교에서 이야기의 특성을 살려내는 것이다. 어떤 무기, 어떤 도구보다 더 강한 힘을 가지고 있는 이야기, 성경에도, 삶에도 샘처럼 마르지 않는 수많은 이야기가 주어졌는데 그 이야기에 말씀을 담아보라. 한 연설문을 읽어보자.

오늘 밤, 제 마음에 깊이 새겨지는 것은 애틀랜타에서 투표한 한 여성의 이야기입니다. 그의 이름은 앤 닉슨 쿠퍼이고 올해 106세입니다. 그의 조상은 노예였습니다. 그가 태어났을 때 두 가지 이유로 그는 투표할 수 없었습니다. 첫째는 여성이었기 때문이고, 둘째는 그가 백인이 아니었기 때문입니다. 여러분의 목소리가 묵살 되고, 그의 희망이 무너지던 시기가 있었습니다. 여성인 쿠퍼 씨는 살아서 투표용지를 향해 손을 뻗으며 큰 목소리로 외치고 있었습니다. 우리는 할 수 있습니다.

미국 최초 흑인 대통령이었던 버락 오바마는 이 이야기를 선거 유세 연설 가운데 활용한다. 그에게는 법학도답게 논리 정연함이 있었고, 단순 명료하게 핵심을 들려주는 기치와 진정성도 있었으며, 호소력과 에너지 넘치는 목소리와 유머 감각도 소유한 연설가였다. 그 모든 것을 빛나게 하지만 그는 이야기의 힘을 잘 활용한 연설가였고, 그의 연설의 힘은 이야기에서 나온다는 것이 전문가들의 평가이다.[16] 화려한 언변과 논리도 중요하지만, 이야기의 옷이 입혀질 때 설득력을 높여준

---

16 윤범기, 『오바마처럼 연설하고 노무현처럼 공감하라』, 개정판 (서울: 필로소픽, 2024) 참고.

다는 사실을 깨우쳐 준다. 호모 나랜스$^{homo-narrans}$, 사람들은 이야기를 사랑한다.

귀납적 구조 중심 설교

익숙함이 좋은 것이지만 설교자는 날마다 익숙함과 결별하며 말씀을 새롭게 들려주어야 할 사명을 가진다. 그 맥락에서 우리는 설교 전개와 구성에 있어 귀납적 방법을 고려할 것을 권고한다. 그런 주장을 펼친 것이 크래독의 설교 형태의 핵심이다. 헬라 수사학에서부터 사람을 설득하는 방식에는 큰 틀에서 연역적 방식과 귀납적 방식이 주로 사용되었다. 이 두 가지 방식 모두 강점과 약점이 있어 어느 방식으로 하는 것이 더 유용하다고 단정하기는 어렵다. 전자가 전하려는 메시지의 결론 내용을 먼저 제시하고 그것을 설명하고 논증하는 형식을 취한다면 후자는 설명과 논증이 이어져 가면서 결론 내용이 나중에 도출되는 방식이다. 여러 가지를 고려하면 설교에는 귀납적 방식이 더 유용함을 발견하게 된다. 여러 시도가 있었지만, 설교 구성에 있어서 귀납적 특성을 구체화한 것은 앞서 언급한 대로 크래독의 『권위 없는 자처럼』이 출간되면서 설교의 중요한 특성으로 받아들이게 되었다.

인간 삶의 특징이기에 삶의 이야기를 바탕으로 하는 영화, 드라마, 연극 등은 언제나 귀납적으로 전개된다. 물론 어떤 정보를 전달하는 데에는 연역법이 유용하게 사용된다. 단순 비교를 할 수는 없지만 어떤 정보를 얻게 되는 강의는 1시간만 되어도 지루하게 느껴지지만, 컴컴한 방에 가두고 불을 끈 상태인데도 재밌는 영화는 2시간 넘는 시간도 시간 가는 줄 모르게 몰입하게 된다. 결론을 향한 움직임이 구성의 특징이기 때문이다. 그런 강화^{講話}는 결코 결론은 먼저 말하지 않고 마지막 부분에서 그 결론이 드러나게 하는 방식으로 구성된다. 기대하고 그 여정을 함께 만들어 가기 때문이고, 스스로 참여자가 되기 때문일 것이다.

귀납적 구조로 설교한다는 것은 아하 포인트를 향해 전개 되어가는 움직임의 구조 movement를 만드는 것이며, 하나의 주제를 중심으로 전개되어 간다는 일관성 unity을 중요하게 여긴다. 여기에서 말씀에 정보 전달 정도로 만족하는 것이 아니라 말씀에 경험 experience을 불러일으키는 것이 목적이며, 상상력과 이미지는 설교 전개에 있어서 중요한 요인으로 작용하게 된다. 이렇게 귀납적 설교는 전하려고 하는 메시지를 논리적으로 분석하여 설명하는 구조를 취하는 것이 아니라 시작부터 움직임을 통해 장면과 장면을 연결해 가면서 설교의 최종 목적지 설교 메시지의 중심 주제를 경험하게 하는 것에 이르게 하는 형식을 취한다. 귀납적 구조는 청중과 함께 말씀의 여정을 함께 해 가면서 마지막 부분에 말씀을 가질 수 있도록 하는 구조를 취한다.[17] 연역적 방법도 유용하지만 귀납적 구조는 말씀의 세계가 새롭게 다가오게 하는 장점을 가진다.

무정란의 시대

루이스 글릭 Louise Gluck은 그의 시, "눈풀꽃" snowdrops에서 두려움에 덮여 있는 세상에 대해 이렇게 노래를 전한다. "내가 어떠했는지, 어떻게 살았는지 아는가/ 절망이 무엇인지 안다면 당신은/ 분명 겨울의 의미를 이해하리라// 나 자신이 살아남으리라고 기대하지 않았었다/ 대지가 나를 내리눌렀기에/ 내가 다시 깨어날 것이라고는/ 예상하지 못했

---

17 김운용, 『현대설교코칭』, 18장; 『새롭게 설교하기』, 15장 참고.

었다/ 축축한 흙 속에서 내 몸이/ 다시 반응하는 걸 느끼리라고는/ 그 토록 긴 시간이 흐른 후에/ 가장 이른 봄의/ 차가운 빛 속에서/ 다시 자신을 여는 법을/ 기억해 내면서// 나는 지금 두려운가, 그렇다. 하지만/ 다른 꽃들 사이에서 다시/ 외친다/ '좋아, 기쁨에 모험을 걸자'/ 새로운 세상의 살을 에는 바람 속에서." 살아남을 수 있을까 기대가 되지 않는 무게가 나를 내리눌렀단다. 거기 두려움이 가득했을 것이다. 살을 에는 바람이 가득하지만 기쁨에 모험을 걸자면서 꿈틀거리며 "새로운 세상"을 꿈꾼다. 죽음을 경험하는 시간, 오늘 삶의 현실은 절망이 가득하고, 희망을 노래하기 어려운 시간이지만 "차가운 빛 속에서 다시 자신을 여는 법을 기억"하는 사람이 우뚝 서 있을 때 세워지는 역사는 계속된다는 시인의 외침이 고맙다. 그것이 생명 세계의 원리란다.

오늘 우리가 서 있는 자리의 영적 기상도는 어둡다. 목회 현장도 어두움이 가득한다. 하지만 생명 사역, 빛의 사역은 언제나 어두움으로부터 시작한다. 어두움이 있어서 별은 더 빛나는 것이다. 세상은 처음부터 어두웠다. 하나님을 떠난 인간의 마음은 분쟁과 탐욕, 미움과 갈등, 죄악으로 얼룩져 있다. 생태계 파괴와 기후 위기는 가시화되면서 부메랑이 되어 인간 세상을 위협하고 있다. 계속 첨단 세상을 열어가고 있지만 인간 소외와 갈등은 깊어 가고 탐욕의 늪은 더 깊어만 가고 있다. 문화적 장벽은 갈수록 높아가고 있고, 복음은 하찮은 것이 되어 버렸으며 교회 신뢰도는 계속 하향 곡선을 긋고 있다.

이러한 세상을 향해 빛의 사역을 감당하는 사람들에게 한 시인은 재미있으면서도 섬뜩한 내용을 통해 조언한다. "라면이 끓는 사이 냉장고에서 달걀 하나를 꺼낸다. 무정란이다. 껍데기에는 붉은 핏자국과 함께 생산 일자가 찍혀 있다. 누군가 그를 낳은 것이다. 비좁은 닭장에 갇혀, 애비도 없이. 그가 누굴 닮았건, 그가 누구이건 인 마이 마인드,

인 마이 하트, 인 마이 소울을 외치면 곧장 가격표가 붙고 유통된다. 소비는 그의 약속된 미래다. 그는 완전한 무엇이 되어 세상 밖으로 날아오르기를 꿈꾸지 않았다. 자신의 처지를 한탄하거나 누군가를 애끓게 사랑했던 기억도 없다. 그런데 까보면 노른자도 있다. 진짜 같다."[18] 산문시의 정형을 보여주는 시에서 시인의 외침이 강력하다. 무정란의 시대란다. 그럴듯한 모양을 다 갖추었지만 거기엔 생명이 없다. 생명이 없는 '무정란'이 판을 치는 세상이지만 더 큰 문제는 '시답지 않은 시가 넘쳐나는' 것이라는 시인의 고발과 외침이 가슴을 먹먹하게 한다. 생명의 세계를 보여주어야 할 시가 제 역할을 하지 못하는, '무정란의 시'가 넘쳐나고 있는 것이 가장 큰 문제란다.

"무엇이 옳고 그른지, 부끄러운 일인지 정의로운 일인지 판단하는 마음이 시를 끄집어내는 밑바탕"이라는 시인의 작은 속삭임에 우리가 감당하는 사역이 어떠해야 하는지를 깊이 숙고하게 된다. '시'로 형상화한 단어에 '예배, 설교, 교육, 선교, 봉사, 찬양 사역…' 등의 단어를 넣으니 가슴에 쿵하는 소리가 들리는 듯 하다. 무정란의 설교, 무정란의 예배, 무정란의 교육, 무정란의 선교, 무정란의 사역…. 그런데 진짜와 가짜가 구분되지 않고, 생명 없는 것이 판을 치는 것이 우리 시대의 비극이란다. 자기 욕심에 사로잡혀 이름을 드러내기에 분분한 시대, 거룩한 사역마저도 인간 욕심의 도구로 변질되어 가는 시대, 거짓이 판을 치고, 거룩한 자리에 세속적 가치관이 들어와 판을 치는 시대…. 생명 사역에는 생명이 요동쳐야 하고, 복음이 요동쳐야 한다. 세상이 어두운 것이 문제가 아니고 오늘 설교자 속에 요동쳐야 할 것이 요동치지 않는다는 것이 문제이다.

---

18 이창기의 시, "시의 시대" 전문. 이창기 시집, 『착한 애인은 없다네』(서울: 창비, 2014).

초대교회로부터 지금까지 교회는 무정란의 시대를 향해 피 묻은 십자가의 복음을 통해 세상에 생명을 전하는 일에 전부를 걸었다. 초기 교회를 연구하는 학자들에 의하면 주님 부활 승천하신 지 50여 년이 지나던 때 그리스도인들은 그렇게 많지 않았다. 당시 로마제국에서 기독교는 불법종교였다. 당시 그리스도인이 된다는 것은 박해와 순교로 이어지는 삶으로 나아간다는 의미를 안고 있었다. 하지만 200여 년이 지난 후 그 긴 시간 그렇게 핍박의 철퇴를 가했던 제국은 복음을 받아들였다. 생명의 복음이 그들 속에 춤추고 있었기 때문이다.

무정란의 시대에 생명을 불어넣는 것이 설교자의 사명이다. 예배에 생명을 불어넣고, 찬양에 생명을 불어넣고, 지친 영혼에 생명을 불어넣고, 섬김에 생명을 불어 넣고…. 귀한 사역을 위해 일어서는 이들에게 고대 아일랜드의 축복Irish Blessings을 전하고 싶다. 중세 초기부터 독특한 신앙 전통과 예배 예전을 간직하고 있던 켈틱 그리스도인들은 자신의 안위를 포기하고 낯선 땅으로 달려가 복음을 전하는 선교를 강조했다. 7세기경, 아일랜드는 선교의 중심지가 되었다. 사역자들이 선교를 위해 길을 떠날 때 그들은 손을 들어 축복했고, 그들이 돌아오기까지 24시간 연속하여 릴레이로 기도하였다. 임무를 마치고 돌아왔을 때 온 공동체가 함께 환영하는 잔치를 열었다.

하나님의 거룩한 사역을 위해 나아가는 이를 위해 손을 들어 축복했던 그 기도문으로 함께 축복한다. "그대 걸어가는 발 앞에/ 언제나 길이 나타나 그대를 맞아주기를/ 바람은 언제나 그대 등 뒤에서 불기를/ 그대 얼굴에 항상 따스한 햇살이 비치며/ 그대 일구는 밭에 비가 촉촉이 내리기를/ 비가 내린 후에는 아름다운 무지개가 선명하게 피어나기를/ 축복하는 일에는 늘 부요하고/ 적은 만드는 데는 항상 느리며/ 친구를 만드는데 늘 빠르기를/ 그대 이웃들은 그대를 존경하며/

불행은 늘 그대를 피해 가기를/ 하나님께서 그대를 당신의 손바닥 안에 두시기를."

10 장

설교 준비에서 소중한 보물들: 이야기, 이미지, 은유

> 깊은 물 만나도 두려워하지 않는 물고기처럼
> 험한 기슭에 꽃 피우길 무서워하지 않는 꽃처럼
> 길 떠나면 산맥 앞에서도
> 날개짓 멈추지 않는 새들처럼…
> —도종환[1]

작은 이야기와 은유

미국 미시간주 앤아버 Ann Arbor 에서 태어난 제인 케년 Jane Kenyon 은 그 지역에 있는 미시간주립대학교에 진학한다. 거기에서 문학 강의를 하던 시인 도널드 홀 Donald Hall 을 만나 1972년에 결혼한다. 그보다 19살이나 연상이었다. 결혼 후 1975년에 뉴햄프셔주, 이글 폰드 농장 Eagle Pond Farm 으로 이주한다. 그곳은 홀의 가족이 조상 대대로 살아온 곳이었으며, 그가 어린 시절을 보냈던 곳이었다. 홀이 첫 번째 시를 쓴 곳이기도 했다. 두 사람에게 그곳은 마음의 고향이었고, 풍성한 언어를 배태해준 어머니의 태와 같은 곳이었다.

그곳에서 케년은 20년을 살면서 내면의 세계를 표현하는 전원 분위기가 가득한 시를 쓴다. 남편 홀 역시 자연과 인생에 대한 깊은 경이

---

[1] 도종환의 시, "다시 떠나는 날" 일부. 도종환 시집, 『사람의 마을에 꽃이 진다』(서울: 문학동네, 2001).

감을 시로 담아내었고, 2006년 미국의 계관시인 U.S. Poet Laureate 이 되었다. 남편과 함께 산 삶의 이야기를 담은 다큐멘터리 "A Life Together"는 에이미상 Emmy Award 을 수상한다. 그 다큐는 1993년 12월에 완성된 작품으로, 홀이 암 투병에서 회복된 직후 제작되었는데 케넌의 시 한 구절과 함께 긴 여운을 남기면서 끝이 난다.[2] 백혈병과 힘겨운 싸움을 잘 감내했던 그는 다큐가 완성된 지 18개월 후 세상을 떠난다.

그 다큐가 인용한 시는 10여 년의 긴 투병 생활을 반영한 시, "Otherwise"이다. "건장한 두 다리로/ 침대에서 일어났다/ 그렇게 하지 못할 수도 있었다// 나는 시리얼과 달콤한 우유와/ 잘 익은 흠 없는 복숭아를 먹었다/ 그렇게 하지 못할 수도 있었다// 개와 함께 언덕 위의/ 자작나무 숲까지 산책했다/ 아침 내내 내가 좋아하는 일을 했고/ 오후에는 사랑하는 이와 함께 누웠다/ 그렇게 하지 못할 수도 있었다// 우린 은촛대가 놓인 식탁에서/ 함께 저녁 식사를 했다/ 그렇게 하지 못할 수도 있었다// 벽에 그림이 걸린 방에서/ 잠자리에 들었고/ 오늘과 같은 내일을 계획했다/ 그러나 나는 안다, 어느 날인가는/ 그렇게 못하게 되리라는 걸."[3]

제인은 암 투병을 하면서 언젠가 자신에게 주어질 마지막 사건, 죽음을 예견하며 이 시를 썼을 것이다. 오늘 그에게 주어진 시간이 얼마나 축복이며, 은혜의 사건임을 상기하고 있다. 마치 초등학생이 그날 있었던 일을 일기에 적는 것처럼 일상이 평이하게 기록된다. 하루해가 저물어 잠자리에 들고, 아침에 일어나 산책을 하고, 사랑하는 이와 함

---

2 다큐는 그 시의 마지막 부분을 인용한다. "벽에 그림이 걸린 방의/ 침대에서 나는 잠이 들었다/ 오늘처럼 내일 아침 일어나/ 할 일들을 계획했다/ 그러나 나는 안다/ 오늘 아침 했던 것처럼/ 어느 날인가는 그렇게 못하게 되리라는 사실을"(I slept in a bed/ in a room with paintings/ on the walls, and/ planned another day/ just like this day/ But one day, I know/ it will be otherwise).

3 Jane Kenyon, "Otherwise," *Otherwise: New and Selected Poems* (Minneapolis: Graywolf Press, 1997).

께 아침과 저녁 식탁에서 식사하고…. 그 일상이 갑자기 축복의 사건으로 바뀐다. "나는 시리얼과 신선한 우유와 잘 익은 매끈한 복숭아를 먹었다." 이것은 미국인의 전형적 아침 식사 광경이다. 오후에 잠시 사랑하는 이와 함께 누워 대화의 꽃을 피우는 것도, 은촛대에 불을 밝히고 함께 저녁 식사를 하는 것까지 특별한 것이 없는 평이한 내용과 소박한 일상의 열거이다.

시인은 한 문장, 한 단어를 반복하면서 그것을 완전히 바꾸어 놓는다. 'Otherwise, 그러지 않을 수도 있다.' 갑자기 그 한 구절이 일상을 특별한 선물로 바꾸고, 기적으로 만들어 준다. 'Otherwise'라는 은유가 깊이 숙고하게 만들면서 만들어 내는 매직이다. 시의 어디에도 선명하게 메시지가 담겨 있지 않지만 언젠가 우리에게도 그 시간이 온다는 사실을 깨우쳐 준다. 은유와 이미지, 상상력과 삶의 이야기가 빚어낸 메시지이다.

제인은 48세에 뉴햄프셔주 계관시인이 되었고, 그 시를 들려준 후 그해 생을 마감한다. 그가 전하는 메시지가 그 행간을 읽는 사람들에게 선명하게 전해진다. '더 늦기 전에, 지금!' 은촛대 아래에서 아침 식사를 하고, 좋아하는 그림이 걸린 방에서 하루를 마감하며 잠자리에 들면서 내일을 계획하지만, 그것은 주어지지 않을 수도 있음과 '지금의 순간'을 잘 지켜내야 한다는 메시지까지 그 은유는 가득 담아 전해 준다. 오늘이 선물이며 축복임을, 감사와 행복 누림을 잃지 않아야 할 당위성까지 선명하게 전달한다. 대단한 힘이다. 이래서 설교학은 이야기, 이미지, 은유를 중요한 언어의 보석으로 여긴다. 앞서 언급한 내용과 중복되는 느낌이 들 수 있지만 여기에서는 설교의 언어학적 측면에서 조명하고자 한다.

이야기 그릇에 담으라

사람들은 수많은 이야기에 둘러싸여 살아간다. 마치 생명을 유지해 주는 호흡처럼 이야기는 인간 삶의 필수 요건으로 작용한다. 사람들은 매일 새로운 이야기를 만나고, 그것을 나누고, 즐기면서 삶을 형성해 간다. 이야기는 우리 삶 가운데서 역동적으로 작용하면서 힘을 공급한다. 이야기 속에는 사람을 움직이고, 변화시키며, 설득하는 힘이 있다. 이야기를 통해 자신의 마음을 전달하고, 상대방의 마음을 사로잡으며, 사람을 변화시키고 삶을 형성한다.[4] 그래서 성경은 하늘의 메시지를 전하는데, 이야기를 주재료로 사용하였으며 예수님께서도 이야기를 즐겨 사용하신다.

이야기는 정체성을 형성한다. 우리가 어떤 사람이며, 어떤 사람으로 존재해야 하는지를 알려준다. 이야기를 들을 때 사람들은 동일시 identification 를 경험하고, 그 과정을 통해 자신의 정체성을 새롭게 한다.[5] 성경은 하나님의 백성 된 사람들이 성삼위 하나님께서 행하신 일을 기억하고 remembering, 그분의 백성답게 살아가게 transforming 하려고 기록되었다. 이러한 이중적 과제를 수행하는데 교리나 논리도 중요한 요소이지만 이야기는 가장 널리 사용되는 장르이다. 성경은 창조 내러티브를 들려주고, 그들을 구속하시고 인도하시는 내러티브가 펼쳐진다. 출애굽 한 이스라엘 백성들에게 구원론, 혹은 구속 신학을 논리적 틀에 담아 설명하지 않고, 유리하는 아람 사람 스토리를 반복해서 들려주신다 신 26. 그래서 엘리 위젤 Elie Wiesel 은 "하나님은 이야기를 사랑하셔서 사람을 지으셨다"고 했을 것이며, 존 D. 크로산 John D. Crossan 은 "물고기가 물에서 사는 것처럼, 사람은 이야기 속에서 살아간다"고 했을 것이다.

---

4 EBS 제작팀, 『이야기의 힘』, 17~18, 24.
5 George W. Stroup, *The Promise of Narrative Theology* (Atlanta: John Knox Press, 2012), 91.

사람은 이야기를 좋아하며, 이야기와 함께, 이야기에 묻혀서 살아간다. 이야기를 나누면서 어떤 사건을 경험하고, 자신의 문화적, 사회적, 종교적 경험이 함께 엮어진 이야기에 뿌리를 두고 살아간다. 한 이야기는 또 다른 이야기를 만들고, 그 이야기를 통해 함께 연결되고 결속을 이루게 된다. 가족이나 공동체는 생물학적 DNA를 공유하고 있어서라기보다는 같은 이야기를 공유하기 때문에 형성되고 유지된다. 이야기를 통해 경이감과 교감을 갖게 되며, 그것을 통해 새로운 세계와 실재를 새롭게 인식한다.

그래서 스티븐 크라이테스 Stephen Crites 는 이야기를 "인간 삶의 필수 양식" the essential mode 이며 "삶의 경험을 나누는 전형적 특성" formal quality 이라고 주장한다.[6] 즉 이야기를 통해 인간은 추상적 개념이 구체화 되고, 새로운 세계와 개념을 새롭게 경험 인식 하게 된다는 말이다. 이야기는 뛰어난 수용성과 전달력이 있어 사람들의 관심을 유발하는 특성이 있으며, 감성을 고양하여 오래 기억할 수 있게 만든다. 이야기가 시작될 때 사람들은 무엇인가 '더 있음'을 기대하게 되고, 끝이 난 다음에는 새로운 싹이 움트게 할 씨앗을 남긴다. 그래서 이야기는 사람들의 마음과 삶 속에 무엇인가 일어나게 하며, 감성 부분을 고양 시켜 오래 기억하도록 해 준다.

이렇게 인간의 삶은 이야기로 채워져 왔고, 그것으로 아름답게 채색된다. 그래서 사람들은 이야기하기를 좋아하며, 자기 이야기를 나누면서 살아간다. 이야기가 시작될 때 사람들은 귀를 기울이며, 무엇이 일어날 것인가 기대하며 그 스토리 라인에 함께 서게 된다. 그리고 그것과 함께 진행되는 가운데 무엇인가가 일어나게 한다. 이야기는 듣는

---

[6] Stephen Cristes, "The Narrative Quality of Experience," in *Why Narrative?: Readings in Narrative Theology*, ed. Stanley Hauerwas and L Gragory Jones (Grand Rapids: Eerdmans, 1989), 65~66.

사람을 그 장소와 사건 속으로 함께 끌고 들어가 공감대 형성과 동일시를 통해, 경험 experience 의 차원으로 나아가게 된다. 이야기는 새로운 관점을 갖게 하면서 전혀 다른 세계의 형성과 변혁이라는 차원을 창출한다.

『장미의 이름』이라는 멋진 서사를 인류에게 선물하고 몇 년 전 세상을 떠난 움페르토 에코 Umberto Eco 는 문학잡지 『파리 리뷰』와 가진 인터뷰에서 이야기에 대해 그렇게 말한다.

> 남자는 여자를 사랑한다, 이건 전혀 독창적인 사고가 아니지요. 하지만 문학적인 솜씨를 발휘해서 남녀의 사랑에 대해서 멋진 소설을 쓴다면 그것을 독창적인 것으로 만들 수 있습니다. 모든 것을 고려해 볼 때 이야기가 언제나 훨씬 풍부하다고 생각합니다. 이야기는 사건으로 만들어지고, 등장인물에 의해서 풍요로워지고, 잘 다듬어진 언어에 의해서 반짝이게 됩니다. 그래서 당연한 이야기겠지만, 생각이 살아 있는 유기체로 변할 때 그것은 완전히 다르고 훨씬 더 표현력이 풍부한 것이 될 가능성이 높습니다.[7]

평이한 일이나 추상적인 명제가 이야기로 만들어질 때 그 내용이나 전달이 훨씬 풍요로워지며, 이야기의 언어들은 반짝이게 되고, 유기체로 변한다는 그의 주장에 고개를 끄덕이게 된다. 성경이 메시지를 전하는 중요한 매체로 이야기를 사용한 것도 그 때문이다. 창조와 구속 이야기, 선택한 백성을 인도하시는 이야기, 그들이 등 돌리고 살아가는 이야기가 중심을 이룬다. 예수님도, 사도들도 메시지를 전하실 때

---

[7] Paris Review, *Paris Review Interview Anthology*, 권승혁, 김진아 역, 『작가란 무엇인가: 소설가들의 소설가를 인터뷰하다』, 1권 (서울: 다른, 2014), 37.

이야기로 증거한다. 초기 교회는 풍부한 이야기 전통을 가지고 있었고, 신학과 설교에 있어서 이야기는 분리되지 않고 메시지 전달의 중심 수단이었다. 사실 성경만이 아니라 인간 역사와 문화에도 가장 중심 역할을 한 것이 내러티브였다. 그래서 인간이 만든 문화의 기초를 이룬다.

> 이야기는 우리에게 하늘을 설명해 주고 암흑에 대한 두려움을 없애 주며 우리가 탄 배를 외딴 해안으로, 그리고 마침내 우주로 이끈다. 이야기는 우리가 어떻게 살지, 어떻게 사랑할지를 가르쳐 준다. 우리는 이야기와 함께 성장하고 이야기와 함께 묘지에 묻힌다. 좋은 이야기만큼 우리 눈을 빛나게 만들고 우리를 매료시켜 귀 기울이게 만드는 것은 없다. 좋은 이야기만큼 우리를 근본적으로 변화시키는 것은 없다.[8]

하지만 이야기는 우리에게 두려움을 불어넣기도 하고, 서로 선동하기도 하며 전쟁을 시작하게 만들고 나와 다른 것을 적으로 간주하게 만들기도 한다. 폭력과 새로운 발견으로 가득한 인류 역사는 나눠진 우리 이야기들의 총합이다. 어둠과 밝음, 이 두 가지 모두가 그 안에 확고한 자리를 잡고 있어[9] 이야기는 선동의 재료로 이용되기도 한다. 설교자는 이야기가 가지는 강점과 한계를 잘 인지하고 활용할 수 있어야 한다.

8　Samira El Quassil and Freiedemann Karig, *Erzählende Affen: Mythen, Lügen, Utopien*, 김현정 역, 『세상은 이야기로 만들어졌다: 신화, 거짓말, 유토피아』(서울: 원더박스, 2024), 15.
9　위의 책, 15.

은유: 보이지 않는 세계를 선명하게 보여주기

설교 언어가 중요한 것은 설교자는 새로운 언어 방식을 통해 복음의 좋은 소식을 펼쳐야 할 임무를 가졌기 때문이다. 극적이고, 예술적 언어는 청중을 또 다른 세계로 초청하며, 억측의 세계를 밀어내는 역할을 한다. 새로운 믿음의 세계로 들어가, 그것이 제시하는 삶을 살 수 있도록 도와준다.[10] 이러한 중요성 때문에 현대 설교학은 시적 언어의 한 영역인 '은유' metaphor에 주목한다. 은유는 설명하려는 개념을 전혀 다른 개념과 연결하여 병치시키면 보이지 않던 뜻과 의미가 선명하게 드러나는 수사학의 언어 기법이다. 언어 사용에 있어서 은유는 가장 빠르고, 쉽게 보이지 않는 것에 접근하여 그 심연을 드러내 주는데 탁월하게 작용한다. 그래서 유진 피터슨은 그렇게 주장한다.

> 성경의 저자들은 모두 은유의 대가들이다. 그들은 보이는 것과 보이지 않는 모든 것이 상호 연결되어 있음을 입증해 주는 은유의 어법을 잘 사용했다. 은유는 오감을 통해서 경험하는 사물이나 행동을 지칭하기 위해서 흔하게 사용되는 단어를 가져다가 우리의 직접적인 감각을 벗어나 있는 것을 지칭하는데 사용한다. … 가장 단순한 차원에서 단어는 사물이나 행동을 지칭한다. 단어는 무엇을 표시하는 이름표다. 그러나 은유로 사용되면 단어는 폭발한다. 살아난다. 움직이기 시작한다. … 의미를 창출하고 그 말의 움직임 속으로 나를 초청함으로써 나를 참여자로 만든다. … 그 단어는 살아 움직이면서, 그 의미에 동참하라고 나를 청한다. … 은유가 물러가고 언어가 그저 개념을 정의하고 정보를 전달하는데만 사용되면 언어에서

---

10 Brueggemann, 『설교자는 시인이 되어야 한다』, 18.

생명이 빠져나가 버린다. … 언어에서 생명이 빠져나가 버리면 우리에게서도 생명이 빠져나간다. … 그렇기 때문에 성경에는 그토록 많은 은유가 나온다.[11]

은유를 뜻하는 헬라어 '메타포라' μεταφορά는 '운반하다'의 뜻을 가진 메타페레인 μεταφέρειν에서 유래한다. '넘어서' 혹은 '다른 쪽으로'를 뜻하는 메타 μετά와 '운반하다'의 뜻을 가진 페레인 φέρειν이 합성된 것으로 '다른 쪽으로 운반하다'의 의미를 가진다. 이것은 주로 직접적 비교나 설명이 없이 'A는 B이다'라는 형식을 취한다. A가 원개념이라면 B는 그것을 설명하는 보조 개념인 셈이다. "여호와는 나의 목자시니…"에서 '여호와'가 원개념이라면 '목자'는 그것을 설명해 주는 보조 개념인 셈이다.

삶의 자리에서 다양하게 사용되는 은유는 함축적으로 어떤 개념을 드러내어 그것의 전달과 이해에 있어서 탁월한 기능을 수행하며, 사람들의 생각과 삶을 변화시키는 데 중요한 역할을 수행하기 때문에 성경에서도 그런 언어학적 기재가 자주 사용되었다. 당연히 신학에서는 중요한 이슈가 되었으며, 철학, 심리학, 언어학, 문학, 사회학, 커뮤니케이션학 등 다양한 분야에서 은유에 대한 다양한 논의가 있었다. 분명한 것은 은유는 우리 삶의 여러 영역에서 작용해 왔고, 인간은 은유에 둘러싸여 살아가고 있으며, '인지적 무의식'이 작동하는 가운데서도 은유는 인간 삶의 곳곳에서 작용하며 많은 영향을 미치고 있다.[12]

무엇보다 설교학에서 은유를 중요하게 여기는 이유는 그것이 유기

---

[11] Eugene H. Peterson, *The Jesus Way*, 양혜원 역, 『그 길을 걸으라: 제자도』(서울: IVP, 2018), 54~56.
[12] 상세한 내용을 위해서는 Raymond W. Gibbs, Jr., *Metaphor Wars: Conceptual Metaphors in Human Life*, 나익주, 김동환 역, 『메타포 워즈, 삶 속의 은유적 사유 활동』(서울: 커뮤니케이션북스, 2022)을 참고하라.

적 organic으로 작용하기 때문이다. 은유는 청중들이 '스스로 그 의미를 찾도록' 도와주며, 희미한 개념을 점점 선명하게 드러나게 만든다. 추상적이거나 익숙한 개념은 그리 구체적으로 다가오지 않으면서 언어의 생명력을 상실하게 만들지만, 은유는 이러한 한계를 뛰어넘을 수 있도록 도와준다. 그래서 미지의 주제를 설명할 때 시인들은 늘 은유를 사용하였다. 전달하는 개념을 선명하게 만들면서 구체적 이해와 공감을 갖게 하기 때문이다. 하나님의 신비를 증거하면서 성경이 은유를 즐겨 사용하는 이유이다. 그래서 성경 언어의 뿌리는 은유이며, 예수님께서 사용하신 비유의 언어 역시 "확장된 은유"라고 샐리 맥페이그는 주장한다.[13] 은유는 비유사성 영역과 비관습적인 것, 놀라움의 영역에로까지 확대되며, 좋은 은유는 "충격을 주고, 같지 않은 것들을 결합하고 관습을 뒤집고, 긴장을 불러일으키고, 은근히 급진적"이라고 그는 주장한다.

사람들은 다양한 은유를 통해 새로운 의미를 발견하고 창조할 뿐만 아니라 그것을 통해서 의사전달을 시도한다. 설교에 있어서 은유가 중요해지는 것은 어떤 개념을 구체적으로 드러내 주며, 그것을 오늘 삶의 자리와 연결하여 그 의미를 긴 설명 없이 선명하게 제시할 수 있기 때문이다. A라는 개념을 설명하고 구체적 인식을 위해 청중에게 익숙한 B라는 개념을 함께 병치시키면 전자가 선명하게 드러나게 된다. 예를 들면 "여호와는 나의 목자시니"라고 할 때 엄밀한 의미에서 A^{여호와}가 B^{목자}는 아니다. 전자를 설명하기 위해 청중들에게 익숙한 후자를 함께 병치시키면 긴 설명이 없이도 그 개념이 선명하게 인식되게 된다. 하나의 개념이 제시되었을 때는 보이지 않던 것이, 두 요소를 병치

---

13 Sallie McFague, *Metaphorical Theology: Models of God in Religious Language* (Minneapolis: Fortress Press, 1982), 14~18.

할 때 보이지 않던 의미가 새롭게 드러나게 하는 것이 은유의 주요 특성이다. 성경 기자들은 모두 "은유의 대가들"이었으며, 보이는 것과 보이지 않는 것을 상호 연결하여, 의미를 창출해 주고, 그 말의 움직임 속으로 초청하여 참여자로 만든다고 한 유진 피터슨의 주장은 이런 의미를 설명한 것이다.[14]

이미지에 메시지를 담아라

사람이 존재하는 곳에 이야기가 있고, 이야기 안에는 이미지가 담겨 있다. 하나님의 말씀을 전하기 위해 성경은 많은 이미지를 활용한다. 구두 전승 oral tradition 에 중점을 두는 히브리적 사유의 틀을 받아들이면서 성경은 그 메시지를 형성하고 전함에 있어서 많은 이미지을 활용한다. 하나님이 어떤 분이신가를 들려주시기 위해 '목자'의 이미지 시 23장를, 이방 문화 가운데 살아가는 그리스도인을 '나그네'의 이미지 벧전 1장를 사용하기도 한다. 절망적 상황 가운데서 간절히 하나님을 찾는 모습을 '목마른 사슴' 이미지로 표현한다. 목이 말라 온 산을 헤매는 사슴의 이미지는 지금 시인의 심경이 어떠했는지를 구체적으로 느끼게 한다. 이렇게 창세기부터 시작하여 요한계시록에 이르기까지 성경은 전하는 메시지를 구현 embodiment 하기 위해 많은 이미지를 활용한다. 구약의 예언자들은 그들의 설교에 이미지로 가득 채웠다.

성경의 이미지는 일상성, 통전성, 공감성, 확신성, 계시성 등에 기반을 둔다. '일상성'은 성경의 이미지는 청중들의 삶의 근저에서 만나게 되는 관습과 삶의 현장, 일상에서 가져오는 것이며, '통전성'은 히브

---

14 Eugene H. Peterson, *Answering God* (San Francisco: Harper & Row, 1989), 69; idem, 『그 길을 걸으라』, 54~55 참고.

리인의 인식 방법인 일원론적 사고에 근거한 통합적이면서도 유기적 특성을 말하고, '공감성'은 성경의 이미지는 누구나 쉽게 이해할 수 있고 적극적으로 참여할 수 있는 특성을 말한다. '확신성'은 충분한 의미를 고려하여 그것을 깨닫게 함으로써 자발적 결단을 갖게 하는 특징이고, '계시성'은 성경만이 가지는 독특하고 고유한 특성인 이미지 혹은 메타포를 통해 하나님의 메시지가 더 강하게 드러나게 하는 특징을 지칭한다.

성경이 이미지를 중요한 도구로 사용하는 이유는 인식론과 깊이 연결되어 있다. 결국 설교는 말씀의 경험experience, 인식의 변화transformation, 확신conviction을 갖게 하는 것이 목적이라고 할 때 최종 목표는 언제나 말씀의 경험과 확신을 통한 결단과 돌이킴을 목표로 한다. 제임스 로더James Loder의 용어를 빌리면, 기독교 설교는 단순히 객관적, 논리적 앎을 넘어 '경험적 앎'을 지향한다.[15] 그때 설교는 말씀의 사건event으로 확대되기 때문이다. 하나님의 계시의 말씀을 자신을 위한 '사건'으로 경험하기 위해서는 반드시 개인적 참여와 책임적 응답이 동반되어야 한다. 결국 이러한 과정을 거치면서 사람들은 하나님의 말씀 앞에서 그들의 삶과 인격의 변화를 경험하게 된다. 이러한 삶과 인격의 변화에 필연적으로 "상상력을 통한 인식의 도약"imaginative leap이 필요하다. 소위 '아하' 경험과 함께 이러한 도약을 경험하게 되는데, 말씀에 대한 주관적, 실존적 인식의 과정에 참여하면서 확신을 갖게 되고, 더 나아가서 하나님의 말씀이 요구하는 변화를 산출하게 된다. 이러한 과정에서 이미지와 상상력은 인식의 도약에 중요한 역할을 한다.[16]

인간의 삶은 우리 안에 거하는 이미지에 의해서 지배될 뿐만 아니

---

15 James Loder, *The Transforming Moment* (Colorado Springs, CO: Helmers & Howard, 1989).
16 김운용, 『새롭게 설교하기』, 259.

라 이미지를 만들고, 그것에 의해서 사고의 지평을 넓혀간다. 그래서 H. 리차드 니버 H. Richard Niebuhr 는 이미지의 중요성을 이렇게 주장한다.

> 우리는 대체로 그러리라고 생각하는 이상을 이미지를 만들고 그것을 사용하는 피조물이다. 더욱이 지각과 개념화의 과정 및 주변 세계와의 대화를 통하여 우리에게 오는 기호들을 조직하고 이해하는 과정은 우리의 마음 가운데 있는 이미지에 따라 이끌림을 받고, 형성된다.[17]

이미지를 통해 생성되는 심리적 과정을 통해 우리 자신의 인격과 성격, 삶이 형성된다. 이미지는 우리가 보는 것과 믿는 것, 느끼는 것, 그리고 행동하는 것의 기초를 제공한다. 이미지는 일상적 인식과 이해, 그리고 해석을 가능하게 해 주는 중요한 요소이며, 인간 삶과 실재, 신비의 세계를 이해하게 해 주는 탐사봉과 같은 역할을 한다. 의식 자체는 이러한 이미지의 끊임없는 흐름을 기초로 한다.[18]

근본적으로 설교의 목적은 그 설교를 통해 하나님의 세계와 하나님에 대한 이미지를 확장시키는데 있다. 그러므로 설교는 "하나님의 대한 무한한 새로운 이미지를 불러일으키는 중요한 수단들 가운데 하나"이며, 성도들의 삶과 신앙 속에서 하나님에 대한 정신적, 혹은 "상상에 의한 시각화" visualization 가 이루어지도록 돕는 사역이다. 설교 사역은 하나님의 세계를 드러내기 위해서 늘 생생하고도 새로운 이미지를 계속해서 발굴하는 작업이며, 이러한 이미지를 통해 오늘의 청중들이

---

17 H. Richard Niebuhr, *The Responsible Self* : an essay in Christian moral philosophy (Louisville, KY: Westminster John Knox Press, 1999), 196.
18 김운용, 『새롭게 설교하기』, 260.

새로운 말씀의 오솔길을 걷도록 돕는 말씀의 탐험가들이 되어야 한다.

설교자는 '말하는' 사람이기 전에 언제나 '보는'이어야 하며, 그가 보았던 말씀의 세계를 어떻게 청중들이 보게 할 것인지를 고민하면서 언어의 회화화에 깊은 관심을 기울여야 한다. 그때 청중들은 말씀을 통해 그들의 의식 속에 영상을 그려가며 말씀을 듣게 될 것이고, 직관과 감성이 움직이며 말씀을 경험을 하게 될 것이다. 설교자의 임무는 분명해 진다. 이미지에 설교를 담는 것, 귀에다만 메시지를 퍼부으려고 하지 않고 눈과 귀, 오감 전부에 말씀을 각인시키는 작업이 필요하다. 적절하게 활용된 이미지는 청중들이 말씀의 세계에 참여할 수 있도록 만들며, 삶의 변화의 원동력인 창조적 상상력을 자극한다. 그래서 성경은 이미지로 가득하고, 새롭게 설교자를 세울 때, '네가 무엇을 보느냐' 렘 1:11, 암 7:8 고 물으신 이유일 것이다.

4부

과거와의 대화: 거인의 어깨 위에서 더 멀리까지 보라

목마른 세상에 주전자 꼭지를 물리는 사람
마른 싹눈에 주전자 꼭지처럼 절하는 사람
주전자는 꼭지가 그중 아름답지
새 부리 미운 거 본 적 있냐?
주전자 꼭지 얼어붙지 않게 졸졸졸 노래해라
아무 때나 부르루 뚜껑 열어젖힌 채
새싹 위에다 끓는 물 내쏟지 말고

— 이정록, "주전자 꼭지처럼"

11 장
우린 한 번의 설교에 목숨을 걸었다[1]

> 등불 하나가 걸어오네
> 등불 하나는 내 속으로 걸어 들어와
> 환한 산 하나가 되네
> 등불 둘이 걸어오네
> 등불 둘은 내 속으로 걸어 들어와
> 환한 바다 하나가 되네
> ― 강은교[2]

거인의 어깨 위에서

만유인력 법칙을 발견하여 근대 물리학의 발전에 지대한 공헌을 했던 아이작 뉴턴은 노년에 그런 말을 남긴다. "나는 바닷가에서 노는 소년과 같았다. 가끔 보통 것보다 더 매끈한 돌이나 더 예쁜 조개껍데기를 찾고 즐거워하는 소년. 그러는 동안에도 내 앞에는 광대한 진리의 바다가 미지의 상태로 펼쳐져 있었다." 천재 물리학자가 자신을 '소년'으로 표현한 것이나, 대단한 발견을 이룬 일생의 노력을 매끈한 돌멩이 하나, 조개껍데기 하나로 이해한 겸손함이 돋보인다. 1676년에 그가 한 말도 감동이다. "내가 더 멀리 보았다면 이는 거인들의 어깨 위에 올라서 있었기 때문이다" If I have seen further, it is by standing on the shoulders of giants. 자신을 "거인의 어깨 위에 앉은 난쟁이"로 비유한 것 또한 압권

---

[1] 본 장은 『교회와 신학』 79집 (2015)에 실린 필자의 논문을 기초로 내용을 확대한 것임을 밝힌다.
[2] 강은교의 시, "등불과 바람" 일부. 강은교 시집, 『등불 하나가 걸어오네』(서울: 문학동네, 1999).

이다.

뉴턴의 이 표현은 조지 허버트가 1651년에 쓴 문장, "거인의 어깨 위에 올라선 난쟁이는 거인보다 더 멀리 본다"에서 인용한 것이고, 허버트는 1621년, 로버트 버튼의 문장, "거인의 어깨 위에 올라선 난쟁이는 거인 자신보다 더 멀리 볼 수 있다"에서 빌려왔다. 버튼은 스페인 신학자 디에고 데 에스텔라를 인용한 것으로 알려진다.[3] 그 출처는 훨씬 더 거슬러 올라간다. 하지만 보편의 은유가 되었기에 원출처를 따지는 것은 별 의미가 없어 보인다. 인간은 누구나 거인의 어깨 위에서 멀리까지 보게 되는 존재이기 때문이다. 사람은 길을 찾는 존재요, 저마다의 길을 가는 존재이다. 더 멀리 보기 위해 안간힘을 쓰는데, 거인의 어깨에 올라서면 멀리 볼 수 있다는 조언이 가슴에 깊이 와닿는다.

1938년, 연희전문학교 문과에 입학한 시인 윤동주가 식민지 조국의 암담한 상황을 고민하면서 쓴 시가 있다. "내를 건너서 숲으로/ 고개를 넘어서 마을로/ 어제도 가고 오늘도 갈/ 나의 길 새로운 길/ 민들레가 피고 까치가 날고/ 아가씨가 지나고 바람이 일고/ 나의 길은 언제나 새로운 길/ 오늘도, 내일도…/ 내를 건너서 숲으로/ 고개를 넘어서 마을로." 암담한 시대적 상황인데 밝고 아름다운 봄날이다. "내를 건너서 숲으로 고개를 넘어서 마을로" 묵묵히 자기 길을 가는 이 앞에 아름다운 일상이 펼쳐지고, 아름다움이 가득하다.

우린 저마다의 길을 간다. 젊은 날 애송했던 로버트 프로스트Robert Frost의 시, "눈 내리는 저녁 숲 가에 멈춰 서서"가 생각난다. 1922년 발표된 이 시는 뉴잉글랜드 전원에서의 삶이 일상의 언어로 아름답게 묘사된다. 시인은 그 시를 힘든 가족사의 비극적 상황에서 쓴 것으로 알

---

3   로버트 머튼의 연구에 따르면, 이 경구는 500년의 역사를 가진 것으로 알려진다. Robert K. Merton, *On the Shoulders of Giants: A Shandean Postscript* (San Diego: Harcourt, 1985)를 참고하라.

려져 있다. 화자는 지금 어느 눈 내리는 저녁, 가던 길을 멈추고 눈 쌓인 풍경을 보고 있다. 농가도 없고, 눈이 쌓여가는 숲과 얼어붙은 호수, 캄캄한 밤, 아름다운 겨울 숲의 풍경에 취해 가던 길을 멈춘다. 오래 머물고 싶었단다. 하지만 거기 긴장감이 서린다. 가야 할 길에 대한 압박 때문이다. 마지막 연은 이렇게 되어 있다. "숲은 아름답고 어둡고 깊습니다/ 하지만 나에겐 지켜야 할 약속이 있고/ 잠들기 전 가야 할 먼 길이 있고/ 잠들기 전 가야 할 먼 길이 있습니다."[4]

사명 때문에 주저앉을 수 없었던 사람들, 멈춰 설 수 없었던 사람들, 그 누군가로 인해 우린 복된 소식을 듣게 되었다. 부르심을 따라, 열정을 불태우며 소명의 길을 걸어가는 사람이 있어 오늘, 이 땅에 교회가 세워졌고, 그 가운데서 우린 복음을 듣고 말씀을 배웠다. 설교 사역 역시 마찬가지이다. 그 거인의 어깨 위에서 더 멀리까지 바라보는 일, 그래서 날마다 새롭게, 더 힘차게 길은 걸어갈 수 있는 지혜와 격려를 받을 수 있기를 비는 마음으로 각 시대를 힘차게 섬겼던 거인들을 만나고자 한다.[5]

한국인 최초로 노벨문학상을 받은 작가 한강은 수락 연설에서 늘 가슴에 담고 살았다는 두 개의 질문에 대해서 언급했다. "현재가 과거를 도울 수 있는가? 산 자가 죽은 자를 구할 수 있는가?" 그의 소설, 『소년이 온다』를 쓰기 위해 광주민주화항쟁 관련 자료를 읽을수록 이 질문들은 불가능한 것으로 판명될 즈음, 1980년, 민주화 항쟁이 있던 때 한 젊은 야학 교사의 일기를 읽었단다. 그리고 수상 연설에서 그렇

---

4 Robert Frost, "Stopping by Woods on a Snowy Evening," 일부.
5 어떤 기준과 관점으로 이들을 택하였는지에 대해 질문한다면 객관적 기준보다는 설교의 원시림을 더듬다가 만나, 아니 우연히 만난 선인이었음을 밝힌다. 계획된 만남을 통해서, 때론 우연한 만남을 통해 큰 교훈과 지혜를 얻는 경우가 많지 않은가? 그것을 정리한 것이라고 하는 것이 정확할 것 같다.

게 밝힌다.

> 1980년 오월 당시 광주에서 군인들이 잠시 물러간 뒤 열흘 동안 이루어졌던 시민 자치의 절대 공동체에 참여했으며, 군인들이 되돌아오기로 예고된 새벽까지 도청 옆 YWCA에 남아 있다 살해되었던, 수줍은 성격의 조용한 사람이었다는 박용준은 마지막 밤에 이렇게 썼다. "하느님, 왜 저에게는 양심이 있어 이렇게 저를 찌르고 아프게 하는 것입니까? 저는 살고 싶습니다." 그 문장들을 읽은 순간, 이 소설이 어느 쪽으로 가야 하는지 벼락처럼 알게 되었다. 두 개의 질문을 이렇게 거꾸로 뒤집어야 한다는 것도 깨닫게 되었다. 과거가 현재를 도울 수 있는가? 죽은 자가 산 자를 구할 수 있는가? 이 후 이 소설을 쓰는 동안, 실제로 과거가 현재를 돕고 있다고, 죽은 자들이 산 자를 구하고 있다고 느낀 순간들이 있었다.[6]

"과거가 현재를 도울 수 있는가? 죽은 자가 산 자를 구할 수 있는가?" 한강 작가의 외침처럼 우리는 끊임없이 과거와 선인(先人)들로부터 묻고, 들어야 한다. 이런 관점에서 4부는 과거와 선인(先人)들의 외침을 듣는 자리이다. 과거가 현재를 도울 수 있고, 죽은 자가 산 자에게 끊임없이 이야기한다는 전제에서 시작한다. 하나님 말씀의 선포인 설교는 그 시대를 반영할 뿐만 아니라 선도하는 역할을 해 왔다. 그 시대가 나아가야 할 방향과 대안을 제시한다는 점에서 독특한 신학적 특성을 가지며, 그 시대의 특별한 상황과 그 사람들에게 전해진다는 점에서 기독교 설교는 '신학적'이면서 또한 '상황적'이다. 설교가 가지는 이러한

---

6 한강, "한강 노벨상 수상 기념 강연 '빛과 실'," 『경향신문』(2024년 12월 08일).

신학적 특성을 따라 과거로부터 듣기 작업을 시도한 것이 설교의 역사 연구이다. 본 장은 어둠의 시간에 일어나 등불을 들었던 선배들의 이야기를 가만히 '엿듣기'overhearing하는 자리이다. 그것을 통해 우리가 무엇을, 어떻게 수행해야 할지에 대한 통찰을 얻고자 한다. 영국의 역사학자 에드워드 카 Edward H. Carr가 역사를 "현재와 과거의 끊임없는 대화" an unending dialogue라고 한 것처럼, 여기에서는 오늘의 설교자들 현재이 한 시대 가운데 귀한 설교사역을 감당한 설교사역의 '거인' 과거과의 역사적 대화의 장이며, 그것을 통해 이 시대에서의 설교사역을 위한 통찰력을 찾아가고자 한다.

어두움의 시대에서 엿듣기

15세기 전후, 교회는 화려한 전성기가 지나가고 부패와 타락으로 인한 혼조를 거듭하였으며, 영적으로 깊고 어두운 밤을 보내고 있었다.[7] 수년 동안 사람들의 사고를 지배하고 있던 스콜라 신학 체계는 낡고 그 영향력을 상실하면서 교회를 새롭게 할 만한 능력을 상실했고, 서유럽의 보편적 제도였던 교황제는 아비뇽 유수를 경험하면서 그 영향력이 쇠퇴하고 타락의 늪에서 허덕이고 있었다. 교황제는 세속화된 권력으로 전락하면서 숱한 오류를 낳았고, 부패와 타락의 나래로 빠져들고 있었다.

영적으로 깊은 어두움의 시대였다. 그때 이곳저곳에서 벌떡 일어난 이들이 있었다. 새로운 신학적 경향과 경건을 추구하기도 하고,[8] 교

---

[7] 1122년 보름스 회의로부터 시작하여 교황권의 완전함에 대한 강력한 교리가 형성되면서 혼란과 타락의 양상을 더 깊어졌고, 4차 라테란공회의(1215년)에서 결정된 화체설은 예배의 미신화를 촉진한다.

[8] 그 한 흐름이 실재론에 바탕을 둔 스콜라 신학에 대한 반향으로 제기된 유명론 신학을 들 수 있으며

회를 새롭게 하려는 다양한 목소리와 움직임이 높아가기 시작한다. 16세기 초 종교개혁이라는 대문이 활짝 열리기까지 개혁을 향한 움직임은 여러 지역에서, 다양한 형태로 나타났다. 하나님의 말씀 선포라는 기능을 통해 그들은 그 역할을 수행함으로 그 토대가 세워졌다. 종교개혁은 갑자기 일어난 것이 아니라 그 이전 시대의 인식과 활동, 설교자들의 각성과 사역을 통해 공감대가 형성되고 새로운 토대가 마련되어 시작된 것으로 보는 것이 옳다. 어떤 이는 그 체재 안에서 새로운 바람을 일으키려고 했고, 어떤 이들은 그 체재 자체의 부당성을 외치며 횃불을 높이 들기도 했다. 대부분 환영받지 못하고 비극적 결말로 끝났지만, 그들은 '종교개혁 선구자들,' '종교개혁 이전의 개혁자들'로 우뚝 선다.

이 시대에 시사하는 바가 커서 신학적 어두움이 가득한 시대에 유명론 신학은 교회 개혁 사상은 당시 개혁 사상을 가지고 있던 이들에게 깊은 영향을 끼친다.[9] 그래서 우리는 유명론 시대 설교자인 토마스 아 켐피스Thomas à Kempis, 종교개혁의 샛별로 평가받는 존 위클리프John Wycliffe, 보헤미아 교회 개혁의 불을 지핀 얀 후스Jan Hus, 체제 안에서 개혁의 등불을 높이 들었던 기롤라모 사보나롤라Girolamo Savonarola 등과 같은 거인과거들과의 대화를 먼저 시작하고자 한다. 시대와 지역은 달랐지만, 개혁과 변혁이라는 관점에서 보면 그들은 삶과 사역의 중심에 설교가 자리 잡고 있었고, 그 일에 목숨을 걸었던 이들이다.

중세교회 전성기였던 13세기가 지날 무렵 교황 권력은 최고조에 이르며, 탁발 수도사는 갈 수 있는 모든 곳으로 나아가 복음을 전하였

그 바탕 위에서 '새로운 경건'(Devotio Moderna)을 추구하는 흐름이 있었다.
9 유명론 신학의 주요 교리들은 종교개혁자들에게 깊은 영향을 끼친다. 마틴 루터만 하더라도 유명론의 주창자였던 윌리엄 오컴에게서 깊은 영향을 받았을 뿐만 아니라 존 위클리프나 얀 후스의 교회개혁 사상으로부터 직접적인 영향을 받았다. 이들은 실로 "종교개혁을 위한 기반"이 되었다.

다. 대학이 세워져 신학 체계가 세워졌고 고딕건축이 발전하면서 각처에 웅장하고 화려한 교회당이 세워졌다. 당시 유럽 사회는 최고 영적 권위를 가진 교황과 세속 권력을 가진 왕과 제후들 사이에 평화로운 연합이 형성되었다.[10] 14, 15세기는 각 곳에서 몰락의 징후들이 나타나면서 서서히 새로운 질서에 대한 열망과 함께 여명이 동터오는 시기였다. 필립 샤프는 이때를 "옛것들이 차츰 사라지고 새로운 질서의 도래를 알리는 징후들이 우후죽순처럼 번져나간" 시기로 규정한다.[11] 십자군 전쟁, 문예부흥 운동, 대역병으로 인한 인구의 감소와 불안감,[12] 비잔틴 제국 붕괴 등 많은 사회적 변화가 일어났다.

교황권 몰락 징후가 농후해지면서 봉건제도의 몰락과 국가의 출현은 새로운 상황으로 나아가게 했다.[13] 화폐 경제의 발전과 함께 자연스럽게 도시가 형성되고 생산과 활발한 교역을 통해 신흥 부르주아 계급이 일어난다. 새로운 귀족 개념을 형성되면서 기존 귀족 계급인 봉건 영주들과의 마찰이 일어나는데 점점 봉건 세력은 약화 되고 강력한 중앙정부의 필요성이 대두된다. 그리하여 근대국가들이 출현하게 되는데 프랑스, 잉글랜드, 스칸디나비아 제국이 강력한 군주를 중심으로 연합과 통일을 이룬다. 민족을 중심으로 일어난 이러한 국가주의nationalism는 십자군 전쟁을 통해 민족의식이 더 공고해졌고, 점점 외세의 개입

---

10 Justo L. González, *The Story of Christianity: The Early Church to the Dawn of the Reformation*, vol. 1 (New York: HarperOne, 2010), 324.
11 Philip Schaff, *History of the Christian Church*, vol. 6, 이길상 역, 『중세 시대: 보니파키우스 8세부터 루터까지』, 교회사 전집 6권 (고양: 크리스챤다이제스트, 2004), 13
12 유럽을 강타한 흑사병으로 인해 노동력 감소와 경제적 타격, 교회에 대한 인식 변화가 일어나면서 유물 숭배와 미신의 창궐로 이어졌고, 인간 존재의 신비를 이해하는 데 있어 이성의 한계를 의심하게 되었으며, 삶에 대한 태도의 변화가 일어났는데 특히 죽음, 지옥, 심판 등에 대한 공포에 떨기도 했다.
13 후스토 곤잘레스는 국가주의(nationalism)의 출현이 이 기간에 몰락의 중요한 요소 중 하나로 작용하였다고 주장한다. Justo L. González, *A History of Christian Thought: From Augustine to the Eve of the Reformation*, vol. 2 (Nashville: Abingdon, 1987), 325.

이나 간섭을 싫어하게 된다. 이것은 우주적 권위를 주장하던 교황청과 당연히 마찰을 빚게 된다. 약화된 교황권은 특정 국가의 군주와 결탁하여 세력을 유지하려고 하지만 약화와 타락의 이유가 된다.[14]

결국 이런 결과가 교황청의 아비뇽 유수와 대분열 The Great Schism[15]로 연결되고 교황권의 부패와 타락의 한 요인으로 작용하게 된다. 교회 상부의 부패와 타락은 자연히 지역 성직자들의 타락으로 이어진다. 성직매매와 족벌주의는 부패를 양산했고, 변질되거나 잘못된 교리는 교회를 병들게 했다. 일반 성직자들은 수준이 저급했고, 고위 성직자들은 부의 축적을 위해 성직매매와 편법을 서슴치 않았고 타락의 양상은 심각했다.

새로운 추구자들

중세 신학의 토대였던 스콜라 신학은 13세기에 전성기를 이루는데 신앙과 삶의 이슈를 이성으로 답을 하고 검증하려고 시도하였다. 이것은 캔터베리의 안셀름으로부터 토마스 아퀴나스로 대표되는 토마스주의 Thomism 로 이어지면서 꽃을 피운다.[16] 그러나 대학을 중심으로 전개되던 스콜라 신학은 갈수록 복잡한 논리와 어려운 용어들로 채워지면서 실생활과는 거리가 먼 사변적인 신학으로 전개되었다. 이러한 주

---

14 교황이 어느 나라에 기울어지면 다른 쪽에서 반감을 표시하게 되고, 교황을 자기 쪽으로 끌어들여 반사이익을 취하려고 한다. 예컨대 백년전쟁(1337~1475년)이 진행되는 동안 교황은 프랑스와 가까웠고 영국과는 멀어지게 된다. 국가주의의 출현과 교황권의 분열과 타락에 대해서는 김기홍, 『이야기 교회사』(서울: 두란노, 2010), 28장; 위의 책, 32장 등을 참고하라.
15 교황청의 아비뇽 유수는 클레멘스 5세 때 교황청이 1309년에 로마에서 프랑스의 아비뇽으로 옮겨가 그레고리 11세가 1377년 돌아올 때까지의 기간을 말한다. 이 기간 중 교황은 프랑스 국왕의 꼭두각시 노릇을 하게 되며 교황과 추기경 대부분이 프랑스 출신이 등용된다. 우르바노 6세가 새로 선출되었을 때 프랑스 추기경들이 무효를 선언하며 대립 교황을 선출함으로 교황권의 대분열이 시작된다.
16 중세 스콜라신학의 또 한 줄기는 스코틀랜드의 둔스 스코투스(Duns Scotus)의 영향을 받은 스코티즘(Scotism)을 들 수 있다.

지주의적 경향에 대해 반기를 들면서 성경과 교회의 전통을 '신앙'으로 수용하려는 경향이 생겨난다. 이들은 양심과 의지를 강조하면서 실재론의 한계를 넘어서려고 했다. 윌리엄 오컴 등을 중심으로 유명론에 대한 논의가 이루어진다. 자연을 통해서 신의 존재가 증명될 수 없다고 이해한 이들은 계시에 대한 신뢰를 더 공고하게 하는데[17] 유명론은 "하나님의 절대적 권능"potentia absoluta 과 "하나님 질서의 권능"potentia ordinata 을 구분하면서 이성보다 의지를 더 강조하였다. 중세 후기 유명론의 성행은 "중세가 지향하는 종합이 와해"되고, 중세 몰락의 중요한 지표로 작용한다.[18] 신학에 대한 깊은 불신 풍조가 조성되면서 유명론적 경건과 신비주의가 함께 출현하게 된다.[19] 신앙생활 영역에서는 개인 경건을 추구하는 경향이 생겨나며, 제도권에서는 교회개혁의 추구, 대사회적으로는 예언적 전통으로 이어진다.

개혁의 움직임은 여러 방향에서 일어난다. 성경을 앞선 권력을 휘두른 교회 가르침보다는 성경의 가르침을 더 중요하게 생각하였고 하나님과의 내면적 연합을 시도하는 흐름도 생겨났다. 교리와 교회개혁을 통해 타락한 교회를 바로 세우려는 노력과 타락한 사회를 하나님 앞에 바로 세우려는 예언적 운동도 나타난다. 첫 번째 경향의 주자로 아 켐피스, 둘째 경향은 위클리프와 후스를, 셋째 경향으로 사보나롤라를 들 수 있다. 물론 이들의 시도는 온갖 회유와 무자비한 탄압으로 잠재워지기도 하였다. 하지만 깊은 신앙과 용기를 가지고 그들은 종교개

---

17 루터의 종교개혁 기본명제인 오직 성서, 오직 믿음, 오직 은총이라는 개념도 오캄의 유명론적 신학을 계승, 발전시킨 것으로 이해할 수 있다.
18 위의 책, 391~92.
19 정치적 환경의 동요와 농민반란, 전염병의 창궐로 대량 인명 손실, 교회의 타락과 혼란 등으로 신과 직접적 대면을 통한 평화를 갈구하는 움직임이 생겨난다. 이러한 경향은 라인강 주변으로 사변적 신비주의와 네덜란드에서의 실천적 신비주의 운동으로 이어진다.

혁을 위한 씨앗이 되었으며,[20] 자연스럽게 종교개혁의 토대를 놓아가기 시작한다.

유명론적 경건주의 설교자 만나기

스콜라 신학에 대한 반발로 대두된 유명론은 경건에 대한 새로운 접근을 가능케 한다. 미사여구와 사변적 내용으로 가득한 당시 신학적 지식과 흐름을 벗어나 개인 경건과 거룩한 삶을 추구한다. 신비주의 운동과 헤르트 흐로테Geerd Groote의 '공동생활 형제단the Brethren of the Common Life이 주도하는데,[21] 영적 체험과 내적 경건을 강조한다. 하나님의 뜻 순종, 그리스도가 사셨던 삶을 온전히 따름 등을 강조한다. 형제단은 여러 곳에 학교를 세우고, 설교자 훈련도 실시한다. 이런 영향을 깊이 받은 설교자 토마스 아 켐피스를 만나 보자.

1380년 독일 켐펜에서 태어난 아 켐피스는 네덜란드 데벤터르Deventer의 공동생활 형제단 학교를 다녔다. 그는 그곳에서 "켐펜 출신 토마스"Thomas a Kempis라는 이름을 얻는다. 삶의 방식을 더 훈련하기 위해 성 아그네스 수도원에 들어갔고, 그곳에서 사제서품을 받는다. 평생 수도사의 중요 업무였던 성경과 경건 서적 필사, 하나님의 말씀 묵상과 설교에 전념한다.[22] 내면의 삶과 기독교의 실재에 대한 개인적 전유ap-

---

20 김기홍, 『크리스천이라면 꼭 알아야 할 이야기 교회사』, 246.
21 이 시기 신비주의 운동의 대표자로 마이스터 엑크하르트(Meister Echhart)를 들 수 있다. Meister Eckhart, *Meister Eckhart, Teacher and Preacher*, ed. Bernard McGinn (New York: Paulist Press, 1986)을 참고하라. 평신도 설교자 흐로우뜨를 중심으로 시작된 공동생활형제단은 14세기 네덜란드에서 설립되어 북유럽 지역에 큰 영향을 끼친다. 주님의 삶을 본받고 하나님과의 합일을 이루는 삶을 추구하였는데 엄격한 신앙훈련과 경건훈련, 검약생활을 공동으로 실천한다.
22 성경 필경, 전기와 명상록 등 책 저술, 많은 설교문을 남긴다. 성육신에 대한 긴 명상록과 예수님의 생애와 끼치신 복에 대한 명상록 등이 있다. 여기에는 그리스도에 대한 존경으로 넘쳐난다. Philip Schaff, 『중세시대: 보니파키우스 8세부터 루터까지』, 268~69.

propriation에 깊은 관심을 기울인다. 당시 경건이 주로 초월적 실재 transcendent reality에 집중하였다면, 그는 '천상의 그리스도'보다는 각 개인의 마음 가운데 거하시는 '내재하시는 그리스도' indwelling Christ에 더 집중한다.[23]

"그리스도를 본받아"로 널리 알려졌지만, 그는 뛰어난 대중 설교자는 아니었다. 평생 수도원 골방에서 조용히 말씀 묵상으로 보낸다. 그의 설교는 당시 유명론적 경건에 토대를 둔 설교의 전형을 보여주는데, 인간 내면 경건에 강조를 둔다. 당시의 '새로운 경건' Devotio Moderna 흐름은 "세상 위의 것"에 중점을 두었던 이전 경건 개념에 대한 대안으로, 주로 인간 내면의 실재 inward realities에 초점을 맞추고 신적 실재 divine realities에 대한 깊은 묵상을 그 특징으로 한다.[24] 엄격한 삶의 훈련과 경건 실천, 성경 읽기와 묵상, 필사 등을 강조한다. 이것은 나중 종교개혁에 깊은 영향을 미쳤기 때문에 "프로테스탄티즘을 향한 첫걸음," "종교개혁 이전의 개혁"으로 평가한다.[25]

아 켐피스의 설교문은 그의 수도원 생활 때문에 비교적 여러 편이 남아 있다.[26] 대림절, 성탄절, 사순절, 고난주간, 오순절 등 당시 교회력에 맞추어 설교한 35편은 수도원에서 함께 생활한 형제들과 방문자들에게 전해진 것으로 그리스도 안에서의 달콤한 쉼, 정결한 삶, 사랑, 조용한 헌신 등의 주제를 담고 있다. 고난주간 6편의 설교에는 유명론 경

---

23 Hughes O. Old, *The Reading and Preaching of the Scriptures in the Worship of the Christian Church: The Medieval Church*, vol. 3 (Grand Rapids: Eerdmans, 1999), 491. 이하 *"The Reading and Preaching,"* 으로 표기할 것임. 장 제르송(Jean Gerson)이 주로 제도권 안에서, 아 켐피스와 공동생활형제단은 비제도권에서 유명론적 경건을 실천한다.
24 위의 책, 506. '새로운 경건'에 대해서는 Albert Hyma, *The Christian Renaissance: A History of the "Devotio Moderna,"* 2nd ed. (Hamden: Archon Books, 1965)를 참고하라.
25 Old, *The Reading and Preaching*, 507; Hyma, *The Christian Renaissance* 등을 참고하라.
26 설교 원문을 보기 위해서는 Thomas á Kempis, *The Works of Thomas á Kempis: Sermons on the Life and Passion of Our Lord and of Hearing and Speaking Good Words*, trans. Vincent Scrully, vol. 4 (London: Kegan Paul, Trench, Trübner & Co., 1907)를 참고하라.

건 사상이 그대로 담겨 있는데, 그리스도 고난에 동참을 강조한다. 내면적 경건, 주님과의 합일, 그리스도 고난에 동참 등은 중세 유명론 신비주의의 강조점이었다. 깊은 고난 묵상, 그 고난 앞에서 거룩한 눈물의 회복, 그리스도 고난의 내면화, "생생한 십자가형 실재 응시, 그리스도 고난의 내적 이미지 mental image 각인" 등을 강조한다.[27] 무엇보다 그의 설교는 자기 부인, 그리스도 모방, 하나님 말씀의 실천과 구현, 하나님께 영광 등을 강조한다.

> 모든 세속적인 일을 부인하고 자기 십자가를 지는 영혼에게 복이 있도다. … 이것이 주님의 십자가에 영광이 되기 때문이고 그리스도를 위하여 당하는 고난 가운데서도 기뻐할 수 있기 때문입니다. 또한 육체의 즐거움을 삼가고 자신의 명예를 구하는 일에서 벗어날 수 있기 때문이며, 자신의 뜻을 내려놓을 수 있게 하기 때문입니다. 이것은 죽음의 자리에서도 겸손히 순종할 수 있게 합니다…. 이러한 삶을 사는 것은 십자가 곁에서 그리스도를 닮아가는 것이며 진정으로 주님을 사랑하는 것입니다.[28]

이렇게 그의 설교는 그리스도의 대속 은혜를 오늘 여기에서 기억하고, 묵상하며, 삶에 구현하는 것을 강조한다. '새로운 경건'의 강조점을 따라 예배는 그리스도 안에서 나타난 하나님의 구원 역사와 구원 행동의 기억에 중점을 두면서, "거룩한 기억 holy remembrance 은 하나님을

---

27 Old, *The Reading and Preaching*, 509. 고난주간 설교의 결론 부분에 이러한 특성이 잘 나타나고 있다. "사랑하는 친구들이여, 나그네들이여, 나를 떠나가십시오. 부디 떠나가십시오. 나를 고독하게 홀로 남겨두십시오. 저를 위해 십자가에 달리신 나의 사랑하는 주님을 생각하며 저는 그분의 죽으심을 애도할 것입니다." Thomas á Kempis, *The Works of Thomas á Kempis*, 153.
28 Thomas á Kempis, *The Works of Thomas á Kempis*, 160.

가장 기쁘시게 하는 일"이라고 강조한다. 이렇게 신앙의 사변화와 언어적 치장이 아니라 매일의 삶 속에서 그리스도의 삶을 본받음, 내면 단장과 덕행 실천에 그 강조점을 둔다.[29]

말씀을 통한 개혁적 설교: 존 위클리프

종교개혁 직전 세기, 영국 사회는 커다란 변화를 경험하고 있었다. 그런 변화의 상황에서 개혁의 기치를 들었던 설교자가 존 위클리프였다. 그는 "종교개혁의 새벽별"[30]로, 영국이 배출한 "가장 독창적이고 열정적인 인물"로 평가받는데,[31] 그의 개혁은 아 켐피스와는 전적으로 달랐다. 교회 개혁과 도덕적 부패, 교리와 교회 의식까지 그의 개혁의 영역은 실로 광범위하였다. 당시 교회는 깊은 어두움 가운데 있었고 국왕과 교황청의 주도권 싸움으로 갈등의 골이 깊었다. 국가주의 출현과 함께 교회의 권위는 위협을 받고 있었고, 교황은 많은 영토를 확보하여 그 기반을 확고히 하려고 했다. 당시 성직자들은 종교적 특권을 이용해 부를 축적하는 데 혈안이었고[32] '교황청의 아비뇽 유수'와 관련하여 교황권의 대분열과 함께 그 타락은 극에 달했다.[33]

거의 100년 동안이나 온 세계는 암흑 가운데 잠자고 있었다. 발전은 쇠퇴하고 사람들의 흥미와 양심은 무관심과 무기력의 우리 속에 갇

---

29 『그리스도를 본받아』의 2장은 이러한 내면생활에 대한 권면을 담고 있다. Thomas á Kempis, *The Imitation of Christ*, 홍병룡 역, 『그리스도를 본받아』(서울: 포이에마, 2013), 97~100.

30 John Wycliffe, *Life and Times of John Wycliffe: The Morning Star of the Reformation* (London: The Religious Tract Society, 1884), 8.

31 Schaff, 『중세 시대』, 283.

32 Melvin M. Cammack, *John Wyclif and the English Bible* (New York: American Tract Society, 1938), 5~6.

33 교황의 바벨론 유수(1309~1377)와 교황이 두세 명이 존재하던 교황권 대분열기(1378~1417)에 대해서는 González, *The Story of Christianity*, 32장을 참고하라.

혀 있었다. 그리하여 미신과 무지로 온 세상 사람들이 굳어 버렸다. 교회는 여전히 흑암 가운데서 빛을 말하고 있었지만, 밖으로는 세상의 이교 사상과 부패, 안으로는 교회의 여러 죄악과 약점으로 인해 교회의 빛이란 참으로 한심한 것이었다. 그러니 교회의 빛이 제대로 그 능력을 발휘할 수 없었음은 말할 여지도 없다.[34]

위클리프는 학자, 교수, 외교관, 왕실 사제 등의 다양한 일을 수행하지만, 무엇보다도 그는 위대한 설교자의 삶을 살았다. 전성기에 그는 옥스퍼드대학에서 강의하고 런던에서 설교하는데, 옥스퍼드에서 추방된 이후 임종 때까지 집필에 전념함으로 그의 신학의 완성도를 높이는 기회가 된다. 위클리프는 초기에는 주로 교회와 성직자들의 부패와 타락에 대해서, 교회의 기초를 이루고 있는 잘못된 교리를 공격한다. 그의 개혁 사상은 당시 스콜라 신학의 한계를 극복하기 위해 일종의 고대로 회귀를 강조하는데, 특히 아우구스티누스 전통으로 회귀의 특성을 보였다. 그는 교회론을 재진술하는데, 참된 교회는 교황을 중심으로 한 계급제도에 사로잡혀 있는 유형의 교회가 아니라 하나님의 택함을 받아 그리스도의 몸이 된 이들의 모임인 무형 교회를 강조하면서 교황이 가시적 교회의 머리가 된다는 주장은 터무니없는 것임을 밝힌다. 스콜라 신학과 중세 교황청이 공들여 쌓은 신학 체계와 교회 안의 부패를 조목조목 비판한다.[35] 계속 설교를 통해 교황의 세속 주권과 교회 부패와 타락, 잘못된 당시의 신학을 지적한다. 거기에는 화체설도 포함한다.

1382년, 종교회의는 그의 대표 주장 24개 가운데 10개를 이단으

---

34 Elgin S. Moyer, *Great Leaders of the Christian Church*, 곽안전, 심재원 역, 『인물 중심의 교회사』(서울: 대한기독교서회, 1988), 264.
35 Matthew Spinka, ed., *Advocates of Reform: From Wyclif to Erasmus*, 백충현, 김봉수 역, 『개혁의 주창자들: 위클리프부터 에라스무스까지』(서울: 두란노, 2011), 39; Schaff, 『중세 시대』, 298~99.

로, 나머지는 교회 결정을 위배한 것으로 단죄했다. 건강 악화로 1384년 12월 31일 그는 세상을 떠났지만, 그가 세상을 떠난 지 41년이 지난 다음, 무덤이 파헤쳐지고 화형을 당해 템즈강에 뿌려지는 수모를 당한다. 하지만 그의 개혁 사상은 영국을 넘어 유럽 대륙으로 전해지면서, '정복되었으나 소멸하지 않은 운동'으로 확산 된다. 종교개혁 발발 150년 전에 교회 개혁의 기치를 높이 들었던 한 설교자의 개혁 사상은 유럽으로, 후스와 나중에는 루터로까지 연결되어 종교개혁의 꽃이 활짝 피어난다.

위클리프는 설교와 소책자, 긴 저서논문 등 다양한 저술을 통해 중세교회의 잘못된 교리와 부패상을 논박한다. 필립 샤프는 그의 펜은 "다메섹의 면도칼처럼 예리"했고, "아이러니와 독설의 달인"이었던 그는 자신의 문학적 역량을 최대로 살려서 성경적으로 바른 교리를 수립해 갔다. 당시 설교자들을 훈련하여 바른 설교 사역을 확산에도 주력한다. 초기에 위클리프는 수도사들을 순화시켜 사용하려고 하였지만, 당시 순회설교자인 탁발 수도사들은 면죄부의 가치를 설교하고, 면죄부와 성물 판매, 헌금 착복 등 타락의 온상이었다. 그래서 그는 옥스퍼드대학 졸업생들을 중심으로 새로운 순회 설교자단을 구성하는데, "땅구멍 사제들"이 그것이다. 이것은 나중 롤라드 운동으로 확산하였고, 그의 사후 영국을 넘어 유럽 전역으로 활동이 확대된다. 그들은 검소한 옷을 입고 도보로 걸어서 사람들을 찾아다니며 설교하였다.[36] 그들

---

[36] '롤라드'(Lollard)라는 말은 '중얼거리는 사람'을 뜻하는 중세 화란어 '롤라에르트'(lollaert)에서 온 것으로 추정. 성경을 암송하거나 조용한 소리로 기도하는 모습에서 유래한 것으로 보인다. 제도권의 교회에서는 이들은 이단 취급을 당하였고 많은 박해를 받았다. 가난한 설교자들의 절제된 설교 모습에서 유래된 것으로 본다. 1380년대 시작된 이 운동은 이단의 오명을 쓰고 많은 탄압과 박해를 받았지만 파급 효과는 커서 헤르트 흐로테, 얀 후스, 존 웨슬리, 윌리엄 부스 등으로 연결되며 16세기 프로테스탄티즘의 확산을 촉진하는데 중추적 역할을 한다. Cammack, *John Wyclif and the English Bible*, 2장; Schaff, 『중세시대』, 328~37 참고.

은 당시의 타락한 교회로부터 인정을 받지 못했지만, 그들을 통해 그 시대가 하나님의 말씀을 듣게 되었다. 이렇게 롤라드 운동은 위클리프의 개혁 사상 확산과 중세 부흥과 각성에 있어 중요한 역할을 감당한다.

위클리프 개혁의 큰 축은 모국어로 성경을 읽고 설교할 수 있도록 하기 위한 성경 번역이었다. 당시 라틴어로만 되어 있던 성경을 위클리프는 교회의 오랜 전통을 벗어나 모국어로 읽을 수 있어야 한다는 생각에서 그의 제자들과 함께 성경 전체를 영어로 번역한다. 그는 성경만이 모든 교리와 교회 활동의 궁극적 권위이기에 모든 그리스도인은 성경을 읽을 권리가 있고, 그리해야만 교회가 바로 살 수 있다는 생각에서였다. 1382년, 성경 전체가 영어로 번역되는데, 라틴어 번역인 벌게이트 성경이 나온 이후 거의 천년 만에 이뤄진 일이었고, 모국어로 하나님의 말씀을 들을 수 있는 설교의 시대를 여는 데 크게 공헌한다.

이것은 당시 영국 사회에 일어나고 있던 민족주의 경향과도 관련이 있었는데, 공식 자리에서는 라틴어가 사용되었고 대학에서도 라틴어로만 강의가 이루어졌다. 하지만 1360년 이후 영국 사회에서는 법정, 의회 등에서 모국어인 영어가 사용되었다. 성경 번역에 전력한 것은 롤라드 파송과도 관련이 있다. 개혁 사상을 전파할 그들에게 모국어로 된 성경을 들고 가게 하려는 소망 외에도 성직자들의 부패와 타락으로 인한 잘못된 영향력을 대항하는 방식은 모국어로 성경을 읽고 배운 평신도들을 훈련하여 설교 사역을 감당하게 하려는 마음에서였다.

위클리프는 계속 설교 사역을 수행하였는데, 현재 그의 영어 설교 294편과 라틴어 설교 224편이 전해져 온다. 교회의 폐습을 명쾌하게 비판하는 내용이 많이 담겨있고,[37] 당시 왜곡된 교리가 중심 주제로 다뤄지는 경우도 많이 있었다. 비판은 항상 성경을 근거로 하였는데, 청중의 눈치를 보며 그들의 죄를 지적하는 일을 게을리하는 탁발 수도사들과 사제들의 잘못을 맹렬하게 비난한다. 목회자의 가장 숭고한 의무는 설교이며, 지역의 사제에게만 설교 짐을 지우고 자신은 설교하지 않았던 당시 주교들의 잘못도 지적하면서 그것은 예수님을 죽인 자들과 동류라고 비판한다. 설교는 성찬을 집례할 특권을 주신 분께서 명하신 사역이고, 그것은 성찬 집례보다 더 고귀한 업무라고 주장한다.[38]

하나님의 말씀은 따라야 할 삶의 규범이며 목숨보다 더 소중한 선포해야 할 진리였다. 성경 번역은 강한 반대와 핍박에 직면하게 된다. 번역 성경이 나온 후 영어 성경을 소유하는 것만으로 이단으로 정죄되기도 했다. 하지만 위클리프는 굴하지 않고, 성경을 많이 보급하려고 많은 필사본을 만들었다. 성경이 최고 권위였고, 항상 성경으로부터 시작하였던 이 설교자들의 열정은 '오직 성경'을 외쳤던 후대 개혁자들이 지침을 삼게 된다.

진리에 목숨을 건 설교자도 만나 보라

이 시기, 진리에 목숨을 건 한 설교자도 만나 보자. 위클리프의 교회개혁 사상이 보헤미아(체코)에 전달되어 그 영향을 받아 신앙의 개혁을 일으켰던 사람이 얀 후스가 그 사람이다. 초기에는 위클리프주의로 활동했을 만큼 그에게 위클리프의 영향은 압도적이었다.[39] 보헤미아는 카

---

37 Schaff, 『중세 시대』, 307. 설교 원문을 보기 위해서는 Thomas Arnold, ed., *Selected English Works of John Wyclif*, 3 vols. (Oxford: Clarendon Press, 1869)를 참고하라.
38 이러한 내용은 그의 『목회자의 직분』에 잘 정리하고 있다. 이에 대한 원문을 보기 위해서는 Spinka, 『개혁의 주창자들』, 45~76을 참고하라.

를 4세가 재위하던 30여 년 동안[1346~1378] 학문과 종교, 문화에 있어서 황금기를 맞는다. 프라하에는 대학이 세워지고, 대교구가 세워졌다. 민중 계도의 목적으로 체코어로 설교하는 것이 의무화하는 법령이 제정되기도 했으며 젊은이들은 영국으로 유학을 떠났다. 후스도 그중 한 사람이었다. 프라하대학 졸업 후 모교의 교수가 되었고, 나중 총장이 되었다. 1401년부터 그는 프라하 성미가엘교회에서 설교하였고, 1402년에는 베들레헴교회의 담임목회자가 되어 10년 동안 그곳에서 사역하면서 설교한다. 체코어로 설교했고, 모국어로 부를 수 있는 대중 찬송 보급에도 힘썼다.

후스는 위클리프의 사상에 깊이 매료되었고[40] 1402년 이래 프라하대학에서 위클리프 사상을 해설하고 변호하는 주요 인물이 되었다. 그는 교회개혁과 바른 교리의 정립에 대한 강한 열망을 가지고 능력있는 설교를 통해 위클리프 개혁 사상으로 프라하 사람들을 일깨운다. 1406년 이후 프라하에서는 위클리프 사상에 대한 찬반 논쟁이 본격화되면서 교권자들은 위협을 가해왔다. 민족운동과 교회개혁 운동의 지도자가 된 후스와 동료들은 교회개혁과 사회 갱신에 더욱 주력한다. 결국 후스에게 설교 금지령이 내려졌고, 학교에서는 위클리프 저서에 대해서 강의를 할 수 없게 했으며, 45개 조항에 대해선 공개적으로 논의를 할 수 없다는 지시가 내려진다.[41]

하지만 후스는 설교를 중단하지 않았고 가톨릭교회는 결국 1411년에 그를 파문한다. 후스는 면죄부 판매의 부당함을 더 강하게 주장

---

39 나중에는 후스파, 혹은 후스주의로 대체되었다.
40 후스가 1398년 필사한 위클리프의 저서 5권이 현존하는데 스톡홀름 왕립도서관에 보관되어 있다.
41 후스는 이러한 부당한 지시에 대해 항의의 서한을 교황에게 보내지만 받아들여지지 않았고 200여 권이 넘는 위클리프의 저서가 대주교 궁의 뜰에서 교회 종이 울려 퍼지는 가운데 소각된다. 그리고 후스를 포함하여 위클리프 저서를 넘겨주기를 거부하는 모든 이들을 교회에서 파문 조치한다.

하였고[42] 교회 부패상을 더 강한 어조로 비판한다. 신변의 위협을 느낀 후스는 보헤미아 남쪽으로 망명길에 오르는데, 이곳저곳을 전전하는 동안 사람들이 모인 곳이면 어디서든 그들이 알아들을 수 있는 모국어로 설교하였다. 그의 신학 사상을 정리한 책을 체코어로 발행하였으며, 소환령을 거부한다. 교황에게 보내는 편지에서 자신은 "진리를 말하지 않을 수 없으며 그리스도와 그분의 뜻에 위배 되는 내용을 전하느니 차라리 죽을 준비가 되어 있다"라고 설교한다.[43]

1414년, 콘스탄스에서 소집된 공의회 참석을 권유받고, 신변의 안전을 보장하겠다는 황제의 약속을 믿고 공의회에 참석하였다가 체포되었고, 종교재판에 회부 되어 이단 사상을 철회할 것을 명령받았지만 그 요구를 거절한다. 공정한 재판 자체가 불가능한 그 자리에서 그는 선언한다. "나는 전능하시고 공의로우신 유일한 심판관이신 예수 그리스도에게 항소한다. 그리고 그의 손에 처분을 맡긴다." 결국 이단으로 정죄 받고 그는 화형장으로 끌려가 불길 속에서 시편을 낭송하며 죽음을 맞는다. 보헤미아에서는 콘스탄스 종교회의 결정을 거부한다는 결의문이 발표되고 하나님의 말씀을 따라 후스의 가르침을 끝까지 지켜간다는 선언문이 발표된다. 후스의 개혁 정신은 사라진 것이 아니라 본격적으로 불길이 되어 타오르기 시작한다. 그의 가르침은 칼뱅주의와 합류되며 모라비안파로 이어진다.[44]

---

42 면죄부 판매금의 일부는 황실로 들어가 재정에 큰 유익을 주고 있었기 때문에 황제와 멀어진다. 프라하대학 교수들이 총장인 후스를 중심으로 조직적으로 활발하게 움직이기 시작하였고 새로 교황이 된 알렉산더 5세는 교황 선출에 도움을 준 추기경에 대한 보답으로 1409년 교지를 내려 추기경의 반대파인 후스를 공격하면서 상황이 바뀐다. 교황권 대분열로 아비뇽에 있던 교황은 베네딕트 8세, 로마에는 그레고리 12세가 있었다. 1409년 피사 대회의는 이 두 교황이 모두 비합법적이라고 선언하면서 알렉산더 5세를 교황으로 선출한다. 결국 교황이 3명 시대가 된다. 박경수, 『종교개혁, 그 현장을 가다』(서울: 대한기독교서회, 2013), 18~20.
43 Schaff, 『중세 시대』, 344.
44 보헤미아 땅에서 후스의 개혁 정신을 이어간 추종자들(후스주의자)은 빵과 포도주를 함께 받는 양형영성체를 시행하는데, 이것이 나중 후스파 전쟁(보헤미안 전쟁, 1419~1434)으로까지 이어진다. 바젤

그가 마지막으로 남겼던 말, "오늘 여러분은 거위를 굽지만, 지금부터 백 년 후에는 나의 재에서 여러분이 구울 수 없는 백조가 일어날 것이오"라고 말한 것처럼 종교개혁의 불씨가 되었던 진정한 "종교개혁의 선구자"였다.[45] 실제로 루터는 후스에게서 지대한 영향을 받았는데 그의 설교집을 읽으면서 복음적 설교자가 공의회의 잘못된 판단으로 단죄를 받아 사형당했다는 사실에 경악하였다. 그가 남긴 "교회론"을 포함하여 여러 저서가 젊은 가슴들을 흔들어 놓았으며 개혁 사상을 심어주면서 타오르는 개혁의 횃불을 높이 들 준비를 하고 있었다.[46]

교회개혁을 향한 후스의 사역은 하나님 말씀의 선포인 설교에 의해서 규정된다. 그는 생명을 걸고 하나님의 말씀을 전하였던 설교자였고, 하나님께서 주신 권한을 제한하려는 당시의 교권에 당당히 맞선다. 처음 성미가엘교회에서 설교자로 사역을 시작하여 베들레헴교회의 담임 설교자가 된 이래 그는 '대중 설교'를 수행한다. 그는 10년 어간에 3,000회 이상의 설교를 하였으며 언제나 사역의 중심 활동은 설교였다. 그는 설교를 통하여 많은 사람에게 성경이 말씀하고 가르쳐 주는 바를 설교했고 이것은 삶으로 보여주었던 설교자였다.

후스의 설교는 주석을 붙인 설교 모음집 형태로 전해지고 있는데 놀랍게도 설교는 여러 편의 전문이 남아 있고, 설교 모음집으로 출간된다.[47] 후스는 쉬우면서도 정교한 언어표현을 사용하였으며 성경 본문

종교회의에서 화친을 맺으면서 전쟁이 끝나지만 화친에 반대하는 부류들은 보헤미아 동부 모라비아에 집단을 형성하게 되는데 이것이 훗날 모라비안 교파의 기원이 된다.

45 본래 후스는 체코어로 '거위'라는 뜻이다. 후스 자신은 '거위'라는 별칭을 자주 사용하였는데 편지에서 그는 '여러분이 진정으로 거위를 사랑하신다면…'과 같은 표현을 자주 사용한다.
46 프라하대학교 도서관에는 후스와 종교개혁 이전 개혁자들의 연관성을 잘 나타내주는 세 개의 양각 메달이 보관되어 있다. 첫 번째 메달에는 위클리프가 돌로 불꽃을 일으키는 모습을, 두 번째 메달에는 후스가 그 불꽃을 이용하여 불을 지피고 있는 모습이, 세 번째 메달에는 루터가 타오르는 횃불을 높이 치켜들고 있는 모습이 상징적으로 새겨져 있다.
47 August A. Akodacek, *John Hus, Biblical Preacher* (Chicago: Slovak Evagelical Union of America,

에 충실한 해석을 제시하고 그것을 오늘의 청중들에게 적용해 주는 구조를 취한다. 학자답게 일목요연하게 3개, 5개, 9개 항목으로 나누어 본문을 설명하고 핵심 메시지를 전달하는 형태를 취한다. 참된 교회의 모습을 성경에서 찾으려고 했고, 교황과 성직자들의 부패, 면죄부 판매 등과 같은 교회의 잘못을 지적할 때도 성경에 근거를 두고, 출발점으로 삼는다. 후스의 설교는 교회개혁과 교회의 윤리적 차원을 날카롭게 제시한 예언적 설교였으며 당시의 잘못된 교회 권력과 제도, 신학적 오류, 타락에 대해 온몸으로 저항하며 준열한 비판을 가한 개혁적 설교였다. 성경이 말씀하시는 바를 따라 교회를 새롭게 개혁하고, 성경이 제시하는 "기독교 메시지의 온전한 그림"을 보여주려고 했다.[48]

설교를 포함한 모든 활동이 금지당하였지만 굴하지 않고, 들판과 광장에서 대중들을 향해 그는 계속 설교 사역을 계속해서 이어간다. 이때의 상황을 필립 샤프는 다음과 같이 기술한다.

> 프라하를 떠난 후스는 지칠 줄 모르는 열정으로 설교를 하고 저술을 했다. 그의 설교를 듣기 위해서 장터와 들판과 숲의 개활지에 군중이 몰려들었다. 영주들이 강한 요새 성읍들에서 그를 보호해 주었다. 위클리프의 가르침을 따라 후스는 설교가 사제의 양보할 수 없는 권한이라고 주장했으며, 교황이나 대주교의 명령에 복종하여 설교를 중단한다면 하나님께 불순종하고 자신의 구원이 위태롭게 될 것이라고 썼다. … "어떤 두려움이 혹은 어떤 죽음이 우리를 하나님에게서 떼어놓겠습니까? 그분을 위해서 재산과 친구와 세상 명예와 우리 보잘것없는 목숨을 버린다 한들 우리가 무엇을 잃겠습니까? … 욕되

1952), 19~20.
48 Old, *The Reading and Preaching*, 482.

게 살기보다 옳게 죽는 것이 더 낫습니다.[49]

영적 각성과 변혁을 꾀한 설교자도 만나보라

기롤라모 사보나롤라, 그는 마틴 루터보다 30년 먼저 이탈리아 페라라Ferrara에서 출생하였고, 종교개혁 직전 선명한 설교 족적을 남긴다. 그는 도시국가인 플로렌스에서 교회 개혁과 도시의 변화를 위해 거침없이 설교했던 뛰어난 설교자였다. 그의 설교는 그 도시의 정치, 경제, 사회, 문화, 종교 등을 포함한 포괄적인 개혁 운동을 전개한다. 예언자적 통찰력을 가지고 부패한 교회와 패역한 도시를 개혁하려고 했던 실천적 개혁자였다.[50] 22살이 되던 해, 타락한 세상에 대한 환멸을 느끼고, '설교자 수도회' order of preachers 였던 도미니칸 수도회에 들어가 그 일원이 된다. 그곳에서 경건과 학문 훈련에 전념하던 그는 설교자로 파송 받아 페라라에서 사역을 시작한다. 이듬해 플로렌스의 한 교회 설교자로 임명받는다. 그곳에서 설교 사역은 그렇게 빛을 보지 못하고 실패한 것처럼 보였다. 어느 날 기도 중에 하늘이 열리는 체험을 하고 회개의 메시지를 전하라는 음성을 들은 후 북부 지역을 다니며 당시의 타락상을 꾸짖는 회개의 말씀을 전한다. 당시 교회의 부패상은 심각하였고 종교회의도 부패한 교회를 새롭게 하는 데는 실패하고 있었다.

문예부흥 중심지였던 플로렌스는 메디치 가문이 다스리고 있었는데 그곳에서 조세개혁, 법정 개혁, 사회악 척결 등을 위해 노력한다. 그는 부자들이 추구하던 사치와 향락을 허영이라고 지적하면서 정기적

---

49 Schaff, 『중세시대』, 346~47.
50 김남준, 『기롤라모 사보나롤라: 중세의 세례 요한』(서울: 솔로몬, 1998), 10.

으로 "허영 화형식"burning of vanities을 거행하기도 하였으며[51] 물질적 탐욕이 모든 죄악의 근원이라고 지적하면서 플로렌스를 거룩한 도시로 만들고자 하였다. 도시를 타락하게 하는 근본적 원인이 하나님의 말씀을 떠난 타락한 교회와 부패한 통치자 메디치 가문 때문이라고 포문을 열었다. 강력한 예언적 설교에 대한 반대자가 생겨났고, 결국 교황청과 귀족들이 결탁하여 그의 설교를 금지한다. 동원된 폭도들이 그가 설교하던 성마가 수도원에 난입하여 그를 체포하였고, 심한 고문 후 그는 교수형을 당한다. 개혁을 향한 그의 횃불은 빠르게 소진했지만, 말씀을 통한 그의 개혁 의지는 결국 종교개혁의 도화선이 된다.

사보나롤라의 설교 사역의 핵심은 '개혁'이었다. 교회 개혁을 넘어 신앙, 정치, 경제, 사회, 문화, 예술에 이르기까지 사회 전반에 대한 개혁이 중심을 이룬다. 그의 설교의 최종 목적은 그 도시국가를 말씀과 신앙의 정신이 지배하는 신정국가를 세우는 것이었고[52] 말씀을 통한 교회개혁과 삶의 개혁이었다. 잘못된 교리를 개혁하는 것보다는 삶의 개혁, 즉 신앙생활의 실천적 측면에 강조점을 두었다. 그가 성마가 수도원에 들어갔을 때도 수도원의 개혁에 박차를 가하는데 무엇보다도 수도사들의 삶의 개혁에 중점을 둔다.

그의 설교는 철저히 예언적 설교였다. 하나님 말씀에 비추어 잘못된 것이 무엇인지를 드러내고 exposing, 삶의 방향을 제시하는 envisioning 형식을 취한다. 그의 설교는 주로 타락한 교회와 퇴폐적 삶을 살고 있는 그 시대의 죄악을 고발하면서 임박한 심판을 선포하고, 회개를 통한

---

51 중앙광장에 나무로 쌓아놓고 그 위에 온갖 허영의 근거가 되는 사치스러운 옷, 가발, 고가의 가구, 보석 등을 갖다 버리게 했고 찬양과 함께 행진하면서 그것을 불사른다. González, *The Story of Christianity*, vol. 1, 354.
52 그의 신정국가 이상에 대해서는 George M. Hardy, *Savonarola* (New York: Charles Scribner's Sons, 1901), 108~19; Henry S. Lucas, *The Renaissance and the Reformation* (New York: Harper, 1934), 218~20을 참고하라.

말씀에 걸맞은 삶을 촉구한다. 그는 그 도시의 각계각층을 향해 두려움이 없이 하나님의 말씀을 외친다. 그는 당시 사회와 교회의 죄악에 당당하게 맞서 싸웠고, 시대적 정치적, 사회적 상황에 대해 하나님의 뜻을 전한다.[53] 환영을 받지 못했지만, 대중의 인기에 휘둘리지 않았다. 개혁 의지를 구체적으로 펼쳤고 개혁 의지는 꺾이지 않았다. 죽는 날까지 그의 설교 역시 중단되지 않았다.

한 번의 설교에 목숨을 걸었다

이렇게 종교개혁 이전 세기에는 타락한 교회와 성직자가 있었고, 거기에 부패한 사회가 조성된다. 세속 권력과 야합한 교회는 선한 영향력을 잃었다. 그때 샛별처럼 나타나 작은 빛을 비추었던 종교개혁 이전의 개혁자들은 말씀으로 세상을 덮고, 교회를 바로 세우는 일에 생명을 걸었다. 사변적 신학에서 벗어나 그리스도인의 삶을 바로 세우려고 했고, 눈물겨운 몸부림을 이어간다. 개혁의 빛은 꺼지지 않았고 다음 주자에게 바통은 전해진다. 사변적 신학을 벗어나 삶의 변화와 실천을 강조하였던 유명론 시대의 설교자가 있어 말씀의 등불은 꺼지지 않는다.

강단을 오르는 후예들에게 이들은 말씀을 통한 교회와 삶의 개혁은 계속되어야 한다고, 생명을 건 헌신을 통해 이룩되는 사역이라고 속삭이듯 외친다. 설교자는 그 시대가 어떻게 하나님의 말씀을 벗어났으며 교회와 사역자들이 어떻게 타락하고 변질되었는지, 그리스도인들은 말씀 앞에서 바로 살고 있는지 알아야 하면 그 기준으로 전해야

---

53 올드는 사보나롤라의 설교에서 고대 이스라엘 예언자들의 설교를 다시 듣게 된다고 말한다. Old, *The Reading and Preaching*, 256.

할 말씀으로 충만해야 함도 일러준다. 설교는 본질적으로 대담하고 위험한 사역이지만 끊임없는 본질에로의 회귀만이 새롭게 되는 비밀을 알려준다. 또한 말씀의 내면화와 삶의 실천을 강조한 설교가 오늘도 절실함을 귀뜸해 준다. 사변적 신학으로 만족하지 말고, 내재하시는 하나님과의 친밀함, 하나님의 초월성 앞에서 예배의 삶이 더 강조되어야 함을 제시한다.

사회적 불의와 부패에 대해서 말씀에 근거한 예언적 저항이 필요함을 일러준다. 그 저항의 수단은 근본적으로 하나님의 말씀 선포이며 성령의 검인 설교이다. 시대는 늘 어둡지만, 설교자는 빛을 비추는 존재임을 알려준다. 종교개혁이 일어나기 직전, 상황은 어두웠으며, 깊은 타락과 혼란의 시기였다. 그 때에 일어난 설교자들은 교회개혁, 사람 개혁, 사회 개혁에 중점을 두고 그들의 설교 사역을 펼쳤다. 그들은 교회의 어두움을 거두어 낸 샛별과 같은 존재들이었다. 그들이 들고 흔들었던 횃불은 작고 미미해 보였지만 그들의 몸부림을 통해 종교개혁의 불길이 치솟는다.

사변화 된 신학을 벗어나 그리스도의 삶을 본받아 삶의 실천과 말씀의 내면화에 헌신했던 토마스 아 켐피스, 타락한 교회와 교리를 개혁하기 위해 전심전력했던 존 위클리프, 교회의 영광을 회복하기 위하여 마지막까지 열정을 불태웠던 후스, 사회와 교회의 개혁에 전심을 쏟았던 사보나롤라, 그들은 화형을 당하여 이 땅에서 사라졌지만, 그들이 지폈던 불길은 사라지지 않았다. 다간은 이들 가운데 지도력은 위클리프가 으뜸이었고, 설교의 으뜸은 사보나롤라였다고 평가한다.[54] 우열을 가리는 것이 아니라 그리 귀히 사용된 그릇이었다는 뜻이다. 새

---

54 Dargan, *A History of Preaching*, vol. 2, 104.

로운 경건의 추구를 통해 내면세계와 기독교 실재에 대한 전유appropriation에 관심을 기울이게 하는 데는 아 캠피스가 으뜸이고, 교회 개혁 열정과 굴하지 않는 용기는 후스가 으뜸이었을 것이다.

그들의 외침은 끝났으나 끝난 것이 아니었다. 사보나롤라가 화형을 당했을 때 루터는 독일의 한 골목에서 노래를 부르며 생계를 꾸리고 미래 과업을 준비하고 있던 열네 살 아이였다. 다른 옥그릇이 준비되고 있었다.『시경詩經』에 나오는 시구가 옳다. "박달나무 자라는 즐거운 동산이여, 그 아래 닥나무도 자란다네. 다른 산의 돌이 이곳의 옥을 가는 숫돌이 된다네"樂彼之園 爰有樹檀 其下維穀 他山之石 可以攻玉.[55] 타산지적他山之石, '다른 산에 있는 사소한 돌멩이일지라도 가져다가 숫돌로 쓰면 여기에 있는 옥석을 갈아 영롱한 옥그릇을 만들 수 있다'는 뜻이다. 그 거인들은 다른 산의 옥석을 갈아 옥그릇으로 만들며 속삭이듯 외친다. "그냥 걸어라/ 첫걸음마 하는 아이처럼/ 그냥 걸어라/ 상처도 두려움도 모르는 아이처럼…/ 네 영혼이 부르는 길을/ 그냥 걸어라."[56]

---

[55] 김성곤,『거인의 옥편』(서울: 김영사, 2024), 6.『시경(詩經)』小雅(소아) 편의 "鶴鳴"(학명)이라는 제목의 시의 일부이다.
[56] 박노해의 시, "첫걸음마 하는 아이처럼" 일부. 박노해 시집,『너의 하늘을 보아』(서울: 느린걸음, 2022), 87.

12 장
그대들, 복음 설교로 교회를 다시 세워가라[1]

> 흰 눈은 높은 산에 와서 혼자
> 오래 머물다 돌아간다
> 새와 구름이 언제나 그곳으로
> 향하는 이유를 이제 알 것 같다
> — 이성선[2]

고갈되지 않는 자원을 가진 설교자

이젠 설교와 성경, 복음이 가지는 관계성에 대해 선명하게 들려주는 '설교 거인'을 만나 보자. 그리스도의 부활 이후 세워진 교회가 본질과 방향성을 잃고 표류하고 있을 때 실로 말씀에 민감했던 한 '종교적 천재'에 의해서 새롭게 되었다. 종교개혁의 봉홧불을 높이 든 마틴 루터이다. 당시 표류하던 교회 지붕 아래에서 먹고 자라, 그곳의 사제가 되었고, 교회 박사가 되었다. 그는 소심하고 겁이 많았는데 어떻게 목숨을 걸고 그 거대한 철옹성 같은 종교 권력자들을 흔들어 놓을 수 있었으며, 교회 개혁자의 길을 그렇게 힘 있게 걸어갈 수 있었을까? 그는 어떻게 교회의 독창적 사상가가 되었고, 성경을 벗어난 교리를 흔들어 놓을 수 있었을까? 타락한 세상과 교회를 향해 그는 어떻게 그렇게 열정적 말씀 선포자가 될 수 있었을까? 그는 항상 "성경에서 답을 찾았

---

[1] 본 장은 『장신논단』, 48권 4호 (2016년)에 실린 필자의 논문을 수정 보완한 것임을 밝힌다.
[2] 이성선의 시, "흰 눈은 높은 산에" 전문. 이성선 시집, 『山詩』(서울: 시와시학사, 1999).

고, 발견한 것의 가치를 판단할 준비가 되었으며, 궁극적으로 말씀 안에 닻을 내렸기 때문"이었고, "지속적인 가치"와 "전 교회의 활력을 요구할 수 있는 것"이었기 때문이었다.[3]

당시 교황은 교회를 새롭게 할 능력을 완전히 상실하였고, 부패하여 개혁의 대상이었다.[4] 이런 시대와 교회를 향해 사용하신 그 설교자는 아주 겁이 많고 소심했던 사람이었다. 그를 통해 발화된 교회 개혁의 기폭제는 하나님의 말씀이었으며, 회복에 대한 열망을 가진 '소심한' 설교자였다. 교회의 타락은 말씀이 바르게 해석되지 않고, 바르게 선포되지 못하고, 바르게 살지 못함에서 기인하였다면, 성경의 바른 해석과 이해, 타협하지 않고 담대하고 거침없이 전하였던 설교자가 있었기 때문에 가능한 일이었다.

루터는 하나님의 말씀에 붙들렸던 설교자요, 설교를 통해 교회를 바로 세우려고 했던 개혁자였다. 당시 목숨을 걸어야 했던 그 두려운 사역을 가르치고, 글을 쓰고, 모국어로 성경을 번역하고, 하나님의 말씀을 설교하는 것으로 풀어낸다. 특별히 그의 설교에는 "고갈되지 않는 자원이 있었다."[5] 그의 개혁은 설교의 개혁이었고, 설교를 통한 개혁이었다. 1512년 5월, 비텐베르크의 수도원에서 설교 사역을 시작한 이래[6] 세상을 떠나기 사흘 전까지 그 사역을 수행한다. 그가 수행한 설교 사역은 "어떤 기준으로 보든지 간에 굉장한 것" tremendous 이었다.[7]

3   Heiko A. Oberman, *Luther: Man between God and the Devil*, trans. Eileen Walliser-Schwarzbart (New York: Image Books, 1992), 153.
4   Alister E. McGrath, *Reformation Thought: An Introduction* (Oxford: Blackwell, 1993), 4.
5   James MacKinnon, *Luther and the Reformation*, vol. 4 (London: Longmans, Green & Co., 1930), 66.
6   이것이 공적인 설교 시작의 기록이라면 1510년과 1512년에 에르푸르트(Erfurt)를 방문한 여정 중에 친구에게 설교했던 기록을 참고해 볼 때 더 이른 시기에 시작하였음을 알 수 있다. 그의 설교문을 위해서는 Martin Luther, *Luther's Works: Sermons*, vol. 51, ed. John W. Doberstein (Philadelphia: Fortress Press, 1959), 5~13을 참고하라. 이하 LW로 표기할 것이며 권수와 쪽수를 표기한다.
7   John W. Doberstein, "Introduction to Volume 51," LW, 51:xi.

루터 저작집 바이마르판에는 2,300여 편의 설교가 실려 있는데[8] 1510년에서 1546년 사이에 행한 설교가 70% 정도라는 편집자의 주장을 고려해 볼 때 실로 대단한 사역을 감당했던 설교자였다. 루터가 바르트부르크와 비텐베르크에서 보낸 초기 1522~1524년 는 "개신교회 건설의 시작"이었다. 개혁된 교회가 태동 되던 때 행한 설교 사역을 살펴보면 그 교회가 추구하였던 것과 방향성을 찾을 수 있을 것이다. 특히 바르트부르크에서 돌아온 후 비텐베르크 시립교회에서 행한 '인보카비티 Invocaviti 설교'[9]와 후배 설교자들에게 설교 지침을 제공할 목적으로 작성한 표준설교인 '교회 포스틸' Church Postil 은 좋은 자료이다.[10] "바르트부르크에서 돌아와 행한 설교보다 루터의 회중 설교에 있어 더 좋은 견본 specimen 은 없다"[11]는 평가도 있고, 교회 포스틸을 완성한 후 루터 자신도 "가장 최고의 작품"[12]이라고 평가하였으니 가장 좋은 원자료이다.

개혁 설교자

일반적으로 종교개혁이 일어난 16세기를 영적 암흑기로 평가하지만, 한편으로는 이성의 힘을 빌려 새로운 시대를 열어가려고 했던 시

---

8   설교문은 16권(10~III, 16, 24, 27~29, 32~34, 36~37, 41, 45~47, 49권)에 실려 있으며 교회 포스틸의 경우에도 6권으로 나누어 실려 있다. D. Martin Luther, *D. Martin Luthers Werke, Weimarer Ausgabe* (Weimar: Bohlau, 1883~1993)을 참고하라.
9   인보카비티(Invocaviti)는 바르트부르크에서 돌아온 루터가 사순절 첫 주일부터 매일 8일 동안 행한 설교문이며 '인보카비티'는 "그가 나를 부르셨네"라는 의미를 가진 라틴어이다.
10 원문은 주로 다음 자료를 활용했음을 밝힌다. Martin Luther, *Sermons of Martin Luther: The Church Postils*, ed. John N. Lenker, vols. 1~8 (Grand Rapids: Baker Books, 1995). 이후 이것은 약어 CP로 표기하고 권수와 쪽수를 콜론으로 연결하여 표기하고자 한다. Martin Luther, *Luther's Works: Sermons II*, vol. 52, ed. Hans J. Hillerbrand (Philadelphia: Fortress Press, 1974).
11 A Skevington Wood, *Captive to the Word: Marin Luther-Doctor of Sacred Scripture* (Grand Rapids: Eerdmans, 1969), 87.
12 LW, 52:ix; CP, 1:3.

기였다. 십자군 전쟁과 카놋사 굴욕 사건 등을 통해 강화된 교황권은 권위에 대항하는 무리를 이단으로 규정하여 화형을 시키거나 쫓아냈다. 물론 중세 후기에 교황권은 공의회와 황제의 권력에 밀려 아비뇽 유수와 같은 수모를 당하기도 했고, 바젤 공의회 등에 의해 도전을 받기도 했다. 그럴수록 수단과 방법을 가리지 않고 그 권한을 강화하려고 했던 것이 타락의 이유가 되기도 했다. 스콜라 신학으로 대표되는 당시의 신학은 교회를 개혁하기보다는 혼란을 가중하고 있었고 변질을 막아낼 힘이 없었다.[13]

마틴 루터는 이런 혼돈의 시대에 교회개혁이라는 횃불을 밝히는 주자로 부름을 받았고, 하나님 말씀을 통해 성실하게 그 어두움의 시대를 밝혀나갔던 설교자였다. 그는 설교를 통한 교회와 그리스도인 삶의 개혁을 시작하였고 그것을 후대에 전하였던 봉송자였다. 루터에게 있어서 인간을 다루시는 하나님의 방식은 언제나 그분의 말씀이었다. 그 말씀은 그의 신학, 주석, 문서, 설교 사역의 중심 주제였으며 원천이었다. 올드가 주장한 대로 "말씀 신학은 그의 설교가 세워진 기초"bedrock였으며 "효율성을 갖게 된 비밀"이었다. 그래서 루터에게 설교한다는 것은 바로 그의 말씀을 설교하는 것이며, 그 말씀을 따라 살아가도록 회중을 권고하는 것이었다.[14] 하나님의 말씀인 성경은 "그리스도에 대한 사도적 증언의 기록"이고 교회에서 결정적인 최고 권위를 갖는다. 그래서 그는 "그리스도인들은 구원을 위해 성경에 선포된 것 이상의 다른 진리가 필요하지 않다"고 주장한다. "성경 안에서 말씀하시는 성령을 통해서 스스로를 해석"한다. 루터에게 성경이 설교의 원천이자

13　김용주, 『루터, 혼돈의 숲에서 길을 찾다』, 37~41.
14　Hughes O. Old, *The Reading and Preaching of the Scriptures in the Worship of the Christian Church: The Age of the Reformation*, vol. 4 (Grand Rapids: Eerdmans, 2002), 38.

기준이었다.[15]

루터의 말씀 신학의 핵심은 성경 안에 감추어져 있는 복음이 설교자와 설교를 통해 그것은 살아있는 말씀이 된다는 것이다. 그것은 선포되고 삶으로 살아내야 하는 살아있는 소리이며, 진리의 받침대 stand for the truth 이다.[16] 그에게 있어 말씀은 메타 내러티브였으며, 그의 개혁 신학과 활동, 설교 사역에 깊이 스며들어 있고, 그 기초를 이룬다. 그는 실로 하나님의 말씀 신학에 사로잡혀 있던 설교자였다. 설교자에게 그는 이렇게 조언한다. "성경 본문을 바로 이해하기 위해 겸손하게 기도해야 한다. 하나님은 오만하거나 불신앙적인 사람에게는 성경의 의미를 감추시기 때문이다. 겸손한 태도야말로 성경 본문을 적절하게 이해하는 데 필수 조건이다."[17]

그의 말씀 신학에는 '십자가 신학' theologia crucis 이 토대를 이룬다. 루터는 이것을 진정한 신학의 본질로 이해하는데, 신학자와 설교자의 임무는 고난의 십자가를 통하여 보여주신 하나님의 가시적이고 명백한 그 사건을 정확히 파악하고 전달하는 일이다.[18] 이것은 당시 만연해 있던 중세 신학과 구별된다. 사다리를 타고 지붕에 올라가듯 사변적 요소와 인간의 노력과 행위를 통해 하나님을 알 수 있고, 그분이 허락하시는 구원의 은총을 성취할 수 있다고 생각한 로마가톨릭의 신학을 "영광의 신학"이라고 규정한다.

이것은 "신적 존재 자체를 그 자신의 영광 속에서 알고자 추구"하

---

15 LW, 46:39; Paul Althaus, *The Theology of Martin Luther*, 이형기 역, 『루터의 신학』(서울: 크리스챤다이제스트, 2001), 4장, 9장 역시 참고하라. 루터는 라틴어 성경을 거의 외우다시피 했으며 은둔 생활 중에 교회가 모국어로 성경을 읽고 설교할 수 있도록 성경 번역 작업에 착수하여 10개월 만에 신약성경을 출판한다.

16 Wood, *Captive to the Word*, 61~72.

17 LW, 10:461.

18 LW, 31:52.

는 경향을 말하며 이것은 인간과 하나님 사이에 놓인 간극을 인지하지 못한 데서 기인한다. 영광의 신학은 "인간이 가장 귀하게 여기는 것 속에서 하나님을 찾고자 한다." 그러나 "하나님의 가장 고귀한 자기계시는 그리스도의 십자가에서 발생"한다고 이해한다. 루터는 이런 영광의 신학자들은 오직 행위와 행위의 영광을 좋아하기 때문에 십자가의 대적자가 된다. 하나님의 은혜와 선물은 모두 십자가 아래 숨겨져 있기 때문이다.[19]

이것은 루터의 칭의론, 즉 하나님의 의와 깊은 관련이 있다. 루터는 수도원에서 로마서 말씀을 묵상하다가 하나님의 의를 새롭게 발견되는 소위 '탑 체험'을 통해 하나님의 의에 대한 새로운 이해를 갖게 되는데, 루터는 그것을 "법정 칭의" forensic justification 로 설명한다. '의롭게 만들어진다'고 보았던 아우구스티누스의 칭의 이해를 넘어서[20] 마치 법정에서 선언되는 것과 같이 주어지는 의로 이해한다. 그러므로 하나님의 의는 정죄하는 것이 아니라 그리스도 안에서 우리를 의롭다고 하시는 의가 된다. 하나님의 의는 죄를 참회하게 만들고, 의를 이식하시며 하늘의 법정에서 그것을 선언하심으로 우리에게는 완전한 변형 transformation 이 일어나게 된다.[21] 루터의 이러한 이해는 탑에서의 복음 체험을 통해 전격적으로 일어난 것이지만, 또한 단계적으로 일어났다.

루터의 설교에 있어서 율법과 복음은 또 다른 축을 이루는데, 그것을 바탕으로 그리스도를 증언하는 것에 설교의 초점을 맞춘다. 이 관계는 그의 갈라디아서 강해에서 선명하게 제시되는데 설교자가 율법

---

19 Justo L. Gonzalez, *The Story of Christianity: The Reformation*, 엄성옥 역, 『종교개혁사』(서울: 은성, 2012), 71~72; LW, 31:52~55; LW, 14:58.
20 LW, 34:335~39. 루터는 아우구스티누스나 스콜라 신학의 은총 협력설을 뛰어넘어선 것이었다. Alister E. McGrath, *Reformation Thought* (Oxford: Blackwell Publishers Ltd, 1995), 75~79.
21 CP, 1:32~33; LW, 48:67~68.

으로부터 복음을 구별해 내는 것이 필수적임을 강조한다.[22] 복음은 인간을 구원하고 평화를 가져오는 말씀이라면 율법은 심판과 회개를 촉구한다. 그러므로 율법 아래에서 인간은 절망하게 되며, 복음을 통해 희망을 발견하게 된다. 하나님의 말씀은 이 두 가지가 함께 걸어가면서 하나님의 은혜를 드러내게 되는데 심판과 저주의 말씀을 들음이 없이 은혜의 말씀은 들을 수가 없다. 루터에게 있어서 율법과 복음은 구분이 되지만 분리될 수 없는 요소이며, 이것은 기독교 설교의 중심을 이루기 때문에 설교자는 이 율법과 복음을 잘 구분할 수 있어야 한다. 그래서 곤잘레스는 이 두 가지 요소에는 변증적 관계를 유지하게 되는데 그리스도인이 "의인인 동시에 죄인" simul justus et peccator 임을 의미한다고 주장한다. 루터의 설교는 복음과 율법에 대한 이해를 바탕으로 이루어졌으며, 율법에 대한 대답을 복음에서 찾고 있다. 율법은 우리의 죄를 발견하고 은혜를 기다리게 한다.[23]

인보카비티와 초기설교

    루터의 개혁과 사역은 주로 비텐베르크를 중심으로 이루어진다. 그가 비텐베르크 대학의 교수로 부임하면서 멜란히톤과 함께 성경 언어와 교부신학, 십자가 신학이 중심을 이루는 새로운 신학 갱신운동이 일어나기 시작했고, 종교개혁의 봉화를 피워 올리게 되었지만, 본격적 개혁은 1522년, 비텐베르크로 돌아오면서부터였다. 그가 바르트부르크성에 머물고 있을 때 독일은 개혁의 소용돌이 속에 휩싸여 있었다. 동료였던 칼슈타트 Karlstadt 의 급진적 개혁 운동으로 인해 비텐베르크에

---

22 LW, 26:117~18.
23 Gonzalez, 『종교개혁사』, 73~74; LW, 52:152.

는 소요가 일어났고 예배가 중단되는 등 큰 혼란이 일어난다. 멜란히톤과의 서신교환을 통해 그곳의 상황을 알게 된 루터는 변장하고 비밀리에 비텐베르크를 방문한다.

바르트부르크로 돌아와 "폭동과 반역을 피하려고 모든 그리스도인에게 보내는 진정한 충고" 1522를 발표한다.[24] 여기에서 그는 종교개혁의 목적을 분명히 하는데 사회변혁의 측면보다는 "하나님의 말씀을 위한 자유"를 강조한다. 시의회는 법령을 공표할 정도였고 멜란히톤은 루터가 돌아와 질서를 회복시켜 달라고 요청한다. 하나님의 손에 모든 것을 맡기고 비텐베르크로 돌아온다. 바르트부르크에서 위험을 피하도록 세심한 배려를 해 주었던 프레드릭 선제후의 도움으로 생명을 보존할 수 있었는데, 선제후의 도움과 보호를 내려놓고 하나님의 손에 자신의 모든 것을 맡긴 채 돌아온다. 바로 말씀을 준비하여 주일 오전에 강단에 섰고, 매일 저녁 말씀을 전한다.

그해 고난주간 첫날에 시작하여 부활주일까지 매일 설교를 계속하는데, 이때 행한 여덟 번의 설교를 흔히 '인보카비티' Invocaviti 설교라고 칭한다. 설교를 통해 잠시 비텐베르크의 소요는 진정이 되었고, 교회개혁은 활력을 얻게 된다. 이제 비텐베르크는 개혁의 중심지로 자리 잡는다. 초기 인쇄본에는 "마틴 루터 박사에 의한 여덟 편의 설교문, 미사, 성상, 이종 성찬, [사순절에] 고기를 먹는 것과 사적인 고백 등을 간략하게 다룬 비텐베르크에서 사순절에 행해진 설교문"이라는 긴 제목이 붙어 있었다.

제목이 암시하는 것처럼 종교개혁의 중요 이슈 등이 성경을 통해 조명하는 설교로, 칼슈타트의 행동과 개혁의 문제점이 무엇이었는지

---

24 그 전문을 보기 위해서는 LW, 45:51~74 참고하라.

까지 복음의 핵심 내용을 통해 조명한다. 그래서 후대는 이것을 "복음의 강력하고 영감이 넘치는 현저한 설교", 그곳에 평정과 질서 회복에 큰 영향력을 미친 설교로 평가한다.[25] 개혁의 물길을 바로 잡고, 정확한 방향 제시를 하는 설교문은 복음의 핵심과 연결하면서 개혁의 토대와 원동력이 하나님의 말씀이어야 함이 강조된다. 두 번째 설교에 나오는 부분을 읽어보자.

> 저는 단지 사람들의 귀에 말씀을 전할 수 있을 뿐입니다. 저는 그들의 마음속에 믿음을 부어 넣어줄 수는 없습니다. 저는 그들의 마음속에 믿음을 쏟아 넣을 수 없으며 믿음을 갖도록 강요할 수도 없습니다. 또 그렇게 해서도 안 될 것입니다. 이것은 하나님만이 하실 수 있는 일입니다. 우리의 마음속에 믿음을 불러일으킬 수 있는 분은 하나님이십니다. 그러므로 우리는 하나님의 말씀에 우리의 일을 첨가해서는 안 됩니다. 그러므로 우리는 하나님의 말씀이 자유롭게 역사하게 하여야 합니다. 우리는 '말할 수 있는 권리' jus verbi 는 갖고 있으나 '성취할 수 있는 권리' executio 는 갖고 있지 않습니다. 우리는 하나님의 말씀을 설교해야 합니다. 그 결과는 하나님의 선하신 뜻에 오직 일임해야만 합니다.[26]

그의 메시지는 철저히 성경 본문에서 나오고 있으며, 개혁의 기준은 하나님의 말씀이어야 함이 강조된다. 하나님의 말씀을 통한 새롭게 됨의 메시지, 즉 교회와 예배, 성도의 삶에 대한 개혁적인 메시지가 담겨있다.

25 LW, 51:69~70.
26 LW, 51:76.

하나님의 말씀은 하늘과 땅과 그 안에 있는 만물을 창조하셨습니다. … 가련한 죄인들인 우리가 이 일을 한 것이 아니라 하나님의 말씀이 이 일을 한 것입니다. … 저는 단순히 하나님의 말씀을 가르치고, 설교하고, 글을 쓸 것입니다. 딴 방법으로는 아무것도 하지 않을 것입니다. 왜냐하면 신앙은 아무 강요 없이 자유롭게 발생하기 때문입니다. … 제가 잠을 자고 있는 동안… 하나님의 말씀은 교황제도를 크게 약화시켰습니다. … 저는 아무것도 하지 않았습니다. 하나님의 말씀이 모든 것을 했습니다. … 하나님의 말씀은 전능하시어 사람들의 마음을 사로잡습니다. 사람들의 마음이 말씀에 사로잡힐 때 일은 저절로 되어 갑니다.[27]

성토요일에 행해진 일곱 번째 설교는 성례전의 열매에 대한 내용을 담고 있다. 구원의 열매, 성례전을 받은 이들이 맺어야 할 열매에 대해 언급한다. "여러분들이 사랑에 관한 설교를 많이 들었고, 이 사랑을 실천해야 하지만 나는 이곳 비텐베르크에 있는 여러분들 가운데서 이 열매를 찾아보기가 어렵습니다. … 이것이 그리스도인들이 해야 할 유일한 일이며 중심이 되는 일입니다."[28] 개혁과 바른 신앙은 믿음과 사랑의 열매로 나타나야 함을 강조하면서 삶의 개혁으로 연결한다. 이렇게 루터의 인보카비티 설교는 그의 종교개혁 사상이 함축적으로 표현되고, 개혁된 교회의 근본이 되는 내용을 말씀 선포의 형태로 제시한다.

설교는 본질적으로 예언적이며, 개혁적이다. 루터는 각 설교에서

---

27 LW, 51:77~78.
28 LW, 51:95~96.

하나님의 말씀이 가르치는 바를 선명하게 증거하는 선포적 특징과 하나님이 원하시는 바를 드러내고 있다는 점에서 예언적이다. 루터의 개혁이 미흡하다고 생각했던 칼슈타트를 중심으로 한 과격한 개혁운동은 오히려 무분별한 방종을 만들어 낼 수 있는 상황이었기 때문이었다. 이것을 필립 샤프는 "실천적 급진주의"라고 규정하는데 이것은 광적인 신비주의자들 그룹과 결합 되면서 비텐베르크는 "대단히 심각한 상황"에 놓여 있었다.[29]

이러한 상황에서 행해진 설교는 성경적, 목회적 관점에서 메시지를 제시한다. "혁명의 거친 정신을 저지하고서 종교개혁의 배를 구조할 수 있는 사람은 루터밖에 없었다"는 평가는 적절한 것이었다.[30] 루터는 그의 청중들의 이해를 돕기 위해 성경의 스토리와 대화를 공교하게 사용하고 있으며, 때로는 플롯을 활용하여 전하려는 메시지가 어떤 부분에 이르렀을 때 확연하게 드러나는 구조를 취한다. 특히 하나님께서 인간과 가지는 관계성을 설명할 때는 이런 구조를 통해 정확하고, 생생하며, 우아한 표현 방식을 통해 설교가 전개된다.[31] 비텐베르크에서 행한 루터의 초기 설교인 인보카비티 설교는 종교개혁이 어떤 방향으로 나아가야 할지 명료하게 제시한다. 스콜라주의적 사변적 설교에서 벗어나 성경에 바탕을 둔 교리를 전하면서 새로운 복음 인식과 방향성 설정을 통해 교회개혁, 삶의 개혁이 확대되어 간다.

---

29 Philip Schaff, *History of the Christian Church*, 박종숙 역, 『독일의 종교개혁』, 7권 (고양: 크리스챤다이제스트, 2004), 299.
30 위의 책, 300.
31 Richard Lischer, "Luther and Contemporary Preaching: Narrative and Anthropology," *Scottish Journal of Theology*, vol. 36 (1983), 488~89.

표준설교, '교회 포스틸'

루터는 프레드릭 선제후의 도움으로 1521년 5월부터 1522년 3월까지 바르트부르크성에서 피신 생활을 하고 있을 때 그가 했던 중요한 일은 성경 번역과 설교자들을 위한 포스틸을 작성하는 일이었다.[32] 안전을 위해 가명을 사용하며 변장하고서 은둔 생활을 하는 동안 그는 라틴어 성경(불가타역)을 독일어로 번역하는 일을 했다.[33] 그의 교회개혁은 모국어로 성경을 번역하는 일로부터 시작되었다면 설교자들이 성경을 바로 읽고, 이해하여, 그것을 바로 증거하는 일을 통해 개혁이 이어질 수 있다는 생각에서 시작한 작업이었다. 특히 설교자를 위한 지침과 모델을 제시하였다는 점에서 후대인들을 '교회 포스틸' Church Postils, 혹은 표준설교라고 명명한다.[34] 개혁적 복음 메시지를 전해야 한다는 필요성에서 시작한 책이 나온 후, "내가 썼던 것 가운데서 가장 최고의 책"이라고 평가할 만큼 애착을 보였고, 교인들에게 깊은 영향을 미친 저작이었다.[35]

당시 설교자들 대부분이 자력으로 설교를 준비하고 작성할 만한 능력이 없었고 그저 성경을 읽어주거나 다른 사람의 설교문을 읽어주는 것만으로 만족할 정도였다.[36] 나중 개혁이 여러 지역으로 확대되었

---

32 그 작업은 바르트부르크에 피신하기 전인 1521년부터 시작되어 루터가 평생 계속했던 작업이었지만 그곳에서 성경 번역과 그것을 설교 할 설교자를 돕는 일을 본격적으로 했기 때문에 일반적으로는 이때부터 그 시점을 잡는다. LW, 75:4.
33 이것은 1522년 봄에 비텐베르크로 돌아가 독일어 신약성경으로 번역되는데 언어의 귀재였던 멜란히톤의 도움이 컸다. 수정 작업이 계속되어 1534년에 성경 전체가 번역되어 출간된다.
34 '포스틸'은 본래 라틴어, *post illa verba textus*에서 유래된 것으로 설교학적 강해를 뜻했다. 이것은 문자적으로 "이것들 후에"라는 뜻을 가진 말이다. 초기에는 '교회 포스틸'(Kirchenpostille), 혹은 '바르트부르크 포스틸'(Wartburg Postil)이라고 칭했고, 1544년에 출간된 포스틸은 크게 '겨울 포스틸'(Winter Postil, 1525/1540)과 여름 포스틸(Summer Postil, 1525)로 나누어졌다. 전자는 대림절에서 부활절까지의 설교를, 후자는 부활절부터 대림절까지의 설교문을 담고 있다.
35 이것의 원문을 보기 위해서는 LW, vol. 75, 76; CP, vol. 1~8 등을 참고하라.
36 CP, 1:3.

고, 건실하게 교회를 세우려고 하면 하나님 말씀의 선포인 설교가 가장 중요하다고 판단하였기 때문에 '표준설교'로서의 포스틸을 작성하게 되었다. 1521년, 대림절 포스틸이 라틴어로 발간되었고, 이어 독일어로 번역이 되었다. 바로 성탄절 설교를 위한 포스틸 작업을 시작하여 1521년 11월에 출간이 되었고, 1525년에는 주현절부터 부활절까지의 설교를 위한 포스틸이 출간되었다. 1527년에는 여름 포스틸이 준비되는데 여기에는 교회의 절기 Festivals를 위한 설교문이 포함된다. 방대한 지역에서 종교개혁이 효과적으로 진행되기 위해서 교회를 감독, 시찰이 필요했고, 이를 위해 작성된 것이 표준설교문이었다.[37]

설교학적 특징을 살펴보면 루터가 하나님 말씀인 성경을 바로 해석하고 전달하는 설교를 통한 개혁을 시작한 것으로, 교회 안에서 성경이 단지 읽히는 것만으로는 부족하고 그것은 반드시 설교 되어야 하며, 그 말씀은 실천되어야 하는 것으로 이해하였다. 그것을 위해 설교 회복이 중요했고, 그 직능을 감당할 설교자가 중요했다. 그래서 루터의 신학에서 성경은 중심을 이루고 있으며, 하나님의 말씀은 모든 것을 우선한다. 그에게 있어서 성경은 그분이 친히 말씀하신 것 the speech of God 이며, '말씀하시는 하나님'은 루터의 하나님 이해에 있어서 가장 중심을 이룬다.[38] 그에게 있어서 설교는 "말씀하시는 하나님"이시며 하나님의 말씀이 전해지는 통로이다.

교회 포스틸은 교회력에 따라 각 주일과 특별 절기를 위한 종합적 설교 가이드를 제시한다. 특별히 복음서와 서신서를 통해서 제시된 설

---

37 그러한 노력의 하나로 1525년 독일어로 진행되는 예배 의식인 "독일어 예배와 예배 규정"(Deutsche Messe und Ordnung des Gottesdiensts)을 펴냈고, 1526년에는 "세례 의식"(Taufliturgie)를, 1529년에는 "혼인예식순서"(Tauagende)와 "찬송가집"(Gesangbuch)을 출간했다. 그는 바르트부르크 시절부터 관심이 있던 목회자 설교 사역에 도움이 될 설교집을 저술하였다.
38 LW, Companion Volume, 49~50.

교문은 실로 방대한 작업이었다. 이것은 하나님의 말씀을 통한 교회개혁에 대한 루터의 열정의 열매였다. 하나님의 말씀을 통한 교회개혁을 위한 아주 실질적이고 실천적 작업이었다. 포스틸은 각 교회에서 선포되어야 할 설교 가이드였다. 특별히 교회력과 성서 정과를 통한 설교 준비의 필요성과 실제를 보여준다. 포스틸은 설교자가 어떤 존재이며, 설교를 위해서 무엇이 준비되어야 하는지를 깨우쳐 준다. 여기에서 루터는 설교자를 하나님의 비밀을 맡은 청지기라고 강조하면서 그리스도와 그리스의 일에 봉사하는 자로 규정한다. 그는 복음에 대한 진실한 신앙을 가지고 있어야 하며, 그리스도만이 인간에게 생명을 주시는 유일한 생명의 길이시며 지혜, 능력, 구원, 영광되신다는 사실을 믿고 선포해야 한다고 주장한다.[39]

    루터에게 설교는 성경을 해석해 들려주는 것이었고, 설교자는 주석자로 그것을 바로 이해하여 전하도록 부름 받은 존재였다. "설교가 행해질 때 우리는 목사의 설교를 듣는 것이 아닙니다. 물론 소리는 틀림없이 목사의 것입니다. 하지만 그 설교는 하나님이 직접 선포하시는 말씀입니다."[40] 이런 설교 신학을 바탕으로 할 때 설교자의 책임은 막중해질 수밖에 없다. 그래서 탁상담화에서 그렇게 주장한다. "좋은 설교는 길 필요가 없고, 나쁜 설교는 길어서는 안된다. … 바르게 잘 설교하고 가르치는 일에는 노력이 필요하다."[41]

    어떻게 설교할 수 있을지, 간략하게 그 방법을 가르쳐 달라는 이야기에 루터는 그렇게 대답했다. "첫째, 강단에 올라가는 법을 배워야 합

---

39 CP, 7:73~74.
40 LW, 22:528.
41 Martin Luther, *Luther's Work*, 지원용 편, 『루터 선집: 의사 전달자 루터』(서울: 컨콜디아사, 1989), 189.

니다. 둘째, 설교하는 동안 그곳에 머무는 방법을 알아야 합니다. 셋째, 그곳에서 내려오는 방법을 알아야 합니다."[42] 강단에 올라가는 법을 알아야 한다는 이야기는 설교자에게 설교는 하나님의 부르심임을 알아야 하며 성경을 해석하여 하나님의 말씀을 어떻게 듣고 설교를 준비할지를 알아야 한다는 말이며, 그곳에 머무는 법을 알아야 한다는 말은 순수하고 진정한 교리에 바탕을 둔 설교를 할 수 있어야 한다는 뜻이다. 루터는 설교자가 자신의 소명을 정확히 이해하고 그것을 어떻게 수행할 수 있을지를 알아야 한다고 주장한 것이다. 그러므로 설교자는 하나님의 면전 Coram Deo 에서 설교하려고 해야 하며, 설교단에 오르기 전에 설교자는 그렇게 기도할 것을 권면한다. "주님이시여, 저는 주님의 영광을 위하여 설교하려 합니다. 저에게는 선한 것이 하나도 없지만 이 설교를 선하게 하소서."[43]

루터의 교회 포스틸은 복음의 신비를 바로 드러내게 하기 위한 목적으로 기록되었다. 루터에게 있어서 "설교는 복음의 선포에 초점을 맞추어야 한다는 점에서 모든 설교는 복음적이어야 한다"는 사실을 분명하게 드러내고 있다.[44] 그의 설교는 신앙이 있는 사람들이 아니라 이미 교회 안에 들어온 사람들에게 설교하였지만, 그 내용에 있어서 복음 선포적 특성을 가진다는 것이다. 그것은 그의 절기 설교에서 그 특징을 찾아볼 수 있는데, 성탄절에는 성탄의 복음을, 부활절에는 부활의 복음을, 오순절에는 우리 가운데 거하시는 성령님을 통한 복음의 신비를 선명하게 설명하고 있다. 루터는 그날의 본문을 충실하게 강해하는

---

42 LW, 54:393.
43 Hugh T. Kerr, *Kompendium der Theologie Luthers*, 김영한 역, 『루터 신학 개요』(서울: 대한예수교장로회총회 출판국, 1991), 209.
44 Old, *The Reading and Preaching*, vol. 4, 15.

특성을 따라 설교했지만, 그 설교에는 복음의 핵심적 내용을 담아내고 있음을 알 수 있다.[45]

거기에서 한 거인이 이른다

시작된 교회개혁 운동이 깊은 위험에 처했을 때 생명을 걸고 돌아온 루터는 강단에서 행해진 설교를 바르게 행하도록 좋은 지침을 제시한다. 또한 교회 설교자가 바로 세워져야만 개혁이 완성된다는 생각에서 교회 포스틸을 발간한다. 이것을 통해 교회는 다시 설교의 자리를 회복하고 refocusing of preaching 그 초점을 말씀에 두어야 한다는 점을 강조한다. 루터는 교회 가운데 말씀의 회복을 위한 자리, 즉 "분명한 설교의 학교" a distinct school of preaching 를 만들어 낸다. 하나님의 말씀을 통해 교회는 계속해서 개혁되어야 한다는 관점을 선명하게 제시할 뿐만 아니라 기독교 설교는 하나님의 말씀을 따라 계속해서 개혁되어 가야 한다는 사실을 강조한다. 그런 점에서 교회는 개혁의 주체일 뿐만 아니라 개혁의 대상이 된다.

인보카비티 설교와 교회 포스틸은 설교 사역의 메타 내러티브가 무엇이어야 하는지를 공교하게 드러낸다. 루터에게 있어서 설교와 사역의 메타 내러티브는 그리스도인의 전체 삶에 있어서 회개와 돌이킴이었다. 그 돌이킴과 새롭게 함의 원동력과 기준은 언제나 하나님의 말씀이었다. 특별히 하나님의 말씀인 성경은 하나님께서 인류의 역사 가운데서 스스로를 드러내신 사건을 잘 보여주고 있으며, 그것은 인간 존재와 대화하시고 소통하시려는 하나님을 반복적으로 보여주는 기록

---

45 위의 책, 16.

이다. 그 관계의 파괴는 교회를 병들게 하고 성도들의 타락으로 이어진다. 루터에게 있어서 이러한 하나님의 관계를 위한 하나님의 자기계시의 정점 culmination 이 예수 그리스도 사건에서 가장 잘 드러난다고 이해하였다.

또한 루터는 율법과 은혜의 선포인 설교가 감당해야 할 기능을 잘 보여준다. 루터의 초기설교에서뿐만 아니라 그의 생애 전체 설교에서는 설교에 있어서 율법과 은혜의 기능이 잘 표현되고 있다. 그는 교구 설교자들이 수행해야 할 사역들을 정리하면서 죄를 드러내고 양심에 두려움을 갖게 하려면 율법을 설교해야 하며, 죄의 용서를 부여하기 위하여 복음을 설교해야 하고, 죄악 된 욕망을 내려놓도록 해야 하며, 이웃을 위한 사랑의 수고를 계속하도록 격려하여야 하며, 믿음이 없는 사람들을 위해서는 율법을 계속해서 강조해야 한다고 주장한다.[46] 포스틸에는 이렇게 어떻게 복음이 무엇이며, 그것을 어떻게 전해야 할지에 대한 강조가 계속되면서 함께 율법을 설교하는 것이 수행해야 할 내용도 함께 강조한다.

그뿐만 아니라 루터는 설교에서 선포되어야 할 내용과 설교자의 직능 중요성을 강조한다. 설교는 아무 내용이나 담아도 되는 용기가 아니다. 설교는 하나님의 말씀을 담아야 하고 그런 점에서 설교자에게는 해석이라는 중요한 직능을 수행할 책무가 주어진다. 성경의 메시지를 선포하는 일을 설교자에게 안내하면서 무엇보다 설교자는 성경의 기자들이 말씀하는 바를 명료하게 드러내기 위한 노력을 계속해야 한다. 대략 초기 설교를 통해 루터는 설교자가 하나님께서 피조물에게 말씀하시는 것이 무엇인지와 인간 됨의 의미, 하나님과의 관계성 속에

---

[46] WA, 18:65.9~66.11.

서 하나님이 말씀하시고 인간 정체성이 표출되는 두 영역을 잘 드러낼 수 있어야 한다고 주장한다.[47] 설교자는 성경에 나타나는 '과거'를 죄성을 안고 살아가는 현대의 청중들이 하나님의 심판과 다스리심, 사랑과 자비를 새롭게 대면할 수 있도록 해야 하며, 성경의 메타 내러티브를 오늘 현재 상황에서 청중들이 새롭게 다시 경험하도록 그 역할을 잘 수행해야 한다. 루터는 이 사명을 수행하기 위하여 그의 전 생애를 헌신하고 있으며, 해석자와 전달자로서의 설교자의 중요성을 일깨우면서 그것에 전념하도록 설교자들을 초대한다.

잉그베 브릴리오드 Yngve Brillioth가 당시 설교 사역에 끼친 루터의 영향력을 평가하면서 "지칠 줄 모르는 열정으로 하나님의 말씀을 선포했고, 하나님의 말씀이 선포되어야 하는 필요성을 고취"시켰으며, "복음적 설교에 대한 풍부한 영감을 제공"한 설교자로 이해한 것은 옳다.[48] 개혁된 교회가 혼란 가운데 있을 때, 방향을 잃고 표류하고 있을 때 은신처에서 내려와 목숨을 걸고 감당했던 그의 초기 설교사역은 우리에게 시사한 바가 크다. 하나님의 말씀만이 표류하는 교회를 새롭게 할 수 있으며 바른 방향으로 안내할 수 있다고 생각되어서 그 말씀의 선포인 설교 사역에 전념하였을 뿐만 아니라 설교자들을 위해 표준설교를 작성하고 관련된 글을 써서 교회를 새롭게 하려는 노력 때문에 혼미한 시대에서 교회를 다시금 생명력을 찾게 했다.

종교개혁 당시 설교에 대한 지침을 담은 책이 몇 권 있었지만 루터는 그것들에 크게 만족하지 못하여서 설교에 관한 자신의 책을 쓰려고

---

47 상세한 내용을 위해서는 Robert Kolb and Charles R. Arand, *The Genius of Luther Theology: A Wittenberg Way of Thinking for the Contemporary Church* (Grand Rapids: Bake Academic, 2008)을 참고하라.
48 Yngve Brillioth, *A Brief History of Preaching*, 홍정수 역, 『설교사』(서울: 신망애출판사, 1987), 151.

했다.⁴⁹ 그러나 그는 그렇게 하지 못했다. 하지만 설교에 대한 그의 신학은 그의 저작들 전반에 두루 녹아 있다. 그는 쉼 없이 설교했으며, 설교를 위해 성경을 가르쳤고, 설교 사역을 돕기 위해 표준설교문을 작성하였다. 그는 성경을 통해 발견된 하나님의 말씀을 사람들에게 설교를 통해 생생하게 들려진다고 생각했기 때문에 그의 전 생애는 설교를 위한 생애였다. 그는 그렇게 고백한다. "설교 사역은 진정한 교회됨의 표징을 구성한다. 어디에서는 이 말씀이 설교되고, 믿게 되고, 명백하게 공언하고, 그리고 그 말씀대로 살아가는 곳마다 의심할 것 없이 거기에 진정한 보편적 교회가 세워진다. 비록 숫자가 작을지라도 '그리스도인인 거룩한 백성들'은 분명히 거기에 존재하게 된다."⁵⁰

이렇게 한 시대의 설교 거인이었던 루터의 묘비에 그의 후예들은 그렇게 새겼다. "…그는 죽었지만 살아있다" UND MAG ER AUCH TOT SEINER LEBT.⁵¹ 그는 63세를 넘길 무렵, 1546년 2월 18일 새벽에 영원히 눈을 감았고 비텐베르크에 묻혔지만 지금도 우리에게 말을 걸어온다. 설교는 하나님 말씀의 선포이며, 계시의 완성인 성경을 통해 말씀하시는 하나님의 음성을 들은 설교자가 두려움과 떨림으로 서서 하나님의 말씀을 전할 때 숨어계시는 하나님께서 '말씀하시는 하나님'으로 다가오신다고, 개혁된 교회는 오직 그 말씀이 생생하게 선포되고 그 안에 그 말씀이 살아 역사할 때만 온전한 하나님의 교회일 수 있는데 너는 지금 어떻게 그 사역을 감당하고 있느냐고 외치고 있다.

---

49 H. S. Wilson, *The Speaking God: Luther's Theology of Preaching* (Madras: The Tranquebra Printing and Publishing House, 1982), xii.
50 LW, 41:150.
51 비문 전문은 다음과 같다. "마르틴 루터, 그의 나이 63세를 넘길 무렵 1546년에 세상을 떠나다. 때는 2월 18일 새벽 2~3시경, 같은 달 22일에 비텐베르크에 묻히다. 그는 죽었지만 그는 여전히 살아있다."

13 장
우린 둥지를 틀지 않는 겨울새로 살았다[1]

> 지리산 뭉툭한 허리를 감고 돌아가는
> 섬진강을 따라가며 보라
> 섬진강물이 어디 몇 놈이 달려들어
> 퍼낸다고 마를 강물이더냐…
> — 김용택[2]

어둠 후 빛이 있으라

제네바대학교 중앙건물 맞은편에 있는 바스티옹 공원은 종교개혁자 기념 조형물이 있는 곳이다. 장 칼뱅 탄생 400주년, 제네바아카데미 설립 350주년을 앞두고 칼뱅을 기념할만한 일을 논의하던 중 제네바 종교개혁에 공헌한 사람들을 주제로 한 기념물을 세우기로 하고, 1909년에 착공하여 1917년에 완공한 조형물이다. 이 조형물은 길이 100m, 높이 10m의 거대한 형태를 이루고 있었다. 중앙에는 4명의 종교개혁자 동상이 세워져 있고, 좌우로는 라틴어 글귀가 나뉘어서 새겨져 있다. 왼쪽에는 "POST TENE" 어둠 후에, 오른쪽에는 "BRAS LVX" 빛이 있으라[3] 글귀가 새겨져 있다. 그것은 제네바에서 일어났던 종교개혁을 가장 잘

---

[1] 본 장은 『신학과 실천』, 38호(2014)에 실린 본인의 논문을 확대한 것이며, 제목은 복효근의 시, "겨울새"에서 일부 빌린 것임을 밝힌다.
[2] 김용택의 시, "섬진강 1" 일부. 김용택 시집, 『섬진강』(서울: 창작과 비평사, 2020).
[3] "LVX"는 'LUX'의 중세 라틴어 표기 방식을 따른 것이다.

나타내주는 경구였다.

측면에는 마틴 루터를 기념하는 화강암이 놓여 있는데 거기에는 존 위클리프와 얀 후스 등의 이름을 새겨 제네바 종교개혁은 이들의 영향으로부터 시작되었음을 보여준다. 그 반대편에는 훌드리히 츠빙글리를 기념하는 화강암이 놓여 있다. 그것은 취리히에서 츠빙글리가 앞서 개혁을 주도한 것을 기념한다. 정면 벽에는 제네바 시의회 200인회에서 제네바가 로마가톨릭교회를 떠나 하나님 복음의 거룩한 규칙과 말씀을 따라 살기로 결정하여 제네바가 공식적으로 프로테스탄트 종교개혁을 시작한 해인 "1536"이 기록되어 있고, 오른쪽 끝에는 사보이 공작의 공격으로부터 제네바를 지켜내고 독립을 쟁취한 해인 "1602"가 새겨져 있다. 그 안에 10명의 종교개혁자 부조가 세워져 있었는데, 왼쪽에 3명의 동상이 약간의 간격을 두고 세워져 있고,[4] 중앙에는 4명이 함께 서 있었고, 다시 그 오른쪽에는 3명이 간격을 두고 서 있다.[5] 중앙에 서 있는 네 사람은 왼쪽으로부터 기욤 파렐, 장 칼뱅, 칼뱅의 후계자였던 테오도르 베자, 존 녹스 동상인데 제네바 종교개혁을 주도한 개혁자들이다.[6]

특징적인 것은 중앙의 대표 종교개혁가 4명 가운데 칼뱅의 동상이 약간 앞으로 나와 있도록 배치되어 있다. 몇 년 전, 제네바에 집회 인도가 있어 갔다가 그곳 동상 앞에 서 있을 때, 그들이 우리를 바라보고 있었고 한 사람이 한발 앞으로 나와 말을 걸어오는 것을 느꼈다.[7] 깊은

---

4 그들은 브란덴부르크의 선제후이자 망명한 위그노를 숨겨준 프레데릭 기욤, 네덜란드 근대화를 이룬 기욤 르 따시튬(Guillaume le Tacitume), 위그노의 정신적 지주 콜리니(Gaspand de Colony)의 부조이다.
5 영국 청교도 지도자 로저 윌리엄스와 올리버 크롬웰, 헝가리 개혁가인 스테판 보스카이의 부조이다.
6 이 네 명은 제네바 사람이 아니라 모두 외국인이었는데, 3명은 프랑스인, 1명은 스코틀랜드인이었다.
7 제네바 종교개혁은 칼뱅이 핵심 역할을 했음을 암시적으로 보여주려는 의도로 보이지만 칼뱅이 세

어두움 가운데 서 있던 시대, 하나님의 교회와 사회에 말씀의 빛으로 밝혔던 사람들이 먼 거리를 달려온 나를 바라보며 말을 걸어오고 있었다. '너희들의 교회는 지금 바로 서 있는가? 교회 본연의 모습을 잘 간직하고 있는가? 말씀을 벗어나 있던 우리 시대만큼이나 타락한 모습으로 서 있지 않은가? 개혁된 교회는 항상 개혁되어야 한다는 사실을 잊지 않고 있으며, 그렇게 실천하고 있는가? 참된 예배를 보존하기 위해 목숨을 걸었고, 그렇게 개혁된 예배를 그대들은 지금 잘 지켜가고 있는가?'

여기에서는 한발 앞서 우리에게 말을 걸어오는 장 칼뱅을 만나 보자. 칼뱅은 후계자인 데오도르 베자의 품에 안겨 세상을 떠나면서 마지막 유언을 그렇게 남기고 떠난다. "아무것도 변하지 않도록 해 달라." 그의 유언대로 그의 후예들은 종교개혁 사상과 이상을 따라 목숨을 걸고 하나님의 말씀을 전하였으며, 교회를 세웠고, 개혁된 예배를 드렸다. 그리고 그것을 성실하게 후대에 전달하였다. 여기에서는 개혁교회 전통의 수립자로 '조금 앞서서' 말을 걸어오고 있는 제네바의 한 거인의 설교 이야기를 다시 들어보자.

본래 모습을 찾아

제네바에 개혁된 교회를 시작하였던 장 칼뱅의 목회는 주로 제네바에서 이뤄졌으며 전반기 1536~38 와 후반기 1541~64 로 나눠진다. 그의 목회의 초점은 "성경이 요구하는 바를 진지하게 받아들이는 교회를 설립하는 것"이었다. 그의 목회의 신학적 토대는 초대교회 교부들로부터

운 전통에서 신앙과 신학을 배운 그 후예인 본인에게는 다소 주관적이기는 하지만 다른 의미로 다가왔다.

그 영향을 받아 형성되었으며,[8] 목회적 돌봄뿐만 아니라 제도적 개혁의 차원까지 확대된다. 교리와 이론에 갇혀 있던 사변가가 아니라 교회를 새롭게 세우려는 목회 중심의 개혁자였다.

그의 사역은 철저히 하나님 경외와 영광에 초점을 맞춘 소명에 이끌린 목회였다. 제네바로 부름 받은 두 번 모두 그는 자신의 의지와 계획을 내려놓고 철저하게 하나님의 뜻과 그 부르심에 따라 결단하고 나아갔다. 그가 제네바로 다시 돌아갈 때 교회의 안위가 정말 소중해서 그것을 위해서라면 목숨도 넉넉히 내놓을 수 있었지만, 그의 소심함은 무거운 짐을 피할 수 있는 이유를 찾고 있었다. 하지만, 하나님의 부르심에 압도되어 결국 양 떼에게로 돌아갈 수밖에 없었다.[9] 소명을 따라 걸어간 걸음이었다.

사역을 온전히 수행하기 위해서 가장 중요한 요소 가운데 하나로 그는 소명을 든다. 사역자는 내적, 외적 차원에서의 소명을 점검해야 한다. 전자는 자신의 야망과 탐욕, 이기적 욕심 때문인지, 아니면 하나님을 경외함과 교회의 덕을 세우고자 함인지와 관련이 있다면, 후자는 교회의 공적 부름과 연결된다.[10] 목회자에게 있어 가장 치명적인 것은 세속적 야망과 탐욕으로 이해한다. 그것은 하나님의 말씀을 벗어나게 만들며, 목회자로서의 본분을 망각하게 만들기 때문이다. 칼뱅에게 있어서 목회자가 소명을 이루어갈 수 있는 것은 경건이다. 경건은 하나님을 경외하며 사랑하는 삶인데, 하나님을 사랑과 감사, 영광을 받으실

---

8   이레니우스와 테르툴리아누스, 아우구스티누스와 암브로시우스 등이 칼뱅의 신학 형성에 지대한 영향을 끼쳤다.
9   John Calvin, *Commentaries on the Book of Psalms*, vol. 1 (Grand Rapids: Eerdmans, 1949), Preface 참고.
10 John Calvin, *Institutes of Christian Religion*, trans. Ford Lewis Battles, 1536 edition (Grand Rapids: Eerdmans, 1975), 4.3.1. (이하는 *Institutes*로 표기하며 권, 장, 항목 순으로 표기할 것임).

분으로 바로 인식하는 것이 믿음이라면 그 믿음 가운데서 그분을 경외하며 사랑하는 삶이 경건이다. 경건은 목회자의 영적 에너지이다.

그에게 있어서 목회와 신학 저작은 경건의 산물이었다. 그는 『기독교강요』를 '경건의 대전'으로 명명하였고 저술 목적도 참된 경건을 가르치기 위함이라고 밝힌다.[11] 결국 경건은 하나님께 대한 순종, 자기 부인의 삶, 하나님께 영광이라는 차원과 연결된다. 실제로 칼뱅은 하나님의 주권에 대한 확신한 고백을 바탕으로 한 자기 부인의 삶을 살았던 사람이었다. 그는 목회자들에게 그렇게 권면한다. "그분을 위해서 살고, 그분을 위해서 죽어라. 우리는 하나님의 것이다. 그러므로 그분의 지혜와 뜻이 우리의 모든 행동을 주관하게 하라."[12] 이러한 자기 부인의 신앙은 끊임없이 자신을 벗어나 온전히 하나님을 의지하게 한다. 그에게 있어서 그리스도인의 삶과 교회 목표는 하나님의 영광이다. 하나님의 영광을 드러내는 것이 제 일의 목적이 되지 않으면 그것은 건전한 신학이 될 수 없다.[13]

제네바에서의 칼뱅의 목회는 목회적 돌봄과 교회 훈련에 초점을 맞춘다. 목사직의 가장 중요한 직무는 영혼 구원과 목회적 돌봄이며 성도들은 교회의 돌봄과 지도를 받아야 하며 영적 성장은 교회를 통해서 주어진다고 이해한다. 인간의 약함과 무지 때문에 그들을 돌보도록 교회를 우리에게 주셨다. 그 돌봄을 위해 성례를 제정하셨으며 목사와 교사를 세우셨다. 하나님께서는 자녀들을 교회의 품속으로 모으셨고, 유아기 상태에 있는 동안 교회의 도움과 사역을 통하여 기르시고 장성

---

[11] 초판 제목은 "모든 경건의 개요와 구원의 교리를 아는 데 필요한 기독교 가르침: 경건에 열심을 가진 모든 사람이 읽힐 만한 가치가 있는 최근의 저서"였다.
[12] *Institutes*, 3.7.1.
[13] John H. Leith, *John Calvin's Doctrine of Christian Life* (Louisville: WJKP, 1989), 1장.

하여 믿음의 목표에 이르기까지 "어머니와 같은 보살핌"을 통하여 인도하시길 기뻐하셨다. "하나님이 아버지가 되시는 자들에게는 교회가 또한 그 어머니가 되게 하셨다"고 이해한다.[14]

말씀을 통한 목회적 돌봄과 훈련, 감독과 치리의 기능은 주로 컨시스토리에 의해 수행된다. 당시 회의록은 그 기능을 이렇게 밝힌다. "거룩하지 못한 사람을 사랑으로 감독함으로서 교회의 질서를 확립하고 거룩한 교회를 보존하며… 좋은 모본을 보여주기 위하여 컨시스토리가 소집된다. 이것은 특히 하나님의 말씀을 잘 들을 수 있도록 하기 위함이다."[15] 이러한 돌봄과 권징의 바른 실천을 위하여 교회 법령을 수립하였고 교회를 지켜내려는 일종의 목회적 대응이었다.

제네바에서 칼뱅의 목회는 하나님 말씀에 기초한 말씀 목회였다. 그래서 말씀 선포인 설교와 교육에 전념한다. 그에게 있어서 설교는 신적 행위이며 그리스도의 현현이었다. 설교를 통해 그리스도께서 우리에게 오시며 인간 영혼을 치유하시고 감독하신다. 하나님께서는 말씀을 수단으로 하여 교회를 낳으시고 증대하시기 때문에 설교는 실로 교회의 중요한 사역이다. 설교자는 그리스도의 대리자로서 특별한 지위를 부여받았다는 확신을 가지고 설교해야 한다.

설교자의 권위는 자신에게서 나오지 않고 보내신 분으로부터 비롯된다. 설교자를 '하나님의 사자' 혹은 '하나님의 입'이라고 칭하면서 그렇게 조언한다. "하나님의 거룩한 말씀 외의 다른 어떤 곳에서도 그분을 찾지 말고 하나님의 말씀에서 촉발되지 않은 그분의 모습에 신경쓰지 말고 하나님의 말씀에서 비롯되지 않는 그 어떤 것도 이야기하지

---

14 *Institutes*, 4. 1. 1.
15 *The Resisters of the Consistory of Geneva* (October 12, 1542); 안은찬, 『칼뱅의 목회신학』(서울: CLC, 2007), 74에서 재인용.

말아야 함을 명심하라."¹⁶ 하나님을 예배하고 순종하는 삶을 살려는 자는 그분이 소중히 여기는 것을 소중하게 여기며, 그분이 기뻐하시는 길을 따라 마음과 지성을 그분께 돌이키도록 인도하는 설교에 귀를 기울여야 한다.¹⁷ 그의 목회의 중심을 이루는 것은 설교였다. 그의 설교는 단순히 주석 작업을 한 것이 아니라 실제 목회 현장에 말씀을 적용하고 있음을 알 수 있다. 믿음의 확신을 가지고 충만함을 누릴 수 있도록, 방황하는 영혼을 인도하려는 목적을 가지고 설교 사역을 수행한다.¹⁸ 칼뱅의 말씀 사역은 성례와 교육과 연계하여 통합적으로 이해하고 시행하였다.

제네바에서 칼뱅의 목회는 교회와 세상을 하나님 앞에 바로 세우려는 개혁 목회로 확대된다. 칼뱅의 중요한 관심사는 교회개혁이었지만 그것은 예배 개혁과 연계되었고 사회 개혁으로까지 확대되었다. 제네바는 이것을 이룩하려고 했던 장이었으며 그것은 통합적으로 이해되었다. 예배와 경건은 이것을 이루는 중요한 영역이었고 그렇게 개혁된 예배자들은 삶과 사회 속에서 그 개혁을 이루어 가야 한다. 새로운 존재가 된 교회는 세상 속에 하나님이 허락하신 새로운 질서와 삶을 세상 속에 보여주어야 할 사명을 가진다.

사랑하는 후배들에게

교회가 깊은 어둠 가운데서 방향을 잃어버렸을 때 제네바라는 작은 도시에 세움 받은 칼뱅은 하나님의 말씀과 위엄에 사로잡혀 하나님

---

16 *Institutes*, 1.13.21.
17 위의 책, 1.6.2.
18 Ronald S. Wallace, *Calvin, Geneva and Reformation* (Grand Rapids: Baker Book House, 1990), 171.

의 교회를 바로 세우기 위해 한 시대 속에서 몸부림친다. 고통으로 점철된 인생을 살면서도 주어진 사명을 감당하려고 노력한 결과, 오늘 우리에게 주어진 개혁된 교회의 모습이 그 땅에서 윤곽을 드러낸다. 사후, 그의 사역의 본과 가르침을 따라 개혁된 교회는 거침없이 확대된다. 그렇게 세워진 오늘의 교회와 그 교회를 섬기고 있는 우리를 바라보며 제네바의 그 개혁자는 계속 말을 걸어온다. '오늘 그대들이 섬기는 교회는 어둠 속을 헤매고 있지 않는가? 오늘 그대는 그 어두움의 시간에 어떻게 목양하며, 설교하고, 예배하고 있느냐?' 그 질문과 함께 그는 계속해서 권고한다.

첫째, 개혁된 교회는 계속해서 개혁되어야 한다. 순례 공동체인 교회는 언제나 오류 가운데 떨어질 가능성을 안고 있으므로 '개혁된 교회는 하나님의 말씀을 따라 항상 개혁되어야 한다.' 여기에서 개혁의 주체는 하나님이시며 교회는 그 대상이다. 교회는 광야와 흑암 가운데서 헤맬 수도 있고 오류를 범할 수도 있다. 이러한 이유로 교회는 언제나 그 자체를 새롭게 하고 갱신해 가기 위한 준비가 되어 있어야 하고, 새로운 길을 언제나 찾아 나갈 준비가 되어 있어야 한다. 교회는 본질적으로 지속적 개혁의 당위성을 갖는다. 말씀을 따라갈 때 교회는 진정한 생명력과 교회다움을 유지할 수 있다.

교회개혁은 "현재의 실태에서 출발하며, 과거 근원에의 조회, 미래 교회 상의 추구"를 통해 이루어진다. 아주 오래전 제네바 땅에서도 마찬가지였지만 "근원을 돌아보는 일"은 오늘은 더 필요하며, 언제나 필요한 일이다. 그것은 어느 시대의 교회에 있어서나 "존속하고 있는 신앙의 원초적 증언"에서 구체화 된다는 사실을 잊어서는 안 된다.[19] "원

---

19 Hans Küng, *Was Ist Kirche?*, 이홍근 역, 『교회란 무엇인가』(왜관: 분도출판사, 1978), 39~40.

초적 증언"을 새롭게 듣고, 그 근원으로 되돌아가려는 노력이 계속되어야 한다는 점에서 항상 교회는 '개혁적'이다. 참된 교회는 언제나 개혁 속에 있게 되며 만일 그렇지 않으면 "교회가 아닌 교회로 전락"하게 된다.[20] 현존하는 교회의 상태와 원초적 증언을 서로 비교하면서 그것에 의해 지배받고 인도함을 받아야 한다. 신학의 사명은 교회로 본질과 근원을 명확히 이해하고 말씀 앞에 바로 설 수 있도록 깨우친다.[21]

둘째, 교회개혁의 기준은 언제나 하나님의 말씀인 성경이다. 하나님의 말씀은 교회가 바른 방향으로 진행하고 있는지를 결정짓는 기준이며 개혁을 위한 초석이 된다. 하나님의 말씀을 통해서 새롭게 하려는 노력이 희미해지면 교회는 변질될 수밖에 없다. 교회의 건강성은 그 규모나 외형적인 요소에 의해서 결정되는 것이 아니고 하나님의 말씀에 얼마나 충실한가에 의해서 결정된다. 목회자들을 계속해서 훈련해서 바로 세우려고 했던 이유가 거기에 있었다. 설교가 하나님의 말씀 선포에 수반되는 무서운 권위와 설교자의 책임성을 잊어버릴 때 교회는 타락하고 표류할 수밖에 없다. "만일 설교자가 먼저 하나님의 말씀을 힘써 따르지 않는다면 강단에 오르면서 목이 부러져 죽은 것이 낫다."[22]

설교자는 "하나님의 입, 하나님의 대사"이다.[23] 하나님 말씀 선포인 설교가 그의 목회직의 핵심을 이룬다. 목사가 설교 사역을 바로 수행하고 있는 동안 목회자는 이 땅에서 가장 고귀한 일을 수행하고 있으

---

20 이신건, 『칼 바르트의 교회론』(서울: 한들 출판사, 2000), 19.
21 그래서 칼 바르트는 신학은 "자유로운 학문이 아니라 교회에 매여 있음으로 비로소 의미 있고 가능한 학문"이 된다고 했다. Karl Barth, *Church Dogmatics*, I/1 (Edinburgh: T. & T. Clark, 1961), ix.
22 *Corpus Reformatorum*, XXVI, 304; T. H. L. Parker, *The Oracles of God: An Introduction to the Preaching of John Calvin*, 황영철 역, 『하나님의 대언자』(서울: 익투스, 2006), 78에서 재인용.
23 *Institutes*, 4.2.7.

며, 하나님의 구속 사역에 협력하고 있고, 무엇보다도 자신을 하나님의 입과 대사로 세워주신 주님을 영화롭게 한다.[24]

개혁된 교회의 목회는 본질적으로 "한정적 definite 이며, 제한적 limited 이고, 약속으로 충만한" full of promise 특성을 가진다.[25] 하나님 계시에 의해 규정지어진다는 점에서 교회의 목회는 '한정적'이며, '개혁된 교회'의 목회는 예수 그리스도께 종속되어 하나님과 사람에 대한 실제적 섬김이라는 점에서 '제한적'이다. 사람을 섬긴다는 점에서 하나님께 대한 목회이며, 하나님을 섬긴다는 점에서 사람에 대한 목회이다. 목회는 목회자나 어느 개인이나 공동체의 유익을 추구하는 '자기 번영 self-promotion 의 사역'이 아니라 그것이 예수 그리스도에 대한 '증언의 사역'이다. 그때 교회 목회는 '약속으로 충만'해 있으며, 깊은 확신과 함께 수행된다. 그 약속은 복음과 깊이 연관되어 있으며, 하나님의 말씀이 보존하고 유지하시는 능력과 연관된다. 중세교회처럼 오늘 너희들 교회의 목회는 혹시 한정적이고 제한적인 특성을 잃어버리고, 다른 것으로 채우려고 하다가 혹시 길을 잃어버리지 않았는가?

셋째, 목회는 바른 교리 othodoxia 와 바른 실행 orthopraxis 을 통해서 세워져야 한다. 교회의 타락은 하나님의 말씀, 즉 교리를 바로 이해하지 못하고 바로 실천하지 않은 데서 시작된다. 그래서 제네바에서 나는 예배 모범, 목회 실천에 대한 규범 등을 계속해서 수립해 갔다. 설교와 교육은 바른 교리의 수립이라는 관점에서 이루어졌으며, 예배와 성례의 시행은 바른 실행이라는 관점에서 이루어진다. 설교자가 바른 성경의 해석자가 되어야 한다는 점은 무엇보다 설교자는 자기 힘으로 일하거나 자기 자신의 지혜와 노력으로 "하나님을 섬기는 자유로운 행위자"

---

24 Parker, 『하나님의 대언자』, 79.
25 Barth, *Church Dogmatics*, IV/3, 830~901.

가 아니라는 뜻과 통한다. 설교자가 '말씀의 종'이라는 사실은 그가 성경을 바로 읽고 해석해야 하는 해석자의 사명이 주어졌음을 의미한다. 제네바의 목회자들을 말씀 앞에서 늘 자신을 점검하게 했다. "교회를 하나님의 말씀으로 바로 세우는 일에 마음을 쓰는 것보다 더 중요한 일은 하나도 없다. 나의 마음에 이런 갈망을 주신 주님께서 여러분들에게도 그러한 마음을 주시기를 원한다. 나는 교회의 직분을 맡은 이후 교회의 유익을 구하는 것 외에 다른 목적을 가진 적이 없다."[26]

넷째, 목회는 목회적 돌봄과 자기 훈련을 통해 이루어진다. 목회는 교회 조직과 적절한 치리, 교회법을 통해 질서를 세워간다. 칼뱅은 목회적 돌봄과 치리는 교회 훈련이라는 관점에서 이루어지는데 질서는 목회 중심을 이루는 요소이다. 성도들의 바른 질서의 삶을 돕기 위해 "보편적 규칙" regulam 을 발견하려고 했다.[27] 목회는 성도들이 그 규칙을 따라 질서의 삶을 살도록 돕는 것이다. 그러한 규칙은 언제나 하나님의 말씀에서 나오는 것이기에 말씀을 연구하고 가르치고 실천하는 일을 최우선에 두었다. 지나치게 엄격했다는 평가를 받으면서도 규칙을 따라 교회를 세워가려고 노력한 이유였다.

목회는 말씀을 통해 생기를 명하는 작업이며 하나님의 군대를 일으키는 작업이다. 혹시 에스겔 골짜기의 모습은 500여 년 전 중세교회의 모습이었지만, 혹시 500여 년이 지난 다음에 그것이 오늘 너희의 모습은 아닌가? 교회는 언제든 '에스겔 골짜기'가 될 가능성 앞에 서 있다. 쉼 없이 말씀을 설교하고, 교육하며, 권징을 통해 훈련하고, 교회를 말씀 앞에 새롭게 세워가려고 한 이유가 바로 그것이다. 혼미한 땅

---

[26] 첫 문장은 Calvin, *Commentaries on the Book of Psalms*, vol. 1, "Preface"에서, 두 번째 문장은 *Institutes*, "Preface"에서 따온 것이다.
[27] *Institutes*, 3.6.1.

에 개혁된 교회를 우뚝 세운 그 개혁자의 속사임은 이어진다.

개혁된 교회 설교, 다시 개혁이다

설교자에게 가장 두렵고 떨리는 일은 설교가 여전히 하나님의 뜻과 말씀을 오늘의 시대에 드러내기 위하여 사용되고 있다는 사실이다. 하나님의 복음을 선포하기 위해서 불순종과 무지에 사로잡혀 있는 인간이 쓰임 받는다는 것은 가장 경이로우면서도 위험한 일이라고 디트리히 리츨은 주장한다.[28] 스탠리 하우어워스는 무엇을 바꾸기를 원한다면 의지력을 기르는 것보다 더 중요한 것은 "올바른 개념을 확립하는 일"이라고 하면서 무엇인가를 깨닫고 그 깨달음이 우리 의도성 속에서 오랜 지속될 때 자신의 고유한 정체성이 형성된다고 주장한다.[29] 제네바의 그 거인이 들려주는 설교에 대한 바른 지침은 무엇일까?

첫째, 설교의 주제와 객체 의식의 회복이 절실하다. 한국교회 강단에는 설교의 주체와 객체의 혼돈 현상이 심각하다. 설교는 세상이 제공할 수 없는 것을 제공하지만 그것은 하나님이 주시는 것을 제공한다. 그러므로 설교자가 주체가 아니라 성삼위 하나님이 주체가 되신다. 그분은 설교가 행해질 때 우리 가운데 행동하고 계시며 운행하신다. 우리는 사용되는 것이고 함께 하나님의 말씀을 듣는 설교의 객체가 된다. 강단에서 가장 위험한 것은 설교자가 말씀의 주체가 되고, 은혜와 축복의 '제조자'인 것처럼 착각하는 것이다. 하나님 말씀 앞에 부복하지 않고 자신이 마치 은혜의 제작자인 것처럼 행동하게 된다면 그는 지금 잘못 서 있는 것이다.

---

28 Dietrich Ritschl, *A Theology of Proclamation* (Atlanta: John Knox Press, 1960), 10.
29 Stanley Hauerwas, *Vision and Virtue* (Notre Dame: University of Nortre Dame, 1981), 2.

물론 이것은 빈약한 설교에 대한 책임을 하나님께 전가하고, 설교를 하나님의 직통 계시라는 의미로 설명하려는 것이 아니다. 설교자는 성경이 증언하는 하나님의 말씀을 바로 듣고 그것은 증언하기 위해 설 때 자기의 말이 아니라 하나님께서 말씀하시려는 바를 전하려는 바른 의식이 있어야 한다. 하나님께서는 설교자를 말씀의 봉사자와 증언자로 세우셨음을 알아야 한다. 이것은 설교자가 하나님의 말씀 앞에 함께 서서 그 말씀을 듣는 존재이며, 자기의 생각을 전하는 것이 아니라 전하도록 부탁받은 것을 전하는 존재임을 강조하는 말이다.

설교는 설교자가 하나님의 말씀인 성경을 통해서 보았고, 들었고, 만졌던 것을 증언하는 것이다요일 1:1. 여기에서 설교자에게 필요한 것은 그는 증인으로 부름 받은 소명자라는 자기 인식이 필요하다. 설교는 계속되는 하나님의 계시 사건이며, 설교한다는 것은 그 계시 사건에 참여하는 것이고, 그것을 드러내는 것이다. 칼 바르트의 정의대로 설교는 "하나님 자신이 말씀하시는 하나님의 말씀"이다. 이때 설교는 하나님께서 친히 자신을 드러내시기 위해 사용하시는 도구이며 설교의 주체는 하나님이시다. 다만 설교자는 그 계시 사건에 참여하는 것이고, 그 여정에서 보고 듣고 경험한 것을 증언하는 것이다. 증언자로 세움 받은 설교자는 언제나 그가 먼저 하나님 말씀의 '들음'과 그 세계에로의 '참여'를 필요로 한다. 인간의 증언을 참된 증언이 되게 하는 것은 그리스도의 임재임을 기억하면서 주님의 임재와 성령님의 기름 부으심을 구하여야 한다.

둘째, 설교에 복음 중심성과 성경 중심성의 회복이 필요하다. 기독교 설교는 예수 그리스도를 통해서 완성된 인간의 구속 역사의 신비를 알려주는 복음을 증언하기 위해 시작되었다. 제자들과 초대교회는 메시아로 이 땅에 오신 예수 그리스도의 구속 사건 – 그의 생애와 십자가의 죽으심, 그리고 부활과 다시 오심 – 을 선포하는 일에 주력하였다. 이것은 "교회가 존재하게 하는 중심적인 실재 central reality"[30]였으며, 설교의 이유였다.

그러므로 설교는 복음의 한계선 안에 머물러야 하며, 반드시 사도적 메시지의 근본 주장을 견지해야 한다. 복음은 예수 그리스도께서 십자가에 달려 돌아가시고 다시 죽음에서 부활하심으로 죄와 죽음, 모든 악의 세력을 이기신 하나님의 궁극적인 승리이며, 개인들과 사회와 나라들, 그리고 온 우주 속에 새로운 생명을 가져다주심을 선포하는 복된 소식이다. 어떤 내용의 말씀이든지 간에 설교는 언제나 복음과 만나야 하며, 이 복음의 소식이 그 골격이 되어야 한다.

설교는 본질적으로 성경 중심성을 가져야 한다. 왜냐하면 성경은 하나님 계시의 완성이며, 하나님께서는 오늘도 그 성경을 통해서 말씀하시기 때문이다. 설교는 "성경에 대한 확고한 해석과 역사적 배경에 대한 완전한 이해를 바탕으로 성경 안에 살아있는 진리의 말씀을 전달하는 행위"이다.[31] 그러므로 모든 설교는 성경적 설교가 되어야 하며, 그것은 설교의 규범으로 작용한다. 설교자는 성경적으로 설교하기 위해서 항상 어떻게 성경을 이해하고, 해석해야 할 것인지를 알고 있어야 하며, 지속적으로 성경을 연구하여 전체를 조망하는 눈과 함께 지속적으로 성서 신학적인 훈련을 통해 성경에 대한 이해의 폭을 넓혀야 한다.

본문에 대한 주석과 해석의 원칙에 대해 깊은 연구가 필요하고, 성경 연구로부터 설교로 나아가는 훈련이 필요하다. 과거 성경이 기록되던 때 혹은 이 말씀을 처음 들었던 원독자들에게 의미하는 바 then를 이

---

30 Lesslie Newbigin, *The Gospel in a Pluralist Society* (Grand Rapids: Eerdmans, 1989), 139.
31 김운용, 『새롭게 설교하기』, 167.

해하는 것과 오늘의 청중들에게 주어지는 now 의미를 파악할 수 있어야 한다. 설교자는 오늘의 의미에 먼저 눈길을 돌리기보다는 정확한 '그 때'의 의미를 이해하려고 애써야 한다. 그 의미가 오늘날의 시대 속에서는 무엇을 의미하는지에 대한 깊은 연구와 그것을 의미심장하게 전달하려는 노력이 함께 병행되어야 한다.[32] 여기에서 중요한 것은 본문의 깊은 연구와 주의 깊은 해석에 초점을 맞추어야 하며, 여기에서 설교자가 성경을 통해서 보여주어야 할 것은 본문을 통해서 드러나는 "하나님의 은혜로우신 행동" the gracious activity of God 이다.[33]

셋째, 설교는 세상과 교회를 위해 주시는 하나님의 말씀이며, 교회를 세우는 설교여야 한다. 특히 세상에 대한 '대안' 공동체로 세워가야 한다. 설교를 통해서 우리 가운데 은혜와 진리로 충만하신 모습으로 거하시는 그리스도를 보여주어야 한다는 말은 칼뱅이 설교를 성례전적 행위로 이해한 것과 같은 맥락이다.[34] 교회는 세상을 위하여 말씀을 증거하는 공동체로 세워졌다. 교회는 성령을 의지하여 하나님의 말씀과 그것을 통해 형성된 공동체이다.

설교자의 과제는 오늘 우리를 둘러싸고 있는 문화의 지배적 의식이 무엇인지를 분석하여 그에 대한 '대안 의식'을 불러일으켜 그것을 발전시키고, 확대해 나가야 한다. 교회는 "역사 속에서 옳고 그른 것을 판단할 규범과 책임 있는 권위를 제시할 수 있는"[35] 공동체가 되어야 한다는 점에서 세상에 대해 '대안적'이다. 이것은 교회가 이 사회와 문화에 대해서 참여와 변혁의 사역을 감당해 가는 '공적 교회' public church [36]

---

32 위의 책, 8장.
33 폴 스캇 윌슨은 이것을 그의 설교 형태에 구체적으로 도입한다. 이것에 대해서는 Paul S. Wilson, *The Four Pages of the Sermon* (Nashville: Abingdon Press, 1998)을 참고하라.
34 *Institutes*, 4.1.5.
35 Bruggemann, *The Prophetic Imagination*, 3~4.

의 특성과 연결된다. 복음을 개인 차원에 고착시키는 복음의 사사화, 교회의 공적 사명에 대한 망각은 교회의 실천을 편협하게 만들고, 교회 내부 문제에 전념하게 만들면서 사회로부터 고립된 공동체가 되게 한다. 설교는 교회가 이러한 함정에 빠지지 않도록 깨우는 사역이 되어야 한다.

넷째, 설교는 삶의 변혁transformation과 변화에 목표를 두어야 한다. 설교는 하나님의 말씀을 따라 자신의 삶을 고치고, 마음과 삶을 새롭게 한다. 설교는 하나님 백성들의 마음을 하나님께로 돌이키기 위해 하나님께서 친히 세우신 제도이다. 설교는 사람, 사회, 문화, 전통에 대해 변혁적 특성을 가지며 하나님의 말씀을 통한 삶의 변혁을 지향한다. 이것은 말씀이 육신이 되어 우리 가운데 거하게 되는 성육신 사건이 가지는 특성이기도 한데, 빛말씀으로 오신 예수님이 임하셨을 때 흑암의 세상에 어두움이 물러가고 생명의 역사가 시작된다. 언제나 빛이 비추는 곳에는 어두움이 공존하지 못하고 쫓겨나가게 되는 변혁적 특성을 가진다. 여기에서 요한복음서 기자는 예수 그리스도를 증거하는 설교자를 향해 "빛에 대해 증언하는 존재"요 1:8로 규정한다. 설교는 기본적으로 변혁의 특성을 가지며, 본질적으로 삶의 변형을 추구한다. 이것은 품격 형성과 도덕성 회복이라는 개인 차원과 공적 영역에서의 예언적 사명의 수행과 실천이라는 대사회적 차원을 포함한다.

---

36 Martin E. Marty, *The Public Church: Mainline - Evangelical - Catholic* (New York: Crossroad, 1981). 교회의 공적 기능 수행을 위한 하나의 가능성을 제시한 책으로는 Charles Campbell, *The Word before Powers*, 김운용 역, 『실천과 저항의 설교학: 설교의 윤리』(서울: WPA, 2014)를 참고하라.

겨울새로 사는 자, 복이 있다

개혁자들이 교회를 새롭게 하려는 목숨을 건 개혁 운동을 펼칠 때 그 기준점과 출발점은 언제나 하나님 말씀이었다. 개혁은 하나님의 말씀인 성경으로 돌아가 복음과 바른 진리를 깨달으면서 그 위에 교회를 바로 세우기 위한 몸부림이었다. 제네바에서 목숨을 걸고 하나님의 말씀을 설교했고, 잘못된 예배와 제도를 개혁해 나갔던 그 개혁자의 후예들로 우리는 여기에 서 있다. 그는 말씀대로 살도록 교회와 성도들을 훈련했고, 바로 살지 못하는 사람들에게는 정해진 권징을 통해 그 도시와 삶을 개혁해 나갔다. 그의 목회는 연약한 건강으로 인해 중단되었지만, 그 후배들은 그 깃발을 높이 들고 그 목회를 이어갔다.

그렇게 우리에게까지 전해진 '개혁된 교회'의 모습은 오늘 한반도 땅에서는 어떤 모습으로 서있는가? 종교 신뢰도에 있어서 '개혁된 그 교회'가 최하위였으며, 가장 신뢰받는 종교는 로마가톨릭교회로 나타났다. 제네바에서부터 시작되어 우리에게 전해진 그 '개혁된 교회'는 그 신뢰도가 절반에도 미치지 못하는 뉴스를 대하면서 500여 년이 지난 후 그 개혁자들의 생각이 틀린 것인가, 아니면 우리가 변질시킨 것인가를 고민해야 한다. 단순 수치로 단정하기는 어렵지만 과연 오늘 한국 개신교회는 '개혁된 교회'로 바로 서 있는가를 심각하게, 다시 물어야 한다.

설교는 하나님의 말씀 선포라는 측면에서 교회와 성도를 늘 새롭게 세워나가는 중심적 역할을 한다는 점에서 그 사명은 더욱 중요해진다. 필요한 것은 교회와 사역자들이 자기 정체성을 바로 알고, 세워나가는 것이다. 말씀을 삶으로 실천하는 노력을 통해 교회의 진정성과 거룩성의 회복을 이루어가야 할 것이며, 그리하여 세상으로 진리를 보게 하는 방법 외에는 없다. 설교는 하나님의 백성들의 공동체인 교회를 향해, 피조 세계를 향해 하나님의 말씀을 증거하고 하나님의 미래를 증거하는 비전 제시의 사역이다. 웰즈가 주장한 대로 교회가 다시 하나님 앞에서 살아간다는 것이 무슨 뜻인지에 대한 확신을 회복하지 못한다면, 교회의 예배가 겸손과 경외와 사랑과 찬양을 다시 배우지 못한다면, 하나님의 거룩하심에 사로잡혀 세상에서 심오하면서도 굽힐 수 없는 도덕적 목적을 다시금 발견하지 못한다면, 즉 교회가 이 모든 일을 제대로 하지 못한다면 교회는 바로 설 수 없다.[37]

오늘 교회가 공격을 받고, 그 영광이 땅에 떨어진 시대에 설교자에게 목마름이 필요하다. 설교자에게 그것이 사라지고, 세상을 향한 눈물이 사라지면 망하게 된다. 그런 마음을 가진 한 시인은 끊임없이 자신을 향해 외친다. "나의 옛 흙은 어디로 갔을까?…/ 나의 옛 봄날 저녁은 어디로 갔을까?…/ 나의 옛 나는 어디로 갔을까?"[38] 자신을 향해 끊임없이 외쳐야 할 외침이다. 나의 옛 열정, 간절함, 뜨거움, 순수, 분노, 눈물, 감동, 저항의 몸짓은 다 어디로 갔는가? 한 영혼을 향한, 타락한 세상을 향한, 시린 마음을 향한 가슴 저림은 어디로 갔는가? 그렇게 하지 않으면 피로 값 주고 사신 보물인 교회는 지켜질 수 없기 때문이다.

모든 것을 얼어붙게 만드는 겨울에도 꽃은 피고, 겨울나무는 그 안에서 생명을 끌어안고 가고 있다. 그래서 김춘수 시인은 그렇게 노래한다. "잎을 따고 가지를 친다/ 하늘이 넓어진다/ 살을 버리고 뼈를 깎는다/ 뼈를 깎아서 뼈를 드러낸다/ 바다를 다 적신 피 한 방울/ 그것은 언제나 가고 있다/ 넓어진 하늘로/ 드러난 뼛속의 드러난 뼛속으로/ 그것은 언제나 가고 있다."[39] 겨울에도 꽃이 피어난다는 표현은 시

37　Wells, 『신학 실종』, 440.
38　김사인의 시, "아무도 모른다," 일부.
39　김춘수의 시, "겨울꽃," 전문.

인에게는 겨울나무가 "뼈를 깎아서 뼈를 드러내는" 자기 노력과 절제를 통해 이루어지며, 더 넓어진 하늘로 드러난 뼛속의 뼛속으로 달려가려는 노력을 통해 피어나는 것이라는 외침에 가슴에 와 닿는다. 어쩜 우리는 지금 겨울로 치닫고 있거나 이미 겨울을 살고 있는지도 모르겠다. 잎사귀도 떨어지고, 가지도 여기저기 떨어져 나갔으며, 살을 에는 겨울바람 앞에서 뼈를 깎는 아픔이 온몸을 감싸는 겨울, 화려한 자태도, 잎사귀도, 화려한 꽃도 없는 겨울, 그러나 흰 눈을 뒤집어쓴 겨울나무에게는 하늘이 더 넓어진다.

헐벗은 몸으로 겨울을 이겨 내야 하는 겨울나무로, 작은 몸뚱이로 추위와 배고픔을 이겨 내야 하는 겨울새로 살아가겠다는 결단은 생명을 보존하게 된다. 복효근 시인은 겨울을 사는 겨울새에 대해 그렇게 들려준다. "새들이 겨울 응달에/ 제 심장만한 난로를 지핀다/ 두 마리 서너 마리 때로는 떼로 몰리다 보니/ 새의 난로는 사뭇 따숩다/ 저 새들이 하는 일이란/ 너무 깊이 잠들어서 꽃눈 잎눈 만드는 것을 잊거나/ 두레박질을 게을리하는 나무를/ 흔들어 깨우는 일/ 너무 추워서 옹크리다가/ 눈꽃 얼음꽃이 제 꽃인 줄 알고/ 제 꽃의 향기와 색깔을 잊는 일 없도록/ 나무들의 잠속에 때맞춰 새소리를 섞어주는 일/ 얼어붙은 것들의 이마를 한 번씩/ 콕콕 부리로 건드려 주는 일/ 고드름 맺힌 나무들의 손목을 한 번씩 잡아주는 일/ 그래서 겨울새는 둥지를 틀지 않는다."[40] 겨울새의 사명은 너무 깊이 잠든 세상과 사람들을 톡톡 건드려 깨우는 것이란다. 너무 추워 움츠려 잠든 사람들이 꽃눈, 잎눈 만드는 것을 잊고 있을 때, 두레박질을 게을리하고 있을 때 흔들어 깨우는 것이 겨울새의 사명이란다. 깊은 잠에 빠져 얼어붙은 것들이, 눈

---

40 복효근의 시, "겨울새," 전문.

꽃이 자기 것인 양 착각하고 잠들어 있는 설교자들이 깨어나야 한단다. 겨울새로 사는 자들에게 복이 있을진저….

14 장
설교는 새롭게 돌입해 오는 하나님 나라의 선포이다[1]

> 새들도 떠나고
> 그대가 한그루
> 헐벗은 나무로 흔들리고 있을 때
> 나도 헐벗은 한 그루 나무로
> 그대 곁에 서겠다
> — 복효근[2]

아 하나님 나라

초기 기독교의 설교는 철저하게 하나님 나라와 관련이 있었다. 그것은 메시야 도래를 외쳤던 세례 요한 설교의 중심이었으며[마 3:2], 공생애를 시작하신 예수님 설교의 중심 주제였고, 초기 복음서 설교자들의 주된 관심사였다. 예수님께서는 하나님 나라를 다양한 비유를 통해서 가르쳐 주셨고, 산상수훈은 하나님 나라의 약속이었으며, 제자들에게 가르쳐 주신 기도문에는 다가오는 하나님 나라를 구할 것을 요청하셨다. 예수님의 설교는 본질적으로 종말론적 관점에서 하나님 나라를 선포하시는 것에 중점이 두고 있다.

하나님께서 "오늘의 역사 가운데 모든 사건을 통치하실 수 있으며,

---

[1] 본 장은 『한국기독교신학논총』, 107집(2017년)에 실린 필자의 논문을 수정, 확대한 것임을 밝힌다.
[2] 복효근의 시, "겨울 숲" 일부. 복효근 시집, 『어느 대나무의 고백』(서울: 시인동네, 2024), 32.

통치하신다"는 사실이 이스라엘 신앙의 독특성이었고, 구약의 중심사상이었다.[3] 또한 "때가 차매…"로 시작된 복음서와 신약의 선포 중심에는 복음, 즉 구약의 예언자들이 꿈꾸어 왔던 하나님 나라가 예수 그리스도 안에서 실현되었음이 선포된다. 그러므로 신구약은 "시작과 완성의 관계이며, 희망과 성취의 관계"로 연결되어 있다. 구약에서 하나님 나라의 실현과 승리는 항상 미래형으로 제시되었다면 신약에서는 항상 현재형으로 선포된다. 브라이트는 "널리 울려 퍼지는 현재 직설법" a resounding present indicative 을 사용하여 "하나님 나라가 여기 있다"고 외치는 초기 설교는 "복음, 즉 하나님께서 일하고 계신다는 복된 소식"이며, 이스라엘의 소망과 "모든 시대가 보기는 원하였던 것이 지금 여기, 바로 예수 그리스도 안에서 성취" 되었음을 외친다.[4] 성경이 끊임없이 하나님의 주권과 통치를 강조였다면 우리 삶의 전 영역에서 구하여야 할 것은 분명하다.

하지만 현대 교회 설교 사역에는 하나님 나라의 선포가 아주 희미해졌고, 사회적 차원에 대해서는 무관심하거나 침묵으로 일관하였으며 주로 개인 차원에 국한하여 진행됐다.[5] 그러한 과정에서 개인적, 기복주의적 관점이 현대강단을 압도해 가고 있음을 부인하기 어렵다. 그래서 데이비드 버트릭은 "우리가 사는 세계에서 그분의 목적을 따라 놀라운 추진력과 함께 역사하시는 하나님의 나라에 대한 의식은 점점 희미해지고 있다"면서 현대강단의 문제점을 오늘 여기에서 일어나고 있는 하나님의 역사보다는 '과거 한때' 있었던 역사에 대한 '옛이야기'

---

3   위의 책, 25.
4   위의 책, 197~98.
5   David Buttrick, *A Captive Voice: The Liberation of Preaching*, 김운용 역, 『시대를 앞서가는 설교』(서울: 요단출판사, 2002), 1장 참조.

에만 사로잡히면서 생생한 하나님의 통치의 '현실성의 선포'가 희미해졌고, 설교가 가지는 본래적 힘을 상실하게 된 이유라고 분석한다.[6] 본질적으로 기독교 설교는 신적 실재와 미래를 선포하는 것이며, 오늘이라는 삶의 자리에서 역사하시는 하나님의 통치하심을 생생하게 선포하는 사역이다.

이런 설교의 특성을 그의 사역 가운데 풀어낸 요한 크리스토프 블룸하르트 Johan Christoph Blumhardt 와의 대화를 시도해 보자. 19세기 독일의 설교자 블룸하르트는 하나님 나라의 선포로서의 설교가 가지는 이러한 특성을 목회와 설교에서 잘 구현해 낸 설교자였다.[7] 어두운 시대에 승리자 예수님의 복음 능력을 생생하게 들려주었을 뿐만 아니라 하나님의 통치하심을 그 시대 사람들이 생생하게 경험하도록 만들어 준 설교자였다. 특별히 그는 승리자 예수님을 통해 이룩되는 하나님 나라의 구현과 확장을 위해 현실 세계 속에서 '투쟁과 소망'이라는 구도 속에서 평생 사역을 감당한다. 그는 하나님의 말씀인 성경에 귀 기울이면서 갖게 된 말씀 경험을 삶 속에 구체화시키고, 기독교 경건과 삶의 좌표로 삼는다. 특히 그는 '하나님 나라의 새로운 돌입' new breakthrough 을 선포하고 실재화하는 설교 사역의 문을 활짝 열었다.

블룸하르트는 무엇보다도 '하나님의 현실성' die Wirklichkeit Gottes 과 '하나님 나라의 새로운 돌입'을 선포하고 그 시대에 가시화한 설교자였다. 특별히 성경이 증언하는 바를 설교 사역에 그대로 담아내려고 했으며, 새롭게 돌입해 들어오는 하나님 나라를 이 땅에 구체화하는 데 전력하였다. 예수님은 '승리자'라는 확신이 그 원동력이었는데, 신앙은

---

6 David Buttrick, *Preaching the New and the Now* (Louisville: WJKP, 1998), 1, 3.
7 블룸하르트의 사역은 아들 크리스토프에게로 계승된다. 아버지 블룸하르트는 '하나님의 현실성'을 주변에 끊임없이 전하고자 노력하였다면, 아들은 억압과 착취로 인해 고통받는 괴핑엔(Göppingen)의 노동자와의 사귐을 통해 도래할 하나님의 통치를 선포하고 실천하는 사역을 감당하였다.

오늘도 기적을 행하시는 살아계신 하나님을 실제로 받아들이고 성령님 안에서 인격적으로 나타나시며, 새로운 구원의 역사를 베푸시는 승리자 예수를 삶 속에 구체적으로 모셔 들이는 것으로 이해한다.[8] 그에게 하나님 나라는 그 모든 것의 해답이었다. 하나님 나라는 철저히 야웨 신앙으로부터 출발하며, 역사를 지배하시는 그분의 통치하심과 관련이 있다. 그의 사역은 하나님 나라가 우리 삶과 사회 가운데 새롭게 돌입도래해 들어오는 것을 선포하고 구체화하는 데 초점을 맞추었다.

> 사람들이 그리스도의 미래에 대해 관심을 가질 때 그들이 가지고 있는 기독교 신앙은 지금보다 훨씬 더 신선하고 생생해 질 수 있습니다. 주님의 오심과 관련이 없는 '복음'은 힘이 없으며, 의미 있는 영향력도 갖지 못합니다. 그래서 사도들은 언제나 그들의 설교를 주님의 오심을 지향하게 했습니다…. 그러므로 우리는 위로부터 오는 하나님 나라의 돌입에 대한 소망으로 소진되듯이 불타올라야 합니다.[9]

블룸하르트는 튀빙엔대학 신학부에서 공부할 때 마틴 루터의 저작을 읽으면서 그의 신학적 깊이에 매료되었다. 졸업 후 바젤선교원에서의 사역을 통해 온 세상을 구원하시려는 하나님의 사역에 대해 깊은 관심을 기울였고, 지역과 교회의 영역을 넘어 세상 속에서의 사역과 구원에 대한 사상을 형성하게 된다. 여기에서 그는 개인의 차원을 넘어서 세상 속에서 "주 그리스도를 따르는 공동체"를 깊이 추구하면서 복음 선포의 열정을 불태운다. 그때의 경험은 세상을 연민 어린 눈으

---

8 Richard Haug, *Johann Christoph Blumhardt*, 김윤규 역, 『블룸하르트의 생애와 사상』(서울: 한들출판사, 2002), 23.
9 Johann Christoph Blumhardt, *Gospel Sermons: On Faith, the Holy Spirit, and the Coming Kingdom* (Eugene: Plough Publishing, 2017), 265~66.

로 바라볼 수 있게 만든, 말로 다 표현할 수 없는 "계속된 축복의 시간"이었다고 술회한다.[10]

말씀 사역, 그리고 승리자 예수

블룸하르트는 뫼틀링겐 Möttlingen 에서 첫 담임 목회를 시작하는데 문을 닫아야 할 정도로 영적으로 죽어가던 교회였다. 큰 노력을 기울였지만 처음 5년 동안 별다른 변화가 없었고 외견상으로 교회는 더 약화되고 있었다. 그때 목회의 결정적 전환점을 이룬 사건이 일어난다. "참혹한 병 때문에 거의 죽음에 직면한" 한 처녀가 고침 받은 사건이었다.[11] 악령에 점령당하여 심각한 영적 억눌림과 고통을 당하고 있는 그에 대해 블룸하르트는 무관심이나 단념이라는 자세를 취하지 않고 영적 실재에 대한 확신과 믿음으로 항거하면서 오랜 기간 처절한 영적 싸움을 계속한다. 그는 위로부터 내리신 확신과 승리의 영 victorious spirit 에 사로잡혔고, 그 시간을 통해 완전히 다른 사람이 되어 있었다. 한 전기 작가는 그 상황을 다음과 같이 묘사한다.

> 위로부터의 승리의 영이 그 위에 내려왔고, 그와 함께 머물렀다. 그가 어렸을 적 성경에서 읽었던 주님의 은혜로우시며 강력하고도 의미심장한 개입하심을 경험하였다. 사실 그때로부터 죽을 때까지 시간이 지날수록 점점 블룸하르트는 어두움의 나라와 그것의 영향력

---

10 Haug, 『블룸하르트의 생애와 사상』, 42~43.
11 고트리빈 디투스(Gottlibin Dittus)라는 그 여인은 신장병을 앓고 있다가 악령에 사로잡혀 고통을 당하였다. Johann Christoph Blumhardt, "Die Krankheitsgeschichte der Gottliebin Dittus zu Möttlingen," 유광웅 편, "뫼트링겐의 고트리빈 디투스의 질병사," 『블룸하르트의 투쟁과 소망』(서울: 한장사, 2004), 59.

을 무너뜨리는 것이 하나님 나라를 위해 얼마나 중요한 지—하나님 나라의 궁극적인 승리를 위해 그것이 얼마나 불가결의 것인지—를 인식하게 되었다. 그러한 영적 대적들이 사람들로부터 하나님의 이름과 그의 아들 예수 그리스도의 이름을 감춰버리기 위해 조작을 하고 있으며, 오직 하나님과 예수 그리스도의 존재에 대해 묻고 배워야 할 진정한 탐구의 대상이 되어야 한다는 사실을 그는 깨닫게 되었다. 하나님 나라의 대의^{cause}가 진작된다면 그러한 대적들은 그분의 발 앞에 놓인 발판이 되고 말 것이다. 이러한 투쟁이 계속되면서 블룸하르트는 점점 그것이 진정한 권세자가 누구이며, 그것은 투쟁해야 할 사안이고, 믿는 자들의 소임임을 깨닫게 되었다.[12]

그때 악령의 반항은 더욱 거세어졌고 죽일 듯이 달려들었지만, 그는 전혀 동요하지 않았고 오히려 더 굳게 서서 기도로 대처하였다. 계속되던 치열한 영적 싸움 가운데서 성경이 기록된 대로 "모든 질병을 최종적으로 치료하시는 분은 오직 하나님과 예수 그리스도와 성령의 역사라는 확신을 가지고" 그는 전적으로 말씀과 기도에 끈질기게 매달렸다.[13] 결국 역사하던 악령은 "예수는 승리자다!"라는 큰 외침과 함께 떠나갔다. 그 사건을 통해 그는 예수 그리스도와 특별한 사귐을 통해 그분의 권세를 생생하게 체험하였고, 그것은 그의 목회에서 중요한 전환점이 되었다. 이 사건을 통해 그는 고백한다.

나는 여기서 충격적이기는 하지만 나로서 결코 침묵할 수 없는 것에

---

12 Friedrich Zündel, *Pastor Johann Christoph Blumhardt: An Account of His Life*, trans. Hugo Brinkmann (Eugene: Cascade Books, 2010), 128.
13 김윤규, 『희망의 선구자 요한 크리스토프 블룸하르트』(오산: 한신대학교 출판부, 2009), 74, 87.

관해 대략 종합적으로 이야기해야만 하겠다. 내가 이상의 사건들과 차후에 발생한 다른 현상들을 통해서 인식하게 된 것은 우리 세대가 심각한 질병을 앓고 있다는 사실이다. 이 병마는 아무도 진지하게 주의하지 않는 채 서서히, 마치 은밀히 갉아먹는 벌레처럼 복음적인 개신교회까지 삼켜버리고 말았다. 감히 말하건대, 그것은 다른 것이 아니라 우상숭배의 죄로써 점차 마술과 완전한 흑색 요술로 변하고 말았다. 그 가공한 실재가 나에게는 너무나도 명확히 드러났던 것이다. 우상숭배란 그 어떤 초자연적이고 불가시적인 힘에 대한 신뢰로써, 한 인간이 그것에 의존하여 건강이나 명예, 혹은 이익이나 향락을 얻어 보려고 애쓰는 것을 말한다. 그런데 그 힘이란 결코 하나님의 것이 아닌 것이다. … 나는 점차 이와 같은 모든 우상숭배가 가져오는 무서운 결과에 대한 안목을 갖게 되었다. … 우상숭배가 가져오는… 결과는 진리의 말씀에 대한 무감각과 죄에 대한 불감증뿐 아니라 정신이 마비되어 고상한 감성과 사고를 유지할 수 없게 되며 영원과의 관계가 끊어지고 현실에 안주하게 되는 것이다.[14]

블룸하르트는 이 치유 사건을 통해 인간 속에 있는 우상숭배에 대해 인식하면서 그 모든 것은 악한 세력에 의해 지배당하면서 일어난 현상이며, 많은 그리스도인을 사로잡고 있다는 사실을 인식하게 된다. 그는 이에 대한 투쟁을 선언하면서 새로운 소망을 선포하게 되는데 그것은 하나님의 통치하심에 대한 선포와 삶의 현장에의 구현을 위한 사역으로 이어진다. 무엇보다 그는 성령님을 깊이 의지하는 설교자로 나아간다. 자연스럽게 신앙 각성과 회개 운동이 일어난다. 마을 사람들

---

14 Blumhardt, "뫼트링겐의 고트리빈 디투스의 질병사," 95~97.

모두가 교회로 나아왔고, 자신의 죄를 고백하면서 놀라운 영적 각성이 일어나는 등 예상치 못한 일들이 일어났다. 교회에는 사람들로 가득 찼고 주간에도 함께 모여 성경을 읽고 찬양하는 모임이 자발적으로 생겨났다.

고통에 시달리던 사람들이 그의 설교를 듣기 위해, 그리고 도움을 얻기 위해 뫼틀링겐으로 모여들었다. 신앙각성운동은 죄의 회개와 삶의 갱신으로 나타났는데 25~30명 정도 소그룹으로 나눠져 매일 모임을 가지면서 성경을 읽기와 기도, 영적 대화들로 이어졌다. 늘 갖는 그 모임들의 주제가 "새로운 회개와 겸손에 관한 것"이었기에 "그 모임은 축복된 것"이었다.[15] 그 흐름은 인근 교회로 번져가면서 각성과 갱신의 운동으로 확산한다. 비판과 공격, 논란도 있었고, 지역 목회자의 반감과 의사들의 공격도 있었다. 하지만 그는 오직 치유와 회복에 중점을 둔 자신의 사역에만 전념한다. 믿음과 기도를 통한 치유 사역과 설교를 통한 말씀 선포를 통해 사역을 강화해 간다.

많은 반대와 비난이 독일 종교국에 접수되었고, 면밀한 조사를 통해 종교국은 황제에게 보고서를 보낼 정도로 뜨거운 이슈였다. 보고서는 그의 사역에 대해 "당사자의 정직하고 희생적인 사고뿐 아니라 전체 주변에서 느낄 수 있고, 많은 성직자로 하여금 보다 열심히 목회하도록 촉진해 주는 그의 사역의 성과를 볼 때 좋은 면이 훨씬 압도적이다"고 적고 있다.[16] 결국 황제가 "자기에게 맡겨진 교회를 영적 권면을 통해 고양시키고 있는 노력에 대해 이의가 없다"고 판결을 내린다. 하지만 사람이 몰려드는 현상 때문에 평일 예배 금지 명령이 내려지고, 그는 뫼틀링겐을 떠나기로 마음의 결정을 내린다. 거기에서는 하나님

---

15 Haug, 『블룸하르트의 생애와 사상』, 52~53.
16 Blumhardt, 『블룸하르트의 투쟁과 사상』, 138.

나라 사역을 진전시킬 수 없다는 판단에서였다. 교회 당국이 제시하는 요구 때문에 "수족이 결박당하는 것" 같았고, "형제 공동체를 이루려던 계획이 더는 펼쳐갈 수 없을 것" 같았다고 당시 심정을 토로한다.[17]

14년 동안의 뫼틀링켄 사역을 마무리하고, 블룸하르트는 말씀과 치유 사역에 전념하기 위해 뷔르템베르크의 건물을 매입하여 그곳에 '바트 볼 하우스' 신앙공동체를 세운다. 그곳은 "인간과 함께하시는 하나님의 장막," "하나님께서 특별히 강하게 임재하시는 요새"와 같았다[18]고 회고한다. 죽을 때까지 28년 동안 그곳에서 치유와 회복을 위한 말씀 목회를 감당한다. 고난과 비참함 가운데서 찾아오는 사람들에 대한 집중적 영혼 돌봄 Seelsorge에 중점을 두면서 하나님 나라의 완성과 소망이라는 차원에서 독자적 사역을 펼쳐간다.[19] 영과 육이 병든 많은 사람이 그곳으로 몰려왔고, 예배와 말씀, 기도를 통한 치유 경험과 고달픈 삶의 현장 가운데 돌입해 들어오는 하나님 나라를 경험하게 된다. 블룸하르트는 "예수는 승리자"라는 좌우명과 "기다리고 서두르며"라는 슬로건을 중심으로 하나님 나라 사역을 펼친다.[20]

바트 볼에서의 그의 목회는 경험을 통해 체득된 '투쟁과 소망'이라는 말로 요약되는데 사탄의 권세와의 싸움에서 그가 들은 "예수는 승리자다!"라는 외침이 일생 구호가 되었고, 그리스도의 권세로 어둠의 권세와 투쟁하여 물리치신 예수님의 사역을 이어간다. 그는 인간의 강퍅한 마음의 문제라기보다는 처해 있는 흑암의 세력 문제라는 사실을

17　Johann C. Blumhardt, *Ausgewälte Schriften in Drei Bänden: Seelsorge*, III (Zürich: Getthelf Verlag, 1949), 180.
18　Blumhardt, 『블룸하르트의 투쟁과 소망』, 218.
19　위의 책, 218.
20　바트 볼 요양원 본관 건물 전면 벽에는 W와 P자가 새겨져 있는데 '기다리다'(Warten)와 '서두르다'(Eilen)의 의미를 새긴 것인데, '밀어붙이다, 재촉하다'(Pressieren)의 뜻을 가진 단어의 첫 글자를 따서 W와 P를 사용한다. 김윤규, 『희망의 선구자 요한 크리스토프 블룸하르트』, 80~81.

발견하면서 본질적으로 말씀 사역은 어두움의 세력과 질병과의 투쟁의 사역으로 이해한다.

> 우리는 어둠의 권세에 대항해 싸워 이겨야 하며 우리의 믿음은 승리해야 할 의무를 지닌다. 이 의무 이행을 게을리하거나 유기하는 자는 그리스도와 함께 하는 영광을 누릴 수 없다. 결국 문제는 하나님의 구원하시는 은혜가 인간 삶 속에 와닿느냐, 그래서 구원이 여기 지금 인간의 영혼과 육체 전인에 효험으로 나타나느냐, 아니면 그것이 순전한 가설과 사변으로 머무느냐 하는 것이다.[21]

이러한 경험을 통해 "현명함이나 경건함, 심리학적 지식이나 기술이 그 싸움을 승리로 이끈 것이" 아니라 철저하게 하나님의 역사였고, 인간의 능력을 초월하시는 하나님 영광의 현현으로 인한 것으로 그는 고백한다. '예수는 승리자'라는 확신 속에서 사탄과 죄에 대해 말하며 "그에 대항하여 강력한 투쟁을 외치면서 성령의 새로운 강림과 그리스도의 재림, 그리고 하나님 나라의 완성을 소망하였다." 이 과정에서 놀라운 영적 각성이 일어나는데, 투쟁을 통해서 일어난 신비한 기적과 부흥이 아니라 사람들 속에 일어난 각성 Erweckung에 강조점을 두었다. 모든 것 위에 "거대한 소망을 건설하고 그 소망 안에 살며 전진"[22]하는 것에 주안점을 두었다. 어둠의 세력과의 투쟁과 하나님의 통치와 하나님 나라의 전진에 대한 간절한 소망을 통해서 이루어진 결과였다.

21　Blumhardt, 『블룸하르트의 투쟁과 소망』, 188.
22　위의 책, 193, 196.

설교, 그 나라의 새로운 돌입

블룸하르트의 설교 사역의 중요한 특징은 하나님 나라의 새로운 돌입과 전망, 그리고 인간의 참여였다. 그의 사역과 설교는 철저하게 성경에 근거한다. 그에게 있어서 성경은 단순한 책이 아니라 살아계신 하나님의 음성을 듣고, 그분의 임재를 구체적으로 경험하는 통로였다. 어려서부터 그는 성경의 세계에 깊은 관심을 기울였고, 사역의 주안점은 성경에 나타나는 하나님의 실재를 삶과 사역의 현장에 구체화하는 것에 두었다. "나의 세계관은 어려서부터 성경적"이었으며 "그의 혈관 속에는 온통 성경이 넘쳐흐르고 있다"고 한 그의 고백이나 "성경은 어렸을 때나 6~70년이 지난 지금이나 여전히 거듭해서 새로울 뿐"이라는 그의 고백은 이러한 사실의 표현이다.[23]

성경은 단순히 설교해야 할 내용의 출처나 창고가 아니었고 하나님의 계시 말씀이었으며, 자신과 사람들의 삶 속에 적용하고 삶으로 살아내야 할 실재였다. 정기 예배 모임과 기도회에서, 그리고 개인 상담과 목회적 돌봄의 자리에서 성경은 모든 것의 지표였고, 해답을 제시하는 지침이었다. 그에게 있어서 그리스도는 성경의 핵심이며 해석의 규범이었다. 성경은 설교해야 할 이유뿐만 아니라 선포할 내용을 제시해 준다면서 다음과 같이 그는 고백한다.

> 나는 설교할 때마다 성경 본문을 설명해 주며 그것이 제시하는 의미를 명료하게 제시하려고 한다. 성경 본문과 그것이 담고 있는 역사, 거기에서 드러나는 주님의 말씀만을 반복해서 들려주려고 노력한다. 나는 단지 그날의 본문이 내게 말씀하는 바를 말하려고 노력하

---

23 Blumhardt, *Ausgewälte Schriften in Drei Bänden: Seelsorge*, III, 201.

며, 내게 주어지지 않는 것은 버린다. … 나의 모든 설교는 성경이 말씀하는 복음적 가르침을 반영하려고 노력했다. 설교를 준비할 때부터 성령의 능력에 사로잡힐 때, 설교는 능력이 있고 질병에 시달리는 사람들에게 효과가 있다는 사실을 경험할 수 있었다.[24]

이렇게 그에게 성경은 설교를 하나님의 말씀이 되게 할 뿐만 아니라 그 생명력을 풍성하게 하는 요인이었다. 그것은 친구에게 보내는 편지에 잘 나타난다.

나는 목회자일 뿐 그 이상이 아닙니다. 성경이 말씀하시는 것을 증언하며 가르치는 것은 성경이 말씀하시는 바를 결코 넘어서지 않습니다. 복음은 말이 아니라 능력입니다. 제가 복음의 능력을 믿고 의지하는 것, 실제적으로 성경의 약속을 신뢰하는 것, 성경을 부분적으로가 아니라 성경 전체를 주의하여 붙잡는 것, 바로 그것이 나의 가르침과 위로, 격려와 권고에 힘을 불어넣어 줍니다.[25]

그는 성경이 기록된 그대로 믿었으며, 그 약속을 사역의 현장에 구현하는데 설교의 초점을 맞추었다. 그의 설교는 결코 성경을 넘어서지 않았고 그 밑에 단지 머물려고도 하지 않았다. 복음은 단순한 말이 아니라 능력이라는 확신 때문이었다. 그는 설교자가 복음의 능력과 그것을 믿는다는 것, 성경에 기록된 약속의 실재성을 확실하게 믿고 신뢰한다는 것이 설교와 사역을 움직여 가는 동인이었다.[26] 그의 설교를 움

---

24 위의 책, 222, 227.
25 Zündel, *Pastor Johann Christoph Blumhardt*, 409.
26 Blumhardt, *Ausgewälte Schriften in Drei Bänden: Seelsorge*, III, 208.

직여 간 영성은 성경 안에서, 성경과 더불어 사는 삶이었으며, 성경에서 퍼 올린 통전적이며, 세상에 대한 책임적 영성이었다.[27] 그의 삶은 성경에 의해 인도함을 받았으며 성경의 빛을 통해서 고통으로 가득한 세상을 보았고, 그 안에 내재 되어 있는 비참함에 대항하여 투쟁하였다.

그의 설교 내용은 늘 삶의 실재이신 성삼위 하나님과 하나님 나라였다. 그는 성경이 증언하는 하나님에 대한 관념적 신앙을 거부한다. 하나님은 행동하시는 분이시며, 인간에게 다가오시고 자신을 계시하시며 도우시는 분이시다. 그는 성경 가운데서 역사하시고 활동하시는 하나님은 오늘의 삶 속에서 동일하신 분으로 믿었다. 그의 설교에는 초월적인 하나님께서 예수 그리스도를 통해 우리 가운데 계시하셨고 성령님을 통해 내재하시며 돌보시고 치유하시고 역사하시는 분을 선명하게 드러내는 것을 설교의 목적으로 삼았다. 하나님을 관념적으로 믿을 뿐, 역사하시는 하나님을 바로 믿지 않기 때문에 그분을 영화롭게 하지 못한다면서 그렇게 권면한다. "주님을 찾으십시오. 전심으로 주님의 인격을 찾으십시오. 주님의 인격적 능력을 다시 기다리십시오. 그분이 인격적으로 나에게 다시 다가오시도록 기도하십시오."

만약 우리가 "주님의 이름이 거룩히 여김을 받으시오며"라고 기도한다면, 그것은 "하나님께서 당신의 능력과 주권, 진실하심과 역사하심을 이 세상 가운데 밝히 드러내시도록 간구하는 것"이라고 주장한다. 그분의 존재와 임재, 능력과 인자하심을 믿을 때만 하나님은 자신을 계시하신다. 그러므로 성도들이 관념적 신앙과 이해를 벗어나 하나님의 생생한 임재와 역사를 경험하도록 하는데 설교의 초점이 맞추어

---

27 김윤규, 『희망의 선구자 요한 크리스토프 블룸하르트』, 111~17.

져야 한다.[28] 계시의 정점이 되시는 예수 그리스도의 십자가와 그의 죽음은 어두움의 세력과의 투쟁이며 승리였다. 그의 설교 가운데 그 사실이 이렇게 선포된다.

> 십자가에 달리신 예수 그리스도의 죽음을 통해 흑암의 권세에서 우리는 완전히 해방되어 구원받았다는 사실을 깊이 생각하도록 하십시오. … 구원, 구원, 구원은 하나님의 약속이신 구세주 예수 그리스도를 통해서 이뤄집니다. 사람들은 구세주를 통해 구원의 희망을 얻게 됩니다. 그리스도께서는 어두움의 세력을 몰아내시고 밤을 무너뜨리십니다. 그리하여 우리 가운데 빛과 진리, 기쁨을 가져오시는 분이십니다. 피조물의 탄식을 제어하시며 모든 아픔을 치유하시는 분이십니다. 따라서 모든 고통과 탄식이 그치고 모든 눈에서 눈물을 씻겨주실 것입니다.[29]

이렇게 그의 설교와 사역 가운데 가장 중심적인 메시지는 "예수님은 승리자이시다"라는 메시지에서 정점을 이룬다. 예수님이 선포하신 설교의 중심 내용은 하나님 나라의 복음이었으며, 하나님께서 통치하시는 곳에서 어두움의 권세는 중지되고 그분의 영광이 시작된다는 기쁨의 소식이었다고 그는 이해한다.[30] 설교자는 예수 그리스도의 완전한 승리와 통치를 위해 어둠의 세력과 억압하는 것들에 대해 투쟁하는 사람이며, 예수님을 통한 완전한 승리를 선포하고 그리스도 안에서 새로

---

28 Blumhardt, *Ausgewälte Schriften in Drei Bänden: Seelsorge*, III, 193.
29 Johann C. Blumhardt, *Ausgewälte Schriften in Drei Bänden: Die Vekündigung*, II (Zürich: Getthelf Verlag, 1948), 264, 320.
30 Haug, 『블룸하르트의 생애와 사상』, 94.

운 소망을 갖게 하는 존재이다. 그것은 설교의 중심 목적이었다. 또한 오늘, 여기 사역의 현장에서 생생하게 역사하시는 성령 하나님은 설교의 하이라이트였다. 그는 이 땅 위에 복음을 온전히 세우고 전파하기 위하여 설교자에게 가장 필요한 것은 성령 충만이라고 주장한다. 그의 사역과 설교의 중심은 삶의 실재가 되시는 성삼위 하나님과 그분의 통치를 구체화하는 하나님 나라의 대망에 있었다.

블룸하르트의 선포 자리는 공동체였다. 그는 예수 그리스도의 긍휼과 사랑에 근거한 사랑의 공동체를 세우기를 원했다. 자신 안에만 머무는 종교적 이기주의에 대해 경고하면서 하나님 나라가 이 세상에서 역동적으로 일어나기 위해, 그는 세상에 대한 책임, 서로에 대한 책임, 그리스도인의 교제와 사귐에 온 마음을 두어야 한다는 사실을 강조한다. 세상일에 관해 관심이 없고 자기 자신만을 사랑하여 세상과 격리된 사람은 올바른 그리스도인이 아니라고 주장하면서, 그리스도인은 한 도시, 민족, 나라에 대한 거룩한 책임을 갖는 대표자로 서야 하고, 그것이 주님이 원하시는 것이라고 외친다. "자기 자신만을 위해서가 아니라 다른 모든 사람을 위해서 예수를 소유해야 한다는 것이 주님의 바람"이며, 우리의 기도가 끊임없이 고통을 당하는 전 피조물의 탄식을 담아야 한다고 주장한다. 그리스도인은 고통당하는 사람들의 대표자로 서 있어야 하며, 하나님 나라의 자녀로서 세상과 고통 가운데 있는 이들을 위해 기도할 것을 요청한다.[31] 근본적으로 그리스도인이 되고 주님을 섬긴다는 것은 "백성을 위한 신경조직이 되도록 부름 받았다"고 강조한다.[32]

그는 신앙공동체를 세우고, 그 안에서 사랑과 관심, 투쟁과 소망의

---

31 위의 책, 168~69.
32 위의 책, 169.

관점에서 영혼 돌봄에 전력하며, 하나님 말씀을 선포하는 설교 사역을 통해 그 공동체의 정체성을 부여하고 풍성하게 세워갔다. 뫼틀링겐과 바트 볼에 세웠던 공동체에서 그 특성을 찾을 수 있다. 그는 사랑과 은사를 통한 섬김과 나눔, 영적 돌봄에 주력하는데, 그 원동력은 말씀 선포였다. 특별히 그의 설교 사역은 "하나님의 가족"familia Dei 으로서의 정체성 형성과 삶의 현장에서 실천을 강조한다. 뫼틀링겐에서 온전하게 이루지 못한 그 공동체를 바트 볼에서 좀 더 공고하게 세워나간다.

"자기 스스로 용기를 불어넣을 능력이 없거나 안과 밖 그 어디에서도 스스로 위로를 찾을 수 없는 짓눌려 있는 사람들"을 환대하여 맞아들였고, 하늘의 평온함을 간직한 신앙공동체를 이루는데 사역의 주안점을 두었다. 그 공동체의 형성은 공동 식사와 아침저녁 경건회, 매주 드리는 예배, 예배의 중심을 이루는 신선하고 유쾌한 찬송, 생생하게 선포되는 설교, 사회적 지위와 계급을 뛰어넘고 성과 속의 경계선을 뛰어넘는 형제애를 통해서 이루어졌다. 이러한 사역은 그의 가족과 함께 섬겼던 고트리빈의 가족들이 중심이 되었다. 특별히 교회의 본질인 디아코니아, 코이노니아, 레이투르기아, 케리그마 등을 기반으로 한 공동체 사역을 통해 영적 새로 남spiritual renewal을 계속해서 산출해야 한다고 주장한다.[33]

전기 작가들은 바트 볼에서의 공동생활을 그렇게 들려준다. "전원궁전"rural castle 이라 명명된 곳에서 아침 7시에 아침 기도회로 시작한다. 그의 가족과 협력자들이 섬겼고, 작은 종이 울리면 침묵 가운데서 기도가 드려지고, "오 주여 우리에게 복을 주소서"Der Herr segne uns 라는 찬송을 함께 드렸다. "공동체의 아버지"housefather 로 불리던 블룸하르트는

---

33 Zündel, *Pastor Johann Christoph Blumhardt*, 434~75. Dieter Ising, *Johann Christoph Blumhardt: Life and Work, A New Biography*, trans. Monty Ledford (Eugene: Cascade Books, 2009), 310~26.

간단한 말씀과 함께 어린아이들을 위한 축복기도를 드린다. 엄마들은 젖먹이를 안고 나와 기도를 받았고, 작은 축복의 말을 건넸다. 식사를 마친 후 가족 단위로 '경건 시간'을 가지는데 모라비안 매일 묵상집 Losungsbüchlein^{그날의 말씀 소책자}을 사용하였다. 점심 식사 시간에는 간단한 기도와 시편 말씀을 읽은 후 식사를 시작하고, 방문 손님이 있으면 소개하는 시간을 갖는다. 식사 후 사람들은 함께 모여 신학적 주제에 대한 질의응답의 시간을 가진다. 이때 하나님 나라의 발전에 관한 대화가 이루어졌다. 저녁에는 설교와 기도회 형식의 정기 예배가 매일 드려진다.

그의 설교와 사역의 중심 주제인 하나님 나라는 종말론적 관점과 통치의 관점을 포함한다. 그의 설교 중심에는 언제나 하나님 나라의 돌입^{도래}에 대한 대망이 담겨 있었다. 하나님 나라의 개념이 지금 여기와 미래의 차원이 강조되면서 결코 정적이지 않고 동적 차원이 강조되었다. 하나님 나라는 전망과 선취^{foretaste}의 영역이었다. 뫼틀링겐에서 투쟁과 승리 체험을 통해 승리자 예수님께서 우리 가운데 계심을 확신하면서 펼친 설교와 목회 사역은 하나님 나라의 새로운 돌입의 선포 행위이며, 하나님 나라는 항상 현재형이었다. 단순한 "존재가 아니고 行爲요, 生氣요, 혹은 行爲하며, 生起하고 있는 존재, 到來하고 있는 존재"이다.[34] 그리스도의 부활과 재림 사이에 놓인 교회는 예수님을 통해 쟁취된 승리를 배경으로 투쟁하고 소망하며, 마지막 승리의 날의 도래를 촉진 시킨다. 하나님 나라의 도래를 위한 인간의 참여는 불가결의 요소이지만 그 나라를 이루어 가시는 것은 하나님의 전권이다.[35]

---

[34] 井上良雄, 『神の国の証人・ブルームハルト父子―待ちつつ急ぎつつ』, 전호윤 역, 『블룸하르트 父子: 하나님 나라의 證人, 기다리며 서두르며』(서울: 설우사, 1991).
[35] 자우터는 블룸하르트의 하나님 나라 이해는 '종말론적 신인 협력설'의 측면이 있다고 평가한다. Gerhard Sauter, *Die Theologie des Reiches Gottes beim älteren und jüngeren Blumhardt* (Zürich:

여기에서 하나님 나라와 관련하여 사역의 중심에는 기다림과 서두름이 중심을 이룬다. 하나님 나라는 지상의 나라와 체제를 흔들어 놓기 때문에 그리스도인들은 하나님의 나라 진전에 참여하게 된다. 성삼위 하나님의 장중에 있으므로 사모하면서 기다릴 수밖에 없지만 그리스도의 도래를 '서두르는 것'은 그리스도인 삶의 자세 전체에 독특한 방향성을 제시하였다. 급히 서두르는 자세로 살아가는 사람은 결코 영적 태만이나 무관심, 무사안일에 빠질 수 없다.[36]

하나님의 나라는 먼저 우리 안에서 이뤄져야 합니다. 이것을 하나님의 통치라는 말을 사용하면 더 선명해집니다. 하나님의 나라가 우리 가운데 임하였다는 말은 '주님께서 너희를 차지하셨다'는 의미로 이해할 수 있습니다. 주님께서 그를 차지하시고 다스리실 때 그 사람 속에 하나님 나라가 이뤄진 것입니다. … 우리 가운데 하나님의 나라가 임했다면… 이제 각자가 만나는 이웃을 도와 그들 속에도 하나님의 나라가 임하도록 해야 합니다. 그들은 우리가 도와주어야 하는 대상입니다. … 오늘의 시대는 슬픔과 비참함이 가득합니다. … 하나님 나라는 모든 사람의 마음속에 하나님의 뜻을 죽기까지 이루기를 원하는 마음이 있을 때 임하게 됩니다. 온 땅 모든 민족의 마음 가운데 이것이 이루어지기를 고대해야 합니다. … 속히 하나님의 나라가 임하고 승리의 때가 가까워질 수 있도록 기도와 간구 속에서 하나가 되어야 하겠습니다.[37]

Zwingli Verlag, 1962).
36 井上良雄, 『블룸하르트 父子』, 155.
37 이것은 1853년, 대림절에 누가복음 17:20~25절을 본문으로 한 설교이다. Blumhardt, *Ausgewälte Schriften in Drei Bänden: Die Vekündigung*, II, 298~309.

소망과 투쟁, 기다림과 서두름은 하나님 나라의 대망 가운데 사는 그리스도인의 삶의 정체성을 규명할 뿐만 아니라 지향성을 제시한다. 그는 언제나 소망과 하나님의 피조 세계와 인간을 억압하고 왜곡하는 사탄의 세력과 악의 세력에 대해 대항하고 저항하는 투쟁의 삶으로 이어질 수밖에 없다. 그에게 깊은 영향을 받았던 에드와르트 투르나이젠 Eduard Thurneysen 이나 루돌프 보렌 Rudolf Bohren 역시 설교 사역을 이런 차원에서 이해한다. 투르나이젠은 사역을 세상의 영에 지배 받고 있는 인간 존재 가운데 침입해 들어오시는 그리스도를 통해 악령을 쫓아 내고 그분의 결정적 승리에 대한 큰 소망을 만들어 내는 일로 이해한다. 보렌 역시 악령 추방을 설교의 기능 중의 하나로 이해한다. 말씀 선포를 "악령을 몰아내고 그리스도가 당당히 승리하신다는 위대한 소망을 일으켜 세우는 일"을 수행해 가는 것이 설교의 한 기능이다.[38]

그에게 있어 영적 돌봄은 "투쟁의 대화" Kampfgespäch 이며, 설교는 어두움의 세력과의 투쟁이다. 설교가 능력의 말씀이 되지 못할 때 좌절의 언어가 될 수밖에 없다.[39] 이러한 설교 이해는 뫼틀링겐에서의 투쟁의 경험을 통해서 형성된 것으로 승리자 되시는 예수님에 대한 믿음과 영과 육을 치유하시고 회복시키시는 하나님의 권능에 전적으로 의존하는 믿음의 행위로 이어진다. "새 하늘과 새 땅, 즉 하나님 나라에 대한 소망은 인간의 현재적 삶에 엄청난 힘"을 공급해 주며, "전진 동력"으로 작용한다. 설교는 교회로 하여금 이 세력과의 투쟁하면서 소망 가운데 하나님 나라의 영광과 성삼위 하나님의 영광을 추구한다.[40] 예

---

38 Edward Thurneysen, *Die Lehre von der Seelsorge*, 박근원 역, 『목회학 원론』(서울: 성서교재간행사, 1979), 15장; Rudolf Bohren, *Predigtlehre*, 박근원 역, 『설교학 원론』, e-book (서울: 대한기독교서회, 2004), 416~19 등 참조.
39 Blumhardt, 『블룸하르트의 투쟁과 소망』, 33.

수 그리스도께서 죽음의 세력과 싸우도록 교회를 부르셨고, 죽음의 영을 대적하고 대항하는 삶을 살도록 부름을 받았음을 강조한다.[41]

다양한 요소가 작용하였지만 블룸하르트의 설교 사역의 신학적 토대를 압축적으로 설명하면 경건주의와 하나님 나라 대망 expectation 에 있었다. 그는 경건주의 운동에 깊은 영향을 받은 가정에서 태어나[42] "예수를 부인하기보다는 차라리 너희들의 목을 내놓는 편을 택하라"는 경건주의 신앙교육을 받으며 자랐다. 코른탈 공동체에서 블룸하르트는 하나님을 신학적 이론이나 교리, 관념을 뛰어넘어 살아계시고 역사하시는 분이라는 확고한 신앙을 형성하게 된다. 정통주의 경직성을 넘어 교리가 아닌 인간의 삶과 내면에 강조를 두었던 경건주의적 토대가 그의 사역을 지배한다.

> 블룸하르트와 코른탈을 연계시켜 준 요인은 기도에 응답해 주시는 하나님에 대한 신앙이었다. … 코른탈 공동체가 믿은 하나님은 결코 이념상의 하나님이 아니었다. 그 하나님은 살아계신 하나님으로서, 그의 자녀들의 기도를 들으시고, 응답해 주시는 행동하시는 하나님이셨다. 코른탈에서는 사람들이 자기 자신만을 생각하는 것이 아니라 그리스도의 사랑에 근거해서 살아가는 생동감이 넘치는 공동체를 이루고 있다는 사실이 블룸하르트의 심금을 울리게 되었다. 블룸하르트가 일생동안 투쟁하며 싸워 나아가야만 했던 이유는 예수 그리스도 공동체 안에서 무언가 진실한 사랑의 모습을 보여주려는 일

---

40 위의 책, 42~51.
41 Johann Christoph Blumhardt and Christoph Fredrich Blumhardt, *The God who Heals: Words of Hope for a Time of Sickness* (Walden, NY: Plough Publishing House, 2016), 138.
42 井上良雄, 『블룸하르트 父子』, 28~30.

이었다.[43]

결국 경건주의는 성경 연구와 말씀을 삶으로 살아내는 것을 중심 과제로 삼는 운동이었고, 그의 설교 사역은 성경과 경건주의 토대의 공동체성이 형성한 것이다.[44]

어떤 점에서 그는 하나님 나라의 현재성에 강조점을 두었고, 어두움의 세력과의 투쟁을 강조하였다는 점에서 경건주의의 지경을 넘어선다. 그의 하나님 나라 신학은 대망과 능동적 참여를 그 바탕으로 한다. 예수 그리스도와 사도 시대처럼 흑암의 권세 위에 하나님의 영광과 통치의 현재화와 하나님 나라의 동적 차원이 그 토대를 이룬다. 그의 설교 사역은 투쟁을 통해 어두움을 물리치고, 기다림과 서두름 속에서 하나님의 통치를 구현해 가는 현재적 사역이다.

하나님 나라의 밑불

전통과 교리에 묶여 설교가 생명력을 잃어가고 있을 때, 블룸하르트는 설교와 다양한 사역을 통해 인간의 삶과 역사 가운데 하나님 나라의 새로운 돌입과 현존을 구현해 갔던 설교자였다. 그의 관심은 하나님의 말씀과 그분의 통치하심, 상처 입은 사람들의 치유와 돌봄에 있었다. 흔히 그를 희망의 신학자, 말씀과 목회적 돌봄을 통해 소망을 심어주었던 영혼 돌봄의 목회자로 평가받는 이유이다. "신실하게 하나님 앞에서 일생을 헌신으로 살았던 하나님의 사람"의 삶과 메시지는 시대를 뛰어넘어 오늘에 이르기까지 진정한 설교자의 모범을 보여주

---

43 Haug, 『블룸하르트의 생애와 사상』, 30~31.
44 위의 책, 79.

고, 그리스도께서 이 땅에 펼치기를 원하셨던 설교의 본질을 보여준다.[45]

한 시대를 밝혔던 강단의 거성이 들려주는 요점은 선명하다. 설교는 하나님 나라의 새로운 돌입의 선포이다. 기독교 설교는 철저하게 하나님의 현존과 통치의 현재성을 구체적으로 보여주고 가시화하는 사역이며, 세상 권세와 정사에 대해 저항과 새로운 대안을 제시하는 사역이다. 그는 하나님 나라를 소망하는 그리스도인의 존재와 삶은 궁극적으로 어두움의 세력에 대해 저항하는 특성을 가지며, 그 동력은 언제나 다가오는 하나님 나라에 대한 소망에서 기인한다. 결국, 설교자의 쇠잔함이 교회 사역, 특히 설교 사역의 빈궁함의 주요 요인이다. 설교자의 빈약함과 쇠잔함이 설교 빈궁의 큰 요인이다. 그는 설교자의 지적 능력과 권능의 빈궁함에 대해 경계한다.

> 오늘날 우리가 속한 교회 상태가 어떻습니까? 즐거워할 만합니까, 아니면 슬퍼해야 할 상황입니까? 교회는 지금 찬양과 감사를 할 상황입니까, 아니면 고통 속에서 신음해야 할 상황입니까? … 혹자는 하나님 말씀의 선포인 설교가 넘쳐나고 있음과 그 어떤 다른 이유 때문에 기뻐할 수도 있을지 모르겠습니다. 그러나 우리는 주님의 교회가 몹시 쇠잔해 지는 사실 앞에서 슬퍼할 수밖에는 없습니다. … 우리 시대처럼 하나님의 진리를 부끄러움 없이 경멸하던 자들이 이렇게 많이 등장했던 시대가 있었습니까? 기독교를 믿는 것이 수치스럽게 되어 버렸습니다. … 우리가 성실한 사람들을 찾아보고자 할 때 과연 몇 사람이나 발견할 수 있을까요? … 주님께서 '이 사람은

---

45 Blumhardt, *Ausgewälte Schriften in Drei Bänden*, I, 서문.

내 몸의 한 지체'라고 말씀하실 수 있는 사람을 몇 명이나 찾을 수 있을까요? … 제자의 삶을 사는 이들에게서 진리에 합당한 삶과 능력을 발견할 수 없기 때문에 이토록 많은 조롱과 조소, 경멸이 나오고 있으며, 질시와 증오, 도전과 핍박까지 발생하고 있습니다. 교회가 쇠잔하기 때문에 궤휼자들이 득세하고 기세를 부림으로 그 근본까지 흔들어 놓고 있습니다. … 오늘 하나님의 교회가 전반적으로 핍절한 상태가 되었고, 비참하고 초라하며 메마른 상태가 되었습니다.[46]

죄악이 관영하는 시대의 공통적 특성인가? 마치 오늘 한국교회 강단을 보며 일갈하는 소리 같아 섬뜩해진다. 그는 강단을 새롭게 하고, 설교가 살아나기를 원한다면 지적, 영적 빈약함을 채워야 한다고 권면한다.

또한 설교는 신앙공동체를 교회를 세우는 사역이며 그 공동체는 사람을 세우는 것에 전적으로 헌신케 해야 한다는 외침이 긴 여운으로 남는다. 설교의 근본 목적은 그리스도의 몸인 교회를 세우는 것이며, 세상의 정사와 권세에 대한 저항이다.[47] 설교는 정체성을 새롭게 하는 사역이며, 거기에 걸맞은 덕성을 함양하는 사역이다. 그런 점에서 설교는 본질적으로 개인과 사회에 대해 변혁적 특성을 가진다. 여러 문제에 시달리고 있는 이들을 치유하고 회복하는 영적 돌봄에 중점을 두었던 그의 설교 사역을 개인과 사회의 변혁을 이룬다.

칼 바르트는 블룸하르트에게서 진정한 '희망'을 배웠으며 그래서

---

46 Blumhardt, *Ausgewälte Schriften in Drei Bänden: Die Vekündigung*, II, 105~121. 이것은 "Über die Magerkeit der Christlichen Kirche"(기독교의 쇠잔함에 관하여)라는 설교문에 나오는 것으로 1846년에 뫼틀링겐교회 창립 주일에 행한 설교문이다.
47 Campbell, 『실천과 저항의 설교학』, 참고.

자신의 신학 형성을 도와준 선생으로 고백하면서 자기가 전개하는 신학을 위한 보증인으로 내세운다. 위르겐 몰트만 역시 그를 최초 희망의 신학자라고 명명하면서 그가 노래 한 희망은 하나님의 통치와 다스림 하나님 나라이 보고 만질 수 있도록 세상에서의 새로운 돌입을 간절하게 바라는 희망이며, 세상의 가난과 질병, 죽음의 권세도 언젠가는 사라지게 될 것이라는 희망이었다. 블룸하르트는 영적인 삶과 세상적인 삶, 신앙이 가지는 수직적 측면과 수평적 측면의 조화를 추구하며, 종교적 삶과 세상의 삶을 분리하지 않고 세상으로부터의 도피가 아니라 세상 안에서 살지만, 세상에 속하지 않는 수평적 측면이 결합 되는 통전적 신학과 신앙을 지향한다. 그는 내면적인 삶과 영적인 삶에만 천착하는 것이 아니라 승리자 예수 그리스도를 직접 세상 속에서 체험하고 보여주는 '제자직의 삶'까지 강조하면서[48] 하나님 나라의 새로운 돌입을 선포하고 구체화하였던 설교자였다. 당시 교회들의 메마른 영적 상태와 교회의 능력 상실을 괴로워하면서 그는 후배 설교자들에게 끈질기게 성령의 충만과 권능, 그리고 하나님 나라의 성취를 위해서 기도해야 한다고 강권한다. 그는 일생 하나님 나라를 기다리며, 그 성취를 위해 서두르는 삶을 살려고 노력했으며, '예수는 오늘도 내일도 영원토록 승리자'이심을 선포하고, 구체화하는 사역을 감당한다.

불을 일으키기 위해서 밑불이 필요하다.[49] 그 위에 땔감을 올려놓으면 불이 일어나는 것을 보면서 나는 자랐다. 아니 설교의 역사는 밑불의 역사이다. 불을 일으키고 종국에는 재로 남게 되지만 활활 타오르게 하는 밑불, 그는 한 시대의 밑불이었다. 이 시대를 향한 밑불처럼

---

48 김윤규, 『희망의 선구자 요한 크리스토프 블룸하르트』, 249.
49 '밑불' 개념은 복효근, 『어느 대나무의 고백』(서울 : 문학의 전당, 2006)의 출판사 서평에서 빌린 것임을 밝힌다.

다가오는 외침. 예수 승리자! 그대 설교자들이여, 그 확신으로 달려가야 한다. 그대 등 뒤로 꽃이 피어나는 봄이 오고 있다.

15 장
설교는 복음과 상황에 대한 긍정에서 시작한다[1]

> 사랑의 진정성은 이 하나로 판정된다
> 네 목숨을 바칠 수 있는가…
> 내 목숨을 바칠 사랑하는 사람들이 있고
> 내 목숨을 걸고 싸워야 할 적이 있고
> 내 목숨을 다해 해야만 할 일이 있다는 것
> 그것이면 되었다.
> — 박노해[2]

복음, 그리고 설교

본질적으로 신학은 교회가 수행하는 복음 선포 사역을 감시하는 역할을 한다. 즉 신학은 어떤 것이 복음이 아니며, 어떻게 할 때 바로 그 사역을 제대로 수행하지 않는 것인지 알려준다. 그런 점에서 설교는 "신학의 근원적이면서 최종적 표현"이라는 그의 주장은 타당하다.[3] 기독교는 설교로부터 시작되었다는 점에서 '근원적' primary 이며, 반드시 신학의 토대 위에서 수행된다는 점에서 '최종적'이다. 신학은 설교가 복음으로 돌아가도록 계속해서 감시하고, 설교는 신학이 그리스도 위에 바로 서도록 요구하며 오류 교정과 방향성을 제시한다. 설교가 가지는 이런 신학적 특성과 신학이 수행해야 할 과제를 잘 제시해 준 인

---

1 본 장은 『신학과 실천』 64권 (2019년)에 실린 필자의 논문을 수정, 보완, 확대한 것임을 밝힌다.
2 박노해의 시, "사생관(死生觀)" 일부. 박노해 시집, 『너의 하늘을 보아』, 111.
3 Lishcer, *A Theology of Preaching*, 1~10.

물 가운데 한 사람이 영국의 설교자 피터 포사이스^{Peter Taylor Forsyth}이다. 국내에는 많이 알려지지 않은 인물이지만 현대 설교학 형성에 중요한 역할을 수행한 그와의 대화를 가져 보자.

20세기 시작 전후, 격변기를 살았던 포사이스는 '새로운 천년을 위한 신학자, 설교자를 위한 선지자,'[4] '오늘을 위한 예언자, 설교자를 위한 신학자, 20세기를 위한 예언자, 바르트 이전의 바르트주의자'라는 호칭이 주어진다.[5] 그를 만나 보려는 것은 이 시대와 유사한 격변기를 살면서 교회, 신학, 믿음, 설교의 위기에 대한 그의 답이 아주 명쾌하기 때문이다. 기독교 설교는 측량할 수 없는 하나님 은혜의 복음을 선포하는 것이며, 그 선포를 통해 믿음과 회개를 통해 하나님께 굴복하도록 부르는 초대이다. 종교개혁자들은 기독교 설교가 가지는 설교의 이런 복음적 특성을 잘 회복시켰다. 하지만 정통주의와 자유주의가 지배하던 시대를 지나면서 설교의 복음 선포 기능은 약화 되거나 왜곡되기도 하고 교조화되었다. 개혁자들의 정신을 따라 본래의 모습과 능력을 복원하기 위한 움직임은 계속 이어지는데, 그 역할을 성실하게 수행한 사람이 포사이스이다.

포사이스는 위기의 시대에 당시 교회가 설교 사역의 본질을 추구할 수 있도록 돕는 임무를 수행한다. 정통주의와 자유주의의 폐해에서 강단을 신학적으로 견고하게 하면서 후대 설교자에게 중요한 지침을 제시한다. 기독교 설교는 타락한 세상을 구원하시려는 하나님의 구속 역사와 십자가의 권능을 그 중심에 두어야 한다고 강조하면서, 그는

---

4 Alan P. F. Shell, ed., *P. T. Forsyth: Theologian for a New Millennium* (London: The United Reformed Church, 2000), 257.
5 Robert M. Brown, *P. T. Forsyth: Prophet for Today* (Philadelphia: Westminster Press, 1952); Donald Miller, "P. T. Forsyth: The Man," in *P. T. Forsyth: The Man, The Preachers' Theologian, Prophet for the 20th Century* (Pittsburgh: The Pickwick Press, 1981).

'긍정적 설교학' positive preaching 을 주창하였고 설교가 가지는 신학적 본질을 탐구하였다. 급격한 변화와 함께 절대적인 것이 해체되고 상대적인 것으로 만들어 버리는 시대에 설교자들에게 교회의 존망이 걸린 하나님의 구원 행위를 어떻게 증언할 것인지 과제를 준다. 방법론의 문제가 아니라 인식의 문제이며, 본질로 돌아가는 차원이 선행되어야 하는 과제였다. 설교 사역이 가지는 이러한 신학적 특성의 중요성을 인식하면서, 혼돈의 시대를 위한 설교 신학적 토대를 쌓았던 포사이스가 외치는 함성이 우리 시대에 더 크게 들려온다.

설교학적 삶

스코틀랜드 애버딘 Aberdeen 에서 출생한 포사이스는 비교적 자유로운 분위기의 회중교회에서 성장하였고, 20대 중반 독일 괴팅엔에서 자유주의 신학을 선도하였던 알브레히트 리츨 Albrecht Ritschl 의 문하에서 신학을 공부했다.[6] 28세가 되던 해, 회중교회에서 목사 안수를 받았고, 몇 교회에서 목회하는 동안 진보적 성향을 보였다. 빈곤 문제, 노조 문제, 정치적 토론에도 깊이 관여한다. 마지막 목회지, 케임브리지 임마누엘 교회에서 사역하면서 그의 설교는 전혀 다른 면모를 보이면서 "새로운 포사이스" a new Forsyth 로 인식할 정도로 신학적 회심이 일어난다. 자유주의의 경박함에 등을 돌리면서 예수 그리스도를 통해 세상을 구원하시는 하나님의 거룩하심과 인간의 죄성, 십자가의 능력 등이 설교와 신학 연구의 중심 주제가 된다.[7] 칼뱅주의로의 전환, 복음주의적 신학 추

---

[6] 리츨은 포사이스의 초기 사상 형성에 깊은 영향을 주었으며, 포사이스의 초기 저작에 그것이 선명하게 나타난다. 하지만 후기 저작에서 포사이스는 그의 통찰을 넘어선다. Brown, *P. T. Forsyth*, 30~31.

[7] A. M. Hunter, *P. T. Forsyth: Per Crucem ad Lucem* (London: SCM, 1974), 16~17.

구 등으로 그의 신학이 재편된다. 이런 변화는 계속되어 온 영적 몸부림과 하나님의 은혜에 대한 복음적 경험에서 나온 것이었다.

포사이스는 당시 자유주의의 한계를 인식하면서 보다 긍정적 positive 복음주의 신학을 주창한 것은 죄에 대한 그의 확신이 점점 깊어졌기 때문이다. 하나님의 거룩하심과 은혜에 대한 인식이 깊어질수록 인간의 죄의 깊이와 매서움, 긴박성에 대한 인식이 깊어졌고, 사역 현장과 관련한 영적 분투에서 나온 것이다.[8] "나는 단순한 한 사람의 그리스도인에서 진정한 신자로, 하나님의 사랑을 좋아하는 사람에서 은혜의 대상으로 바뀌어 갔다"고 고백하면서, "교회를 교회 되게 하는 믿음의 회복 revive, 구원의 의미에 다시 눈을 뜨고, 그럴듯한 종교적 특성을 추방하고 구속 역사에 대한 경험의 재현 recreate"이 필요하다고 그는 외친다.[9]

이런 변화는 신학적 사유와 관심 영역이 더 넓어지고 깊어진 것이며, "삶의 궁극적 이슈를 적절히 다루지 못하는" 자유주의 한계의 인식에서 나온 것이다.[10] 그의 신학과 설교는 하나님의 거룩하심과 십자가, 복음의 중심성에 의해 지배를 받는다. 마치 나침판 바늘이 늘 북쪽을 가리키듯 그것은 그의 신학과 사역이 지향한 요소였고, "진정한 자북 磁北 the true and magnetic North 으로 작용한다.[11] 특별히 십자가는 그의 신학과 설교의 중심에 놓인다.

25년 동안 다섯 교회에서 목회 사역을 마치고, 포사이스는 런던 헤크니대학 Hackney College 총장으로 부름을 받는다. 이후 여러 저서를 내놓

---

8 P. T. Forsyth, *Positive Preaching and Modern Mind* (Pittsburgh: Pickwick Press, 1981), 282~83.
9 위의 책, 282~84.
10 Brown, *P. T. Forsyth*, 19.
11 Forsyth, *Positive Preaching and Modern Mind*, viii.

으면서 영국교회 대표 신학자로 자리매김한다. 그것은 "목회라는 모루 anvil 위에서 형성된 것"이었다.[12] 그 후 20여 년 동안 목회자 후보생 양성에 전력하는데, 사변적 지식 훈련에 만족하지 않고 십자가를 통한 하나님의 사랑과의 직접적 대면을 강조하면서 엄격한 설교자 훈련을 수행한다. 이때 여러 저서와 논문을 발표하면서 학문적 꽃을 피운다.[13] 1차 세계대전 발발과 함께 인류 위기에 대한 답을 제시하는 저서를 출간하였고, 1907년, 미국 예일대학교 '레이먼 비처 설교학 강좌'에서 행한 강연을 출간한 책, *Positive Preaching and the Modern Mind*는 그의 신학, 특히 설교 신학을 잘 정리하여 제시한다. 사후, 그가 봉직한 대학의 채플에 동판의 문구, *Per Crucem ad Lucem* 십자가를 통하여 영원한 빛이 되시는 분에게로가 그의 생애와 사역을 요약적으로 보여준다.[14]

'긍정적 신학'

당시 성행하던 정통주의의 성서지상주의 biblicism 와 자유주의의 객관주의적 해석 등으로 인해 강단이 심각한 위협에 노출되어 있었고, 과학기술 문명의 발달과 함께 낙관론에 둘러싸여 있으면서 복음의 본질이 훼손되고 있었다. 포사이스는 인간의 죄성과 하나님의 거룩성, 하나님의 구속 역사, 은혜의 중심성을 강조하는 새로운 신학 캠프의 문을 열었다. 당시 신학 경향은 신성과 인성을 가지신 그리스도에 대한

---

12 Miller, *P. T. Forsyth*, 10, 23.
13 이때 17권의 저서와 여러 편의 논문을 발표하였고, 총 28권의 무게감 있는 저술을 남겼으며 약 260편의 논문과 소논문을 남겼다. 1909년에 출간한 *The Person and Place of Jesus Christ*, 1911년에 출간한 *The Work of Christ, Faith, Freedom, and the Future*, 1913년에 출간한 *The Principle of Authority*, 신정론을 다룬 *The Justification of God*, 1차 세계대전 발발 후 안타까움과 신학적 고민을 담아 1916년에 출간한 *The Christian Ethic of War*, 1917년에 출간한 *The Church and the Sacraments*, 1918년에 출간한 *This Life and the Next* 등이 대표 저서이다.
14 Hunter, *P. T. Forsyth*, 20.

바른 이해와 선포가 제대로 이루어지지 않았다는 비판에서부터 시작된다. 그것은 후예들에게 중요한 디딤돌로 작용하였고, 신정통주의와 복음주의 진영의 신학적 토대를 마련하였으며, 설교 사역을 위한 중요한 신학적 토대로 작용한다. 당시 설교가 영적 깊이와 예리함, 신적 역사의 웅장함을 충분히 드러내지 못하고 있으며 그것을 드러내려는 열정마저 모자란다고 지적하면서 그 원인을 하나님과 그의 역사하심에 대한 실제적 관계와 믿음의 결여에서 찾는다.[15] 당시 성행하고 있던 정통주의의 딱딱함과 자유주의의 사변성이 복음의 생명력 상실로 이어졌다고 비판한다.

'복음, 긍정적 positive, 현대 정신 modern mind'은 포사이스의 설교 사역과 신학의 중심축이었다. 그에게 있어서 '복음'은 창조적 중심이며, '긍정적'이라는 개념은 하나님의 구속 역사와 은혜의 중심성, 하나님의 거룩성에 초점을 맞추는 개념이었고,[16] '현대 정신'에 대한 이해는 하나님 말씀이 그 시대 가운데 선명히 들리기 위해 고려되어야 할 필수 요소였다. 그가 제시하는 설교학적 주장을 몇 가지로 정리해 보자.

첫째, 목회는 '긍정적 신학'을 요구한다. 아무런 영향력도 끼치지 못하고, 창백하고 진부한 신학을 대신할 대안으로 '긍정적'이란 용어를 사용하여, "생명력이 있고, 기민하여, 영향력을 가진" 신학을 지칭한다.

긍정적 신학이라는 용어는 부정적 negative 인 것의 반대 개념으로 사용

---

15 Forsyth, *Positive Preaching and Modern Mind*, 255~57.
16 그는 '긍정적'이라는 용어를 하나의 뜻을 가진 명확한 개념으로 사용하기보다는 기독교 신앙 표현에 있어 모던 시대의 과학과 철학, 이성주의의 주장, 신비적이고 심리학적 주장에서 벗어나 복음적 입장을 변증하고 차별하기 위해 기능적으로 사용한다. Stephen W. Ramp, "Recovering from P. T. Forsyth: A Theological Homiletic for the Reformed Tradition" (Ph.D. diss. Princeton Theological Seminary, 1997), 69~70.

하였다. 언제 신학이 부정적이 되는가? 또한 무엇에 대해 부정적인가? 전통에 대한 부정인가? 아니다. 그것은 능력에 대한 부정이며, 복음에 대한 부정이다. 긍정적 신학은 복음주의 신학 evagelical theology 이다. … 그것은 하나님을 독특하신 분으로 이해하며… 그분이 행하신 중요한 행동에 집중한다. 그것은 확고하며 구속의 은혜를 담고 있다. 긍정적이라는 말은 복음적인 의미에서 경험에 의거 moral 한다는 의미를 가진다... 하나님 사랑의 최고 형태는 역사 가운데 실제로 나타났으며 영원을 위해서 중요한 의미를 가진다.[17]

그에게 있어 긍정적 신학은 "은혜의 창조적 원리에 따라 온전한 정당성을 수행하는 신학"이며, 복음적 신학이다. 복음주의 신학은 그것이 제시하는 것에 의해서가 아니라 그것이 차용하는 원리에 달려있으며, 그것의 조항 clauses 이나 진술 statements, 그 정신이나 열정에 의해서 결정되는 것이 아니라 은혜와 권능의 성령에 의해, 그 은혜의 복음을 어떻게 진술하는가에 따라 결정된다. 복음이 가지는 공교함과 함축적 의미를 과학적으로 얼마나 잘 설명하느냐에 달려 있지 않고 복음의 권능을 얼마나 믿고 경험하고, 그것에 따라 진술하느냐에 따라 결정된다.[18]

이렇게 긍정적 신학은 하나님의 구속 사건에 대한 객관적 관점과 은혜의 중심성, 하나님의 거룩성을 강조하는 신학이다. 과학기술 문명의 발달과 낙관주의에 영향을 받았던 당시 사회, 즉 '현대 정신'은 시대와 인간의 죄, 구원, 그와 관련하여 철저한 인간의 무능력을 인정하지 않으려 하지만 신학은 십자가의 권능과 하나님의 구속 역사에 대해 일

---

17 Forsyth, *Positive Preaching and Modern Mind*, 203~205.
18 위의 책, 205.

깨우는 긍정의 신학이 되어야 한다고 주장한다. 신학적 회심을 통해 포사이스는 "예수 그리스도의 십자가 가운데 나타난 하나님의 은혜와 심판에 대한 감각의 회복"을 이뤄가는 신학을 제창한다.[19] 설교는 하나님의 은혜를 전하는 사역이며, 결국 은혜의 신학이다.

> 긍정적 신학은 죄에 대한 하나님의 은혜 경험으로부터 시작한다. 그 은혜는 그리스도와 십자가에서 구체적으로 나타난 역사적 선물이었다. 그것은 우리의 원천이며 기준이었던 선물이다. 그 원리 principle 에 대해 믿는 자들의 순종을 통해 주어지는 하나님의 선물이다. … 그러나 자유주의 신학은 인간의 사상 속에 존재하는 분명한 이성적, 형이상학적, 윤리적 원리로부터 시작한다. 그것은 순종에 의해 결정되지 않고 과학에 의해 결정되는 사상인데, 그 계시가 하나님으로부터 온 것인지 아닌지, 심지어는 그것이 그리스도의 계시라 할지라도 그렇게 받아들인다. 전자가 진정한 신학 theology 이라면 후자는 신지학 神智學, theosophy 이다. 전자가 하나님이 어떤 분이신지 ethos 와 그분의 위대하심으로부터 시작한다면 후자는 우주의 위대함으로부터 시작한다.[20]

이렇게 긍정적 신학은 당시 위용을 떨치던 자유주의 신학의 안티테제로 제시되었다.[21] 변하지 않는 믿음의 대상이신 그리스도는 변함없는 영원과 끊임없이 변화하는 역사가 함께 만나는 합류점이며, 그분 안에서 영원한 것이 한시적 세상 가운데 드러나도록 하는 신학이다.

---

19 김운용, 항목, "포사이스, 피터," 정장복 외, 『설교학 사전』(서울: WPA, 2004), 534.
20 Forsyth, *Positive Preaching and Modern Mind*, 217~18.
21 위의 책, 205~206.

어제나 오늘, 내일도 동일하신 그리스도를 어떻게 표현할 것인가와 오늘의 시대가 납득할 수 있고, 상관성을 가진 메시지로 듣게 할 것인가는 신학이 추구해야 할 내용이며, 설교학이 추구해야 할 내용이다.

긍정적 복음

포사이스는 십자가의 권능을 인정하고 강조하는 차원을 '긍정적 복음' positive Gospel 으로 명한다. 그리스도의 구속 역사는 가장 먼저 인간의 죄, 죄책감, 무력감을 강조한다. 그리스도께서는 인간의 죄를 짊어지셨고, 죄책감을 깨끗하게 씻기시는 분이시다. 긍정적 복음의 핵심은 "그리스도 때문에 죄의 사함을 받았다" remissio peccatorum propter Christum 는 명제이다.[22] "그리스도 예수께서 우릴 위해 희생을 당하셨으니 하나님께서 전적으로 우리를 용서하셨다. 기독교 신앙의 모든 것은 여기에서 흘러나오며, 이것을 증거하는 것을 따라 펼쳐질 때 그것은 가치 있는 것이 된다." 이것이 "도덕적 삶의 모든 힘의 원천이며 기준"이며, 중심으로 작용한다고 믿는 것이 긍정적 복음이다.[23] 이것은 단순한 교리적 차원이 아니라 하나님을 신뢰하는 관계성의 차원이다.

포사이스는 자유주의 복음 이해는 하나님의 말씀 대신에 세상 정신과 함께 시작하고 있기 때문에 출발점부터 잘못되었다고 주장한다. 그것이 진리인가 거짓인가를 결정짓는 잣대는 '현대 정신' modern mind 이며, 과학자들이 새롭게 발견한 사실과 시대를 지배하는 유행, 철학적 주장이 그 근거가 되고 있다고 비판한다.[24] 자유주의 복음 이해는 인간

22　Forsyth, "The Need for a Positive Gospel," 87~88.
23　Peter T. Forsyth, *Faith, Freedom and the Future* (London: Independent Press, 1955), 132.
24　Peter T. Forsyth, *The Person and Place of Jesus Christ* (Grand Rapids: Eerdmans, n.d.), 95.

의 죄와 범죄행위에 대해서는 축소하고, "은혜의 진정한 구심성"에 대해서는 무시하거나 가볍게 여기는 것이 치명적 약점이라고 주장한다. 긍정적 복음은 "인간의 죄를 자유케 하시는 순전한 은혜"를 강조하며, 은혜만이 "최종적 권위"이며 그것을 경험하는 차원을 가장 중요함을 강조한다.[25]

이렇게 포사이스는 '현대 정신'을 최고의 기준으로 생각하는 자유주의 신학과 구별하여 긍정적 신학을 제시하면서 그리스도 안에서 역사적 선물로 주어진 하나님의 은혜를 인간의 죄를 해결하기 위한 유일한 방책이라고 주장한다. 이것을 세상에 펼치는 설교 사역은 긍정적 복음의 토대 위에 세워져야 한다.

> 현대 신학은 복음 설교자를 필요로 한다. … 순전한 설교자에게 첫 번째 요구되는 예민한 감수성 temperament 이다. 그러나 복음이 없는 감수성은 사람에게 축복이 되기보다는 해악이 된다. 설교자가 예민한 감수성을 가지고 있을수록 설교 사역을 수행하고, 난파선으로부터 그것을 건져내기 위해서 긍정적 복음을 필요로 한다.[26]

긍정적 설교

포사이스에게 긍정적 신학과 긍정적 복음은 긍정적 설교를 위한 신학적 토대로 작용한다. 설교는 하나님께서 역사 가운데서 복음을 드러내고, 전달하고 확장하기 위해 즐겨 사용하신다. 그러므로 설교자에게 가장 시급하고 중요한 과제가 있다면 그것은 왕 되시는 인생의 주

25　Forsyth, *Positive Preaching and Modern Mind*, 212~15.
26　위의 책, 209~10.

인 Master을 발견하는 것이며, 왕이신 그분을 세상 가운데 전하는 것과 중재하는 사명의 수행이다. 설교는 복음을 말하는 것이고, 그것을 다시 펼쳐 보이는 사역이다. 그 복음은 "용서, 구속, 중생의 형태로 나타나는" 하나님의 현재적 선물이며 역사 가운데서 갈보리에서 성취된 것이며 그 복음을 말할 때 "설교는 확대되고 선언된 복음 그 자체"가 된다. 이렇게 포사이스는 기독교 설교를 하나님의 구원 행동과 복음을 확대하는 것 prolongation 으로 이해하면서 구속사와 기독론적 관점에서 이루어져야 한다고 주장한다. 단순히 말하고 선언하는 사건이 아니라 행함이며, 교회와 설교자가 경험한 것을 세상에 제시하는 "직접적 표현"이다.[27]

포사이스는 신약성경과 초대교회가 제시한 증언에서 기독교 설교의 근원과 본질을 찾는다. 신약성경은 그리스도의 전기 기록이 아니고 "예수 그리스도 복음의 직접적 기록"이며, 초대교회는 복음의 "윤곽을 묘사한 것도 아니고, 재구성한 것도 아니고, 분석한 것도 아니었으며, 복음을 선포했다" preached 고 주장한다. 그 복음은 "우리가 결코 이를 수 없는 그리스도의 가장 깊은 곳에 있는 생명"이다. 그에게 있어 성경은 "증거물 voucher 이 아니라 설교자"이다. 초대교회가 선포한 것은 역사상 한 위대한 성인이 아니라 부활하신 영원한 그리스도였으며, 인간의 몸을 입으신 하나님이었다. 그래서 포사이스는 초대교회가 증거했던 복음은 선포된 그리스도에 대한 "설교학적 자서전" homiletical biography 이었다고 주장한다.[28]

이렇게 포사이스의 '긍정적 설교'는 복음 선포의 기능을 수행하는 설교, 즉 설교의 본질적 차원을 다시 새롭게 규정해 준다. 그에게 설교

---

27 위의 책, 5, 12~13, 42.
28 위의 책, 13.

는 그리스 웅변가보다는 히브리 예언자 전통과 연결되는 기독교의 "가장 독특한 제도"the most distinctive institution라고 이해한다. 전자는 떠오른 신통한 생각inspiration을 중요하게 생각한다면, 후자는 계시의 말씀을 가장 중요한 요소로 여긴다. 그러므로 긍정적 설교학은 이 사실을 강조한다. 포사이스는 기독교 설교에 대한 신학적 본질론을 제시하는데, 이런 특성 때문에 설교는 '일차적'primary이며 '근원적'fundamental이다.

성례전적 행위

포사이스는 설교를 설교자 개인의 사역이 아니라 교회의 행위로 이해할 뿐만 아니라 단순한 전달의 행위라기보다는 그리스도의 사건을 구체적으로 펼치는 성례전적 행위sacramental act로 이해한다. 근본적으로 단순한 구두 스피치 사건이 아니라 "하나님의 구속 은혜가 실재화되는 성례전적 행위"이며, "하나님의 새로운 창조의 행위"God's new creating act이다.[29] 그에게 설교는 단지 무엇을 전하는 의사소통의 행위라기보다는 하나님과 인간이 만나는 "예배의 행위"이며, 구속의 역사가 일어나는 하나님과의 거룩한 친교의 자리이다. 설교는 하나님께서 세우시고, 다스리시고, 교통하시는 교회에 의해서 수행되는 은혜의 수단이기 때문에 모든 진정한 설교는 "성례전적 행위"이며 "복음이 구체적으로 펼쳐지는 하나님의 행위"이다.

> 설교자는 하나님의 복음 말씀을 다시 창출하여 그리스도의 성례전적 사역을 널리 펼친다. 십자가에 달리신 그리스도의 실재적 임재는

---

29 Peter T. Forsyth, *The Church and the Sacraments* (London: Independent Press, 1953), xv.

설교를 설교 되게 한다. 그것은 스피치를 설교가 되게 하고, 설교가 복음이 되게 한다. 설교는 하나님의 사역이며, 그리스도 안에서 그분의 사역을 계속하는 것이다. … 설교는 우리 안에 그리스도의 십자가 사건을 다시 펼쳐 보이는 것 re-enact 이다. 하나님의 살아있는 말씀은 그것을 살아있는 행동으로 재현하게 된다. … 그러므로 진정한 모든 설교는 성례전적 시간이며 행동이다. 그것은 십자가 가운데서 일어난 화해를 거듭 단언해 보여주는 하나님의 복음 행동이다. … 설교는 그리스도 구속 역사와 성삼위 하나님의 권능을 통해 공동체가 공동의 믿음으로 함께 행하는 성례전적 행동이다.[30]

성례전적 행위로서의 설교 이해는 성찬 이해와 연결되는데, 그는 고교회 high church 입장을 취하면서 성찬은 단순한 기념 사건 그 이상임을 강조한다. 츠빙글리의 기념설을 강하게 비판하면서 반문한다. "살아계셔서 우리의 생명이 되시는 거룩하신 분을 우리가 어떻게 단순하게 기념 memorial 만 할 수 있느냐?" 성찬을 단순한 기념으로 이해하는 것은 로마가톨릭교회 미사보다 더 잘못된 것이라면서 "그리스도께서 자기 자신을 인간에게 주시는 행위"이며, 인간 편에서는 "그리스도께 복종의 행동"이고 "하나님의 거룩하신 사랑에 대해 의지적 고백"으로 이해한다.[31]

설교와 성례전은 성령의 역사를 통해서 전달된다는 점에 같은 특성을 가지는데, 그는 성례전을 "역사하는 말씀 acted Word 이며 선포된 말씀의 이형 異形, variants"이고, 가시적으로 보여주시는 말씀 자체이며, 진정한 설교와 연결될 때 그 말씀은 구체적으로 오늘의 청중들에게 들려진

---

30 Forsyth, *Positive Preaching and Modern Mind*, 82~83.
31 Forsyth, *The Church and the Sacraments*, xii, 229, 232~33.

다고 이해한다. 그때 "그리스도의 구원 행동은 성령의 능력을 통해 교회 가운데 실재적으로 나타나게 된다."[32] 이렇게 설교 자체는 위대하고 근원적인 성례전이기 때문에 설교자는 그 임무가 얼마나 막중한 것인지 알아야 한다고 주장한다.[33]

텍스트로서의 성경

포사이스에게 있어서 성경은 설교의 원천이며, 그 권위를 더해준다. 성경은 "세상에서 가장 위대한 설교"이며, "설교자의 책, 설교의 책"이다. 성경은 단순한 이스라엘 역사책이 아니라 "하나님의 구속 역사를 보여주는 책"이며, "오래 이어져 온 하나님의 구원 행동을 보여주는 역사책"이다. 삶의 지혜와 정보를 제공해 주는 장서가 아니라 하나님의 구속 역사를 들려주는 거대한 설교집이다. 하나님의 구원 역사를 설교하고, 행하며, 실행된 그 역사를 받아들이게 한다. 그는 자유주의자들의 성경 이해를 비판하면서 설교자가 "회중에게 전달해야 하는 것은 성경이 들려주는 말씀이며, 그 자신이 살아내야 할 것도 그 말씀"이라고 주장한다. "성경은 여전히 설교자의 유일한 편람Enchiridion이며, 영원한 삶을 위한 유일한 매뉴얼이고, 모든 생명에게 어두움이 깊어 가고 있을 때 그들의 삶을 빛나게 할 유일한 장page이다. 또한, 너무 늦게 알고, 늦게 사랑하게 되었다고 우리를 책망할 수 있는 부요함으로 넘쳐나는 유일한 책이다."[34]

---

32 Hunter, *P. T. Forsyth*, 87.
33 Forsyth, *Positive Preaching and Modern Mind*, 6, 85. 그는 여기에서 마틴 루터의 경구를 부분적으로 인용하여 이 측면을 강조한다. "말씀이 성례의 요소들에 더해지면 그것이 성례가 되고, 또한 그 자체가 일종의 '눈에 보이는 말씀'이 된다"(Accedit verbum ad elementum, et fit sacramentum, et etiam ipsum tamquam visiblie verbum).

중요한 것은 그 성경을 어떻게 연구하고 이해할 것인가이다. 어느 노선 하나를 선택해야 한다는 관점을 벗어나 포사이스는 다양한 관점을 받아들이면서도 복음주의 경향을 견지한다. 중요한 것은 설교자가 성경에 담겨 있는 보화를 캐내는 것이며, 그 말씀에 대한 해석을 통해 옛 믿음의 세계를 오늘의 세계와 연결하는 것이다. 무엇을 증명하기 위해 proof 성경을 연구하는 것이 아니라 생명의 차원을 이해하고, 확대 승화하기 위해 연구한다.

> 성경의 영감은 모든 진술이나 견해에 대해, 심지어는 사도들에 대해 완벽한 것으로 보증하려는 목적으로 기록되지 않았다. … 성경의 영감과 그것의 무오류성은 신학에서가 아니라 하나님의 구속 사건에서 찾아야 하며, 단순한 역사에 대해서가 아니라 구원에 필요한 모든 것에 대해 적용된다. … 그리스도는 성경을 주시기 위해서 오신 것이 아니라 복음을 전하기 위해 오셨음을 기억하라. 성경은 복음을 섬기기 위해서 그 후에 기록되었다. … 성경에는 각종 교리 dogma 가 넘쳐나지만, 성경 기자들은 교리학자가 아니었다. 그들은 교회에 깊은 관심을 가지고 있었지만, 그들은 교회론을 제시하는 이론가가 아니었다. … 복음은 성경이 기록되기 전에 선포되었으며, 성경을 기록하도록 만든 것은 복음이었다.[35]

포사이스는 복음 중심의 성경관을 가지고, 복음을 성경해석의 중요한 원리로 이해하면서 성서지상주의 biblicism 와 교조화된 성경 이해, 성서비평학의 극단적 경향을 뛰어넘는다. 그는 마틴 루터의 해석학적

---

34 위의 책, 38.
35 위의 책, 14~15.

입장을 따라 그리스도와 복음이라는 관점으로 성경 읽기를 제안한다. "이 본문이 계속해서 어떻게 그리스도를 제시하고 어떻게 그리스도를 설교하는가? 이 말씀이 직접 간접으로 어떻게 그분과 연결되고 있는가?"를 묻고 찾을 것을 권한다. 설교자는 그리스도를 설교하는 것이며, 그가 전하는 복음은 모든 관점을 끌어안는 하나님의 행동이기 때문이라고 주장한다.[36] 설교자는 성경을 과학 서적, 역사 문헌, 신학 서적으로 읽어서는 안 되고, 그런 분야의 지식을 얻기 위한 성경 사용도 지양해야 한다고 충고한다. 성경은 우리가 "예수 그리스도와 그분의 구속 역사와 계시를 눈으로 보고, 맛볼 수 있도록"[37] 기록되었다.

포사이스는 설교에 있어서 성경 텍스트의 중요성을 구체화한다. 정통주의의 편협한 성서지상주의에 저항하고, 문화적 기독교로 전락시킨 피상적인 자유주의 성경 이해를 반대하면서 그가 제시한 성경 텍스트 이해는 당시의 설교 강단을 새롭게 하는 데 중요한 역할을 한다. C. H. 다드 Charles H. Dodd가 케리그마 선포가 설교의 원형이라고 주장하기 이전, 마틴 디벨리우스 Martin F. Dibelius나 루돌프 불트만 Rudolf K. Bultmann이 복음서 비평을 내놓기 이전에 성경 텍스트가 가지는 설교학적 특성을 선명하게 정리한 것이다. 그래서 리처드 리셔는 "루터 이후에 그 누구도 포사이스만큼 신약성경이 가지는 케리그마적 특성을 확고하게 이해한 이가 없었으며, 누구도 포사이스만큼 열정적으로 이러한 통찰을 설교 신학에 접목한 사람도 없었다"고 주장한다.[38]

브루그만은 "텍스트는 목소리를 내고 깨뜨리며 파괴하고 창조하

---

36 위의 책, 21~22.
37 Peter T. Forsyth, "The Efficiency and Sufficiency of the Bible," *The Biblical Review* (1917), 27. 헌터는 이것이 포사이스 신학의 최고 강점 중의 하나라고 주장한다. Hunter, *P. T. Forsyth*, 31.
38 Lischer, ed., *The Company of Preachers*, 98.

는 하나님의 살아있는 말씀"이며, 설교 가운데서 텍스트가 온전히 작동할 때 "변화할 준비를 갖추는 순간이고, 우리가 여러 정착지에서 한숨을 돌리는 순간"이며, "새로운 조직과 패턴으로 재편된 세계를 보장하고 공인하며 거기로 초대하는 복음의 경계성을 제공한다"[39]고 주장한다. 포사이스가 제시하는 텍스트의 재발견은 설교학적으로 현대 설교학 형성에 있어 중요한 공헌임에 틀림이 없다.

포사이스의 긍정적 설교학은 어떤 권위가 교회와 설교자가 복음을 선포하게 하는지, 즉 그 권위의 출처가 무엇인지를 선명하게 알려준다. 설교자의 권위는 하나님께서 맡겨주신 복음 선포의 사명 때문에 주어지는 것이다. 그 권위는 설교자의 지식, 도덕성, 신학이나 교리에 대한 해박함에서 나오지 않고, 그가 하나님의 사람 divine person 으로 복음 전파의 사명을 수행하기 때문에 위로부터 주어진다.

> …강단의 권위는 설교자의 인성이나 그가 수행하는 직책 때문에 주어지는 것이 아니다. … 그의 직책 때문에 존경을 받을 수 있을지라도 엄밀한 의미에서 그것은 권위를 담보하지 못한다. 강단의 권위는 하나님의 사람으로서 그가 사역을 수행하기 때문에 주어진다. 그것은 외적으로 주어지는 권위이다. 설교자의 권위는 선지자가 떨면서 나아오기 전에, 순교자가 십자가의 제단 아래에서 내밀하게 부르짖는 외침이 있기 전에 본질적으로 실재하시며, 살아계시며, 구원하시는 하나님께서 그에게 부여하시는 권위이다.[40]

---

39 Walter Brueggeman, *The Word Militant*, 홍병룡 역, 『텍스트가 설교하게 하라』(서울: 성서유니온선교회, 2012), 98.
40 Forsyth, *Positive Preaching and Modern Mind*, 44~45.

포사이스에게 있어서 설교자의 권위는 외적이면서 또한 내적이다. 전자는 하나님으로부터 부여되고 복음의 선포라는 사명을 수행할 때 주어진다는 것을 의미하며, 후자는 그 메시지를 내적으로 수용하고 말씀에 거리끼지 않는 양심을 가져야 하고, 또한 도덕적 차원에서 흠결이 없을 때 주어진다는 의미이다. 최종 권위는 구속자이신 그리스도의 권위라고 주장하면서 그것은 십자가와 그분의 사역, 그리고 복음 가운데 구체적으로 나타난다고 이해한다. 십자가와 복음은 설교자를 만들고, 세우는 메시지이기 때문이다.[41] 이렇게 긍정적 설교학은 절대적 권위를 복음과 말씀에서 찾고 있으며, 설교자는 복음의 메시지 아래 서 있는 존재로 이해한다.

설교와 문화

포사이스에게 있어서 말씀과 세상(문화)과의 관계는 중요한 이슈이다. 정확히 말하면 문화에 대한 신학적 관심을 그가 촉발시킨다.[42] 그는 비처 설교학 강좌에서 긍정적 설교학과 현대 정신(modern mind)의 관계성을 구체적으로 제시한다. 그는 이것을 설교 언어와도 연결해서 설명하는데, 설교와 문화의 관계성은 중요한 이슈 중의 하나이다. 설교 사역을 감당하면서 현대 문화가 주는 영향을 간과할 수 없다. 세상과 문화에 대해서 설교자는 어떤 자세를 가져야 할 것이며 현대인들에게는 거리감이 있는 구속, 복음, 대속 등과 같은 신학적 용어를 현대 사회 속에서 어떻게 설명할 것인가? 최근 경향, 사상, 문화적 관심사와는 어떻게

---

41 위의 책, 47~57, 71.
42 H. 리차드 니버의 그리스도와 문화, 폴 틸리히가 주창한 상관관계 방법(correlational method), 데이비드 트레시와 돈 브라우닝 등에 의해 발전된 수정주의 신학 등은 포사이스의 영향에서 기인한다.

연결할 것이며 오늘의 시대에 어떻게 하나님의 말씀을 전할 것인가?

설교자는 첫째는 복음에 대해, 둘째는 그가 섬기는 교회에 대해, 셋째는 전체 교회와 공공 영역에 대한 책무를 갖는다. 이것은 우선순위이기도 하다. 설교자는 사회 정의를 위한 예언자로 먼저 세운 것이 아니라 복음의 사도로 세우셨다. 그는 단지 윤리적으로 온전한 나라를 이루는 대리인으로 세운 것이 아니다. 모든 그리스도인이 그렇다. 그는 생명의 사역으로 목회를 받아들일 때 교회의 가장 중심 되는 사역이 무엇인가를 인지하고 받아들이는 것이다. 그는 예언자보다 더한 무엇을 위해 세움을 받았다. 설교자는 독수리와 같이 급습하는 것이 아니라 비둘기와 같이 우리 가운데 거하시는 성령의 표본이 되어야 한다. 사회의 안정된 상태와 그 상황을 받아들이면서 그것의 도움을 받고 함께 어울리면서 사회적 책임을 수행해야 한다.[43]

이렇게 이성적 진보 rational progress 가 제시하는 보편적 법칙을 따르는 신학적 자유주의와 하나님의 은혜에 대해 독특하면서도 자율적 경험과 함께 시작하여 그 자체의 원리를 개발해 가는 긍정적 복음 중에서 무엇을 출발점으로 삼을지를 선택해야 한다고 주장한다. 그는 말씀의 우선성을 강조하면서 설교자는 세상의 원리를 따라 복음을 이해하기보다는 복음의 빛 안에서 세상을 이해하려고 해야 한다고 조언한다. 비록 그것이 이상적으로 보일지라도 이성주의가 아니라 계시의 말씀을, 세상이 아니라 말씀을 그 출발점으로 삼을 때 모든 것은 선명하게

---

43 Forsyth, *Positive Preaching and Modern Mind*, 116.

드러나기 시작한다. 설교자는 세상을 설명해 주는 원칙을 말씀에서 찾아야 한다. 물론 기독교 신앙이 세상의 복잡한 실재와 문제들에 대해 세세하게, 모든 답을 제시하지는 않는다. 하지만 믿음의 눈과 구원의 능력인 복음의 프레임을 출발점으로 삼아 인간 역사와 삶의 의미를 해석하여야 한다.

물론 다양한 사상과 현대 문화의 다양성을 고려할 때 단순화할 수 없는 사안이지만 포사이스의 주장은 오늘의 교회와 설교자들이 "인간에게 주어진 복음의 유산heritage에 진실하게 남아있을 것인지, 아니면 인간으로부터 개발된 '다른 복음'으로 대체할 것인지를 결단해야 하는"[44] 사안이라고 설명한다. 그는 오늘날 현대의 사상과 관련하여 교회는 세 가지 차원의 고통을 당하고 있다고 주장하는데 외부성externality과 함께 오는 사소함triviality의 위협, 불확실성의 위협, 그 자체를 당연한 것으로 받아들이고 즐기는 자기만족으로부터 오는 위협이 그것이다. 이것을 치유하기 위해 우리가 설교해야 할 복음은 다음과 같은 자세가 필요하다고 주장한다.

> 우리의 사소함에 대해서는 우리의 신앙고백 가운데 나오는 위대함에 대한 새로운 강조와 여론sentiment 보다는 신학이 들려주는 것에 대한 강조… 우리의 불확실성에 대해서는 기도 가운데 내재 된 실재와 몸부림에 대한 새로운 강조, 자기만족에 대해서는 우리의 구원과 관련한 심판에 대한 새로운 강조를 처방해야 한다.[45]

설교자에게 필요한 것은 세상에 생명의 원칙과 법을 제공하는 것

44　Brown, *P. T. Forsyth*, 54.
45　Forsyth, *Positive Preaching and Modern Mind*, 169~70.

은 교회이지, 세상이 교회에 그러한 것을 제공하지 않는다는 확신을 출발점으로 삼아야 한다.[46]

모든 것은 설교에 달렸다

포사이스는 이러한 설교 신학을 개진한 그의 '비처 설교학 강의'에서 운을 뗀 첫 문장은 놀랍게도 기독교의 흥망성쇠興亡盛衰와 관련된 것이었다. "아마도 강의를 시작하는 말로는 너무 무모한 표현일지 모르지만, 기독교의 성패가 설교에 달려있다고 감히 주장합니다." 그리고 몇 분 후에 그 내용을 다시 반복한다. "설교와 함께 기독교는 서기도 하고, 무너지기도 할 것입니다. 왜냐하면, 기독교 설교는 복음의 선포이기 때문입니다."[47] 이것은 복음의 선포인 설교의 중요성을 강조한 것일 뿐만 아니라 그가 제시하는 긍정적 설교학의 핵심을 담은 표현이었다. 그가 제시하는 설교학의 이론은 논리적으로 체계가 있다기보다는 같은 내용이 반복되는 산만함이 있음에도 불구하고 정통주의의 딱딱한 성경 이해와 자유주의의 낙관론 사이에서 말씀의 강단이 약화 되고 있을 때 놀라운 설교학적 통찰뿐만 아니라 설교 본질을 분명하게 제시해 준다. 그래서 혹자는 한 세기 이전의 설교학자이지만 그가 제시하는 신학은 "몇백 년에 걸쳐서 생각하지 않으면 안 될 정도로 폭이 넓고 깊이가 있다"고 평가한다.[48]

그가 살았던 시대는 과학 기술 문명의 발달과 번영으로 인한 낙관론은 인간의 죄와 구원에 대한 열망이 희미하게 만들었으며, 인간의

---

46 위의 책, 148.
47 Forsyth, *Positive Preaching and Modern Mind*, 1, 3.
48 고만송, 『포사이스의 신정론』(서울: 기독교연합신문사, 2007), 7.

광기와 죄성이 빚어낸 낸 전쟁1차 세계대전은 온 세계를 공포와 절망에 떨게 했다. 그러한 시대에 신학은 교조화되고 사변화 되었으며, 하나님의 권능과 신비를 파편화하면서 강단은 퇴조되고, 하나님의 은혜에 대한 감각을 잃어가고 있었다. 이러한 상황 가운데서 포사이스는 하나님의 거룩성과 인간 죄성을 신학의 토대로 삼아 그 위에 하나님의 구원 역사의 총체인 십자가를 세운다. 복음의 정열을 통해 시대를 읽고, 잃어버린 하나님 은혜의 지평을 회복하면서 시대를 책망하고 바로 세워가는 '긍정적 설교학'을 제시한다.

궁극적 회복의 자리는 십자가이며, 그 안에 나타난 하나님의 구속 역사와 행동, 초대교회가 선포했던 케리그마 선포를 설교사역의 중심 영역으로 넓혀가려는 시도와 정통주의자들이 잃어버린 성경의 역동성과 자유주의자들이 자행한 성경 진리의 상대화와 파편화로 인한 강단 약화에 대항하여 강단에서의 성경 텍스트와 복음을 '긍정하는' 신학과 설교학을 개진한다. 기독교 설교는 본래 복음의 선포를 위하여 시작되었다. 예수 그리스도의 실재, 복음에 대한 확신의 약화는 강단의 약화로 이어졌고, 그리스도인 삶의 빈곤으로 이어졌다. 오늘도 하나님의 계시 말씀인 성경을 통해 확인해 주시는 하나님의 구원 행동을 바로 선포하고 인식하지 못할 때 교회는 약화될 수밖에 없다고 본 포사이스의 이해는 정확한 것이었다.

그런 점에서 설교는 교회가 반드시 들어야 할 메시지를 담아내야 할 책무를 가지는데, 그것의 핵심은 언제나 하나님의 구원 행동과 연결된다. 교회는 "어둡고 불행하며 마성적인 죄와 죽음의 세계, 하나님께 대항함으로 결국 몰락하게 될 이 세계" 가운데의 긴장 관계 속에서 살아가지만 그리스도 십자가에서 계시된 하나님의 지혜를 가지고 세상과 대립해 가는 공동체이다.49 그런 교회는 어떤 시대와 상황 가운데 놓여 있든지 간에 "예수 그리스도의 복음을 자기 기준으로 삼을 때에만 바른 방향으로 나아갈 수 있다"고 한 한스 큉의 주장은 옳다. 교회가 방향을 잃지 않기 위해 근원적인 빛과 복음으로 돌아가야 한다는 그의 주장을 좀 더 들어보자.

> 교회의 존망(存亡)은 예수 그리스도와 그의 메시지 안에 나타난 교회의 근원과 밀접한 관계를 가진다. 교회의 실존은 그리스도 안에 나타난 – 유일회적이며 지금도 그렇게 현존하시는 – 하나님의 구원 행위에 근거 되어 있다. 교회는 모든 세기의 교회가 계속해서 의존해 왔던 신앙의 증언 Zeugnis 을 반성할 때 구체화 된다. 이 증언은 근원적이기 때문에 유일하고, 그 어떤 다른 것과 비교될 수 없으며… 숭고하기 때문에, 모든 시대의 교회에 규범 Norm 이 되며 구속력을 가진다. 구약성서와 신약성서가 바로 이러한 근원적인 증언과 메시지 Botschaft 를 우리에게 제시해 준다.[50]

포사이스 역시 당시 시대가 안고 있는 문제를 인식하면서 한계와 패배감의 구덩이에 빠져있던 당시의 강단을 살리는 방안으로 '긍정적 설교학'을 제시하였다. 그는 성경이 제시하는 복음과 초대교회 증언의 중요성을 인식하면서 강단에서 그것을 어떻게 회복할 수 있을지 중요한 제안을 후대 설교자들에게 제시한다. 깊고 위험한 늪에서 허우적거리는 현대의 설교자들에게 권면한다. 설교자들이여, 인간의 죄성과 무능력을 긍정하고, 십자가의 권능과 하나님의 구속 은혜를 선포하는 복음의 능력을 긍정하라. "온전하시고 최종적인 하나님의 용서는 그리스

---

49 Hans Küng, *The Church*, 정지련 역, 『교회』(서울: 한들출판사, 2011), 689~90.
50 위의 책, 20.

도를 통해서 임하며, 이것만이 그리스도인의 삶의 모든 영역에 자원이 되며, 에너지가 된다"는 사실을 다시 확인하라.

자신들의 성취에 대해 굉장한 자부심을 가지면서 자신들의 선행과 윤리적 고결함이 구원을 위한 어떤 역할을 한다는 교만에서 벗어나며, "인간의 고충과 문제를 해결해 주는 우주적인 해결사" 정도로 그리스도를 이해하는 인간 중심적이고 심리적 기독교에서 벗어나라. "구속의 은혜는 인간에게 허락하시는 하나님의 선물"이라는 사실과 "하나님의 거룩성으로부터 벗어난 죄에서 돌이키고, 하나님께서 자신을 내어 주신 희생적 사랑에 의해서만 해결될 수 있고 구속받을 수 있다"는 사실을 온전히 긍정하라. 복음의 놀라운 소식을 이 시대에 생생하게 들려주는 성경의 텍스트에 더 집중하라. 거기에서 들려오는 복음의 소리를 더 선명하게 듣고 또 들으라. 그대의 설교에 이 케리그마를 온전히 담아내라. 복음의 선포인 설교가 가지는 능력을 온전히 믿으라.

시인 유용주가 조언하듯 외친다. "이성복은 읽는 게 아니라 몸으로 먼저 느껴야 한다. 철저하게 망가져 본 사람이라면 금방 알아들을 것이다. 게으르고 편히 있고 싶고 무수한 욕망에 쉽게, 빨리 편승하고 싶은 요즈음 세대들에게 그의 작품 속에서 새벽 찬물 같은 죽비 세례를 맞아보기를 권한다." 그를 스승으로 삼고 있는 이의 고백이다. 좋은 작품은 "온몸으로 일하고 치열하게 삶을 밀어붙인 사람에게서 나온다"면서 자신이 스승으로 삼고 있는 사람들을 언급한다.[51] 그가 언급한 이성복에게 여름날 피어나는 백일홍이 스승이다. "그 여름 나무 백일홍은 무사하였습니다／ 한차례 폭풍에도 그 다음 폭풍에도 쓰러지지 않

---

51 유용주, 『그러나 나는 살아가리라』(서울: 솔출판사, 2002), 57, 98. "너무나 당연한 이론을 실천"하며 사는 이들, "신탄진에서 사는 이면우, 영천의 이중기, 예산의 이재형, 담양의 고재종과 더불어 태안의 정낙추 시인을 감히 제 스승"이라고 부르고 싶다고 밝힌다.

아/ 쏟아지는 우박처럼 붉은 꽃들을 매달았습니다/ 그 여름 나는 폭풍의 한가운데 있었습니다/ 그 여름 나의 절망은 장난처럼 붉은 꽃들을 매달았지만/ 여러 차례 폭풍에도 쓰러지지 않았습니다/ 넘어지면 매달리고 타올라 불을 뿜는 나무 백일홍 억센 꽃들이/ 두어 평 좁은 마당을 피로 덮을 때/ 장난처럼 나의 절망은 끝났습니다."[52]

한여름 무더위에 모두 지쳐 쓰러진 시간, 마당 저편 모퉁이에 백일홍이 붉은 꽃을 피워냈단다. 그 가느다란 줄기로 여러 차례 모진 태풍도, 지루한 장마도 이겨 냈고, 무덥고 지루한 어려움의 시간에 "우박처럼 붉은 꽃들을" 매달고, 좁은 마당을 피로 덮듯 서 있다. 그 연약한 줄기와 대비라도 하듯 시인은 강렬한 붉은 색을 통해 쓰러지지 않는 강인함과 열정을 그려낸다. 아름답다. 포사이스의 외침과 비슷하다. 그래서 현대 설교자들이 스승으로 삼아도 좋을 이라고 설교학 연구자들이 추천하는 이유이다. 읽는 게 아니라 몸으로 먼저 느껴야 한다고, 쓰러질 수 없는 열정으로 다시 일어서야 한다고, 거룩한 사역을 감당하는 후예들에게 들려주는 음성이 선명하게 다가온다.

---

[52] 이성복의 시, "그 여름의 끝," 전문. 이성복 시집, 『그 여름의 끝』(서울: 문학과 지성사, 1996).

16 장
설교는 생명력을 지닌 유기체여야 합니다[1]

> 너를 두고 목숨을 내걸었다
> 목숨의 처음과 끝
> 천국에서 지옥까지 가고 싶었다
> 맨발로 너와 함께 타오르고 싶었다
> — 문정희[2]

낭만의 들판에서 만나는 설교

'설교학의 코페르니쿠스적 혁명'이라고 표현하기도 했고, 물줄기가 완전히 다른 방향으로 흐르게 했다고 주장하기도 하고[3] 그것은 이미 일어난 거대한 문화 사회적 변화에 대처하기 위한 새로운 추구였다고 이해하기도 한다.[4] 이것은 한 책에서 그 시원始原을 찾게 되는데, 의도성을 가지고 시작한 것은 아니지만 선구적 역할 수행에 대해서는 의심의 여지가 없다.[5] 과거와는 전혀 다른 차원을 제시함으로 현대설교

---

1 본 장은 『신학사상』 187 (2019년)에 실린 필자의 논문을 수정, 보완, 확대한 것임을 밝힌다.
2 문정희의 시, "목숨의 노래" 일부. 문정희 시집, 『사랑의 기쁨』(서울: 시월, 2010).
3 Richard Eslinger, *A New Hearing: Living Options in Homiletic Method* (Nashville: Abingdon Press, 1987), 65; Eugene Lowry, *The Sermon: Dancing the Edge of Mystery* (Nashville: Abingdon Press, 1997), 11~12.
4 17세기 계몽주의 출현 이후 서구사회를 지배하고 있었던 모더니즘이 체계가 서서히 무너지기 시작하면서 가히 '빅뱅'에 가까운 문화 사회적 변화를 가져왔다. 1950년대 북미대륙에서 일어난 변화의 흐름에 대해 커트 앤더슨은 '반동'과 '빅뱅' 시대로 규정한다. 텔레비전 출현과 함께 메시지를 주고받는 방식의 변화와 사람의 의식(consciousness)과 추구에 큰 변화가 일어났다. Kurt Andersen, *Fantasyland: How America Went Haywire: A 500-Year History* (New York: Random House, 2017), Part 3, 4 참조.

학의 설교 형태 이해에 새로운 인식의 변화를 가져왔으며, "어떤 생각을 전달함에 있어 내용 substance 과 그것을 전달하는 형식 form 은 세포와 생물체에 존재하는 관계와 같은 것,"[6] 즉 설교 형태를 '유기체'로 이해하도록 도우면서 새로운 사고뿐만 아니라 복음이 가지는 다양한 측면을 볼 수 있는 신학적 관점을 갖게 했다. 북미설교학계에서 일어난 빅뱅과 같은 거대한 움직임의 중심에 서 있던 설교학자 헨리 그래디 데이비스 Henry G. Davis 를 여기에서 만나 보자.[7] "설교 아이디어에 있어서 그의 생각은 혁명적인 것"이었으며, "과거 접근방식을 완전히 무너뜨렸다"고 평가받는[8] 그의 주장을 정확히 이해할 때, "우리가 유산으로 물려받은 것과 지금 가지고 있는 것이 무엇인지 확인하고 오늘날 새롭게 제기되는 필요에 부응할 수 있는 새로운 자원을 신중하게 확장해 가는"[9] 작업이 가능해 질 것이다.

현대설교 형태와 관련하여 종교개혁 이후, 가장 큰 영향을 미친 흐름으로 우리는 계몽주의와 낭만주의를 들 수 있다. 그중 계몽주의는 개신교 설교에 가장 크게, 오랫동안 영향을 미친다. 계몽주의는 서구사회에게 깊은 영향을 끼친 지적 사조로 합리주의, 존 로크의 사상과 존 뉴턴의 기계론적 우주관에 그 사상적 기반을 둔다. 무엇보다 이것은 "전제정치, 편협한 신앙, 미신이라는 삼중 압제로부터 인간을… 해방하려는 운동"으로 인간의 복지와 진보를 위해 이성의 힘을 신뢰하면서

---

5   Lowry, *The Sermon*, 12; Lucy A. Rose, *Sharing the Word: Preaching in the Roundtable Church* (Louisville: WJKP, 1997), 7~8.
6   Henry G. Davis, *Design for Preaching* (Philadelphia: Fortress Press, 1958), 1.
7   데이비스는 Wittenberg College에서 신학박사 학위를 받았고, Chicago Lutheran Theological Seminary 교수로 30년 동안 가르쳤다. 칼 바르트, 에밀 브루너, 조셉 시틀러, 라인홀드 니버 등에게서 영향을 받았으며, 신정통주의 말씀 신학, 낭만주의, 특히 새뮤얼 콜리지 등에게서 깊은 영향을 받았다.
8   Paul S. Wilson, *Preaching and Homiletical Theory* (St. Louis: Chalice Press, 2004), 10.
9   David J. Randolph, *The Renewal of Preaching in the Twenty-First Century: The Next Homiletics*, 2nd ed. (Eugene: Cascade Books, 2009), xiv.

현존의 질서를 넘어 새로운 세상을 펼치려는 시대사조였다. "스스로를 규정하는 존재로서의 인간을 사고의 중심에 놓는 정신적 태도"를 계몽된 것으로 이해했고, 인간을 "잠재적 완성할 수 있는 존재"로, 우주는 "잠재적으로 발견할 수 있는 것"으로 이해한다.[10]

임마누엘 칸트 Immanuel Kant의 주장대로 계몽주의 시대를 지나면서 인간은 스스로 판단할 능력을 찾으면서 이성을 바탕으로 한 미성년의 상태에서 벗어난 계기가 마련된다. 다양한 영역에서 펼쳐지는데 이것은 이성을 통한 인간의 더 나은 미래의 혁명적 개척이라는 특성을 가진다. 정치적으로는 프랑스 혁명, 경제적으로는 산업혁명, 철학적으로는 인식론의 새로운 전환의 동인이 된다. 정형화된 틀과 형식을 중요하게 여긴 고전주의는 르네상스 토대 위에서 발전하는데 엄격한 규칙과 통일성이 바탕을 이루며, 규범과 조화가 예술의 틀을 형성한다. 어떤 작품을 창작할 때 주제를 따라 균형이 있고 대칭적 특성을 따라 조화롭게 표현하며, 합리적이고 논리적 특성에 강조점을 두었다. 정해진 형식과 전통을 존중하며, 명료성과 논리성을 바탕으로 한 제한된 범위를 중요 요소로 여긴다. 18세기 말, 낭만주의 운동이 일어나기 전까지 서구 세계에서 지배적 흐름이었다.

낭만주의는 계몽주의와 고전주의에 반기를 들고 일어난 지적 사조로 인간의 상상력과 독창성에 강조를 두면서 전통적 형식이나 균형, 조화보다는 인간 심성에 맞는 문화를 이룩하는 것에 주안점을 둔다.[11]

---

[10] Duncan Heath, *Introducing Romanticism: A Graphic Guide*, reprinted ed., ebook (Cambridge: Icon Books, 2014), 3~4; Gert Wedding, *Moderne Rhetorik: Von der Aufklärung bis zur Gegenwart*, 안미현 역, 『수사학의 재탄생: 계몽주의에서 현대까지』(서울: 고려대학교출판문화원, 2010), 1장 참고.

[11] 낭만주의는 문학의 장르에서 가장 활발하게 발화하였지만, 예술 전반에 걸쳐 나타난 지적 흐름이었다. 낭만주의에 관한 주장들은 결국 한 지점으로 집결되지는 않으며, 아이자이어 벌린이 주장한 것처럼 "펠리페모스의 동굴처럼 한번 들어간 사람은 빠져나오기 어려운" 미로와 같은 것이지만 "서구 세계의 삶과 사고를 근본적으로 바꾼 가장 광범위한 근대의 운동"이라고 평가한다. Isaiah Berlin, *The Roots of Romanticism*, ed. Henry Hardy (Princeton: Princeton University Press, 1999), 1.

주로 영국과 독일에서 시작되어 유럽 전역과 신대륙으로 전파되었으며, "고귀한 단순성과 고요한 위대함"을 강조하였던 신고전주의, 이성 중심의 계몽주의에 반기를 들면서 자연 상태로서의 인간의 완전성을 강조한 장 자크 루소Jean-Jacques Rousseau를 시원始原으로 평가한다. 18세기 말부터 유럽 문학계를 중심으로 발전하는데, 산업혁명과 계몽주의 시대에 형성된 정치, 사회 규범 등에 대한 반기로부터 시작되었다. 이성보다는 감성emotion에, 전통보다는 개인주의에 더 집중하였다.

르네상스 시대와 계몽주의 시대를 지나면서 획일적 신앙은 붕괴하고 기존 틀에 대한 새로운 인식이 대두되면서 "인문주의적 사고와 더불어 자연과학적 의식을 촉발하면서 종교적 도그마"를 무너뜨리는 데 일조한다.[12] '진정한' 질문에는 항상 답이 존재한다는 확신과 함께 시작하여 서구 전통의 뼈대를 형성한 계몽주의는 그 주도권을 내주면서 낭만주의의 넓은 들판에 서게 된다.[13] 이성으로 세계를 인식할 수 있다고 이해했던 계몽주의와는 달리, 낭만주의는 직관intuition과 감성을 중요한 요소로 인식한다. 합리적 분석과 논리를 통해 세상을 이해하려 하지 않고 유기적 이해를 그 중심으로 삼았다. 당연히 정해진 규칙보다는 감성, 비합리성, 관념성에 강조점을 두었고, 개인의 자유로운 자기표현self-expression을 강조하면서 새로운 세계에 대한 동경과 신비감을 중요 요소로 생각한다. 이렇게 낭만주의는 실재에 대한 새로운 이해와 접근 방식을 제시하였다는 점이 중요 특성이 되었다.

---

12 김주연, 『사라진 낭만의 아이러니』(서울: 서강대학교 출판부, 2013), 80.
13 이 흐름을 확장 시킨 인물로는 계몽주의 환상을 깨뜨리고 낭만주의 사고 형성에 기여한 장 자크 루소, 인식론을 통해 낭만주의 들판을 활짝 연 임마누엘 칸트, 아름다운 것과 숭고한 것을 대조시키면서 숭고함을 이론화한 에드먼드 버크, 언어 연구를 통해 유기적 형식을 개념화한 요한 게오르크 하만, 윌리엄 워즈워스, 새뮤얼 콜리지 등을 들 수 있다. Berlin, *The Roots of Romanticism*, 3장 참고.

낭만주의의 중요성은 이것이 서구 세계의 삶과 사고를 변화시킨 가장 거대한 최근 운동이라는 점에서 찾을 수 있다. 그것은 그동안 일어난 서구인들의 의식 변화 가운데는 가장 큰 것이라고 나는 생각한다. 19세기와 20세기에 일어났던 다른 모든 변화는 낭만주의를 통해서 일어난 것보다 상대적으로 덜 중요한 것이었거나, 어떤 점에서는 그것에 의해 깊게 영향을 받은 것들이었다.[14]

이렇게 낭만주의는 여러 영역에 영향력을 끼쳤지만, 현대설교 형태 이해에도 깊은 영향을 끼쳤다. 다른 영역은 '계몽'의 들판을 벗어나 새로운 들판을 달리고 있었을 때도 기독교의 설교 형태는 거의 그 틀을 벗어나지 못하였다. 그랬던 설교학계에 '낭만'의 들판을 활짝 펼쳐 보임으로 그 후배들이 그 들판을 걷기 시작한 것은 20세기 중반에 들어와서였다.

새 길을 안내 받다

데이비스에게 낭만주의 새길을 활짝 보여준 사람은 새뮤얼 콜리지 Samuel T. Coleridge였다. 그가 제시한 낭만주의 관점을 설교 형태 이해에 적용하면서 데이비스는 새 관점을 제시한다. 윌리엄 워즈워스 William Wordsworth와 함께 1798년에 *Lyrical Ballads*를 출간하면서 영국 낭만주의의 문을 활짝 열었던[15] 콜리지는 낭만주의 시의 개념을 이론화하면서 상상

---

14 위의 책, 1~2.
15 이 시집은 영국 문학의 방향성을 바꾸어 놓았고, '영국 낭만주의 운동의 효시'로 평가받는다. 워즈워스 작품이 대부분이고, 콜리지의 시는 4편이었다. 쉽게 읽을 수 있는 일상적이고 평범한 언어로 쓴 시였으며, 자연스럽게 인간 감정을 드러내면서 기존 형식을 파기한다. William Wordsworth and Samuel T. Coleridge, *Lyrical Ballads*, ed. Michael Schmidt (New York: Penguin Books, 2007), 참고.

력의 특성을 체계적으로 제시한다. 특별히 그는 공상fancy과 상상력을 구분하는데, 전자는 이성에 의해 점검되지 않은 내적 감정이 표출되어 나온 것이며 사물에서 특별한 이미지를 찾아내는 능력으로 작용하지만, 기계적으로 작용하기 때문에 "기억에 의존하는 하나의 방식"a mode of memory에 지나지 않는다. 하지만 후자는 신의 창조력에서부터 나온 것으로 인간의 무한한 창조력에 바탕을 두는 것으로 이해한다.[16] 이러한 그의 이해는 기존의 상상력 이해와 전혀 다른 것으로, 인간의 정신은 수동적이지 않고 적극적이라는 의미를 부여하면서 그는 상상력을 인간의 창조성과 관련하여 이해한다.

콜리지는 상상력을 일차적primary인 것과 이차적인 것으로 나눈다. 일차적 상상력은 "인간의 인식을 지배하는 살아있는 힘이며 기본적 요인"prime agent으로, "무한 가운데 놓인 영원한 창조 행위가 유한한 정신 속에서 되풀이되는 것"으로 이해한다. 이차적 상상력은 서로 다른 사물을 함께 연결하고 결합하여 동일체가 되게 하고 상반되는 것을 융합, 용해, 확산하면서 창조의 동인으로 작용한다.[17] 전자는 신과의 영적 교류나 창조 세계에 대한 직관적 인식과 관련성이 있어 사람의 언어를 초월하지만, 후자는 사람의 언어와 깊이 연결되어 있고, 자기 경험을 언어화하도록 도우면서 시작詩作의 동인으로 작용한다. 전자가 '원료'를 제공한다면, 후자는 "예술 작품으로 형성"된다. 상상력은 통일된 조화를 만들어 가는 왕성하게 살아있는 힘이며, 실재에 대한 의식과 함께 "새로운 대상이나 이미지를 의도적으로 형성하는, 생명력 있는 생산 능력"이다.[18]

---

16 Samuel T. Coleridge, *Biographia Literaria*, ed. George Watson (Oxford: J. M. Dent, 1993), 167.
17 위의 책, 167, 218.
18 James Engel and W. Jackson Bate, "편집자 『문학평전』 서문," Samuel T. Coleridge, 김정근 역, 『콜

현대 설교학의 새로운 물꼬를 열어준 데이비스는 여러 저서를 남긴 설교학 이론가는 아니었지만, 그의 저서인 *Design for Preaching*은 20세기 후반부 북미 설교학계 중심 흐름이었던 '새로운 설교학 운동' the New Homiletics 의 발원지로, 설교 형태 이해에 있어서 새로운 문을 열어놓는다. 그래서 설교학계에서는 "변혁적 학자," 현대 설교학의 예언자로 평가받는다.[19] 그의 설교학적 추구는 '설교에서 전하려는 주제를 어떻게 전개할 수 있을 것인가, 특별히 오늘 다양한 삶의 자리에 서 있는 이들에게 본문이 말씀하시는 하나님의 진리를 어떻게 생생하게 들려줄 수 있을 것인가'에 대한 대답을 찾는 것에서 시작한다.[20]

데이비스의 유기체적 형태 이해는 콜리지에게서 깊은 영향을 받는다. 콜리지의 유기체론은 언어의 본질에 대한 중요한 통찰을 제공하는데 당시 유행하던 동적 철학에 깊은 영향을 받았다.[21] 변증법적 원리와 대극 원리 principles of polarity 에서 역동적 힘이 생성된다고 이해하면서 조화와 융합을 통한 전개, 생성과 생산의 힘으로 작용하는 상상력 활용, 대화 등을 중요 요소로 제시한다.[22] 그의 유기체론은 자연계에서 얻은 통찰력으로부터 발전된 것인데, 자연은 인간에게 아름다움을 공급해 주는 원천으로 작용한다고 이해한다. 자연계는 인간 사고와 감정 언어를 태동시키고 활동하는 곳인데, 자연의 진리에 충실할 때 독자의 공감을 자아낼 수 있고 신기함의 감흥을 불러일으키는 힘을 갖게 된다면서 자연이 가지는 유기체적 특징에 관심을 기울인다.

리지 문학평전』(서울: 옴니북스, 2003), 134~37.
19 Rose, *Sharing the Word*, 64; O. Wesley Allen, Jr., "The Pillars of the New Homiletic," O. Wesley Allen, Jr., ed., *The Renewed Homiletic* (Minneapolis: Fortress, 2010), 5.
20 Davis, *Design for Preaching*, v.
21 Coleridge, *Biographia Literaria*, 74~75.
22 위의 책, 163~64.

설교는 현기증 나는 삶의 모퉁이에서 깨어지고 상처받은 사람들을 하나님의 말씀, 즉 복음 앞에 불러 세우는 것이며, 사람들이 복음에 응답하여 삶의 태도와 자세, 욕구와 느낌을 회복하는데 그 목표가 있다.[23] 하나님의 말씀을 통해 신적 지혜와 사랑을 깨닫게 될 때 그들은 진정한 회복의 은혜를 누리게 된다. 하나님의 진리가 가지는 "미와 긍휼, 힘과 용기, 후회와 용서, 신실함과 사랑, 고통과 희망"의 이미지를 통해 사람들에게 다가가게 된다.

그에게 있어서 성경 본문은 마치 나무의 깊은 뿌리와 같이 설교의 원천이다. 겉으로는 드러나 보이지 않지만, 뿌리가 무성한 줄기를 만드는 것 같이 영원한 말씀의 깊은 토양에 깊은 뿌리를 내린 설교가 되어야 한다고 주장한다. 그런 점에서 설교자는 나의 설교가 성경적 설교인지를 물어야 하며, 설교 중심 주제가 성경에서 나온 것인지를 깊이 물어야 한다고 주장한다. 설교자가 반드시 물어야 하고 발견해야 할 것은 본문이 말씀하시는 바이다.[24] 설교는 "설교 가운데서 성경이 진정으로 살아있는 문서가 되게 해야 한다"는 점에서 설교는 반드시 성경적이어야 한다. 참된 설교는 "타락한 인간 구원과 회복을 이루신 하나님의 구속 행동을 드러내신 예수 그리스도를 그 중심에 두어야" 하고, 설교는 "그 자체로 오늘의 시대에서 계속되는 하나님의 구속 사건의 일부가 되어야" 한다. 문화적 측면에서 설교 메시지는 근본적으로 "그 시대의 사상, 문화적 관습, 관심사와 대립하게" 되며, 회중과의 관계에서 보면 설교는 "하나님과 회중 사이에서 일어나는 독특한 종류의 담화이며, 특별한 언어이고, 상호 나누는 대화"이다.[25]

---

23 Davis, *Design for Preaching*, 5~6.
24 위의 책, 41, 47, 52.
25 Henry G. Davis, "The Teaching of Homiletics: The Present Situation in American Seminaries," *En-*

획기적 설교 형태

데이비스는 기존의 것과는 전적으로 다른 설교 형태를 제시한다. 그에게 있어 설교 형태는 전하려는 특정한 생각을 효과적으로 전달하는 데 있어 절대적 요소이다. "혼란 상태인 생각과 질서 정연한 생각의 차이"는 형태에 의해서 결정된다고 이해하면서 그는 잘 조직된 설교 형태는 효과적인 의사전달을 위해서 필수적 요소로 이해한다.[26] 당시 이것은 설교 형태에 대한 새로운 주장이었다. 낭만주의 진영에서 주장하는 바와 같이 전하려는 메시지의 본질 substance 과 형태 form 는 서로 분리할 수 없는 것으로 이해한다. '내용' content 이라는 용어보다는 '본질'이라는 단어를 즐겨 사용하는데, 그 둘의 관계가 기계적으로 결정되지 않고 유기적 관계를 맺기 때문이다.[27] 형태는 메시지의 내용에 따라 달라질 수 있으며, "모든 설교가 반드시 취하여야 할 이상적이고 표준적 형태"는 없으며, "각 설교에 알맞은 적절한 형태"가 있을 뿐이라고 하면서[28] 설교 형태의 중요성뿐만 아니라 다양성을 함께 주장한다.

이렇게 데이비스는 설교 형태를 '유기체'로 이해하면서 설교는 유기체적 발전 과정 organic process 을 가지는 창조적 예술이어야 한다고 주장한다. 이것은 당시 전통적 설교 형태 이해와는 완전히 다른 사고였다. 설교 형태는 "기계적 과정 mechanical processes 보다는 생명체의 유기적 과정"과 같아야 한다면서[29] 디자인을 중요한 요소로 이해한다. 이것은 구축하는 것 construction 과 대치되는 개념으로 사용하는데, "설교를 디자인한다는 것은 그 안에 본질적으로 가지고 있는 특성을 따라 식물이 자

---

counter 23 (Spring 1961).
26　Davis, *Design for Preaching*, 3.
27　위의 책, 20.
28　위의 책, 8~9.
29　위의 책, 18.

라가는 것과 같은 원리"로 설명한다.³⁰ 즉 성경 본문이 담고 있고, 제시하는 개념이 발전하고 전개되는 형태로 설교는 디자인되어야 한다는 주장이다. 설교 형태는 뿌리를 내리고 줄기를 뻗어가고, 꽃을 피우는 나무와 같은 것이어야 하며, 나무가 살아있는 유기체 living organism 인 것처럼 설교 형태도 발전적으로 전개되어야 한다는 주장이다.³¹

당시 설교학에서 설교 형태는 그렇게 중요한 요소로 인식하지 않았다. 하지만 그의 주장 이후 설교 형태에 관한 관심이 촉발되었으며, 메시지 전달에 중요한 요소로 인식되기 시작한다. 토마스 롱이 주장한 것처럼 설교 형태는 "설교의 의미와 효과, 생명력 유지에 절대적 요소"이며, "강의 흐름과 방향을 결정짓는 강둑"과 같이 중요한 요소로 인식한 것이다.³² 중요한 것은 설교의 내용이지, 형태는 그렇게 중요한 요소로 인식되지 못했던 것이 사실이지만 '무엇이 일어나게 하고 무엇을 행할 것인지를 결정해 주는' 조직적 계획이며, "복음의 커뮤니케이션을 지지하거나 결정지을 수 있는 필수적인 부분"으로 인식하게 해 준다.³³

계몽주의 이래 모더니즘 지적 체계 안에서 주로 논리와 이성 중심의 연역적 설교 형태가 지배적이었다. 여기에서는 이성적 논리 rational logic 와 분석적 사고 analytical thought, 말씀에 대한 이성적 해설 rational exposition 이 중요했다. 자연스럽게 설교자는 진리의 세계에 대해 해박한 지식을 가진 존재이고 회중은 그렇지 못한 존재라는 관계가 설정된다. 수직적

---

30 위의 책, 21. 그는 여기에서 디자인과 개요(outline)를 구분한다. 디자인은 그 안에 가지고 있는 보여주는 것(seeing)이고 형성해 주는 것(shaping)으로 설명한다.
31 위의 책, 15~16.
32 Thomas G. Long, *The Witness of Preaching*, 3rd ed. (Louisville: Westminster John Knox Press, 2016), 136.
33 위의 책, 137.

관계와 권위적 구조가 작동하게 된다. 이런 이해는 설교자의 마음과 사역을 오래 지배하면서 벗어나기 힘든 늪과 같이 작용한다. 마치 행인을 잡아 그의 침대에 눕혀 키 큰 사람은 잘라냈다는 희랍신화의 프로쿠스테스Procustes를 연상하게 만든다.[34]

20세기 중반에 들어 이러한 흐름에 중요한 변화가 일어나면서 이성 중심 설교학을 흘려보내고 이야기와 귀납적 구조가 중요한 요소로 대두된다. 데이비스는 이러한 움직임과 논의의 촉매제 역할을 하면서 "설교 형태에 있어서 최근의 혁신적 주장을 위한 무대를 세팅한 한 사람"으로 평가를 받는다.[35] 데이비스는 설교 형태를 두 가지 형태로 구분한다. 즉 수행적 측면에서 이해한 기능적 형태functional form와 메시지 구성과 전개 방식에서 이해한 유기적 형태organic form가 그것이다.

기능적 형태는 초대교회가 수행한 것에서 찾는데, 설교는 본질적으로 케리그마의 선포, 즉 복음의 선포를 수행한다. "복음 선포는 하나님 자신의 말씀으로서의 복음이 가지는 본질에서 기인하는 스피치 형태"이다. 두 번째 기능적 형태는 교육적 기능이다. 새로운 존재가 되기 위해서는 깨달아야 할 차원이 있었고, 초대교회는 그것을 위해 가르침이라는 수단을 잘 활용하였다. 초대교회는 새로운 존재가 된다는 것의 의미와 살아내야 할 삶의 패턴을 배우기 위해 가르침의 차원이 절대적으로 필요했다. 또한 초대교회는 설교를 통해 권면과 위로의 기능을 수행한다. 초대교회는 설교를 통해 파라클레인, 치유의 기능을 수행한다. 위험과 고통 가운데 있는 사람에게 나아가 친구가 되고 조력자가 되었다.[36]

---

34 Rose, *Sharing the Word*, 14.
35 위의 책, 73.
36 Davis, *Design for Preaching*, 7~8장 참고.

데이비스는 설교 형태를 유기체로 이해하면서 유기체적 통일성^{unity}과 전개^{process} 과정을 따라 설교를 작성하는 유기체적 형태를 제시한다. 기존의 설교 형태를 유기체적 프레임으로 바꾸어 몇 가지 유형을 제시한다. 먼저 주제를 논증해 가는 방식^{A Subject Discussed}은 중심 주제가 나중에 나타나도록 논증을 통해 그것을 확증하고 구체화해 가는 방식이다. 둘째는 '명제를 입증해 가는 방식'^{A Thesis Supported}인데, 설교의 중심 명제를 입증해 가는 형식이다. 세 번째는 '메시지를 조명해 가는 방식'^{A Message Illumined}인데, 설명해 가면서 설교 메시지가 점점 드러나게 되는 형태이다. 네 번째는 '복합적 질문의 형태를 통한 방법'^{A Question Propounded}인데, 문제 제기와 질문 형태를 취하면서 전개해 가는 방식이다. 성경과 삶의 자리에서 발견되는 의문점들이 복합적 질문 형태로 제시되면서 해답과 해결을 찾아가는 형태이다. 마지막은 '이야기 형태로 전하는 방식'^{A Story Told}으로 사건, 등장인물, 행위, 언어 등을 포함한 이야기 형식이 중심을 이루며, 인물과 사건에 대한 설명 구조를 통해 구체화해 가는 방식이다.[37]

이렇게 데이비스는 설교 형태 이해에 있어서 전하려는 메시지의 본질^{substance}에 따라 다양성과 움직임과 연속성을 통한 유기체적 설교 형태를 제안하면서 현대 설교학의 형태 이해에 중요한 역할을 한다. 그 설교가 유기체적인가는 그 안에 "시간 가운데서의 움직임"을 갖느냐에 의해서 결정되는데, 처음 부분에서 마지막 결론을 향해 지속적으로 전개해 가는 움직임을 가져야 한다고 주장한다. 설교는 벽에 걸려 있는 그림과 같이 정적인 것이 아니라고 주장하면서, 그림은 한꺼번에 모든 것을 보여주지만 설교는 전혀 그렇지 않다면서 설교는 전개되어

---

37 위의 책, 9장 참고.

가면서 결론을 향해 움직여 가는 연속성을 강조한다.[38] 이렇게 그는 유기체적 전개를 위해 구체적인 사례 등을 통해 설교의 중심 주제를 전달하기 위한 전개에 깊은 관심을 기울인다.

이해의 문을 활짝 열다

그동안 설교학 진영에서 크게 주목받지 못했던 설교 형태가 관심을 끌게 된 것, 사고의 변화와 새로운 형태의 추구는 낭만주의 사고를 통한 이해를 제시한 데이비스의 영향이었다. 변화하는 시대 가운데서 '어떻게' 하나님의 말씀을 전할 것일지에 관한 관심으로부터 시작한 이 흐름은 설교의 형태에 관한 관심뿐만 아니라 다양성 추구를 촉발시킨다. 데이비스가 제시한 당시의 주장들은 초보적인 것이었지만 설교학 진영에 '낭만주의 벌판'을 활짝 열어주었고, 인식의 폭을 넓혀주었다. 이야기, 귀납적 전개, 통일성과 움직임, 상상력과 이미지 등의 중요성을 인식하도록 했고, 설교를 고착된 이성적 논리 대신 시간의 움직임을 따라 전개되는 유기체로 이해할 수 있게 한다.

설교 형태를 새롭게 하려는 것은 오늘의 회중이 하나님의 말씀을 효과적으로 듣게 하기 위함이지만 그것은 말씀이 가지는 본질이다. 성경은 복음 메시지를 전함에 있어 시간, 공간, 대상에 따라 아주 다양한 방식을 취하며, 복음의 특성이 고착된 것이 아니고 생명력을 지닌 유기체 living organism 의 특성을 지니고 있음을 인식하게 한다.[39] 그가 열어놓은 문을 통해 후예들은 새로운 들판으로 나아갔고, 그러한 영향 가운

---

38 위의 책, 163, 174~85. 이러한 연속성을 다양한 형식으로 소개하는데, 연역적, 귀납적, 논리적, 연대기적, 극적 방식 등이 그것이다.
39 김운용, 『새롭게 설교하기』, 229.

데서 귀납적 설교, 이야기식 설교, 현상학적 전개식 설교, 대화적 설교, 네장면 설교 등 다양한 형태를 추구하게 한다.

설교는 정교한 예술품이다. 가슴으로 노래하고, 눈물 젖은 간절함으로 전하는 메시지, 작은 것에도 정성을 가득 담는 설교일 때, 사람을 변화시키고, 교회를 세우게 된다. 언젠가 "노모 빨리 죽으시라 기도한 친구" 이야기를 읽은 적이 있다. 제목부터 도발적이어서 끝까지 따라가게 되었고, 시인의 글 전개가 가슴에 눈물이 맺혀오게 했다. 그냥 전하는 것이 아니고, 가슴으로 전한 때문이고, 치밀한 플롯을 통해 전해졌기 때문일 것이다. 그 이야기를 따라가면서 같은 아픔을 안고 사는 동일시 identification가 일어났다. 특히 폐암 투병하다 장남이 세상을 떠났을 때, 함께 무너지시던 내 어머니 이야기가 가족사로 남아 있어 구구절절 공감되었던 글이다.

> 1998년 가을, 간경화 합병증으로 요양 차 무주에서 담양으로 이사 갔다. 농가 주택 평수 15평 정도 되는 집을 수리해서 살았는데 1년이 지나자 주인이 집을 팔겠다고 하였다. 4천만 원을 달라고 하였다. 돈이 없어 곤란한 상황이었는데 친구가 우리 둘이서 반반씩 합하여 그 집을 사자고 하였다. 친구는 나를 위해서 그 집을 사게 된 것이다. … 그런데 그 친구가 그만 식도암과 췌장암으로 투병 생활을 하게 되었다. 친구는 우리들 집터에 요양할 흙집을 짓기 시작하였다. 그러던 어느 날 가톨릭 신자인 친구가 집에 와서는 성당에 들러, 싸가지 없는 기도를 하고 왔다고 말했다. 80 노모가 빨리 죽으라고 기도하고 왔다는 것이다. 외아들이 먼저 죽는 꼴을 어머니에게 차마 보일 수 없어 그랬다고 하였다. 할 말이 없어 나도 함께 기도하겠다고 하였다. 그가 세 남매 남기고 죽어 묻히던 날 돌아오면서 아래 시를 썼다.

… "나가 그렇게 기도하였건만/ 울 엄니 빨리 죽으라고/ 자식 먼저 죽는 꼴/ 엄니가 겪지 않게 해달라고/ 하늘도 땅도 사람들도/ 상여꽃처럼 검붉은 백일홍꽃 이파리마저/ 싸가지 없는 놈이라 손가락질하는 것도 상관치 않고/ 울 엄니 빨리 죽으라고/ 그리 깊이 기도하였건만/ 만약에 엄니가 빨리 죽지 않는다면/ 두 눈이라도 멀게 해달라고/ 극악한 암 덩어리 흡혈 앞에서/ 벌겋게 달궈진 불판 위의 장어 토막처럼/ 온몸을 지글지글 비비 꼬며/ 오그라들 대로 오그라든 자식의 몸뚱아리를/ 울 엄니가 못 보게 해달라고 기도하였건만/ 나가 그렇게 기도하였건만/ 울 엄니 귀라도 먹게 해달라고/ 자식의 췌장과 식도 그리고 뼛속에서/ 저절로 새어 나오는 비명 소리를/ 엄니가 듣지 못하게 해달라고/ 울 엄니 치매라도 걸려 멍한 눈과 귀로/ 보아도 보이지 않고 들어도 들리지 않게/ 자식도 자신도 나고 죽음도/ 모두를 잊어버리게 하여 달라고/ 그러나 내 기도가 간절해질수록/ 엄니는 허리를 곧추세워서/ 누구도 말해주지 않은 자식의 죽음을 읽어내었다/ 멀쩡한 두 눈과 두 귀로는/ 자식의 몸부림과 신음소리를 다 받아내는 것도 모자라/ 한 땀 한 땀 자신의 피와 혼으로/ 자식의 수의를 만들어 입히고선/ 엄니 품에서 자식을 편히 보내는 결기를 보였다/ 당신의 손주들 염려 말라고/ 신은 내 기도를 그렇게 이루어 주셨다."[40]

---

[40] 김창수, "80 노모 빨리 죽으시라 기도한 친구에게 바치는 '기도'," *The AsiaN* (2017년 2월 2일). http://kor.theasian.asia/archives/172676 [검색 2025년 1월 27일].

17 장
복음의 황홀함과 열정으로 현대인의 가슴을 덮으라[1]

> 오동은 천년을 늙어도 항상 제 가락을 지니고
> 매화는 일생을 추위에 떨어도 향기를 팔지 않아
> 달은 천 번을 이지러져도 본디 모습 남아있고
> 버드나무 백 번을 꺾여도 새 가지가 돋아난다
> — 신흠 申欽[2]

일렁임과 출렁임으로

본래 기독교 설교는 히브리 세계와 헬라 세계에 예수 그리스도의 구주(메시야) 되심을 선포함으로부터 시작하였다. 그 본질은 예수 그리스도의 케리그마 선포에 있었으며, 변증을 그 특성으로 한다. 헬라 세계의 화려한 수사학과 철학의 관점에서 보면 그 주장과 논리가 보잘것없어 보였지만 그것은 세상을 바꾸는 힘으로 작용한다. 사람의 논리와 힘이 아니라 설교자들은 성령님의 능력에 사로잡혀 그 사명을 수행한다. 당시 설교자들은 복음과 성령의 역사에 대한 확신으로 충만하였고, 그들의 가슴은 하나님께서 행하신 일에 대한 떨림이 있었다. "이 세상은 그 지혜로 하나님을 알지 못하였습니다. 하나님의 지혜가 그렇게

---

1 본 장은 『목회와 신학』(2019년 7월)에 실은 필자의 논문을 수정, 보완, 확대한 것임을 밝힌다.
2 申欽(신흠)의 시, "不賣香"(불매향), 전문. 신흠은 조선 중기의 문인이며, 한시의 전문은 다음과 같다. "桐千年老恒藏曲(동천년로항장곡)/ 梅一生寒不賣香(매일생한불매향)/ 月到千虧餘本質(월도천휴여본질)/ 柳經百別又新枝(류경백별우신지)."

되도록 한 것입니다. 하나님께서는 어리석게 들리는 설교를 통하여 믿는 사람들을 구원하시기를 기뻐하신 것입니다." 고전 1:21, 새번역

"어리석게 들리는 설교를 통하여" 이루시는 역사, 그것은 신비였고 감격이었으며 떨림이었다. 그 떨림이 비웃음과 비난 속에서도 걷게 했고, 복음을 위해 3천m가 넘는 타우루스 산맥[3]을 넘게 했으며, 3천 km가 넘는 먼 길을 도보로 걷게 했다. 때로는 풍토병과 싸워야 했고, 이방인의 위험과 강도의 위험 고후 11:26, 추위와 굶주림 등에 노출되어 있었지만 굴하지 않는다. 그들은 눈과 얼음 사이를 뚫고 나온 꽃처럼 겨울 샛강에서, 절벽에서, 골짜기 바위틈에서 복음의 꽃, 생명의 꽃을 피워낸다. 순전히 복음의 황홀한 신비 때문이었다.

한겨울에 피어나 봄이 오고 있음을 알리는 꽃 중에 '복수초'가 있다. 일본식 이름을 번역한 까닭에 다소 살벌함이 느껴지기도 하지만 한자어를 붙여 읽으면 그 의미가 깊다. 복수초福壽草. 우리 말 이름은 더 예쁘다. 눈을 뚫고 나와 꽃이 피면 그 주위가 동그랗게 녹아 구멍이 나기 때문에 '눈색이꽃,' 한겨울 얼음 사이를 뚫고 피어나는 봄의 전령사는 뜻으로 '얼음새꽃'이라고도 부른다. 이런 예쁜 이름을 가진 꽃을 보며 한 시인은 멋진 노래를 만든다. "눈과 얼음의 틈새를 뚫고/ 가장 먼저 밀어 올리는 생명의 경이/ 차디찬 계절의 끝을 온몸으로 지탱하는 가녀린 새순/ 마침내 노오란 꽃망울 머금어 터뜨리는/ 겨울 샛강, 절벽, 골짜기 바위틈의 들꽃, 들꽃들/ 저만치서 홀로 환하게 빛나는/ 그게 너였으면 좋겠다."[4] 그 꽃을 바라볼 때의 떨림이 느껴진다. 꽃에도 떨림이 있고, 그것을 보는 사람에게도 떨림이 있다. 마치 방향을 알려

---

[3] 튀르키예 남부의 산맥으로 최고봉은 3,767m에 이른다. 사도 바울은 1차 선교여행 때 도보로 이 산맥을 여러 차례 넘나들며 복음을 전했다. 선교여행 중에 마가가 돌아간 것도 이 부근에서였다. 1~3차 선교여행 중에 그가 도보로 이동한 거리는 약 5천km가 넘었다.

[4] 곽효환의 시, "얼음새꽃," 일부. 곽효환 시집, 『지도에 없는 집』(서울: 문학과 지성사, 2010).

주는 나침판처럼 그 떨림이 사라지는 순간, 존재의 의미를 상실하고 있는 것이 된다.

기독교 설교는 이렇게 가슴 떨림으로부터 시작하였다. 초기 설교자들은 도무지 말로 설명할 수 없는 예수 그리스도의 부활 신비, 단번에 인류의 죗값을 치르시고 믿는 자에게 구원을 허락하시는 복음 신비, 죽음에서 생명으로, 어둠에서 빛으로 옮겨진 파스카 신비로 인해 황홀한 떨림이 있었다. 그래서 그들은 일어섰고, 산을 넘었고, 바다를 건넜다. 그 떨림 앞에서 경계선은 존재하지 않았다. 회당에서, 길거리에서, 시장터에서, 화려한 이방 신전 앞에서, 다른 나라 도시에서, 수많은 재화로 넘쳐나는 환락의 도시에서, 황량한 들판과 작은 다락방에서 그들은 그 신비를 소리 높여 선포했다. 오늘 설교자에게 필요한 것도 그런 확신과 떨림이란다.

초기 설교자들이 타락한 도시를 향해, 화려한 이방 신전에 엎드려 있는 자들에게 자신만만하게 외칠 수 있었던 것, 생명을 위협하는 권력자가 휘두르는 칼과 감옥, 죽음의 위협 앞에서 조금도 굴하지 않고 당당했던 것은 복음에 대한 황홀함이 가득했기 때문이었다. '대지는 누군가 밟고 지나간 패인 상처에서 보란 듯 꽃을 피워내듯' 그들은 우겨쌈을 당하면서 복음의 꽃을 피워냈다.[5] 영원한 생명을 가진 자의 넉넉함과 황홀함이 바탕을 이룬다. 평생 시골 초등학교 교사와 교장으로 40여 년을 재직한 후 어려운 암이 발병하여 생사의 갈림길에 서 있었던 한 노시인은 긴 투병 끝에 죽음의 자리를 벗어난 후, 하루하루 살아가는 것이 "황홀 극치"라고 표현한다. "황홀, 눈부심/ 좋아서 어쩔 줄 몰라 함/ 좋아서 까무러칠 것 같음/ 어쨌든 좋아서 죽겠음// 해 뜨는

---

5 이 글귀는 조영순의 시, "황홀한 고백"에서 빌린 것이다.

것이 황홀이고/ 해지는 것이 황홀이고/ 새 우는 것 꽃 피는 것 황홀이고/ 강물이 꼬리를 흔들며 바다에/ 이르는 것이 황홀이다// 그렇지, 무엇보다/ 바다 울렁임, 일파만파, 그곳의 노을/ 빠져 죽어버리고 싶은 충동이 황홀이다// 아니다, 내 앞에/ 웃고 있는 네가 황홀, 황홀의 극치다."[6]

평이하면서도 고요한 문장들로 이어지는 시인의 시에는 일렁임과 출렁임이 가득하다. '황홀'이라는 단어와 '극치'라는 단어가 조합되면서 그 강도는 훨씬 더 크게 다가온다. 설교 사역은 이런 차원에서 이뤄진다. 설교자의 가슴에 이런 일렁임과 출렁임이 없이는 세속화된 도시에서 사는 그 거주민들을 복음으로 결코 덮을 수 없다. 한 도시를 가슴에 품고 말씀 사역을 감당한 팀 켈러 Timothy J. Keller 에게서 우리는 그런 차원, 일렁임과 출렁임을 통한 복음의 역사를 보게 된다. 여기에서는 같은 시대를 살았던 그 설교자의 이야기를 통해 설교학적 대화를 이어가 보자.

사역 이야기: 복음으로 도시를 덮으라

우리 시대 설교자여서 켈러의 사역 이야기는 널리 알려져 있다. 설교학적 관점에서 보면 그의 사역의 핵심은 세속화된 도시의 가운데 그리스도의 복음을 전하여 춤추게 하는 데 있었다. 1989년, 영적으로 척박하고 가장 세속적인 도시인 뉴욕 맨해튼 한복판에 리디머장로교회 Redeemer Presbyterian Church를 개척하여 30년 동안 교회를 사역하였다. "세속적인 도시를 복음으로 변화시키겠다"는 비전과 함께 시작된 교회는 맨

---

[6] 나태주의 시, "황홀 극치" 일부. 나태주 시집, 『황홀 극치』(서울: 지식산업사, 2012).

해튼의 네 개 지역[7]에서 5천여 명의 다양한 영역에서 일하는 젊은 전문인들과 인종이 모여 예배한다. 1개의 센터교회와 7개의 지교회가 연합하여 복음에 대해 적대적인 코스모폴리턴 도시의 선교와 다문화 선교를 위해 전력하고 있다. 가장 세속적이고 현대적인 도시에서 가장 복음적 교회로 평가를 받고 있다.

28년 동안 수행한 담임 목회직에서 은퇴하면서 후임^{한인 2세}에게 물려주었고, "리디머 시티투시티"^{Redeemer City to City}[8] 사역에 전념하였고, 2023년 암 투병 중 세상을 떠난다. 이것은 "모든 대륙의 국제도시들에서 다양한 신학적 전통을 가진 교회 개척에 참여하는 비영리조직"으로 그동안 교회가 지향해 온 신학적 비전을 중심으로 훈련과 코칭 사역을 감당하고 있다. 복음으로 가득한 교회 세우기^{개척} 운동이 지금도 계속해서 활발하게 진행되고 있다.

켈러와 리디머장로교회 사역의 중심을 관통하는 요소는 '복음, 도시, 교회 개척'이었다.[9] 이것은 복음의 축, 문화의 축, 운동의 축으로 설정되어 실행이 이루어진다. 첫 번째 축에서 그들은 복음의 신학적 깊이를 추구하면서 "복음을 명확하고 효과적으로 소통하는 방법"에 깊은 관심을 기울인다. 두 번째 축에서 그들은 그 교회가 서 있는 지역^{도시} 공동체와 사회적 환경, 문화 상관성에 깊은 관심을 기울인다. 세 번째 축

---

7 Downtown 교회는 14번가에서, East Side 교회는 75번가에서, West Side 교회는 83번가에서, Lincoln Squire 교회는 64번가에서 모인다.

8 RCTC 사역은 교회 개척을 통해 전 세계 도시에서 주로 복음 운동을 수행하기를 원하는 지도자들을 선발하여 훈련과 코칭을 제공하고, 그것을 수행할 자료들을 제시하기 위해 세워진 비영리단체이다. 뉴욕에 본부를 두고 아프리카, 아시아, 호주, 북미주, 라틴 아메리카, 중동, 유럽 등의 140여 개 도시에서 사역을 수행하고 있다. 도시 교회 개척, 리더십 개발, 컨텐츠 개발 등의 핵심 사역을 통해 도시에 예수 그리스도의 복음 전파를 돕는데 그 목적을 두고 있다. 2024년까지 여러 도시에 2,156개의 교회를 새롭게 설립을 도왔고, 도시 목회와 복음화를 위해 15만 명 이상의 지도자들을 훈련하였으며, 25개국 언어로 자료를 제공하고 있다. https://redeemercitytocity.com [검색: 2025년 1월 20일].

9 Timothy J. Keller, *Center Church: Doing Balanced, Gospel-Centered Ministry in Your City*, 오종환 역, 『팀 켈러의 센터처치』(서울: 두란노, 2018).

에서 그들은 도시에서 복음 사역을 통해 사람들의 삶을 변화시키는 능력을 펼치는 하나님 나라의 운동, 복음 운동에 깊은 관심을 기울인다.

이러한 사역을 통해 그가 사역할 당시 세계 여러 대도시에 같은 정신을 가진 교회, 200여 개가 새로 세워졌고, 은퇴 후 켈러는 이 사역에 전념한다. 개략적으로 이러한 사역의 결과로 교회가 시작되던 당시 복음주의 그리스도인은 맨해튼 인구의 0.5%에 불과했지만 30여 년이 지난 오늘 5%를 넘어서고 있음에는 교회의 강력한 사역의 힘이 일조했음을 알 수 있다.

복음 이야기: 본질이며 중심

켈러에게 있어서 '복음'은 사역의 본질이며, 중심이었다. 그에게 있어서 복음은 하나님과 우리 관계를 바로잡기 위해 예수 그리스도가 무엇을 이루셨는가에 대한 소식이며, "우리가 행하는 무엇이 아니라 우리를 위해서 행해진 무엇"으로 이해한다.[10] 설교자 사역자에게 있어 가장 중요한 것은 복음을 바로 이해하는 것이다. 그는 초대교회 교부 테르툴리아누스의 경구, "예수님께서 두 강도 사이에서 십자가에 못 박히신 것처럼, 복음은 두 오류 사이에서 십자가에 못 박힌다"를 인용하면서 종교 religion 와 비종교 irreligion, 율법주의 legalism 와 율법폐기주의 antinomianism, 도덕주의 moralism 와 상대주의 relativism, 또는 실용주의 pragmatism 등의 양극단으로 빠질 수 있는 위험성을 경고한다. 이러한 오류에 빠지게 되면 복음 메시지는 오염되며, 그 능력을 상실하게 된다.[11] 복음은 "무한히 풍성한 것이기 때문에 교회의 한 가지 핵심이 되기에 충분"하며,

---

10 위의 책, 55~56.
11 위의 책, 58~59.

"우리를 위해 성취하신 그리스도의 사역에 대한 소식"이다. 하나님께서 우리를 위해 무엇을 행하셨고, 무엇을 하실 것인지에 대한 소식이며, 반드시 전달해야 할 소식이다.[12]

복음은 단순하지 않고 표준적인 단일 형태로 포장되기가 어렵지만 켈러는 복음이 가지는 특징을 몇 가지로 나누어 제시한다. 복음은 위에서 아래로 임하는 upside-down 성육신의 속성을 가지고 있으며, 안에서 바깥으로 임하는 inside-out 속죄의 속성, 미래를 앞서 경험하는 forward-back 부활의 속성을 가지는 것으로 이해한다. 켈러가 주장하는 복음은 이 세 가지를 통합한다. 복음은 그리스도인의 삶의 시작부터 완성까지 관통하는 것으로, 복음을 받아들이고 믿음으로서 구원을 얻고 살아가는 동안 마음과 감정, 인생의 모든 국면을 변화시켜 가는 역동성으로 작용한다. 그에게 있어서 복음은 마음과 생각, 삶을 변화시키는 능력이며, 복음의 능력은 언제나 두 가지를 고백하게 만든다. "나는 생각했던 것보다 훨씬 더 추한 죄인이고 허물 많은 존재입니다"와 "나는 내가 감히 바랐던 것보다 더 많은 사랑을 받고 용납되었습니다"라는 고백이다.[13]

우리 시대에 가장 필요한 것은 삶을 변화시키는 복음의 재발견과 어떻게 오늘의 시대에 그것을 전달할 것인가가 중요한데 그것이 왕성해지는 상태를 켈러는 '부흥'으로 규정한다. 이것을 가장 효율적으로 이루는 사역이 설교라고 그는 주장한다. 그래서 그는 복음 부흥을 위한 설교 구성을 위해 5가지를 설교자에게 요청한다. 1) 종교와 복음을 구분하여 설교하라. 2) 은혜의 풍성함을 전하기 위해 거룩함(심판, 의)과 하나님의 사랑(자비, 은혜)을 모두 설교하라. 3) 진리에 대해 명확하면서도 실제적으로 설교하라. 4) 모든 본문에서 그리스도를 설교하라. 5) 그리스

---

12 위의 책, 73, 89.
13 위의 책, 95~98, 99.

도인과 비그리스도인 모두에게 동시에 설교하라.[14]

이렇게 켈러에게 있어서 복음은 하나님을 만나게 하는 소중한 통로이며, 사역의 최종 목표는 도시민들에게 복음을 정확하고 충성되게 전달하는 데 있다. 설교의 가장 중요한 목적은 감동을 주어 사람의 마음을 변화시키는 것이다. 그는 도시^{지역과 문화} 속으로 들어가 복음 부흥의 역동성을 일으켜야 한다고 강조하는데, 단순한 교인의 숫자 증가가 아니라 복음의 진정한 열매, 지역 사회에 복음의 영향력을 통한 문화 변혁이 나타나게 함이다.

설교 이야기: 복음 선포이며 변증

신학교 교수로, 도시를 가슴에 안은 복음 설교자로, 복음의 역동성을 지닌 교회를 세우는 조언자로 여러 사역을 감당하였지만, 켈러에게 가장 중요한 사역은 하나님의 말씀 선포였고, 복음 앞에 세상을 세우는 일이었다. 그에게 설교는 복음의 선포이며 변증이었다. 그는 철저하게 본문을 통해서 말씀하시는 하나님의 계시가 온전히 드러나고, 그리스도가 전해질 때 그 설교는 좋은 설교가 된다. 오늘의 상황^{문화}과 연관성과 민감성을 가질 때 그 설교는 효율적일 수 있다. 그래서 늘 복음의 상황화가 필요하다고 주장한다. 설교에는 세속 문화를 복음으로 덮을 만한 깊이가 있어야 하며, 늘 염두에 두고 연구해야 할 대상은 성경과 말씀을 듣는 청중^{문화}이다.[15]

좋은 설교의 조건으로 그리스도를 설교하는 것, 문화의 심장부를

---

14 위의 책, 161~67.
15 Timothy Keller, *Preaching*, 채경락 역, 『팀 켈러의 설교』(서울: 두란노, 2016), 27~28. 이하 『설교』로 표기.

향해 설교하는 것, 성령의 능력에 사로잡혀 설교하는 것 등을 들고 있다. 설교자는 매번 강단에 오를 때 그 설교를 통해 "하나님의 진리의 말씀을 섬기고 사랑해야 하고… 우리 앞에 있는 사람들을 섬기고 사랑해야 한다"고 주장한다. 설교자는 성경 본문을 선명하게 들려주고 복음을 설교할 때 말씀을 온전히 섬기는 것이며, 사람들에게 다가가 그 시대의 문화와 마음을 향해 설교할 때 자신의 과업을 온전히 수행하는 것으로 설명한다.[16] 켈러의 설교에는 세 가지 중심이 있다. 이것은 앞서 언급한 사역 이야기와 중첩되는 부분이 있지만 설교의 중심에서도 강조하는 내용이다.

첫째, 켈러의 설교는 성경 본문과 복음 중심 설교라는 특징을 가진다. 성경 본문의 중요성을 강조한다는 것은 새삼스러운 것이 아니지만 켈러는 설교자가 설교하기 위해 강단에 오른다면 성경 본문의 진리를 드러낼 책무를 가진다고 이해한다. 성경 중심의 설교를 바로 '강해설교'로 연결하면서 바로 이것이 "기독교 공동체를 위한 설교의 주메뉴가 되어야 한다"고 주장한다.[17] 이것은 성경 본문이 무엇을 말씀하고, 그것이 오늘의 시대에 무엇을 의미하는지를 분명히 드러내 주어야 함을 강조한 것이다. 설교 형태론적 관점에서 강해설교만을 절대화하는 것은 다소 편협한 이해로 보인다. 그는 강해설교를 거의 절대화하면서도 그것을 "너무 과하게 정의하는 데에는 위험이 따른다"는 점을 인정한다. 강해설교 지지자들을 향해 이러한 이해는 "우려스러운 부분이 없지 않다"는 견해를 밝히기도 하고, 대지설교나 현대 설교학이 제시하는 틀도 과감히 수용한다.[18]

---

16 위의 책, 38~39.
17 위의 책, 50.
18 위의 책, 61, 299~305, 307~09.

이런 점에서 차라리 그것을 '성경적 설교'로 규정하면 더 좋았을 것으로 보인다. 탄탄한 설교학적 이론을 통해 독특한 설교 이론이나 스타일을 제시하지 않고, "복음의 본질과 적용에 대해서 오랫동안 숙고"하면서 도시 가운데 복음을 전하려고 하였던 점과 "복음의 규칙"에 충실하려는 의도를 담고 있는 주장으로 이해할 수 있다.[19] 덧붙여 그가 강조하는 것은 설교에 복음과 그리스도가 중심을 이루어야 하며, 그것이 설교 전반을 관통하여야 한다는 점이다. 성경의 중심이 복음이고 그리스도이며, 그리스도의 구원 사건과 복음을 증언하고 있다는 점을 고려한다면 설교자는 "본문을 설교하지 않은 채 급하게 그리스도를 설교하는 일이 없도록 주의하고, 반대로 그리스도를 설교하지 않은 채 본문만 설교하지도 말아야 한다"고 조언한다.[20]

성경 전체에 걸쳐 있는 많은 이야기나 주제, 원리들을 관통하는 것이 복음이며, 그리스도이다. 마틴 루터가 이해한 대로 그것은 "우리에게 가장 중요한 조항"이라고 이해한다. 그가 설교에서 복음과 그리스도를 강조하는 것은 그것이 우리의 정체성을 형성해 주기 때문이다.

> 내 정체성의 기초를 예수 그리스도가 해 주신 일과 내가 그분 안에서 은혜로 영원한 이름을 얻었다는 사실에 둔다면, 나는 한편으로 누구에게도 우월감을 품을 수 없고 또 한편으로 어느 누구를 두려워할 필요도 없다. 아예 자신을 그들과 비교할 필요가 없다. 내 정체성의 기초는, 나를 위해 배제되신 분, 나 때문에 내쫓기신 분, 원수를 사랑하신 분께 있다. 그래서 나도 타자를 포용하는 사람으로 변한다. 물론 기독교인도 자신에게 주어진 자원을 인식하지 못하거나 그대

---

19 Keller, 『센터처치』, 22~23.
20 Keller, 『설교』, 93.

로 살아가지 못할 때가 많다. 하지만 그렇게 살아갈 역량을 지닌 사람이 세상에 수없이 많이 필요하다. 복음이 우리를 떠밀며 그런 능력을 부여한다.[21]

둘째, 켈러의 설교는 끊임없이 세속화된 도시와 그 문화를 지향하는 변증설교의 특성을 가진다. 그는 이것을 "사람들에게 다가가는 설교"라고 규정하면서 설교자에게는 "청중의 삶을 향한 책임"이 있는 만큼 "몸담은 문화를 향해 그리스도를 설교하라"고 권면한다. 설교자는 세속도시에 어떻게 복음을 전할까에 대한 관심을 가져야 하며, 비그리스인들의 감수성에 대해, 도시 중심부의 정서적, 지성적 지형에 대해 깊이 숙고해야 하며, 무엇보다 상황화에 관심을 기울여야 한다.[22] 그는 이것을 "주위의 문화와 공명하면서도 저항하는 것을 의미"하는 것으로 이해하는데, "사회의 우상을 대적하면서도 한편으론 그 사람들과 그들의 희망과 염원을 존중"하는 자세를 의미하는 용어로 사용한다.[23]

여기에서 단지 이해와 존중의 방식이 아니라 확신과 변화를 주는 방식을 추구한다는 점에서 설교는 변혁적이고 변증적 특성이 있다.[24] 그에게 있어서 설교는 현대 문화 속에 복음을 변증하는 행위이다. 설교의 상황화가 필요한 이유로 마음에 닿게 그리스도를 설교하기 위해서이고, 그때만 변화를 기대할 수 있기 때문이다. "설교의 상황화가 이뤄지면 청중이 변한다"고 주장하면서 "성경적으로 설교하고 문화 내

---

21 Timothy J. Keller, *Making Sense of God*, 윤종석 역, 『팀 켈러의 답이 되는 기독교: 현대 세속주의를 의심하다』(서울: 두란노, 2018), 216.
22 Keller, 『설교』, 2부.
23 위의 책, 135.
24 켈러의 기독교에 대한 변증서로는 Timothy J. Keller, *Reason for God: Belief in an Age of Skepticism*, 최종훈 역, 『팀 켈러, 하나님을 말하다』(서울: 두란노 2017); *Making Sense of God*, 윤종석 역, 『팀 켈러의 답이 되는 기독교』(서울: 두란노, 2018) 등을 참고하라.

러티브를 향해서 설교하는 것은 설교의 기본"임을 강조한다.[25]

그러면서도 켈러는 "과도한 상황화"를 경계한다. "복음의 실제 내용을 타협한다면 군중은 모을 수 있을지 모르나 아무도 변화되지 않을 것"이며, 이것은 설교자의 직무를 포기하는 것과 다름없게 된다고 경고한다. 반대로 상황화의 미흡은 복음을 효과적으로 들려줄 수 없고, 변화를 불러일으킬 수 없다.[26] 이것은 설교자가 기독교 신앙과 복음에 대해 적대적인 세속화된 시대와 도시에서의 복음 증거에 필수적으로 고려해야 할 요소이다. 설교는 그 시대와 문화를 향해 행하는 사역이며, 모든 문화에 딱 맞는 방법은 없으므로 설교자는 문화와 그 시대 정신에 대한 바른 이해가 필요하다고 주장한다.

오늘의 시대정신은 "무조건 순응해야 할… 외부의 우주 질서"와 절대 진리를 거부하면서 자율성에 강조를 두는 시대로, 종교를 "궁극적인 적"으로 이해하는 시대이며, 삶의 의미와 성취를 발견하는데 하나님이 꼭 필요하다고 생각하지 않는 시대이다. 자신들이 보기에 옳다고 생각하는 바를 따라 자유롭게 살려는 그들에게는 어쩔 수 없이 종교는 거침돌이고 방해물로 여기는 시대이다. 주권적 자아가 강조되고 절대적인 것을 부정하는 세속주의 사회와 포스트모던 내러티브에 대한 깊은 이해를 가지고, 기독교적 답변을 제시하는 것이 설교의 중심 목적이라고 주장한다.

실제로 그의 설교 신학을 정리한 책에서 이러한 시대정신에 대해 하나님의 말씀으로 변증하는 다양한 사례를 제시한다.[27] 이러한 시대정신에 영향을 받는 현대 도시민들에게 복음을 전하기 위해서는 그 문화

---

25 Keller, 『설교』, 211~12.
26 위의 책, 139.
27 위의 책, 5장 참고.

를 존중하고 공감하면서 문화 속으로 들어가야 하는데 그는 이것을 "효과적 상황화"라고 설명한다. 마치 고속도로 건설 현장에서 거대한 바위를 제거하기 위해서는 바위의 중심부에 작은 구멍을 뚫고 폭약을 넣어 중심부에서부터 폭발시켜야 한다는 사실을 예로 설명한다. "구멍만 뚫고 폭발시키지 않으면 바윗덩어리를 제거하지 못할 것"이며, "반대로 구멍을 뚫지 않고 폭약을 바위의 표현에서 폭발시킨다면 그저 표면만 그을릴 뿐 바위는 그대로 남을 것"이라고 설명하면서 이 두 가지 작업이 동시에 필요함을 강조한다. 즉 그 시대와 지역의 문화를 존중하고 공감하면서 그 안으로 들어간다는 것은 드릴로 바위를 뚫는 것과 같은 것이지만 문화와 성경적 진리가 충돌하는 곳에서는 문화에 맞서야 함을 강조한다.

물론 문화에 대한 존중과 이해, 그리고 문화와의 대립을 모두 필요한 작업이지만 그것이 결코 수월한 일은 아니라는 사실을 언급하면서 문화의 포로가 되는 것과 세상 문화와 혼합되는 것은 모두 피해야 할 요소로 설명하면서 어떻게 문화 속으로 들어가 적응할 것이며, 어떻게 문화에 직면하여 맞설 것인가를 그의 책에서 상세하게 제시한다.[28] 설교학적 관점에서 다양한 시대정신에 어떻게 대응하고 신학적 비전으로 무장할 수 있을 것인지를 설명하면서 설교의 상황화가 이루어지면 청중이 변한다고 주장한다.[29] 이것은 존 스토트 John Stott가 '성경의 세계와 오늘의 세계를 연결하는 다리 놓기'로 설명한 것에서 가져온다.

또한 설교자는 오늘을 사는 사람들에게 마음에 닿게 그리스도를 설교할 것을 요청하면서 "보다 인격적이고 목회적인 측면을 포괄"하는 차원으로 이해한다. 즉 "정감있게 설교하기, 상상이 되게 설교하기,

---

28 Keller, 『센터처치』, 4장.
29 Keller, 『설교』, 4, 5장 참고.

놀라게 설교하기, 기억하기 쉽게 설교하기, 그리스도 중심으로 설교하기, 적용 가능하게 설교하기" 등을 실천 방안으로 제시한다.[30] 그런 점에서 보면 켈러의 설교는 다분히 복음적이면서 성경적이고, 또한 당시대와 지역의 문화와 상관성 relevance 을 중요하게 생각하는 상황화의 특성을 강조한다.

셋째, 켈러의 설교는 성령님의 역사와 함께 설교자로서의 삶을 강조한다. 그에게 있어 "설교를 들리게 하시는 분"은 성령님이시며, 설교자에게 필요한 것은 그분이 들어 사용하실만 한 "설교자의 삶"이다. 그래서 설교자가 설교 준비도 잘해야 하지만, 더욱 힘써 준비해야 할 것은 '설교자로서의 삶'이라고 주장한다.[31] 그는 기독교 초기 설교의 힘을 설교할 때 설교자 안에 역사하셔서 강력한 내면의 울림을 만들어 내면서 힘차게 휘몰아치는 영적인 능력을 부여하시는 분이 성령님이었음을 강조한다. 성령님의 능력의 나타나심을 위해 필요한 것은 재능과 능력보다 설교자 됨의 중요성을 강조한다.[32] 성령께서 그를 사용하실 건실한 영적 성품이 필요한데, "겸손하지만 권능의 사람, 의롭지만 은혜의 사람, 권위 있으면서 동시에 긍휼이 넘치는 사람"이어야 한다고 주장한다.

수행하고 있는 설교를 깊이 들여다보기 위해 설교자가 확인해야 할 내용으로 세가지 텍스트를 언급하는데, 성경본문인 텍스트 text, 청중이 처한 정황과 환경인 콘텍스트 context, 설교자의 숨은 마음인 '서브텍스트' subtext 가 그것이다.[33] 특히 서브텍스트는 "메시지 저변에 흐르는

---

30 위의 책, 224.
31 위의 책, 255.
32 위의 책, 258~59.
33 위의 책, 267~73.

메시지", 즉 설교에 담기는 의도를 의미하는 개념으로 성령께 온전히 사로잡히기 위해 설교자 자신의 설교학적으로 바른 의도를 지향해야 함을 강조한다. 그러면서 몇 가지 실례를 제시하는데, 공동체의 울타리를 강화하고 안전감과 소속감을 증진 시키려는 의도를 가진 내부 강화 서브텍스트, 설교자가 자신의 기술을 과신하고 교회의 생산성을 촉진하는데 주안점을 두는 과시 서브텍스트, 교인들의 지식을 키워서 그들이 바람직한 방식으로 신앙생활을 할 수 있도록 만드는데 주안점을 두는 훈련과 가르침, 예배 서브텍스트를 들고 있다.

> 모든 서브텍스트 가운데 가장 복잡하고 완전하며, 가장 많은 기술을 요한다. 정보 전달, 상상력 사로잡기, 심지어 행동의 변화까지 뛰어넘어, 우리 마음이 가장 깊은 애착을 보이는 대상을 변화시킨다는 원대한 목표를 겨냥한다. 메시지는 이러하다. '그리스도가 얼마나 위대한 분인지, 당신이 생각한 것보다 얼마나 더 경이로운 분인지를 보세요! 당신의 모든 문제가 결국 이 진실을 직시하지 못한 데서 온 것임을 깨닫지 못하겠나요?' 나는 모든 교회가 이 예배의 서브텍스트에 헌신해야 한다고 믿는다. 이것이 진정한 '설교'의 심장이다. 초점은 내부인과 외부인 모두에게 모아지고… 근본 동기는 모든 사람을 굳게 세우는 데 있다. … 기술만 가지고는 이 바르고 진실한 서브텍스트를 전달할 길이 없다. 그것은 오직 설교자의 영적인 삶으로부터 나온다.[34]

켈러의 주장은 선명하다. 청중들을 어떤 경험으로 초대하고 싶으

---

34 위의 책, 272~73.

면 설교자가 그것을 먼저 경험해야 하며, 단지 설교 준비하는 것으로 만족하지 말고, 설교자의 삶을 더욱 힘써 준비하는 것이며, 복음에 대한 확신과 그것을 세상과 소통하려는 뜨거운 열정이다.

삶의 현장에 복음이 뿌리내리게 하라

북미 주요 교단들 대부분이 침체의 늪에서 허덕이고 있을 때 세속 문화의 중심지인 도시를 향한 팀 켈러와 리디머장로교회의 복음 변증 사역은 세속화와 기독교 후기 시대에 새로운 목회신학적 틀을 제시해 주었다. 특별히 그의 설교는 현대 도시와 문화를 향해 복음 변증 설교의 특징을 잘 보여주며, "무신론자들을 위한 사도"로 평가받는 클라이브 S. 루이스Clive S. Lewis와 계보를 같이 한 설교자였다.[35] 루이스가 뛰어난 이야기를 통해 상상력을 자극하는 방식으로 기독교의 복음과 가치관을 변증하고 있다면 켈러는 유한적인 세상의 가치관과 철학에 대해 영원한 진리의 말씀인 복음의 탄탄한 논리와 핵심을 통해 변증한 설교자였다. 가장 세속적인 도시에 세워져, 활력이 넘치는 교회획증가 된 원동력을 켈러의 설교에서 찾게 되는데, 특히 현대 문화와 연결성과 소통 능력의 탁월성에서 그 답을 찾게 된다.

이러한 복음 변증 설교와 사역의 근본 틀은 20세기에 등장했던 신학적 경향을 통합하는 특징을 가지고 있는데, 오늘의 시대 속에 하나님의 말씀을 들려주는 긴박성에서 시작한 열정을 통해 꽃을 피운다. 즉 말씀 속에 나타난 하나님의 계시를 설명하는 데에 집중했던 바르트

---

35 실제로 켈러는 자신의 변증학에서 가장 영향을 많이 받은 인물로 C. S. 루이스를 꼽는다. 그 외에도 존 스토트, 마틴 로이드-존스, 찰스 테일러, 조나단 에드워즈 등에서 깊은 영향을 받았으며, 그의 스승인 에드먼드 클라우니에게서 복음 이해를, 하비 콘(한국명 간하배)에게서 도시 사역과 상황화에 대한 열정 형성에 깊은 영향을 받았다.

의 계시적 경향, 성경 가운데서 인간을 향해 말씀하시는 하나님의 말씀이 무엇인지를 성경 속에서 찾으면서 나는 누구이며, 어떤 존재여야 하는지를 찾아내려고 했던 불트만의 성경적 접근, 기독교의 진리인 케리그마를 오늘의 시대와 상황에 적응시키려고 노력했던 틸리히의 상관적 접근 방법 the method of correlation 이 그것이다.

틸리히는 다분히 변증적 관점에서 문화와의 지속적인 대화를 통한 신학적 체계와 방법론을 제시하였다. 기독교 진리^{메시지}를 진술하는 것과 새로운 세대를 위해 그 메시지에 대한 해석을 신학의 사명으로 이해하면서 바르트의 케리그마 신학과 상황에 대한 실존적 해석과 연결시키는 변증적 신학을 제시한다. 그에게 있어서 신학은 메시지^{복음}와 상황이라는 날개의 균형을 유지할 때 그 시대에서 적절한 기능을 수행할 수 있다. 그러나 이러한 경향들이 가지는 한계, 혹은 약점도 있다. 먼저 계시적 접근 방법에는 오늘의 상황과의 상관성의 결여 irrelevance 라는 한계와 두 번째 경향에서는 왜곡과 희석화의 위험을 불러오는 과도한 적응 adaption 이라는 한계, 세 번째 경향에서는 신학의 출발점을 하나님의 대답이 아니라 인간의 물음에서 시작하기 때문에 상황 신학으로 전락할 수 있는 한계를 보게 된다.[36]

복음 변증 사역이라는 새로운 가능성을 제시한 팀 켈러의 목회신학과 설교 신학을 검토해 보면 20세기 대표적 신학 흐름의 강점과 약점을 잘 이해하면서 현대 사회에, 복음에 대한 황홀함으로 펼쳐간 사역임을 알 수 있다. 열정을 가지고 나서는 설교자들에게 복음과 상황, 즉 현대 도시와 문화에 깊은 관심을 가질 것을 권고하면서 복음에 대한 확신과 열정의 중요성을 강조한다. "기독교 신앙을 의심하는 근거

---

[36] 이러한 경향들에 대한 종합적 이해를 위해서는 Hans Küng and David Tracy, eds., *Paradigm Change in Theology: A Symposium for the Future* (New York: Crossroad, 1989)를 참고하라.

를 확실하게 파악하라. 그리고 크리스천들이 믿는 바를 증명하기 위해 애쓰는 것처럼, 그 확신을 뒷받침하는 증거를 온 힘을 다해 찾아보라. 스스로 품은 회의가 겉보기만큼 견고하지 않다는 사실을 알게 될 것이다."[37]

2023년 5월, 세상을 떠난 켈러는 사망하기 몇 주 전, 후배 사역자들에게 영상 조언을 남겼다. 예레미야의 말씀을 중심으로 포로기를 사는 이스라엘 백성을 예로 들면서 세 가지 조언을 전한다. 첫째, 날카로운 칼날 위에 서 있음을 잊지 말라 Live on the razor's edge. 현대 문화에 참여하지만 동화 assimilation 되지 말고 자신의 정체성 identity 을 지키라. 둘째, 도시 문화의 화려함과 다양함 속에서 소비만 하지 말고, 투자하라 Invest, don't just consume. 셋째, 당신의 평판과 유명세에 온 마음을 두지 말고, 성공을 사역의 이유로 삼지 말라. 큰 이름을 얻는 것을 주된 일로 삼지 말고, 예수의 이름을 높이라. 하나님의 이름을 높이기 위해 할 수 있는 일을 하라."[38]

떨리면서 깊어지는 한 설교자의 이야기를 통해 오늘 우리는 어떤 길을, 어떻게 걸어야 할지에 대한 또 하나의 통찰력을 얻는다. 압축적인 언어로 인간 삶의 희로애락을 담아낸 시인 이시영은 그의 시 가운데 이런 떨림과 깊음을 추구한다. "화살 하나가 공중을 가르고 과녁에 박혀/ 전신을 떨 듯이/ 나는 나의 언어가/ 바람 속을 뚫고 누군가의 가슴에 닿아/ 마구 떨리면서 깊어졌으면 좋겠다/ 불씨처럼/ 아니 온 몸의 사랑의 첫 발성처럼."[39]

---

37 Keller, 『팀 켈러, 하나님을 말하다』, 25.
38 원본 영상은 다음 사이트를 참고하라. https://www.redeemer.com/message_from_tim_keller
39 이시영의 시, "시(詩)," 김정환 외 편, 『긴 노래 짧은 시: 이시영 시선집』(서울: 창비, 2010).

18 장
감동의 이야기에 그분의 말씀을 담으라[1]

> 행복은 행복하리라 믿는 일
> 정성스런 손길이 닿는 곳마다
> 백 개의 태양이 숨 쉰다 믿는 일
> 백 개의 연꽃을 심는 일
> — 신현림[2]

뒷골목부터 백악관까지

진정한 능력은 영향력 influence 에서 결정된다. "다른 사람의 행동, 사고, 의식에 의미심장한 영향을 미치는 능력"을 리더십으로 이해했던 하워드 가드너는 리더들은 다른 사람의 이목을 집중시킬 만큼의 특이성, 참신성, 혁신성, 창조성을 가진 존재로 설명한다. 그들에게는 청중의 마음을 사로잡을 만한 "독특한 이야기"를 가진 존재이며, 그것을 통해 영향력을 끼치며 대중의 삶을 혁신하는 특징을 가지고 있다고 설명한다.[3] 그 시대에 영향을 끼쳤던 리더들은 "그들 나름의 이야기를 가지고 있었고, 그 이야기를 늘 새롭게 만들면서 그것을 통해 그 시대를 뒤덮었다"는 특징을 가진다.[4]

---

1   본 장은 『목회와 신학』(2011년 12월호)에 본인의 글을 확대, 수정, 보완한 것임을 밝힌다.
2   신현림의 시, "행복," 일부.
3   Howard Gardner, *Leading Minds: An Anatomy of Leadership* (New York: BasicBooks, 1995), 8~9.
4   김운용, 『한국교회 설교 역사: 이야기 혁신성의 관점에서 본 설교자들의 이야기』(서울: 새물결플러스, 2018), 16~17. 이 책은 '이야기의 혁신성'이라는 관점으로 설교의 역사를 분석한 것이다.

뒷골목 청소년들, 부랑자들, 몸을 파는 매춘 여성들, 백악관 대통령에 이르기까지 이야기를 통해 깊은 말씀의 영향력을 끼친 미국의 설교자 토니 캠폴로Tony Campolo를 만나 보자. 설교자들은 "말해야 하는 모든 것을 표현할 만한 새로운 방식들을 지속적으로 찾아내야" 하고, 그 시대 사람들의 "마음을 휘젓고 심장을 강타할 수 있는 언어를 찾아내야 한다"고 주장하였다. 그는 과학 기술이 고도로 발달한 서구사회에 살고 있는 사람들의 마음을 흔들어 놓을 적합한 방식을 평생 추구했고,[5] 이야기와 이미지가 풍부한 설교를 통해 깊은 영향을 끼친 설교자였다. 아들 바트Bart는 십대 때 그가 받았던 영향력을 그렇게 술회한다. "나의 아버지 토니 캠폴로는 자신에게는 도저히 따라잡을 수 없는 실천 의지, 설득력 있는 크리스천 지도자, 열정적인 대학교수, 영향력 있는 베스트셀러 작가, 세상이 말하는 성공이란 성공은 모두 거머쥐신 분이다." 하지만 그에게 가장 의미 있는 것은 따로 있었다고 고백한다. 어렸을 때부터 지금까지 그에게 "눈길이 가 닿은 사람 중에 내가 가장 귀하다는 느낌을 주셨고, 내 삶에 그 어떤 것보다 깊은 영향을 미친 분"이었다.

캠폴로의 영향력은 어디에서 오는가? 캄캄한 방에 작은 촛불이 밝혀지면 즉시 어두움이 물러가듯 그가 말씀을 들고 강단에 섰을 때 어두운 그림자가 드리워진 그곳이 환히 밝혀지는 것 같았다고 청중들이 말하는 이유는 무엇일까? 이해가 되지 않고, 오늘 나와는 별 상관없다고 생각했던 말씀이 환하게 펼쳐지면서, 내 마음을 흔들고 말을 걸어오는 비결은 무엇인가? 그의 설교에는 이런 힘이 있다고들 말하는데, 그 힘은 무엇일까? 그의 설교 가운데 나오는 한 부분을 들어보자.

---

5 Tony Campolo, *The Kingdom of God Is a Party*, 변상봉 역, 『하나님 나라는 파티입니다』(서울: 이레서원, 2003), 12~13.

금요일 저녁, 출석하는 한 아프리카계 미국인흑인 교회에서 있었던 장례식에 참석한 적이 있습니다. 가르치던 대학의 사랑하는 제자가 세상을 떠났습니다. 그는 겨우 열아홉 살이었습니다. 목사님은 죽은 자의 부활에 대해 놀라운 말씀을 전하셨고, 설교를 마친 후 강단에서 내려와 가족들에게 위로의 말을 전했습니다. 죽은 그 젊은이가 마지막에 했던 일들을 상세하게 언급한 다음, 그 설교자는 죽은 시신을 향해 설교하는 것입니다. "아니 어떻게 그런 일이 가능할까요?" 그렇게 물으실 수 있을 것입니다. 여러분의 목사님께도 부탁해 보십시오. 그분도 그렇게 해 주실 것입니다.

목사님은 큰소리로 외쳤습니다. "클라렌스! 클라렌스!" 그는 정말 권위있게 외쳤습니다. 만약 죽은 자가 벌떡 일어나서 그 말에 대답을 한다고 할지라도 놀라지 않을 정도로 생생하게 말했습니다. 그 목사님은 계속해서 권위 있는 목소리로 말을 이어갔습니다. "클라렌스! 우리가 지금까지 네게 한 번도 말한 적이 없었지만, 지금은 내가 꼭 말해야 될 것이 있단다. 그것들을 지금 네게 말해주마." 그러면서 목사님은 클라렌스가 예수님을 위해서 했던 작지만 위대하고 놀라운 일들, 그리고 예수님의 이름으로 이웃에게 했던 일들을 하나하나 이야기하였습니다. 이렇게 말을 끝맺었습니다. "이것이 전부이다. 클라렌스. 이게 전부야. 이제 더 이상 말해 줄 것은 없단다. 그리고 지금처럼 말할 것이 아무 것도 남지 않았을 때는 딱 한 가지만 말할 수 있을 뿐이란다. 잘 자거라! 잘 자거라! Good night! 클라렌스."

정말 극적인 순간이었습니다. 그는 관 뚜껑을 닫을 때도 힘 있게 다시 한 번 말했습니다. "잘 자거라, 클라렌스!" 장례식에 참석한 사람들은 큰 충격을 받고 있었습니다. 목사님이 고개를 들었을 때 그의 얼굴에는 미소가 피어났습니다. "잘 자거라 Good night, 클라렌스. 잘 자거라, 클라렌스. 잘 자거라, 클라렌스. 왜인줄 아니? 하나님이 네게 곧 좋은 아침을 주실 것을 믿기 때문이지 God is going to give you a good morning."

목사님의 마지막 말이 끝나자 찬양대가 바로 일어서서 찬양을 시작했습니다. "위대한 부활의 아침에는 우리 모두 일어나리라. 우리 모두 일어나리라." 사람들은 모두 일어서 있었습니다. 그리고 서로 안아주고 있었습니다. 모두들 통로로 나와 춤을 추기 시작했습니다. 여러분도 그런 교회의 일원이 되고 싶어 하실 것입니다. 어떻게 장례를 치러야 하는지 아는 교회, 그리고 그 장례식을 어떻게 하늘나라의 잔치 party가 되게 하는지를 아는 그런 교회의 일원이 되고 싶을 것입니다. 믿음이란 단지 어제나 오늘만 있는 것이 아니라 바라는 것들의 실상이요, 아직 오지 않은 영광의 약속이 실제로 드러나기 때문입니다.[6]

캠폴로는 늘 이렇게 감동의 이야기를 통해 청중들에게 강한 충격을 가져다주는 설교자로 잘 알려져 있다. 감동의 이야기와 함께 말씀을 전하는 설교자로 청중들을 사로잡을 뿐만 아니라 도전적 적용으로, 오늘 여기에서 바로 구체적으로 결단하도록 초청한다. 그의 영향력은 생생한 설교에서부터 흘러나오고 있음을 알 수 있다.

---

6 Tony Campolo, "The Faith Equation," in *Ten Great Preachers: Messages and Interviews*, ed. by Bill Turpie (Grand Rapids: Baker Books, 2000), 32~33.

설교자 캠폴로

사회학자이면서 목사로, 순회설교자로 살았던 캠폴로는 몇 년 전 미국 베일러대학교 Baylor University가 설교학 교수들을 상대로 한 설문 조사를 통해 발표한 영어권의 13대 설교자 중 한 사람으로 뽑힐 만큼 널리 알려진 설교자이다. 이스턴대학교에서 공부했고, 템플대학교에서 사회학 전공으로 박사학위를 받았다. 펜실베이니아대학교 교수와 모교 이스턴대학교 사회학 교수를 지냈으며, 그 학교의 명예교수로 오래 봉직했다. 미국과 3세계 여러 국가에서의 교육, 의료, 문맹 퇴치, 가난 극복, 경제 발전 프로그램을 돕는 EAPE, '교육 증진을 위한 복음주의 연합' The Evangelical Association for the Promotion of Education[7]을 설립하여 다양한 사역을 펼쳤다. 2007년, 셰인 클레이본 Shane Claiborne과 함께 "레드레터 크리스천" Red Letter Christians 운동을 창립하는데,[8] 성경에서 예수님께서 말씀하시는 것을 삶의 최우선으로 삼고 따르며, 사랑과 자선의 가치를 따라 사는 운동이었다. 그의 전공인 사회학은 작동 중인 문화적 현상에 대해 관심을 갖도록 도와주었고, 가난, 인종차별, 사회적 불의, 불평등에 깊은 관심을 기울이지만 그는 언제나 사람들을 하나님의 선하신 길로 초청하였던 복음 전도자였고, 지난 반세기 동안 가장 영향력 있는 복

---

[7] EAPE는 30년 넘게 예수님을 따르는 사람들이 미국의 도시와 전 세계의 가난한 자들과 억압당한 자들에게 하나님의 사랑을 보여주는 일에 영감을 주고 실제로 섬길 수 있도록 하기 위하여 세워진 단체이다. 3세계 여러 지역에 학교를 세우고, 아이들을 돌볼 수 있는 시설을 세워 운영하고 있다. 또한 방과 후 프로그램과 고아원, 여름 캠프 등을 운영하며 AIDS 호스피스, 도시빈민 청소년 사역, 아이티와 도미니카의 청소년을 돕는 장기 사역과 학교 운영, 아프리카 여러 지역의 청소년을 돕는 사역 등을 감당하고 있다. 단순히 돕는 사역뿐만 아니라 그들이 예수 그리스도와 개인적 관계를 맺을 수 있도록 하나님의 말씀을 설교하고 교육하는 훈련 과정을 함께 운영한다.

[8] 레드레터는 성경에서 예수님께서 하신 말씀은 붉은 글씨로 표시한 것에서 따온 것으로 예수님의 정신을 따라 사는 운동이다. 예수님의 진정한 메시지가 번영 복음, 상업적 텔레비전 설교자들에 의해 위장되고 감추어 졌다면서 예수님이 가르친 사회적 정의에 대한 목소리를 내고 실천을 강조한다. 2018년에 근본주의와 극우주의에 반대하기 위해 버지니아 린치버그에서 리바이벌 미팅을 열기도 한다. Tony Campolo, *Red Letter Christian*, 배덕만 역, 『레드레터 크리스천: 신앙과 정치에 대한 시민 지침서』(서울: 대장간, 2013) 참조.

음주의 진영의 설교자였다.[9]

　세계 전 지역에서 청소년들을 포함하여 다양한 계층을 대상으로 강연과 설교를 이어갔고, CNN 등 여러 텔레비전 방송의 프로그램에도 고정 출연하여 정치적, 사회적 이슈 관련 방송 토론을 이어가기도 했다. 30년 이상 대학에서 가르치는 동안 그의 영향으로 제자 중 다수가 목회자가 되었고, 그의 설교를 통해 그리스도인의 삶을 새롭게 시작한 이들이 많이 있다. 설교학, 사회학, 조직신학, 신앙 일반 등 다양한 주제로 여러 저서를 출간했고, 국내에도 몇 권의 책이 번역 소개된 바 있다.[10] 말씀을 통한 "예수 혁명"을 꿈꾸며 설교했고, 강의를 했으며, 저술과 다양한 활동을 통해 하나님 나라 확장에 힘쓰다가 2024년 11월, 89세 나이로 세상을 떠났다.

　캠폴로는 설교 가운데서 유머, 열정, 놀라운 스토리를 아주 적절하게 활용하여 말씀의 능력을 극대화 시킨 설교자였다. 이야기의 적절한 활용은 그의 등록상표처럼 인식되고 있으며, 타의 추종을 불허할 만큼 이야기 사용에 있어서 탁월성을 보여준다. 그는 설교의 핵심을 이야기와 연결시키며, 설교가 강조하려는 내용을 적절하게 이야기로 담아내어 감동을 만들어 내면서 이야기를 통해 청중을 완전히 사로잡는 설교자로 알려져 있다. 감동이 있는 이야기와 전 세계 곳곳에서 일어나는 사건들을 이야기로 활용한다. 그의 설교는 필라델피아 거리의 부랑자들로부터 호놀룰루 도박사까지 하나님에 대해, 예수님에 대해, 성령님에 대해, 그리스도인의 삶에 관해 이야기를 통해 '우연히 듣게' overhearing

---

9　Jonathan Wilson-Hartgrove, "Tony Campolo Showed Me a Different Way To Be a Christian," *Sojourners* (Nov. 21, 2024); Trip Cabriel, "Tony Campolo, Preacher Who Challenged Religious Right," *New York Times* (Nov. 24, 2024).

10　『끝까지 사랑하라』(토기장이); 『회복』(두란노서원); 『친밀하신 하나님』(복있는사람); 『나를 바꿔라』(나침반); 『하나님 나라는 파티입니다』(이레서원); 『레드레터 크리스천』(대장간); 『하나님의 시간을 잡으라』(누가); 『예수人』(누가) 등이 있다.

만든다.

캠폴로의 설교는 넘치는 에너지와 민첩함을 특징으로 하며, 그의 청중들이 교회 안에서만의 신자로 남기보다는 문화, 사회, 경제, 정치 전반에서 그리스도인으로서 헌신하도록 강력하게 도전하는 특징을 가진다. 한 설교에서 그는 청중에게 그렇게 도전한다. "당신이 태어날 때, 당신만이 울고 모든 사람은 행복해 했다." 그러나 여기에서 끝나지 않고 정말 중요한 한 가지 질문이 있음을 상기시킨다. "당신이 죽었을 때, 모든 사람은 안타까움에 울고 당신은 행복해 할 수 있을 것인가?" 이런 탁월한 재능을 통해 사회 전반에 복음이 침투하게 하면서 그리스도인의 삶을 살아내야 함을 일깨운다. 말씀을 구체적으로 삶에 적용하며, 결단하게 하고, 어떤 부분에서는 공격적이기까지 할 정도로 강력하게 메시지를 들이민다. 누구이든 설교자라면 청중들이 뭔가 하도록 요청할 때 참된 설교라고 말하면서 뭘 어쩌자는 건지 알 수 없는 애매한 설교는 설교자의 죄악이라고 이해한다. 그는 청중을 결단의 순간으로 이끌고 가서 무엇을 할 것인지를 명확하게 제시한다. 그래서 그는 구체적으로, 강하게 도전하기도 한다. "곤경에 처한 아이들을 위해 1년이라는 시간을 함께 보낼 사람이 이 자리에 과연 몇 명이나 있습니까? 이 예배가 끝난 뒤에 월 3만원의 돈을 헌금하겠다고 작정하신 분이 몇 명이나 될까요?"[11]

그는 설교 가운데 날카로우면서 사람들에게 도전적으로 파고드는 논쟁을 즐기는 스타일을 취한다. 그래서 캠폴로에 대한 반응도 엇갈린다. 어떤 사람들은 아주 영감이 있고, 도전적이고 영적인 설교자라고 환호하는가 하면, 어떤 이는 격노하기도 하고, 보수 진영에서는 그는

---

11 Turpie, ed., *Ten Great Preachers*, 35~36.

이단 성향이 강한 사람이라고 공격하기도 한다.

설교 이해와 사역

캠폴로는 설교를 좋아했고, 강단에 서는 일은 행복하고 흥분되어 일이라고 고백한다. 만약 세상에서 할 수 있는 일단 한 가지만 선택하라고 한다면 그는 가장 먼저 설교하는 것을 선택하겠다고 할 만큼 설교를 좋아하고, 그의 설교를 듣는 청중들에게서 그런 말을 듣고 싶어 하는 하나님 편에 선 인간적 설교자였다. "목사님은 하나님의 진리를 말씀하셨어. 정말 우리를 사랑하고 염려하셨어. 그도 우리와 비슷한 사람이더군."[12]

그의 설교 중심에는 언제나 복음이 있고, 그리스도가 있다. 그것은 관념적 메시지가 아니라 삶과 연결되고 그리스도인들이 사회 속에서 어떻게 그리스도의 정신으로 살 것인지로 연결된다. H. 리처드 니버의 문화 이해에 깊은 영향을 받았으며, 문화 변혁자로서의 그리스도를 강조하였다. 사회학자답게 그는 문화에 대한 폭넓은 이해를 통해 말씀에 접근한다. 문화는 계속해서 발전하는 것이며, 그리스도의 말씀을 통한 삶의 변형을 가져오기 위해 설교자는 문화의 영향력에 대한 이해가 필요함을 강조한다. 사회 속에서 복음의 영향력 회복을 위해 이런 문화와 사회에 대한 이해가 필요함을 강조하였다.

당시 미국 사회의 문화적 특성은 텔레비전 영향, 문화적 나르시시즘, 문화 전쟁 등에 깊은 영향을 받고 있었다. 그는 문화적 환경 변화와 특성을 인식해야 하며, 기독교 강단은 하나님 나라의 윤리와 각 영역

12　위의 책, 39.

에서 섬김과 희생의 삶을 살도록 하는 것에 관심을 기울여야 한다고 주장하면서 그것을 실천한다. 그의 설교는 복음의 메시지와 구체적 적용, 삶의 결단을 촉구하는 메시지로 이어졌다. 당시 미국 사회는 시대를 초월하여 선포되어야 할 불변의 진리라고 성경을 믿는 사람들과 성경의 메시지는 시대에 맞추어 그 색깔을 바꾸어 가야 한다고 생각하는 사람들 사이의 갈등이 고조되고 있었다. 낙태, 동성애, 타종교에 대한 자세, 정치 이슈 등으로 진영이 나뉘어 갈등이 심화되고 있었다. 그런 상황에서는 성경적 관점과 메시지를 전하면서도 균형을 유지하려고 했다.

캠폴로의 설교와 사역은 몇 가지 특징을 바탕으로 진행되었다. 첫째, 그의 설교는 늘 이야기가 중요한 자원이며, 중심을 이루었다. 그는 설교 가운데 다양한 이야기를 활용하였고, 청중의 삶에 구체적으로 그 교훈을 적용한다. 그에게 있어서 좋은 이야기는 바로 위대한 설교이며, 반복해서 들어야 할 가치가 있는 자산이다. 같은 이야기가 반복해서 사용되곤 하지만 매번 그것을 새롭게 들려주는 재능을 가진 설교자였다. 그는 이것을 음악가의 연주에 비교하는데, 같은 곡을 반복해서 연주하지만 '저 곡은 옛날에 들었던 것인데…' 라고 말하지 않는다면서 좋은 이야기, 메시지에 맞는 이야기를 잘 활용하였다. 그가 설교에서 이야기를 중요하게 여기는 것은 그것이 진리를 담는 소중한 도구가 되며, 중요한 접촉점을 제공해 주기 때문이었다.

캠폴로는 하와이에 출장 갔을 때의 이야기를 그의 책 가운데서 실감 나게 들려준다. 하와이 새벽 3시는 미국 동부 시간으로 아침 9시이다. 출출하여 음식 먹을 곳을 찾아 호놀룰루의 시내를 어슬렁거리다가 문을 연 작은 식당이 있어 들어갔단다. 커피와 도넛을 주문하고 자리에 앉아있는데, 밤 영업을 마친 8~9명의 젊은 여성들이 그 식당에 들어

왔단다. 노출이 심한 옷을 입고 있었고, 말도 거친 그 여성들은 거리에서 몸을 파는 여인들이었다. 한 여인이 내일이 39번째 생일이라고 이야기하자, 생일파티를 해달라는 이야기이냐며 서로 거친 언어로 떠들더란다. 그들이 자리를 뜬 다음, 캠폴로는 식당 주인에게 매일 저 아가씨들이 이 식당에 오는지 확인했단다. 생일이라는 여인의 이름은 아그네스이고, 매일 새벽에 그 식당에 온다고 했다. 그래서 식당 주인에게, 내일이 아그네스 생일이라는데, 여기에서 생일파티를 열어주는 것이 어떻겠는지 물었단다.

다음 날 새벽 2시 30분, 그 식당으로 가서 간단한 장식도 하고, 주인 부부가 작은 케이크도 직접 만들었단다. 새벽 3시 30분, 식당 문이 열리고 어제 그 아가씨들이 왁자지껄 떠들며 식당에 들어왔단다. 캠폴로는 사회자가 되어 'Happy Birthday!'를 외치면서 노래가 시작되었고, 촛불이 밝힌 케이크도 들어왔단다. 감격한 아그네스의 눈이 촉촉이 젖어 들었고, 나중에는 엉엉 울더란다. 아그네스를 위해 기도 한 번 하는 것이 어떻겠는지 물은 다음에 캠폴로가 그들을 위해, 구원을 위해, 변화된 삶을 위해 자비를 베풀어 주시도록 간절하게 기도했단다. 기도 후에 왜 목사라고 이야기를 안 했느냐면서 어느 교파 목사인지를 묻더란다. 그는 그렇게 대답했단다. "새벽 3시 30분에 거리의 여인들을 위해 생일파티를 열어주는 교파 소속입니다." 그때 한 사람이 외치더란다. "말도 안 되는 소리 하지 마세요. 그런 교회가 어디 있어요. 그런 교회가 있다면 내가 진즉 그 교회에 나갔을 거예요. 정말 그런 교회가 있다면 나도 그런 교회에 다니고 싶어요."

캠폴로는 그 이야기 후에 메시지를 그렇게 맺는다. "새벽 3시 30분에 창녀들을 위해서 생일파티를 열어주는 교회에 다니고 싶지 않으십니까? 그런 교회가 바로 예수님께서 이 땅에 오셔서 창조하신 교회가 아닙니까? 저는 세상 어디에 그런 교회가 있는지 잘 모릅니다. 그런 교회는 정말 이상적이고 진정한 교회가 아니겠습니까?"[13] 이렇게 캠폴로는 늘 감동의 이야기에 메시지를 담아 전달하곤 한다. 복음의 거대한 스토리를 전하는 최고 방법의 하나는 매일의 삶 속에서 일하시는 하나님 역사에 관한 스토리는 말하는 것이라고 주장한다.[14]

둘째, 캠폴로는 열정을 바탕으로 한 사역, 열정을 통한 말씀의 실천성과 연결되는 사역으로 설교를 이해한다. 그리스도의 메시지를 열정적으로 외칠 뿐만 아니라 그리스도의 능력과 사랑으로 채워진 삶을 능력 있게 살도록 권면하는 설교자였다. 청중들이 메시지를 듣고 만족하는 것에 멈추지 않고, 그 말씀과 자신들의 믿음을 실천하는 것을 늘 강조하였다. 진정한 사랑은 그 본질에 있어서 실천적이기 때문이며, 성령에 충만한 사람은 그 마음이 불타고 있는 사람이기 때문에 사회적인 이슈들에 깊이 관심을 가질 수밖에 없다고 그는 이해한다. 믿음 생활은 추상적 관념의 삶이 아니라 다른 사람들의 아픔과 고통을 느끼는 것이며, 그 고통이 얼마나 견디기 어려운 것인가를 발견하고 동참하는 구체적인 삶이어야 한다고 주장한다.

그래서 그의 설교는 언제나 청중들을 결단의 순간으로 이끌어 가는데 주안점을 둔다. 그 설교가 끝났을 때 청중들이 어떻게 행동하고, 어떻게 살 것인가에 초점을 맞추고 행한다. 그러므로 설교가 끝났는데도 뭘 어떻게 하자는 말인지 알 수 없는 애매한 설교는 바른 설교가 아니라고 주장한다. 그래서 그는 구체적인 결단을 요구한다. 한 도시의 어려움을 당하는 아이들에 대해 언급한 설교에 그러한 특징이 잘 나타난다.

---

13 Campolo, 『하나님 나라는 파티입니다』, 17~24.
14 Tony Campolo, *Stories That Feed Your Soul* (Grand Rapids: Baker Books, 2010).

그는 설교만 하거나 그 설교를 그냥 듣기만 하는 사람은 죽은 믿음이라고 주장한다. 그래서 대학교수로 있을 때나 은퇴 후에도 그는 여러 사역에 헌신한다. 아이티 공화국의 어린이를 돕는 일로부터 시작하여 도시빈민 청소년들을 돕는 프로젝트까지 여러 사역을 감당한다. 사역이라기보다는 그가 증거한 말씀을 삶으로 살아내고 실천한 것이다. 말씀을 붙잡고 거리로 뛰어나가는 실천적 믿음이 그의 설교에는 늘 생동한다. 그는 참된 설교는 청중들로 하여금 무엇인가를 하도록 요청하는 것이며, 설교가 끝났을 때 내가 기대할 수 있는 청중들의 행동이 무엇인지를 명확히 말씀 가운데서 찾아 전해야만 한다고 주장한다. 그것은 단순히 개인의 변화뿐만 아니라 사회의 변화로 이어져야 한다고 강조한 말씀의 현장성과 실천성을 강조한 설교자였다. 그래서 그의 설교는 추상적 내용을 말하는 것이 아니라 구체적 삶을 요구한다. 다음의 예가 그것을 선명하게 그 특징을 보여준다.

모르몬교 젊은이들은 자신의 생애에서 가장 소중한 때 2년을 교회를 위해 기꺼이 바치고 있습니다. 그러나 복음적 교회의 젊은이들은 예수 그리스도를 섬기기 위해 왜 1년도 투자를 못 하는 걸까요? 고민해 봐야 할 질문 아닙니까? 이곳에 계시는 부모님들에게 말씀드립니다. 저는 여러분의 자녀에게 말하고 있는 것이 아닙니다. 이 소책자 한 권을 받아 가셔서 부모로서 자녀들에게 직접 그렇게 말씀하십시오. "찰리야, 메리야. 우리를 위해서 네가 좀 할 일이 있다. 학교를 1년 휴학하고 어디 좀 가서 마음껏 살다 오렴." 대학 2학년생인 자녀들에게 물어보십시오. "오늘 당장 1학기 기말고사를 본다면 잘 볼 것 같니?" "절대 그렇지 않지요." "아니 그럼 지금까지 배운 것을 다 잊어버렸다는 말이냐?" "네." "그럼 교과서는 어떻게 했니?" "다 팔

앉어요." "그러니까 너는 지금 배운 것도 다 잊어버렸고, 교재도 다 팔아버렸다는 말이지… 한 일 년 학교를 쉬어야겠구나. 집집마다 다니면서 사람들이 뭘 경험하고 뭐 때문에 고통받고 있는지 잘 보고 오너라. 너는 다른 사람들을 섬기는 훈련 좀 하고 와야겠다. 그래야 대학 교육이 왜 필요한지를 네가 알 것이니까. 인정된 일꾼으로 자신을 하나님께 드리기 위해 공부해야 한다." 젊은이들에게 말씀합니다. 여러분의 참여와 도움이 필요합니다. … 사회적 혜택을 제대로 받지 못하고 자라는 어린이들에게 가서 읽기와 쓰기도 가르치고, 방과 후 프로그램도 진행하고 저녁에는 집집마다 찾아다니면서 예수 그리스도의 복음을 나눠주는 일에 여러분이 필요합니다. 예수님은 우리가 그런 일을 하도록 부르고 계십니다."[15]

셋째, 캠폴로의 설교는 그 중심에 언제나 예수님을 드러내려는 선명한 목적이 자리 잡고 있다. 그는 설교를 재미있고, 감동있게 하려고 노력하지만, 그것이 유일한 목적이 아니다. 설교를 통해 오직 예수 그리스도를 드러내기 위한 열망에 사로잡혀 말씀을 준비하고, 청중들과의 접촉점과 이해를 위해 이야기와 유머 등을 도구로 사용한다. 그는 신학교 시절, 설교학 교실에서 교수가 평한 이야기를 평생 가슴에 담고 살고 있다. "토니, 한편의 설교에서 예수님도 놀라우신 분이시고, 설교자인 나도 놀라운 사람이라고 확신시킬 수는 없네." 그래서 그는 늘 강단에서 "토니 캠폴로의 쇼를 하고 있는 것인가, 아니면 예수님의 말씀을 선포하고 있는가"를 선명히 하려고 노력한다. 그는 강단에 오르기 전 늘 드리는 기도가 있다.

---

15 Campolo, "The Faith Equation," 31~32.

주님, 제가 이 일을 얼마나 잘하고 싶어 하는지 주님께서는 알고 계십니다. 이 사람들은 주님으로부터 말씀을 듣는 것이지 저에게 듣는 것이 아님을 분명히 깨닫게 해 주십시오. 쇼를 훌륭하게 진행하는 것과 복음을 증거하는 것 중에서 선택해야 한다면 연약한 저는 어떤 것을 선택해야 할지 잘 모르겠습니다. 청중들에게 잘 보이고 싶고, 말씀으로 그들을 고양 시키고, 일으켜 세우고 싶기 때문 입니다. 그런 것에 대항하며 저를 지켜야 합니다. 설교자로서 저의 근원적 사명은 하나님의 말씀을 설교하는 것임을 잊지 않도록 순간순간 일깨워 주십시오.[16]

설교를 마치고 내려왔을 때 그가 가장 듣고 싶어 하는 말은 그것이란다. "그는 하나님의 진리의 말씀을 들려주었어! 그가 설교할 때 우리를 정말 염려해 주는 것을 느꼈어! 예수님께서 나를 어루만지시는 것을 느낄 수 있었어."[17] 그의 설교에는 예수님이 말씀하시고, 역사하시고 변화시키고 계심을 증거 한다. 다음 이야기에 그런 차원이 잘 드러난다.

2차 세계 대전 때 불가리아는 독일에 합병된 국가였습니다. 초기부터 히틀러 치하에 있었는데, 불가리아 유대인들은 집단 수용소에서 죽은 사람이 한 사람도 없었습니다. 왜 그런 줄 아십니까? 그것은 메트로폴리탄 스테판 Metropolitan Stephan 이라는 이름을 가진 한 교회 지도자가 행한 일 때문이었습니다. 독일 군인들이 소피아 의회 건물에서

---

16 Turpie, ed., *Ten Great Preachers*, 37~38.
17 위의 책, 39.

유대인들을 둘러싼 후 기차역 부근 울타리 친 공터 안으로 밀어 넣었습니다. 죽음의 수용소인 아우슈비츠로 그들을 보내기 위해서였습니다. 기차역으로 그들을 끌고 가는 긴 행렬 끝에서 갑자기 스테판이라는 그 지도자가 나타난 것입니다. … 흰 옷을 입고, 긴 수염을 가진 정교회 신부가 성직자 복장을 갖추고 그곳에 내려왔습니다. 그의 뒤에는 수천 명의 기독교인들이 함께 따랐습니다. 그들은 울타리를 둘러쌌습니다. 총부리로 그들을 제지하려는 독일 친위 대장을 향해 스테판은 걸어갔습니다. 그는 총부리를 옆으로 밀어내면서 담대하게 웃으며 걸어갔습니다. 그들은 유대인들 한가운데로 걸어 들어갔습니다. 유대인들은 기차에 실려 죽음의 자리로 끌려간다는 사실을 알고 겁에 질려 그의 주위로 몰려들었습니다. 그때 그는 손을 들었습니다. 그리고 성경 구절을 암송하며 그들을 격려했습니다. 성경의 한 구절의 말씀이 불가리아의 역사를 바꾸어 놓았습니다. 하나님의 권능이 그 안에 있었고, 하나님의 권능이 그에게 그 말씀 구절을 주셨습니다. 그는 큰 소리로 그곳에 모여있는 수천의 유대인들을 향해 룻기서의 말씀을 외쳤습니다. "어머니께서 가시는 곳에 나도 가고, 어머니의 백성이 내 백성이 되고, 어머니의 하나님이 나의 하나님이 되시리니." 그 유대인들은 그에게 박수를 보냈습니다. 거기 있던 그리스도인도 박수를 보냈습니다. 거기에는 더 이상 유대인이나, 그리스도인이 없었습니다. 그들은 한 하나님의 백성이 되었습니다. 그들은 국가의 방향을 바꾸었습니다. 저는 예수님의 이름 안에서 저를 둘러싸고 있는 모든 것이 바뀌고 있는 것을 보고 있습니다. … 우리는 지금 예수님에 대해 말씀을 나누고 있습니다. 그분은 우리가 반드시 알아야 할 분입니다. 그분은 우리에게 능력을 주시는 분이십니다. 우리 속사람을 변화시키실 뿐만 아니라 우리 주변의 사람들까

지 변화시킬 수 있는 하나님의 도구가 될 수 있도록 능력을 주실 분이십니다.[18]

넷째, 캠폴로의 설교는 말씀과 영혼에 대한 열정의 출처는 기도이며 성령님의 능력을 깊이 의지하는 설교이다. 그는 지역교회뿐만 아니라 대학 캠퍼스, 다양한 계층의 사람들에게 말씀을 전하였다. 그의 열정이 어디에서 나오는지 묻는 말에 그는 분명하게 대답한다. "기도에서 나옵니다. 언제나 그분의 임재 앞에 엎드립니다."[19] 그는 매일 아침 오랜 시간 기도를 드리며, 잠자리에 누웠을 때도 주님의 임재에 자신을 맡긴다. 그가 기도에 늘 몰두하는 것은 그것이 오직 주님으로 충만해질 수 있는 유일한 길이기 때문이라고 밝힌다. 또한 주님께서 맡겨주신 사역을 감당할 때, 거기에서 설교할 열정과 스토리를 얻게 된다고 그는 고백한다. 그뿐 아니라 그는 성령님의 능력을 깊이 신뢰하는 설교자이다. 다음의 이야기는 그가 설교 가운데 어떻게 성령님을 깊이 의지하는지를 잘 보여준다.

> 언젠가 호주 멜버른에서 청소년 전도 집회를 인도한 적이 있습니다. 젊은이들로 입추의 여지가 없었습니다. 정말 믿기 어려울 정도로 많은 사람이 모인 예배였습니다. 우리가 마지막 결신을 요청했을 때 2,500명 이상의 청소년이 앞으로 나왔습니다. 상담자는 300명뿐이어서 저는 그들을 옆에 있는 크리켓 운동장으로 데리고 갔습니다. 폭우가 쏟아지고 있는 상황에서 저는 그 2,500명의 젊은이로 하여금

---

18 Tony Campolo, "Yes and No," in Mark B. Elliott, *Creative Styles of Preaching* (Louisville: Westminster John Knox Press, 2000), 53~54.
19 Turpie, ed., *Ten Great Preachers*, 34.

무릎을 꿇고 앉게 했습니다. 그리고 큰 소리로 말했습니다. "상담자들이 충분치 않습니다. 그러나 성령님이 이 자리에 함께 계십니다. 그분께서 여러분을 상담해 주실 것입니다. 성령님께 상담하실 수 있도록 기회를 드리십시오. 그분께 기회를 드리십시오." 그 후에 아무 말도 하지 못하게 하고 침묵 가운데 있게 했습니다. 그리고 그들에게 말했습니다. "예수님이 여러분 주위에 계십니다. 이제 조용히 하십시오. 그분의 손을 잡고 여러분의 마음과 영혼과 생각의 깊은 곳으로 내려가셔서 지금까지 여러분을 억누르고 있던, 속에 있는 추하고 끔찍한 것들을 자세히 보십시오. 그리고 예수님께서 그분의 몸 가운데로 그 모든 것을 가져가게 하십시오. 여러분이 그것들 하나하나의 이름을 부르면 예수님은 용서해 주시고, 요한일서 1장 9절의 약속처럼 우리 모두를 깨끗게 해 주실 것입니다." 그들은 죽은 듯 고요하게 그 빛속에 앉아 있었습니다. 30분이 지났는데도 누구도 미동도 하지 않았습니다. 아이들은 울기 시작했고, 변하고 있었습니다. 성령님께서 그들의 생을 바꾸고 계셨습니다.[20]

이렇게 캠폴로는 그의 사역과 설교 가운데서 성령님께서 역사하실 때 거기에 풍성한 열매가 있으며, 변화의 역사가 일어나게 됨을 누구보다도 강한 확신을 가진 설교자였다.

다섯째, 캠폴로의 설교는 성경 본문을 통해 전하려는 설교의 주제를 바탕으로 하여 이야기(에피소드)를 중심으로 엮어가는 설교이다. 특별히 그의 설교는 본문의 메시지와 이야기가 엮어지면서 깊은 말씀의 감동을 갖게 하는 그의 영성이 돋보인다. 설교의 형식은 주로 본문의 중심

---

20 Tony Campolo, "Yes and No," 52.

구조를 따라 이야기와 함께 엮어 나가면서 "아하 포인트"에 이르게 하는 귀납적 설교의 구조를 취하고 있다. 보통 그의 설교는 4~50분 정도 진행되며, 연관된 에피소드가 아주 긴밀하게 이어지는 설교 형식을 취한다. 주제를 선명하게 보여주는 스토리가 4~5개 정도가 설교에서는 계속 활용되며, 그것은 설교의 축을 이루고, 징검다리가 되어 설교의 결론을 향해 나아가게 만든다. 그리고 그는 아하 포인트에 이르게 되면 결단을 촉구하고 삶 가운데서 그 말씀을 어떻게 실천할 것인지를 구체적으로 촉구하고 초청하는 형식을 취한다. 귀납적 구조를 취하고, 움직임을 통해서 전개되며, 그 연결고리가 치밀하여 청중들이 그 흐름에서 벗어나지 못하도록 만드는 역할을 한다.

설교자는 여전히 하나님의 기쁨이다

캠폴로의 설교는 하나님의 말씀과 세상과 영혼에 대한 뜨거운 열정 위에 세워진다. 그는 그들을 그리스도께 인도하기 위하여 이야기의 힘을 누구도 잘 활용하는 설교자이며, 유머 감각과 강한 전달 기법을 통해 청중을 말씀으로 압도해 가는 설교자이다. 무엇보다 그는 말씀과 실천의 중요성을 강조하며, 균형 있는 복음주의적 신학과 신앙 위에 자신의 설교를 우뚝 세운다. 그는 행동하는 신앙인이며, 열정적으로 말씀을 전하고 그 말씀을 구체적으로 실천해 나가는 실천적 설교자이다. 그래서 그의 설교와 삶에는 복음과 사회참여가 함께 잘 엮어지고 있다.

그는 그렇게 주장한다. "기독교는 언제나 두 가지 강조점을 가지고 있다고 생각한다. 하나는 이 사회 속에 하나님 나라의 가치관을 심어주는 것으로서의 사회적 강조점이다. 가난한 자들의 고통을 경감시켜 주고 억압 가운데 있는 자들을 세워주며, 소리를 내지 못하는 사람들을 위한 목소리가 되어 주어야 한다. 또 하나의 강조점은 예수 그리스도와의 개인적이면서도 변혁적인 관계를 맺도록 사람들을 인도하는 것에 대한 강조점이다. 그때 그들은 그들의 삶 속에서 하나님께서 주시는 기쁨과 사랑을 느낄 수 있게 될 것이다."

그는 설교를 통해 하나님의 뜻을 전하여 사람들을 깨우고, 그 현장으로 달려갈 수 있게 하면서 그의 모든 사역을 펼쳐간다. 그는 이 목적 때문에 설교단에 오른다. 그는 말한다. "저는 언제든, 어디든 설교하러 갈 준비가 되어 있습니다. 저는 설교를 하면 정말 즐겁습니다. 설교를 할 때면 저는 자신이 채워지는 느낌을 받습니다. 만약 이 세상에서 할 수 있는 유일한 일을 택하라고 한다면 저는 제일 먼저 설교하는 것을 택하겠습니다." 그렇다. 말씀으로 충만한 설교자는 오늘도 여전히 하나님의 기쁨이다.

말씀의 역사가 얼마나 강력한 것인지, 그 영향력은 얼마나 놀라운 것인지를 알려주는 한 스토리가 기억난다.

언젠가 아칸소주 존브라운대학교에 집회 인도를 간 적이 있는데 청중석 맨 뒷줄에 한 부부가 앉아있었다. 거기에 어떻게 그들이 그곳에 있는지 놀랍기만 한 일이었다. 집회가 끝나고 할 말이 있다고 해서 강사 대기실로 내려갔단다. 그분들의 이야기를 들으면서 하나님께서 일으키시는 생명 역사에 대해 전율을 느꼈다.

3년 전, 목사님께서는 이 강당에서 말씀을 전하셨어요. 우리 딸이 그 집회에 참석했습니다. 사사건건 반항하던 아이였어요. 머리 모양, 코걸이를 하는 것에도 반항기로 가득했어요. 늘 입에 달고 살던 말이, "난 엄마 싫어, 아빠는 질색이야. 모든 게 싫어." 그런데 우리 딸이 집회에 참석했고, 예배 끝부분에서 자기 인생을 그리스도께 드리기로 결심했습니다. 집회를 마치고 자기 방에 돌아와 부모에게 편지를 썼더군요. 주님께 자신을 드렸고, 이제 그리스도 안에서 새로운 피조물이 되었다는 내용이었어요. 우체국에서 그 편지를 부치고 돌아가는 길에 딸아이는 대형 트럭에 받혀 그 자리에서 세상을 떠났어요. 싸늘한 시신이 되어 돌아온 딸아이의 장례를 치렀어요. 딸아이를 땅에 묻는 순간, 우리는 영원히 아이를 잃었다고 생각했어요. 장례를 마친 후 나흘이 지나서 그리스도 안에서 변화된 이야기, 주님께 헌신하며 새로운 삶을 살기로 했다는 딸아이의 편지가 도착했습니다. 그리고 가능한 한 빨리 집에 가서 엄마 아빠에게 용서를 구하겠다고 했습니다. 딸아이가 그런 방법으로 우리 곁에 돌아오리라고는 꿈에도 몰랐어요. 목사님께 감사의 말씀을 전하고 싶어서 이곳에 달려왔습니다. 장례를 치르면서 우린 아이의 삶이 끝났다고 생각했는데 그게 끝이 아니었어요."[21]

설교는 하나님께서는 아직도 당신의 일을 끝내지 않으셨으며, 아브라함의 하나님, 이삭의 하나님이신 그분은 우리 삶 전체에 침투해 들어오시며 permeate, 침입해 들어오시고 invade, 변화시키시며 transform, 하나님의 백성인 새 피조물로 만드시는 make into new people 분이심을 믿고, 그분을 증거하는 사역이다.

---

21 Turpie, ed., *Ten Great Preachers*, 27~28.

19 장
올곧은 삶으로 하늘의 뜻을 전하라[1]

하늘과 땅 사이에
바람 한 점 없고 답답하여라
숨이 막히고 가슴 미어지던 날
친구와 난 제방을 걸으며
돌멩이 하나 되고자 했다
강물 위에 파문 하나 자그맣게 내고
이내 가라앉고 말 그런 돌멩이 하나
— 김남주[2]

어둠이 깊어 새벽이 간절하던 시대

기독교 설교는 하나님의 말씀을 따라 세상의 가치와 흐름에 대해 저항하는 행위이며, 그것을 재규정하는 사역이며, 본질적으로 변혁적이고 전복적 특성을 가지는 공적 사역이다. 설교자는 성경 본문의 세계를 불러내어 그것을 보여주며, 해석하면서 믿음 공동체의 정체성을 새롭게 만들어 주고, 하나님의 말씀과 복음에 반하는 허위의식 false consciousness 과 세상의 지배 의식 royal consciousness 에 대해 저항하며 새로운 세계를 열어간다는 점에서 새로운 가능성을 열어가는 실천 사역이다. 기

---

1 본 장은 『신학과 실천』 58권 (2018년 2월)에 실린 본인의 논문을 수정, 보완, 확대한 것임을 밝힌다.
2 김남주의 시, "돌멩이 하나," 일부. 김남주 시집, 『사상의 거처』(서울: 창작과 비평사, 1991). 안치환에 의해 노래로도 만들어진 시이다. 시대의 아픔을 온몸에 채우고 살았던 김남주의 시어는 격렬하고, 시대의 아픔이 가득 담겨 있고, 절망할 줄 모르는 저항의 함성이 담겨 있다. 시인의 아내 박광숙의 말이 깊은 여운으로 남는다. "평화 시대에는 잘 어울리지 않는다. 김남주의 시가 안 읽히는 시대가 왔으면 좋겠다."

존의 가치와 사회적 실재와 대면하고 저항한다는 점에서 "대담하면서도 위험한" 저항의 사역이다.[3]

일본 제국주의자들의 침탈과 억압으로 교회의 존립 자체의 위기를 경험하고 있었을 때, 해방 후 북쪽에서는 공산주의자들의 종교 말살 정책에 의해 교회 폐쇄와 순교로 이어지던 때에도 흔들림 없이 그런 설교 사역을 수행했던 설교자들이 서 있었다. 이곳에서는 그중 한 분, 은재殷哉 신석구 목사와의 대화를 이어가 보자. 그의 시대는 일본제국주의자들과 친일 동조 세력에 의해 그런 사역은 위협을 받을 수밖에 없었고, 그 역동성이 상실된 시대였다. 많은 이들이 변절의 길을 걷고 있을 때, 다른 길을 걸어간다는 것은 결코 쉬운 일이 아니었고 생명을 걸어야 하는 일이었다. 하지만 그는 하나님의 말씀을 통해 당시의 시대를 이끌어가던 허위의식을 드러내고, 그리스도인의 정체성과 걸어가야 할 길을 선명하게 제시한다. 저항과 실천의 삶을 통해 당시 교회와 세계를 재규정하고, 그 시대와 민족의 아픔을 끌어안고 불의한 권세를 향해 온몸으로 저항하며 시대를 밝혔던 설교자였다.

신석구가 살았던 19세기 후반과 20세기의 중반까지의 시대는 한국교회 역사상 가장 어두운 시련의 시기였다. 일본 제국주의의 야욕 앞에서 조국이 허물어지는 시대에 젊은 날을 보냈고, 복음을 받아들인 이후 사역자의 길을 걸어갈 때는 일제의 야욕과 민족말살정책에 대항해야 했고, 기독교 신앙의 근간을 흔들어 놓는 신사참배와 싸워야 했다. 염원하던 조국 해방이 주어졌을 때는 그 감격도 잠시, 북녘땅에 들어선 공산정권의 회유와 압박, 생명의 위협에 시달려야 했다.

서양 선교사들이 처음 조선 땅을 찾아왔던 비슷한 시기에 그 설교

---

3   이 표현들은 월터 브루그만에게 빌린 것이다. Bruggemann, *The Prophetic imagination*; Walter Bruggemann, *Word Militant: Preaching a Decentering Word* (Minneapolis: Fortress Press, 2007), 96.

자의 삶은 시작되었다. 그들이 전한 신생 종교 기독교는 민족이 처한 정치적 상황보다는 영혼 구원에 주력한다. 그들 대부분은 정교분리 원칙을 고수하였고, 한일병탄 이후에는 더 철저하게 그것을 지킨다. 교회와 정치, 교회와 국가의 관계를 규정한 공식 결의는 1901년 9월, 장로교 공의회에서였다. 교회는 정치에 관여해서는 안 된다는 비정치화 선언이었고, 그것은 각 지역교회에 지침으로 하달된다. 결의 사항은 5가지였는데, 나랏일과 관원들의 일에는 간섭지 않으며, 교회 일과 나랏일은 같은 일이 아니고, 교회는 나랏일 보는 모임이 아니라는 것, 교인들은 황제(정부)와 관원에게 충성하고 복종할 것, 교회당과 목사관, 교회에서 설립한 기관에서 나랏일을 의론해서는 안 된다는 것 등이었다.[4] 그렇지 않으면 포교의 문이 닫힐 수 있어 어쩔 수 없는 상황이었지만 나중 일제 침략과 무단통치에 묵인, 방조, 순응에 일조했음도 부인할 수 없다.

당시 잃어버린 조국을 위한 투쟁에 기독교인들이 적극적이었던 점을 고려하면 민족과 교회 사이, 식민지 백성이 처한 현실과 교리 사이에서 그들은 갈등할 수밖에 없었을 것이다.[5] 1907년 대부흥 운동은 복음이 가지는 사회 변혁적 특성은 약화 될 수밖에 없는 기반이었으나 신앙을 통한 그리스도인다운 삶의 형성과 공동체 형성을 통해 자연스럽게 교회와 사회 가운데 펼쳐지고 있었다. 봉건주의의 폐습과 악습을 개혁하면서 사회개혁에 힘쓰던 기독교가 일본의 무단통치에 항거하며 민족해방이라는 차원에 공식적이면서 조직적으로 관여하게 된 것은 3·1 독립만세운동이었다. 이것은 "일제가 한국을 강점한 후 강요된 포

---

4   장로교 공의회의 공식 명칭은 대한(조선) 야소교 장로회 공의회였다. 이에 대한 근거 성구로 롬 13:1~7, 딤전 2:1~2, 벧전 2:13~17, 마 22:15~21, 마 17:24~27, 요 18:36 등이 제시된다. "장로회 공의회 일기," 『그리스도신문』(1901년 10월 3일) 참고.
5   이만열, "3·1운동과 기독교," 『한국 기독교와 역사』 7 (1998), 13.

학한 무단 식민 통치로 실의와 좌절 속에 빠져 있던 한국민에게 민족 독립에 대한 새로운 가능성과 소망을 불어넣어 주었고" 백성이 주인이 되는 민주공화국에 대한 이상을 제시하였으며, "근대 한국 민족운동을 한 차원 끌어올리는 새로운 전기를 만들었던" 사건이었다.[6] 사실 서양 선교사들은 보수적 성향 외에도 자칫 복음 전도가 방해를 받을 수 있는 개연성이 높은 상황에서 민족문제에 대해서는 소극적일 수밖에 없었다.

그로 인해 일제는 기독교를 통치에 가장 위협적 존재로 인식하였고, 종교 활동 규제와 탄압을 본격화한다. 신사참배 강요로 표면화된 탄압은 대박해였다. 이는 일제의 대륙 공략의 야욕을 위해 황도주의皇道主義, 국체명징國體明徵을 이념으로 한 황국신민화 정책의 강력한 표현이었다. 대부분 일제 압박에 굴복하여 신사참배를 수용하지만, 소수는 신사참배 반대운동을 펼친다.[7] 해방은 한국 사회 전체에 큰 기쁨이었지만 기독교 중심권이었던 북한 지역에는 공산주의 정권이 들어오면서 또 다른 시련이 시작된다. 사회주의 체제를 뿌리내리던 초기부터 공산정권과 기독교인들 간에는 정치적 갈등과 마찰이 표면화될 수밖에 없었다. 핍박을 피해 월남하든, 체제에 순응하며 기독교도연맹에 가입하든, 온몸으로 항거하는 저항의 길을 걷는 이들로 나눠진다.

올곧은 삶과 신앙으로 말하다

이렇게 그 설교자가 서 있었던 시대는 깊은 어두움으로 가득 채워

---

6 위의 책, 8~9; 이만열, "3·1운동과 종교계의 역할," 『한국 기독교와 역사』 49 (2017), 24.
7 이때 대부분 교단이 신사참배를 수용하는데 가장 먼저 로마가톨릭교회가, 1936년에 감리교단이, 1938년에 장로교단이 수용한다. 반대운동에 대해서는 박용규, "한국교회 신사참배 반대운동: 역사적 개관," 『신학 지남』 67권, 4호 (2000), 169~214를 참고하라.

져 있었지만, 한 시인의 표현처럼 "단단한 어둠이 밤을 내리찍고" 있었고, "칠흑의 도끼는 허공에 걸려" 있고, "빛나는 적막이 눈을 말뚱처럼 뜨고" 있던 시간이었다.[8] 그 어둠 가득한 밤에 신석구는 기독교 복음에서 민족의 희망을 보았고, 하나님의 말씀만이 어둠을 밝히고 그 세력에 저항할 수 있음을 믿으며 새벽을 열어가는 설교자로 일어선다. 많은 사람이 걸었던 큰길 대신 평생 작은 길을 묵묵히 걸었기에 크게 주목을 받지도, 박수를 받지도 못했다. 하지만 그 어두움이 걷혔을 때 그는 변절하지 않은 설교자로 후예들이 알아본다.

1980년, 청주시 상당구 우암산 자락에 조성된 삼일공원에는 손병희, 권동진, 권병덕, 신홍식, 신석구, 정춘수 등 충북 출신 민족 대표 6인의 동상이 서 있다. 신홍식, 신석구, 정춘수 등 3인은 감리교 목사였다. 1996년, 변절하여 친일행각을 펼친 정춘수의 동상이 끌어 내려졌고, 좌대만 남아 있다가 2010년에 공원을 새롭게 단장하면서 변절자의 좌대도 아예 치우고 3.1만세운동 상징인 횃불 조형물을 세웠다. "정의로운 자는 그 아름다운 이름이 후세에 전하고 불의에 영혼을 팔아 버린 자는 지탄을

[그림5] 청주삼일공원 정춘수 동상 좌대

면치 못한다"는 중수기가 새겨져 있다. 초기에는 비교라도 하듯 다른 길을 걸었던 두 사람의 동상이 거기 나란히 서 있고, 남아 있는 좌대와 이후 세워진 조형물이 깊은 울림으로 다가온다.

정춘수는 복음도 먼저 받았고 신석구보다 신학교 입학도 빨랐다. 신석구가 시골 작은 교회에서 사역할 때, 정춘수는 교단에서 다방면에

---

8 홍해리의 시, "새벽 세 시" 일부. 홍해리 시집, 『비타민 詩』(서울: 우리글, 2008), 56.

서 많은 활동을 하면서 감독의 자리에까지 오른다. 그때부터 감리교 황민화에 앞장서면서 친일 인사로 변절한다. 해방 후 정춘수는 반민특위에 의해 구속되었고, 자신을 배신자로 여기는 개신교를 떠나 가톨릭으로 개종한다. 반면 신석구는 해방 후 북쪽에 남아 있다가 일제에서 공산정권으로 대상을 바꿔 외로운 싸움을 계속 이어가다가 인민교화소에 투옥되었고, 순교를 당한다. 서로 다른 길을 걸었던 두 설교자, 자신의 안일과 출세를 위해 체재에 순응하고 변절을 서슴치 않은 한 사람과 불의와 거짓에 대해 항거하다가 결국 순교로 정절을 지킨 설교자, 그들은 같았으나 달랐다.[9]

    신석구는 젊은 날, 민족의 암울한 현실 앞에서 절망하다가 "한말의 민족적 위기 상황이 '참된 도가 없음'에 근본 원인이 있음을 깨닫고 참된 도로서 기독교의 역할에 기대"를 걸었고, "기독교가 발휘하는 윤리적 갱신에서 국권 회복의 가능성을 발견"하면서 기독교에 입문한다.[10] 그의 자서전에는 그때의 심경이 그렇게 표현된다. "참으로 나라를 구원하려면 예수를 믿어야겠다. 나라를 구원하려면 잃어버린 국민을 찾아야겠다. 나 하나 회개하면 국민 하나를 찾은 것이다. 내가 믿고 전도하여 한 사람이 회개하면 또 하나를 찾는 것이다. 그리하여 잃어버린 국민을 다 찾으면 나라는 자연스럽게 구원받을 것이다."[11] 민족 구원이라는 대명제를 통해 결단한 그는 세례를 받았고, 정춘수의 권면으로 신학교에 진학한다. 졸업 후 파송 받은 곳은 문 닫기 직전의 교회였고,

---

9 김운용, 『한국교회 설교의 역사』(서울: 새물결플러스, 2018), 384~85.
10 이덕주, 『신석구: 민족의 독립을 위해 십자가를 지다』(서울: 신앙과 지성사, 2012), 53~54. 김재황 역시 양심적 동기와 애국적 동기를 중요한 입신 동기로 이해한다. 김재황, 『巨星 殷哉 申錫九 牧師 一代記』(대구: 대구제일감리교회, 1988), 74~80. 그가 믿기로 작정한 날이 1907년 7월 14일이었다. 김요나, 『한국교회 100년 순교자 전기: 민족 대표 33인의 1인 신석구 목사 편』 12권 (서울: 대한예수교장로회 총회, 1999), 75.
11 신석구, 『자서전』(미간행 자료), 11.

몇 달을 전도하여도 새신자 한 사람 얻기가 어려운 곳이었다. 그곳에서 한 영혼을 진심으로 사랑하는 목자의 심정을 배웠다.[12] 수표교교회에서 목회하던 중에 친구 오화영의 권유를 받아 민족 대표 33인에 이름을 올린다. 그로 인해 옥고를 치르면서 목회는 중단된다. 3년 형을 선고받고 복역하던 중 하나님과 깊은 영적 교통을 하면서 보다 원숙한 목회자로 변모된다. 다시 신사참배 반대로 여러 차례 구속되어 옥고를 치렀다. 엄청난 위협에 굴하지 않았고, 일본어를 입에 담지 않았으며 검정 무명 한복을 입었던 저항의 삶을 살다가 해방을 맞는다. 해방 후 공산 치하에서 또 다른 고난이 그를 기다리고 있었다. 당시 교회는 공산당 정권에 항거하는 불순 세력으로 매도되면서 탄압은 더 거세졌고, 많은 이들이 남쪽으로 피신할 때 많은 이들의 권유를 받지만 "북한에 남아 있는 어린양들을 이리 같은 공산당에게 맡기고 어찌 나의 안전만을 위하여 남으로 가겠느냐?"는 생각에 북녘땅에 남는다. 북한에 남은 유일한 민족 대표여서 공산당은 그를 최고인민회의 대의원으로 임명하여 선전도구로 활용할 계획이었으나 그는 그것을 거부하고, 고난의 길을 걸어갔다. 1949년 4월 19일 새벽에 소위 공산주의자들에게 연행되었고, 평양 감옥에서 순교를 당한다.[13]

다른 길을 걸어간 설교자

민족의 격동기, 올곧은 신앙인이고 설교자였던 신석구의 설교에

---

12 이덕주, 『신석구』, 105~107.
13 김운용, 『한국교회 설교의 역사』, 387~92. 그가 순교한 날짜는 정확하지 않다. 인천상륙작전 이후 퇴각하던 공산군에 의해 총살당한 것으로 추정한다. 총살된 죄수는 교화소의 깊은 우물에 매장하였고, 가족들의 노력에도 불구하고 시신을 찾지 못했다. 진남포항에서 철수하던 마지막 배를 타고 남은 가족들은 월남하지만, 부인 이씨는 남편의 시신을 찾기 위해 그곳에 혼자 남아 이산가족이 된다.

대한 자료는 상대적으로 빈약하다. 1949년 4월, 정치보위부에 연행될 때 자료 압수, 한국전쟁과 가족의 월남 등이 그 원인으로 보인다. 미간행 '자서전,' '독립선언서'에 찍힌 도장, 일부 설교 원고 등의 유품은 연행 소식을 듣고 달려간 장손신성균이 챙긴 것들이었다. 가장 확실한 자료는 당시 신문과 잡지, 도서 등에 그가 기고한 설교문과 설교 관련 글이며, 평소 그가 "설교자 자신이 설교가 되어야 한다"고 한 말처럼 그의 삶과 사역 이야기이다.[14]

신석구는 설교를 하나님과 동역하는 일이며 그분의 말씀을 듣고 나아가 하나님 자녀의 영혼을 먹이는 것으로 이해한다. 설교자는 그들을 위하여 하나님의 지성소에 나아가 말씀을 받고 이 땅에 그것을 펼쳐 보이는 그분의 대언자로 이해한다. 설교의 중요한 목적은 구원의 복음을 전하여 생명을 살리는 것이며, 구원 얻는 믿음은 회개하고 복음을 받아들이는 것이며, 믿는 자는 중생과 성결의 열매를 맺어야 한다. 설교는 그리스도와 복음 중심, 구속사적 관점으로 수행되어야 하는 사역이었다.[15]

또한 신석구는 교회의 사활이 설교자에게 달린 만큼 설교자에게는 하나님의 부르심을 받아 하나님의 말씀을 전한다는 소명 의식과 그에 걸맞은 삶이 나와야 함을 강조하면서 설교 사역은 설교자의 청교도적 삶과 실천을 통해 완성된다고 이해한다. 설교는 입에서 나오는 말을 통해서 증거되지만, 그것이 설득력과 감화를 갖게 하는 것은 설교자의 삶과 실천을 통해 보여줄 때 영향력을 나타내게 된다면서 설교자의 삶과 인격의 중요성을 강조한다. 설교자에게 가장 중요한 덕목은 '언행일치'와 '하나님의 신에 사로잡힘'을 강조한다.

---

14 위의 책, 394.
15 신석구, "구원 얻는 믿음," "성결," 김재황, 『巨星 殷哉 申錫九 牧師 一代記』, 205~10.

說敎者 自身이 說敎가 되어야 할 것입니다. 다시 말하면 說敎者의 言行이 그 說敎와 副合[부합]되지 아니하면 그 說敎는 無能力하야 聽衆의 마암을 感化치 못할 뿐 아니라 그이의 平素 言行을 아는 이로서 그 說敎를 드를 時에는 도로혀 反感을 가지기 쉬운 것입니다. 現今 敎會가 많이 冷淡[냉담]한 것은 說敎者의 言行이 그 說敎와 副合치 못함으로 一般 聽衆의 마음에 刺戟[자극]이나 感化를 주지 못하고 도로혀 尋常[심상]한 態度를 가지고 虛僞的 觀念을 助長하야 禮拜보는 것은 一種 形式에 不過한 까닭인 줄 아나이다. 說敎者는 다만 表面의 言行만 一致할 뿐 아니라 그의 깊이 감초여 잇는 心靈까지도 하나님의 神이 그의 마음을 主掌하심이 되고 그의 얼골 가온데 나타나는 하나님의 거룩한 榮光이 그 說敎를 듣는 者의 눈에 反射되어야 할 것입니다.[16]

신석구에게 있어 설교는 십자가 사랑을 선포하고 실천하는 행위였다. 그의 설교는 십자가의 사랑에 사로잡힌 설교였고 그것을 선포하고, 삶 속에 그것을 실천하는 설교였다. 그가 중생 체험을 할 때 십자가의 사랑에 사로잡혔고 그 사랑이 없이는 거듭남도, 구원도, 성화도 있을 수 없다면서 설교자들에게 권고한다. "예수님의 십자가를 이같이 명상할 때, 나는 그 은혜에 격동되어서 내 입으로 주를 찬송하는 것이 부족한 고로 내 머리털까지 다 주를 찬송하되 역시 부족해서 내 전신을 주께 바칠 수밖에 없다. 나는 내 구주를 아니 사랑할 수 없다. 우리가 만일 주를 사랑치 않으면 이는 간음죄나 살인죄나 강도죄보다 더 큰 죄를 짓는 것이다."[17] 설교자에게 정말 필요한 것은 십자가에 나타난 사랑

---

16 신석구, "說敎의 重要性," 『기독신보』(1935년 11월 6일).
17 신석구, "十字架에 대한 명상," 『신학세계』(1937년 3월).

을 바로 아는 것이고, 바로 감사하는 것이고, 그것을 삶으로 살아내는 것임을 강조한다.[18] 가난한 가운데서도 그 삶을 실천할 수 있었던 것은 십자가의 사랑 때문이었고 끊임없이 확인시켜 주시는 하늘 음성 때문이었다. "내가 네게 좋은 집을 주지 아니하고 내가 지던 十字架를 주었다."

한번은 해주 남본정교회에서 집회를 인도하던 중 신석구는 오전 집회를 마치고 잠시 산책에 나섰다. 결핵 전문병원 구세요양원 공동묘지 부근을 지나다가 황폐해진 무덤의 쓰러진 비석을 보고 다가갔단다. 거기 새겨진 글귀를 보고 그는 비명을 질렀다. 그 무덤은 그의 둘째 아들 태헌의 무덤이었기 때문이다. 문학, 미술, 음악 등 예술 분야에 뛰어난 재능을 가지고 있던 아들이 치료받다가 1933년 12월에 세상을 떠났는데, 가난한 시골 목회자 신석구는 아들 장례식에 참석하지 못하고 부인과 장남을 보내 일을 처리하게 했기 때문에 무덤을 알지 못했다. 그 가난한 설교자는 십자가에 나타나는 아버지 사랑을 묵상하면서 그 아픔을 이길 수 있었다.[19]

신석구는 깊은 기도와 하나님과의 영적 친밀함으로 설교를 세워갔다. 형극의 길을 걸어가야 했던 그 여정을 넉넉히 갈 수 있었던 것은 십자가 신앙과 깊은 기도를 통한 하나님과의 친밀함을 통한 합일의 신앙이었다. 고난으로 점철된 인생 여정에서 흔들림도 타협도 없이 달릴 수 있었던 원동력은 이런 사랑의 합일에서 온 것이었다. 그의 자서전에는 신비한 경험에 대한 고백을 많이 담고 있는데,[20] 그것이 그의 사역의 동력이었다. 그의 설교는 하나님과의 합일을 이루어가는 성화에 중

---

18 신석구, "教役者의 必要한 것."
19 김운용, 『한국교회 설교의 역사』, 401~402.
20 신석구, 『자서전』, 39, 54.

점을 두었으며, 삶의 현장에서 자신과 교회, 성도, 사회의 성화를 이루어가는 신비주의적 경향을 취한다. 일제 압제, 신사참배, 공산주의 위협, 교계 타락 등의 문제에 있어서 소극적이지 않고 적극적으로 대처해 가는 현실적 신비주의 경향을 따르고 있음을 알 수 있다.

그의 설교에는 저항과 실천의 차원이 강하게 드러난다. 설교는 진리를 위한 지속적인 저항의 행위였으며 하나님의 주권과 의를 세워가는 사역이었다. 민족을 침탈하고 억압하는 세력에 대해서는 저항할 수밖에 없었다. 저항의 삶은 평생 이어졌고, 온몸으로 항거하다가 순교로 끝을 맺는다. 해방 후 북쪽은 공산주의의 압제가 더욱 거세지고 있었지만, 저항의 행보는 계속된다. 타협하지 않는 올곧은 신앙의 지조를 지켜온 신석구를 이용하려는 공산주의자들의 고문과 회유책을 무용지물로 만들었다. 그의 설교는 강한 어조로 그들의 멸망을 예고한다. "비위에 조금만 거슬리면 무죄한 백성들을 소위 반동분자라는 죄명을 씌워 학살하기를 다반사로 하니 너희들이 하나님의 심판을 면할 줄 아느냐? … 김일성을 비롯한 모든 공산당 정치인들은 마땅히 회개하라! 하나님을 부인하고 민중을 죄악의 길로 인도하여 생명을 아낄 줄 모르는 너희 공산당들은 하나님의 지엄하신 심판을 면치 못하리라."[21]

민족의 가장 어두운 밤에 오직 하나님께만 시선을 두면서 온몸과 삶으로 불의와 어둠의 권세에 대해 저항하였고, 교회를 지키다가 모세처럼 흔적도 남기지 않고 홀연히 떠나 그가 사모하던 주님 품에 안겼다. 뒤늦은 나이에 십자가 사랑에 사로잡혔던 설교자는 그의 고난에 찬 긴 여정을 마치고 떠나갔다. 이덕주는 그의 마지막을 그렇게 정리한다.

---

21 이진구, "님의 발자취를 찾아서: 신석구 목사님," 『기독교 세계』(1968년 11월), 11.

그리스도의 피 흘림으로 구원의 은총을 받아 살아온 신석구 목사가 이제 '피 흘림'으로 자신의 생을 마쳤다. … 피 흘려 쓰러지는 순간, 그 몸에서 흘리는 피를 보면서 10여 년 전에 환상 속에서 들렸던 소리, "보혈을 믿음!"을 외쳤을 것이며, 그 순간 그의 영혼은 '날갯짓을 하며' 좁은 구멍을 통과하여 하늘로 치솟았을 것이다. 그는 평생 민족과 교회를 위해 십자가를 지는 고난의 삶을 살았고 이제 '피 흘림'으로 자신의 마지막을 장식하였다. … 그가 그토록 원했던 그리스도의 십자가의 온전한 체험이 이루어진 것이다.[22]

난 삶으로 설교했다

일제 강점기에서 민족 분단의 시기까지 민족의 십자가를 지고 험한 길을 오르면서 하나님의 말씀을 이 땅에 펼치며, 그 말씀을 따라 저항의 삶을 살았던 그 설교자는 그렇게 홀연히 떠났다. 신석구, 그는 일생 민족의 옷인 검정 무명 두루마기를 지어 몸에 걸치고, 청렴과 맑음으로 주님의 교회를 목양하였으며, 생명을 걸고 주님을 사랑하였다. 그의 전 생애는 십자가를 잠시도 내려놓지 않았고, 주님의 십자가를 묵상하다가 "그 은혜에 격동"을 경험한 설교자였다. 입으로만이 아니라 삶으로 설교하려고 했고, 민족과 교회를 가슴에 품고 고난과 가난으로 얼룩진 길을 그는 걸어갔다. 시대를 아파하며 복음으로 세상을 덮으려 했고, 하나님 말씀에서 벗어난 권력과 권세에 대해서는 온몸으로 저항하였던 설교자였다.

---

22 이덕주, 『신석구』, 355.

인간적으로는 비운의 사람이었다. 온몸으로 저항의 삶을 살다가 고난을 당하고, 베풀고 나누는 동안 가족은 빈한의 삶을 살아야 했다. 사랑하는 자녀를 땅에 묻고 통곡하기도 했으며, 고문과 회유, 목사 면직과 금족령으로 강단에서 내려와야 했던 시간도 있었지만 굽힐 수 없는 올곧음으로 달렸다. 민족의 가장 어둡고 암울한 시절에 교회와 그리스도인 삶의 개혁을 강하게 부르짖으며, 생명력 있는 바른 신앙 위에 교회와 성도들을 세우기 위해 자신을 내던진 설교자, 암울한 시대에 조국과 교회를 가슴에 끌어안고 그 시대를 아파하며 울었고, 하나님의 놀라운 사랑과 성령의 권능에 감격하여 울었으며, 다가오는 교회가 감내해야 할 큰 십자가로 인해서 울었던 설교자였다. 오늘 또 다른 위기에 흔들리고 있는 교회를 위해 강단에 오르는 후배 설교자에게 권면하는 것을 잊지 않는다. '당신도 울어야 합니다!'

친구들이 세상 영광에 취하여 변절의 길을 걸어갈 때 홀로 올곧은 길을 걸어갔던 신석구는 모세처럼 시신도 남기지 않고, 주님과 교회, 조국을 사랑했던 흔적만 남기고 홀연히 떠난 설교자였다. 마지막 몸뚱이도 주님께 내놓았던 설교자는 "예수님의 십자가를… 명상할 때 나는 그 은혜에 격동되어서 내 입으로 주를 찬송하는 것이 부족한 고로 내 머리털까지 다 주를 찬송하되 역시 부족해서 내 전신을 주께 바칠 수밖에 없었다"[23]고 후배들에게 부끄럽게 고백한다.

혹한에서도 푸르름을 잃지 않고 흔들리면서도 꺾어지지 않은 대나무, '절개'節槪라는 그 마디 절節을 차용한다. 그래서 사군자의 하나로 일컬어지기도 한다. 포은 정몽주가 이방원의 수하가 휘두르는 철퇴에 맞아 죽은 다리에서 대나무가 솟았다고 하여 '선죽교'善竹橋라고 명명하

---

23 신석구, "十字架에 대한 명상," 37

고 그곳은 지금도 '충절의 성역'으로 여긴다. 마디 위에 마디를 곧게 올리며 높아진다. 조선 후기 시인 윤선도는 '오우가'五友歌에서 "나무도 아닌 것이 풀도 아닌 것이/ 곧기는 누가 시켰으며 속은 어찌 비었는가/ 저러고도 사시사철에 푸르니 그를 좋아하노라."[24]

한 시인은 그 절개의 상징인 대나무의 꿈을 멋지게 시로 풀어낸다. 결국 설교는 끝없는 자아 성찰과 떨림으로 세워지는 사역이기에, 그것은 오늘 설교자의 꿈이어야 한다는 생각으로 퍼담는다. "늘 푸르다는 것 하나로/ 내게서 대쪽 같은 선비의 풍모를 읽고 가지만/ 내 몸 가득 칸칸이 들어찬 어둠 속에/ 터질 듯한 공허와 회의를 아는가/ 고백건대/ 나는 참새 한 마리의 무게로도 휘청댄다/ 흰 눈 속에서도 하늘 찌르는 기개를 운운하지만/ 바람이라도 거세게 불라치면/ 허리뼈가 뼈개지도록 휜다 흔들린다/ 제 때에 이냥 베어져서/ 난세의 죽창이 되어 피 흘리거나/ 태평성대 향기로운 대피리가 되는/ 정수리 깨치고 서늘하게 울려 퍼지는 장군죽비/ 하다못해 세상의 종아리를 후려치는 회초리의 꿈마저/ 꾸지 않는 것은 아니나/ 흉흉하게 들려오는 세상의 바람 소리에/ 어둠 속에서 먼저 떨었던 것이다/ 아아, 고백하건대/ 그놈의 꿈들 때문에 서글픈 나는/ 생의 맨 끄트머리에나 있다고 하는 그 꽃을 위하여/ 시들지도 못하고 휘청, 흔들리며, 떨며 다만/ 하늘 우러러 견디고 서 있는 것이다."[25]

---

[24] 윤선도의 연작시조집, 『山中新曲』(산중신곡)에 수록된 시조이다. 물, 바위, 소나무, 대나무, 달을 벗으로 삼아 그 아름다움을 노래한 시조이다. 대나무에 대해서는 그 겸허함과 절개를 노래한다.
[25] 복효근의 시, "어느 대나무의 고백" 전문. 복효근 시선집, 『어느 대나무의 고백』(서울: 시인동네, 2024), 94.

작은 가슴에 큰 하늘을 품고

시대마다 하나님께서는 신실한 하나님의 사람을 세우셔서 교회와 설교 사역을 세워오셨다. 광야 시대를 마치고 가나안 정착의 시대를 활짝 열었던 한 영웅이 사라지는 때를 성경은 이렇게 언급한다. "여호수아가 나이 많아 늙은지라"수 23:1. 화자가 전하는 객관적 관점으로 시작된 말씀은 주관적 고백으로 이어진다. "나는 오늘 온 세상이 가는 길로 간다." 한 시대가 끝나고 있다. 이야기의 끝을 전하면서 그 내러티브 중심에 그가 아니라 여호와 하나님께서 우뚝 서 계심을 선명하게 보여주기 위해 반복 어구가 등장한다. "너희의 하나님 여호와께서…"

이렇듯 믿음의 영웅들의 사역, 이야기, 고백, 증언의 중심에는 여호와 하나님이 우뚝 서 계셨다. 생의 마지막 순간에도, 죽어서도 이 사실을 부단히 증언한다. 그래서 오경학자 마틴 노트Martin Noth는 여호수아가 "이제 야전사령관의 옷을 벗고 토라 앞에 섰다"고 했을 것이다. 세움을 받은 자리에서 힘껏 섬겼고, 인생 마지막 순간에도 그분이 행하신 일을 힘껏 증언한다. '나는 작은 가슴에 큰 하늘을 품고 평생을 달렸습니다.' 그 고백과 함께 이제 그는 '이야기'로 남아 있다. 기억하는 것remembering, 그 아름다운 이야기를 이어가는 것continuing은 살아있는 자들의 몫이다. 그 아름다운 이야기는 이어져야 한다. 어스름 어둠이 내리는 때, "꽃 초롱 하나가 불을 밝힌다"는 박정만 시인의 작은 연가를 다시 가슴에 담고 우린 다시 일어서야 한다.

결언
결국 모든 것은 확신과 열정에서 결정된다

> 고통의 끝에 문이 있었어요
> … 내 삶의 중심에서
> 담청색 바닷물에 얹힌 심청색 그림자들
> 커다란 샘물이 솟았지요
> ― 루이즈 글릭[1]

꽉 잡고 버티자

에도 막부江戶 幕府가 일본을 통치한 1600년대 초부터 1868년 메이지유신으로 무너질 때까지 250여 년의 기간을 가리켜 에도江戶 시대, 혹은 도쿠가와德川 시대라고 지칭한다. 이 시기에 일본은 경제 발전과 함께 문화적 변영

[그림6] 호쿠사이, "가나가와 앞바다의 파도"

을 이루었다. 사회 안정을 최고 국시로 삼고 통상수교거부정책을 펼쳐 외부 세력의 출입을 봉쇄하였으며, 인구는 꾸준히 증가하였다. 다양한

---

[1] 루이즈 엘리자베스 글릭(Louise Elisabeth Glück)의 시, "야생붓꽃"(The Wild Iris). 글릭은 헝가리계 미국인(유대인)이며, 2020년 노벨문학상 수상자이다. 그는 이 시로 1993년에 퓰리처상을 받았다. 그의 문학은 상실과 소외의 시대를 향한 위로를 담고 있으며, 냉혹함과 차가움이 가득한 코로나 팬데믹 상황에서 자연적 치유력을 노래하여 전 세계의 주목을 받았고 그 공로로 노벨상을 받았다. 한림원은 "개별적 실존을 보편적으로 만드는 분명한 시적 목소리를 냈다"고 선정 이유를 밝혔고, 평론가들은 "간결하고 투명한 언어로 인간 삶의 고통에 관한 이야기를 풀어간 것"을 수상 이유로 언급한다. 예일대 영문과 교수이다.

문화가 꽃을 피우는데, 이 시대의 대표적 목판화가, 가쓰시카 호쿠사이 葛飾北斎는 19세기 후반, 문호 개방과 함께 그의 작품이 서양에 소개되어 널리 명성을 얻은 인물이다. 또한 일본 문화를 서구에 알린 인물이기도 하다. 그의 대표작은 "후지산의 36경"1831년인데, 제목과는 달리 46경을 담아낸 작품이다. "가나가와 앞바다의 파도"라는 작품은 그 가운데 한편이다.

이 작품의 장면 전체를 지배하는 것은 거대한 파도이다. 자세히 보면 파도 사이로 풍랑에 휩쓸린 배 세 척을 볼 수 있다. 당시 살아있는 생선을 빠르게 운반하기 위해 만들어진 속도가 빠른 배이다. 그림에 나오는 배는 생선을 내려놓고 돌아오는 길인지 빈 모습인데, 8명이 노를 젓고 있고, 배의 앞부분에는 2명의 선원이 타고 있다. 이 배의 길이가 12m 정도였다니 높이가 대략 15m가 훨씬 넘는 거대한 파도이다. 이들이 거센 풍랑에서 빠져나갈 확률은 거의 없어 보이다. 그러나 대자연은 인간의 절망에 대해서는 무심하다. 멀리 보이는 눈 덮인 후지산은 그들의 사투에 대해 아랑곳하지 않고 태연하게 그냥 거기에 서 있다.

이 그림을 보다가 영감을 받아 클로드 드뷔시는 그의 교향시, "바다"를 작곡했고, 시인 김응교는 "파도 아가리"라는 시를 썼다. "냉혹한 물 튀김/ 카메라가 없었던 에도 시대/ 화가의 눈은 튀는 물방울을 주시한다/ 1만분의 1초를 포착하는 디지털 눈// 해발 3,776m의 후지산을 삼킬 듯 덤벼드는 파도/ 마구 흔들리는 세 척 생선잡이 조각배에/ 사공들이 아가리 앞에 납작 엎드렸다/ 버티자 꽉 잡아// 괴물이 침을 슬어 놓고/ 영산靈山은 묵묵히 버티고 있는 이 그림을 보고/ 드뷔시는 교향곡 '바다'를 작곡했다지// 침묵 바다에 물결 퍼지고 해일이 몰려온다/ 운명 앞에는 붉은 잔양殘陽은 예견 못할 미래 마냥/ 음산하다/

치솟는 파도의 꼭짓점/ 교향곡의 절정에서/ 까마득 뱃멀미 앓으며 소리친다/ 지구의 모든 존재들아/ 버티자 꽉 잡아."[2]

주님의 교회는 지금 수천 년 지켜온 것을 삼켜 버릴 듯, 잠재워버릴 것 같은 거대한 파도 앞에 서 있다. 음산하고 흉흉한 바다에 서 있지만 '꽉 잡고 잘 버티자'는 시인의 외침이 가슴에 깊이 와닿는다. "치솟는 파도의 꼭짓점"에 서 있는 때에 꽉잡고 잘 버티잔다. 그 권면이 고맙고 그 외침이 깊은 여운으로 남는 것은 그동안 힘차게 세워온 교회와 사역을 모두 무력화시킬 듯한 거대한 파도 앞에 서 있기 때문이다. 하지만 오늘 주님의 교회를 사역하는 우리에게는 '버티는 것, 그 이상의 것'이 요구된다. 우리는 주님의 교회를 세우고, 사람들을 세우고, 사역을 세워야 하는 사명자이고, 말씀으로 이 어두운 시대를 밝혀가야 하는 설교자이기 때문이다. 오늘 우리에게는 확고한 '믿음과 비전'도 필요하고, 그것을 헤쳐 나갈 '역량'도 필요하다.

더 깊어지는 어두움

몇 년 전, 코로나 상황은 목숨을 걸고 지켜온 신앙 행위와 예배를 묶어 버렸다. 가능한 방안을 찾아 헤맸고, 묵묵히 기다리기도 했다. 다행히 팬데믹은 끝났지만, 급격한 상황 변화는 더 거대한 파도로 다가올 것이다. 오늘 교회는 복음의 영향력이 현저하게 줄어들었고, 대사회적 신뢰도는 추락 중이다. 세속화와 탈종교화 현상은 가속화되면서 더 거대한 흐름을 형성하고 있다. 대한민국은 인구절벽 시대와 초고령화 사회로 빠르게 진입하고 있다. 4차 산업혁명의 파도도 거세게 몰아치

---

2 김응교, 『일본적 마음: 김응교 인문 여행 에세이』(서울: 책읽는고양이, 2018), 9, 29~31.

면서 예측 불허의 상황이 전개되고, 문명사적 거대한 변화가 일어나고 있다. 그 변동성이 너무 크고, 불확실성과 모호성이 지배하는 세상이 되었으며, 그 변화의 양상이 복잡성을 기저로 거대한 변화가 진행되고 있다. 이런 변화를 'VUCA 시대'로 지칭하기도 한다.[3] 변화의 속도가 빠르고 다양하게 전개되는 시대, 미래 상황에 변수가 많아 예측하기 어려운 시대, 인과관계가 단순하지 않고 다양한 요인이 작용하는 시대, 뚜렷한 현상이 없어 판별하기 어려운 시대를 뜻하는 용어이다. "불확실하고, 복잡하고, 모호하며, 변화가 많은 세상"이라는 의미인데, 이러한 시대에 기민하게 대처하는 역량이 필요하다는 의미로 '에자일' agile 시대로 지칭하기도 한다.

온라인의 편리함에 젖어 신앙 활동은 위축되거나 감퇴할 것이며, 디지털 콘텐츠를 취사선택하고 즐기는 종교 소비주의가 거세지며, '디지털 노마드 현상'이 불가피해 보인다. 이런 상황 변화는 목회와 사역의 현장에도 많은 변화가 일어나고 있고, 예고 되고 있다. 젊은 세대는 이제 물리적 공간보다는 사이버 공간을 선호하고, 급속하게 진행되는 인공지능 시대는 이제 새로운 환경이 되면서 유용성과 함께 야기되는 여러 문제와 도전이 예상된다. 버티는 것, 그 이상이 요구된다.

이 거대한 변화와 도전 앞에서 어떻게 대처할 것인지가 중요한 요소로 대두되고 있다. 이러한 위기 상황을 표현하기 위하여 여러 단어가 사용되었다. '위기'危機라는 단어가 그렇듯 그 상황에는 위험과 기회가 공존하는 때라는 지혜를 알려준다. 그래서 고대 히브리어는 위기를 '출산대'를 의미하는 단어, 마스베르משבר로 사용한다. 과거 아이를 출산하기 위해 출산대에 눕는 것은 생명을 걸어야 하는 위기의 순간이었다. 산

---

[3] Volatility(변동성), Uncertainty(불확실성), Complexity(복잡성), Ambiguity(모호성)의 약자이다.

모와 아이가 죽음을 맞기도 하는 위험한 자리이지만, 생명을 출산하는 자리이기도 하다. 그 단어가 오늘 우리에게 시사하는 바가 크다.

이렇게 '위기'危機라는 말에도 무거움이 가득하지만, 위기보다 더 심각한 상황을 생생하게 표현하기 위해 우리 선조들은 '절체절명'絕體絕命이라는 단어를 사용했다. 문자적으로 신체 일부를 잘라내지 않으면 목숨을 보전하기 어려운 상황을 뜻한다. "죽을 정도로 사정이 어렵고 힘들거나, 또는 처한 상황이 위태로움"을 비유적으로 사용한 단어이다. 옛날 그리스에서도 이런 상황을 설명하기 위해, '아포리아' ἀπορία 라는 단어를 사용했다.[4] '빠져나갈 길이 없음, 막다른 골목, 미궁, 해결하기 어려운 문제' 등을 뜻할 때 사용했던 단어이다. 해결책이 없는 상황에서 해결책을 찾기 위해 문제점이 무엇인지를 정확히 이해하는 것이 중요하다는 의미로 옛 그리스인들은 이 단어를 중요하게 여겼다.

오늘의 상황을 위기 상황보다 더 심각한 아포리아 상황으로 규정하려는 것이 아니라 상황에 대한 정확한 이해와 그에 대한 어떤 대처 능력이 필요한지를 알아야 한다는 말이다. 김상근은 아포리아 상황을 이렇게 설명한다.

> 아포리아는 '어떻게 해볼 수 있는 것이 없는 상태' Lack of Resources, 즉 '길 없음 Impasse 의 상태'이자 '출구 없음 No Exit 의 상태'를 뜻한다. 이것은 위기 Crisis 보다 더 심각한 상태다. 위기 상황에서는 그래도 어떤 조치를 취해 볼 수 있다. 그러나 아포리아는 더이상 어떤 조치를 취하는 것이 불가능한 상태다. 아포리아 상태에서 우리는 망연자실한 채 자신의 무지와 무능을 비로소 절감하게 된다. 그리스에서 생겨난 이

---

4 '아포리아'는 그리스어의 부정 접두사 '아'(α)와 '길'을 뜻하는 '포로스'(πορος)가 합쳐져 '길이 없는 막다른 골목,' 또는 '증거와 반증이 동시에 존재하여 진실을 규명하기 어려운 난제'를 뜻하는 용어이다.

말의 원래 뜻은 '막다른 곳에 다다름'이다.[5]

당시 그리스가 직면한 아포리아 상황은 몇 가지 요인 때문에 발생한다. 그 첫째가 페르시아 전쟁이었다면, 전쟁의 상처가 아물기도 전에 밀어닥친 펠로폰네소스 전쟁 때문에 발생하였다. 기원전 5세기는 "참혹한 전쟁이 두 번이나 발발했던 죽음과 폭력의 시기"였다. 펠로폰네소스 내전은 그들에겐 단순한 전쟁이 아니라 호메로스 서사시를 함께 읊던 동족끼리, 같은 언어를 쓰는 피붙이끼리, 올림픽에서 함께 뛰며 선의의 경쟁을 펼치던 친족끼리 서로 죽이는 비극의 전쟁이었다. 세 번째 상황은 BC 399년에 독배를 마시고 최후를 맞는 소크라테스의 죽음을 든다. 진리가 무너지는 시대, "진정한 군주의 자격을 갖추지 못한 인물이 리더의 위치에 오르면"서 발생한 문제였다. 백성들은 도탄에 빠지고, 그 시대는 '아포리아'에 빠진다. "행복에 대한 그릇된 생각을 가진 왕"과 "명예욕에 불타올라 불필요한 전쟁을 일으킨 군주", "물질에 대한 탐욕에서 벗어나지 못한 장군"이 나라를 이끌게 되면서 쇠락하게 되는 상황을 '아포리아'로 분석한다.

그리스인들은 그 어려움의 시간에 그 상황을 극복하기 위한 답을 '인문학'에서 찾았다. 그때 기록된 책이 크세노폰 Xenophon 의 『키루스의 교육』, 헤로도토스의 『역사』, 투키디데스 Thucydides 의 『펠로폰네소스 전쟁사』, 플라톤의 『국가』 등이었다. 지도자가 되려는 사람들에게는 이것은 아포리아 시대의 필독서, "군주의 거울" Mirror for Princes 로 명명했다. 군주나 귀족의 자제들, 즉 그 시대의 지도자들이 자신을 비춰보며 본받아야 할 지침으로 삼았다는 뜻이다. 플라톤의 제자 크세노폰은 『키

---

5 김상근, 『군주의 거울: 키루스의 교육』 (서울: 21세기북스, 2021), 17.

루스의 교육』에서 '군주의 거울'을 제시하면서, 페르시아 왕 키루스^{고레스, Cyrus the Great}가 꿈꾸던 제국은 건물의 총합이 아니라 사람^{인재}을 국가의 자산으로 여겼다고 주장한다. 지도자가 그 "인재를 모으는 방식은 본인 스스로 그런 모범적인 삶을 사는 것"이었고, 군주의 거울은 그의 삶 자체였다.

예수님께서 승천하신 이후 60여 년이 지나가던 때, 로마제국 여러 지역에 교회가 세워졌지만, 당시 교회는 최고의 위기 상황을 경험하고 있었다. 11대 로마 황제 도미티아누스^{Domitian, 재위 기간 AD 81~96}의 폭정으로 교회는 무너질 위기 앞에 놓여 있었다. 그는 충성과 절대적 복종을 끌어내기 위해 로마제국 전체에 황제를 '주님이며 신'^{dominus et deus}으로 고백하면서 자신을 신격화 했고, 황제숭배^{예배}를 강요하였다. 이에 응할 수 없었던 그리스도인들은 거대한 핍박 앞에 서 있었다. 열두 사도 중 11명은 이미 순교하였고, 마지막 남은 사도 요한도 황제 숭배를 거부하다가 체포되어 정치, 종교 사범을 가두던 천혜의 감옥 밧모섬에 유배된다. 황제의 특명이 아니면 그곳에서 풀려날 수 없었다. AD 94년경이었다. AD 60년대, 네로 황제의 박해로부터 도미티아누스 황제 대박해 기간까지 권력자의 핍박과 회유에 조금도 굴하지 않고 믿음을 지켰다. 하지만 이제 그곳에서 생을 마쳐야 할 시간에 서 있었다. 이제 마지막 남은 지도자도 죽음 앞에 놓여 있었으니, 교회가 무너지는 것은 시간문제로 보였다.

모든 것이 무너져 내릴 상황에서 주님의 영에 이끌린 설교자가 일어선다. 그 설교자가 벌떡 일어나 그가 보았던 것을 전한다. "발에 끌리는 옷을 입고, 가슴에 금띠를 띠고, 그의 머리와 털의 희기가 양털 같으며, 그의 눈을 불꽃 같고, 그의 발은 풀무 불에 단련한 빛나는 주석 같고, 그의 음성은 맑은 물소리와 같으며, 그의 오른손에 일곱별이 있고, 그의 입의 좌우에 날 선 검이 나오고, 그 얼굴은 해가 힘 있게 비치는 것 같더라"계 1:13~16. "오른손에 있는 일곱 별을 붙잡고 일곱 금 촛대 사이를 거니시는 이"계 2:1가 전하라고 주시는 말씀을 힘껏 전한다. 주님께서 오른손으로 붙잡고 계신 일곱 금 촛대와 일곱 별에 대해서 명확하게 설명한다. "일곱 별은 일곱 교회의 사자요 일곱 촛대는 일곱 교회니라"계 1:20.

다시 첫사랑의 정열로

설교를 들어줄 청중이 없어 그 설교자는 말씀을 편지로 써 보낸다. 기독교 설교는 그렇게 시작되었다. 놀라운 말씀이 설교자에게 다가왔을 때 거기에서 설교가 시작된다. 유배지에 갇혀 교회가 무너지는 소식을 듣고, 무릎 꿇은 그에게 일곱 금 촛대교회 사이를 거니시는 성령님께서 전하라고 주신 말씀이 있었다. 하나님이 안 계신 것처럼 보이는 시간, 인생의 노래가 다 끝난 것 같은 시간, 원하는 대로 인생이 풀리지 않는 시간, 모든 게 부조리하게 느껴지는 시간, 그런데 거기에서도 주님은 일하고 계셨다. 에베소교회에 전하라고 주신 말씀은 위기의 해법을 제시한다. "… 내가 네 행위와 수고와 네 인내를 알고 또 악한 자들을 용납하지 아니한 것과 자칭 사도라 하되 아닌 자들을 시험하여 그의 거짓된 것을 네가 드러낸 것과 또 네가 참고 내 이름을 위하여 견디고 게으르지 아니한 것을 아노라. 그러나 너를 책망할 것이 있나니 너의 처음 사랑을 버렸느니라. 그러므로 어디서 떨어졌는지를 생각하고 회개하여 처음 행위를 가지라. 만일 그리하지… 아니하면 내가 네게 가서 네 촛대를 그 자리에서 옮기리라"계 2:1~5.

교회가 무너질 상황에서 제시하신 해법이 무엇이었는가? '처음 사랑'과 '처음 행위'…. 그것이 무너져 내리는 교회를 지켜낼 비법이 될 수 있을까? 주님께서 권력자를 처리하시면 다 해결될 일이었다. 그것은 결코 좋은 해법은 아니었다. 그런데 말씀을 묵상하는 가운데 떠오른 시가 있었다. "눈을 다 감고도/ 갈 수 있느냐고/ 비탈길이 나에게 물었다/ 나는 말했다/ 두 발 없이도/ 아니, 길이 없어도/ 나 그대에게 갈 수 있다고."[6] '첫사랑'의 추억이 있는 분들은 시인의 마음과 그 말의 의미를 다 안다. 비탈길이어도 갈 수 있게 하는 힘, 눈을 감고도 넉넉히 가게 하는 힘, 길이 없어도 갈 수 있게 하는 힘, 아니 두 발이 없어도 그 험한 길을 헤치고 갈 수 있게 하는 힘…. 그것이 첫사랑의 힘이란다.

결국 모든 문제도 거기에서 기인하고, 그 해결도 거기에서 비롯된단다. 사랑에 빠진 가슴과 눈빛…. 그것이 해법이란다. 처음 부름을 받았을 때의 그 정열이 여전히 불타고 있느냐가 문제란다. 혼자서 외로운 자리에 서 있었지만, 첫사랑으로 불타고 있었단다. 하나님의 말씀을 받았으나 들어줄 성도가 아무도 없었다. 주저앉는가? 붓을 들어 하나님의 말씀을 편지로 써 보내기 시작했단다. 그것이 끝인 줄 알았단다. 그래서 노래는 더 깊어지고 뜨거워졌다. 그 황량한 섬에서 그는 노래했고 하나님은 일하셨다. AD 96년, 도미티아누스가 정적에게 암살당하였고, 새 황제의 특별사면으로 사도 요한은 풀려난다. 에베소에서 그의 노래는 죽을 때까지 이어진다.

언젠가 우연히 인천 문학경기장에서 열린 조용필 40주년 콘서트 실황을 TV에서 본 적이 있다. 10만 관중이 모여 열광하는 모습도, 2시간 동안 온 힘을 다해 열창하는 노가수의 모습도 충격이었다. "킬리만자로의 표범"이라는 노래는 충격 이상이었다. 평생 노래 하나에 목숨

---

6 김현태의 시, "첫사랑" 전문.

을 걸고 달렸던 한 가수의 삶의 고백이었다. 작사자가 헤밍웨이의 소설에서 힌트를 얻어 작사한 노래인 듯하다. "먹이를 찾아 산기슭을 어슬렁거리는/ 하이에나를 본 일이 있는가/ 짐승의 썩은 고기만을 찾아다니는 산기슭의 하이에나/ 나는 하이에나가 아니라 표범이고 싶다/ 산정 높이 올라가 굶어서 얼어 죽은/ 눈 덮인 킬리만자로의 그 표범이고 싶다…/ 바람처럼 왔다가 이슬처럼 갈 순 없잖아/ 내가 산 흔적일랑 남겨둬야지/ 한 줄기 연기처럼 가뭇없이 사라져도/ 빛나는 불꽃으로 타올라야지/ 묻지 마라 왜냐고 왜 그렇게 높은 곳까지/ 오르려 애쓰는지 묻지를 마라/ 고독한 남자의 불타는 영혼을/ 아는 이 없으면 또 어떠리…/ 구름인가 눈인가 저 높은 곳 킬리만자로/ 오늘도 나는 가리 배낭을 메고/ 산에서 만나는 고독과 악수하며 그대로 산이 된들 또 어떠리."[7]

어떻게 세워갈 수 있을까? 설교 사역과 관련하여 새롭게 결단해야 할 것은 무엇일까? 무엇에 방점을 두고 설교 사역을 실행할 것이며, 그 방향성은 어떻게 설정해야 할까? 하이에나로 살지 말고 킬리만자로의 표범으로 살란다. 본질이다. 아드 폰테스 Ad fontes…. 다시 본질로 돌아가려는 움직임을 통해 교회는 새롭게 되었다. 특별히 개혁 신학은 이 전통 위에 굳게 서 있다. Back to the Bible, the Basic….

아마존 창업자 제프 베이조스 Jeff Bezos 는 사람들이 10년 후 일어날 변화에 대해서는 많이 묻지만 '10년이 지난 뒤에도 바뀌지 않을 것'에 대해서는 별로 관심을 기울이지 않는다면서 '본질에 대한 선행 이해'의 중요성을 강조한다. 변하지 않을 것을 기반으로 한 전략 수립, 그것이 성공 요인이 된단다. 더 많은 돈을 벌기 위해 고심하는 경영인도 변

---

7 양인자 작사, 김희갑 작곡, 조용필 노래, "킬리만자로의 표범."

하지 않는 '본질'에 관심을 두고 달리는데, 거룩한 생명 사역을 위해 부름을 받은 우리가 본질에 관심이 없다면 어떻게 큰 생명의 역사를 기대할 수 있겠는가? 평생 붙잡고 달려야 할 본질, 생명을 걸고 지켜내야 할 본질은 무엇인가? 생명의 복음이다. 신앙의 본질이다. 설교에 담아야 할 것도, 생명을 걸어야 할 것도 '본질'이다. 그럼 우리는 무엇을 새롭게 할 것인가?

설교 사역에 대한 신학적 고백을 날마다, 계속해서 점검하자. 앞서 언급한 대로 기독교 설교는 '하늘 신비를 드러내는 작업이고 이 땅에 펼치는 사역'이다. 그 신비를 경험한 사람들이 부르신 소명을 따라 나아가는 길 위에서 수행되는 사역이다. 설교를 통해 그리스도께서 우리 가운데 다가오시며, 하나님의 말씀이 선포되는 그곳에 그리스도께서 현존하신다. 부끄러운 자기 모습에 참회하듯 시를 썼던 한 식민지 청년의 고백처럼, "밤이면 밤마다 나의 거울을 손바닥으로 발바닥으로 닦아 보자."[8] 설교자에게도 이런 자기 참회가 요구된다. 나는 지금 왜 강단에 오르는지, 지금 바로 사역을 감당하고 있는 것인지 점검하고 또 점검하자.

그동안 한국교회는 '7년 풍년의 시간'을 보낸 것이 사실이다. 이제 차분히 흥분을 가라앉히고 본질로 돌아가는 운동이 필요하다. 그동안 기독교 설교에는 그럴듯한 '기복'의 옷도 입혔고, 신종 '율법'의 옷도 입혔던 것이 사실이다. 예수님께서 그렇게 싫어하셨던 것이 덕지덕지 붙어 있는 것은 아닌지, 깊은 숙고를 요구한다. 인간의 욕심과 야망을 '거룩'이라는 이름으로 포장하여 사역마저도 도구화하고, 세속적 성공에 천착하고 있지 않는지 지속적인 성찰이 필요한 때이다.

---

8   윤동주의 시, "참회록"의 일부.

깊이 생각하지 않아도 위기가 분명하다. 하지만 지난 2,000년 교회 역사 가운데 위기가 없었던 시대는 한 번도 없었다는 것도 분명한 사실이다. 주님의 교회는 외부로부터 오는 핍박이나 박해 때문에 무너진 적은 한 번도 없었던 것이 역사의 교훈이다. 교회가 교회답지 못하고, 진리 위에 굳게 서지 못했을 때 교회는 무너졌다. 부모의 위기는 부모가 부모답지 못할 때 발생하고, 교회 위기는 언제나 교회가 교회답지 못하고, 신앙인이 신앙인답지 못할 때 생겨난다. 그래서 하우어워스는 토대 자체가 흔들리는 후기 기독교 시대post-Christendom를 지나면서 교회가 고아한 품격 공동체a community of character로 회복해야 한다고 주장한다.[9] 오늘 한국교회의 위기는 교회다움의 상실, 고상하고 우아한 품격의 상실에서 비롯된다.

정지아 작가의 소설,『아버지의 해방일지』에는 어릴 적 초등학교 동창이었던 두 노인의 이야기를 들려준다. 그들은 서로 다른 길을 달려왔다. 한 사람은 평생 군인으로 살다가 학교 교련 선생을 오래 한 후 은퇴했다. 그는 항상 '조선일보'만 본다. 또 한 사람은 지리산 빨치산으로 활동했고, 산에서 내려와 자수를 했지만, 그로 인해서 젊은 날을 감옥에서 보낸다. 소위 '빨갱이'였다. 그는 '한겨레신문'만 본다. 아침잠이 없는 두 사람은 이른 시간, 신문보급소에 가서 일손을 거들다가 싸운다. '반동 신문을 본다, 빨갱이 신문을 본다…' 그 광경을 작가는 이렇게 묘사한다.

> 두 노인네는 매일 아침 투닥거리며 늘그막을 보냈다. 신문을 들고 집에 온 아버지는 어머니와 내 앞에서 평생 교련 선생 한 놈이 조선

---

[9] Stanley Hauerwas, *A Community of Character: Toward a Constructive Christian Social Ethic* (Notre Dame: University of Notre Dame Press, 1991).

일보만 본다고 박선생 흉을 보았다. 귀에 못이 박히게 듣던 말이라 어느 날 짜증이 나서 물었다. "생각이 다르면 안 보면 되지, 애도 아니고 맨날 싸우면서 왜 맨날 같이 놀아요?" 아버지는 언제나처럼 아랫목에 자리를 잡고 신문을 착 펴면서 말했다. "그래도 사램은 갸가 젤 낫아야."[10]

사상은 달라도 인간미가 넘치는 사람이라는 말이다. 책에서 종교를 갖고 있지 않은 주인공이 여호와 증인과 그리스도인에 대해 극히 객관적 평가를 내린 것도 오랜 여운으로 남아 있다.

광주교도소에서 함께 복역한 동지 한 사람이 떠르르한 지주의 자식이었다. 그에게는 늘 사식이 풍성하게 들어왔다. 그 사식을 벤소에 숨겨놓고 돼지처럼 저 혼자 먹었다고, 진짜배기 혁명가가 아니라고, 아버지는 두고두고 흉을 보았다. "여호와 증인들이 한 감방에 있었는디 갸들은 지 혼자 묵들 않애야. 사식 넣어주는 사람 하나 읎는 가난뱅이들헌티 다 노놔주드라. 단 한 멩도 빠짐없이 글드랑게. 종교가 사상보다 한질 윈갑서야."

큰집 막내 숙자 언니는 자매 중에 제일 인물이 좋았다. 큰언니와 터울이 많이 난 덕에 언니들 도움으로 고등학교를 마쳤다. 언니들은 막내라고 좋은데 시집 보낼거라고 희망에 부풀었다. 읍내 중학에 다니면서부터 교회에 발을 디딘 언니는 목사 중매로 선을 보고 곧장 결혼했다. 부모 둘 다 집사인 신실한 기독교 집안이었다. 목사가 알

---

10 정지아, 『아버지의 해방일지』(파주: 창비, 2024), 47.

고 소개한 것인지 모르고 소개한 것인지 남편은 말기 암 환자였다. 반년도 못 살고 떠난 남편이 남긴 거라곤 유복자인 딸 하나뿐이었다. 아들을 낳아 대라도 이을까 했던 시집에서는 딸이 태어나자 언니를 핏덩이와 함께 내쫓았다. 하나님을 믿는다는 자들이 어떻게 그렇게 인면수심일 수 있냐고 노발대발한 아버지가 언니를 앞세워 광주까지 쫓아갔다. 결과는 아버지의 참패였다. … 구정물만 한 바가지 뒤집어쓴 채 돌아온 아버지가 상종 못할 것들이라고 쯧쯧 혀를 차면서 덧붙였던 말을 나는 지금도 기억하고 있다. "어찌나 청산유순가 쎗바닥에 신이 내렸는 중 알았당게. 말문 터질라면 예쑤 믿어야 쓰겄대."[11]

교회의 품격, 그리스도인의 품격을 깊이 생각하게 만드는 이야기이다. 기독교 설교는 품성 character 형성하고, 품격 dignity 을 세워가는 사역이다. 생활신앙이 더 강조되어야 할 때이다. 동네 목사님 이야길 하면서 시인 기형도는 그렇게 외친다. "성경이 아니라 생활에 밑줄을 그어야 한다."[12] 결국 설교자의 자기 점검은 계속되어야 한다. 설교자가 하나님의 현존에 대한 확신, 하나님의 역사하심에 대한 확신, 말씀의 능력에 대한 확신을 정말 가지고 있는 것인지 점검해야 한다. 오늘 교계를 보면 우린 정말 '시퍼렇게 살아계신 하나님'을 믿는 사람들인가, 의구심이 들 때가 있다. '실질적 무신론' practical atheism 에 사로잡혀 있는 것은 아닌지 나를 계속 점검해야 한다. 만약 그렇다면 거기에서 설교의 생명력은 나타날 수 없다. 아니 그러한 설교자를 통해서 대단한 영향력이 나타난다면 그것이 더 문제가 된다.

---

11 위의 책, 47, 114.
12 기형도의 시, "우리 동네 목사님," 일부.

다시 하나님의 정념에 사로잡혀

아브라함 요수아 헤셀은 설교자들이 부단히 이끌림을 당해야 하는 것을 "하나님의 정념"pathos으로 설명한다. 그들은 세상 사람들을 불편하게 하는 사람들이었을지 모르지만, 하나님의 정념으로 활활 타오르는 사람, 그를 성경은 설교자라고 칭한다.[13] 그들에게 하나님은 "거역 못 할 실재였고, 당황하여 쩔쩔매게 하는 임재"였다. 그들은 결코 하나님에 대하여 "먼 거리에서 말하지 않았으며," 하나님의 "본성을 밝혀 보려는 탐색자"로서가 아니라 "하나님의 말씀에 얻어맞은 증인"으로 살았던 존재들이었다. 그들이 드러내 보이기 위해 평생 몸부림친 것은 "하나님의 본질이 아니라 인간에 대한 하나님의 통찰과 인간에 대한 그분의 관심"이었다. 그들은 "하나님과 인간 사이를 갈라놓은 구렁을 하나님의 정념으로 뛰어넘을 수 있다"고 확신하는 자들이었다.[14]

다원화된 사회에서 기독교 설교가 어려워지는 이유는 절대 진리가 해체한 상황에서 복음은 수많은 정보 가운데 하나로 전락했기 때문이다. 그것을 절대적 진리라고 외치는 순간 편협함과 오만함의 아이콘이 된다. 설교한다는 것은 위험하고, "무례한 행위"an audacious act이다.[15] 하지만 진정 두려워야 할 것은 복음에 대한 확신의 결여이다. 복음에 대한 소심함timidity과 붕괴에 대한 지나친 염려anxiety이다. 처방은 한가지, 설교자가 복음에 대한 확신confidence으로 일어서는 것이다. 오늘도 일하시는 성삼위 하나님께 대한 "궁극적 확신"ultimate belief 과 "궁극적 헌신"ultimate commitment 이다.[16]

---

13 Abraham Joshua Heschel, *The Prophets*, 이현주 역, 『예언자들』(서울: 삼인, 2004), 351~66.
14 위의 책, 352, 361.
15 Brueggemann, *The Word Militant*, 1~2.
16 Lesslie Newbigin, *The Gospel in a Pluralist Society* (Grand Rapids: Eerdmans, 1996), 243.

빙토의 땅에서 살아가는 원주민들이 물고기 낚시를 위해 꽁꽁 얼어붙은 바다의 얼음을 도끼로 깨고 있는 모습을 본 적이 있다. 그러한 광경을 보면서 프라하의 유대인 작가인 프란츠 카프카 Franz Kafka는 "우리 안의 얼어붙은 바다를 깨는 도끼" die Axt sein fur das gefrorene Meer in uns 의 필요성을 강조한다. 하나님 나라의 지도자들은 언제나 하나님의 말씀과 사명 앞에서 얼어붙은 사고와 무감각을 깨뜨리는 작업을 평생 수행해야 한다. 오늘 우리에게 그런 도끼가 필요하다. 무엇보다 우리 생각을 깨고, 냉랭해진 우리 가슴과 감탄이 사라져 버린 얼어붙은 감정을 흔들어 깨우는 도끼… 자신을 말씀 앞에 더 잘 세우기 위한 도끼가 필요하다. 문득 맹문재 시인의 외침이 떠오른다. "길은 어디에도 없는데/ 쉬지 않고 길을 내고/ 낸 길은 또 미련을 두지 않고 지운다// 즐기면서 길을 내고 낸 길을 버리는 물고기들에게/ 나는 배운다."[17]

550리 길을 흘러온 섬진강 물이 남해와 만나는 곳, 전남 광양 진월면 망덕포구에 가면 옛 나루터 옆에 일제 강점기부터 있었던 오래된 집이 한 채 보존되어 있다. 그곳에는 북간도 출신의 한 시인의 시가 새겨져 있다. 그리 길지 않은 생을 살다가 젊은 날에 세상을 떠난 시인의 시가 그곳에 새겨진 것은 그의 시가 워낙 유명했기 때문일까? 시비에는 1941년 11월 5일에 쓴 시 한 편이 새겨져 있다. "별 하나에 추억과/ 별 하나에 사랑과/ 별 하나에 쓸쓸함과/ 별 하나에 동경과/ 별 하나에 시와/ 별 하나에 어머니, 어머니/ 어머님, 나는 별 하나에 아름다운 말 한마디씩 불러봅니다…/ 나는 무엇인지 그리워, 이 많은 별빛이 내린 언덕 위에/ 내 이름자를 써보고/ 흙으로 덮어 버리었습니다…"

그 옛 포구, 남도 끝자락 망덕포구, 옛집에 사는 한 사람이 아니었

---

17 맹문재의 시, "물고기에게 배운다," 일부.

다면 그 시는 흔적도 없이 사라졌을 것이다. 그 시만이 아니다. 1941년 11월 20일에 쓴 시, 한국인이 가장 좋아하는 시도 사라지고 말았을 것이다. "죽는 날까지 하늘을 우러러/ 한 점 부끄럼이 없기를/ 잎새에 이는 바람에도/ 나는 괴로워했다/ 별을 노래하는 마음으로/ 모든 죽어가는 것을 사랑해야지/ 그리고 나에게 주어진 길을/ 걸어가야겠다/ 오늘 밤에도 별이 바람에 스치운다…" 거기 깨어있는 한 사람이 없었다면 한국이 가장 좋아하는 시 가운데 한 편인 이 시는 영원히 사라지고 말았을 것이다.

북간도 용정 출신인 윤동주의 시가 어떻게 망덕포구와 연결되었으며, 망덕포구에 살던 어떤 사람이 그것을 지켜냈을까? 정병욱…. 1940년 연희전문학교 1학년 때, 그가 기고한 학교 신문에 실린 글을 읽은 윤동주가 찾아와 두 사람은 캠퍼스에서 처음 만났다. 그는 1학년, 동주는 3학년이었다. 그때의 만남을 시작으로 둘은 평생지기가 되었다. 기숙사에서 같은 방을 썼고, 나중 같은 하숙집에서 살았다. 문학과 예술을 이야기하며 어둡기만 한 조국의 앞날을 걱정했었다.

1941년 말, 졸업을 앞둔 동주는 습작으로 쓴 시 중에서 19편을 뽑아 시집을 묶고 싶어서 자필 원고 3부를 필사했다. 한 부는 스승 이양하에게, 한 부는 정병욱에게 전했고, 그리고 한 부는 동주 자신이 보관했다. 일제 말기에는 우리말로 책을 낸다는 것은 거의 불가능한 상황이었다. 이양하는 젊은 제자가 일제 탄압을 받을 것을 걱정하여 훗날을 기약하자면서 출판을 만류했다. 동주는 일본으로 유학을 떠났고, 정병욱은 일제 말기에 학병으로 징집돼 끌려가게 되었다. 고향을 떠나기 전날 밤, 그는 숨겨 놓았던 동주의 원고를 어머니께 맡기며 유언처럼 당부한다. "동주나 제가 죽어서 돌아올 수 없게 되거나 조국이 광복을 맞이했을 때 시의 원고를 연희전문에 보내 세상에 알리게 해 주세요."

병욱의 어머니는 아들의 유언과 같은 말을 듣고 날이 어둡기를 기다려 마룻장을 뜯고 항아리 속에 원고를 넣어 일제의 감시를 피했다. 습기가 찰 것을 걱정하여 볏짚을 깔고, 마룻장 위는 나무 책상으로 가렸다. 그 사이 윤동주는 독립운동 혐의로 일본 후쿠오카 감옥에 갇혔고 광복을 6개월 앞둔 1945년 2월 16일, 생체실험의 대상이 되어 옥사하였다. 정병욱은 광복과 함께 극적으로 살아 돌아온다. 사지에서 살아 돌아온 아들에게 어머니는 명주 보자기에 싼 원고를 내놓았다. 그렇게 해서 윤동주 죽음 3주기에 맞춰 시집, 『하늘과 바람과 별과 시』정음사로 출간된다. 동주와 이양하가 보관 중이던 필사본은 유실되었기 때문에, '만약' 정병욱이 없었다면, '만약' 아들의 부탁을 받은 어머니의 생명을 건 모험이 없었다면 그 작품은 영영 빛을 보지 못했을 것이다. 서울대 국문과 교수로, 국문학자로 평생을 산 정병욱은 생전 문학인으로 평생에 가장 잘한 일을 하나 들라고 하면 '동주의 육필 원고를 지켜낸 것'이라고 고백한다.

　　망덕포구와 관련하여 시인 고두현은 긴 제목의 시를 썼다. "섬진강 물굽이가 남해로 몸을 트는/ 망덕포구 나루터에 어릴 적 내 집이 있네/ 강물이 몸을 한껏 구부렸다 펼 때마다/ 마루 아래 웅웅대며 입 벌리는 질항아리/ 그 속에 내가 사네// 강폭을 거슬러 올라 서울 가던 그 해/ 압록강 먼저 건너 손잡아준 북간도 친구/ 함께 헤던 별무리처럼 그가 지금 살고 있네/ 시집 원고 건네주며 밤새워 뒤척이다/ 참회록 몰래 쓰고 바다 건너 떠난 그를/ 학병에 징집되어 뒤따라가던 그날 저녁/ 어머니 이 원고를 목숨처럼 간직해 주오/ 우리 둘 다 돌아오지 못하거든/ 조국이 독립할 때 세상에 알려주오// 그는 죽고 나는 살아/ 캄캄한 바닷길을 미친 듯이 달려온 날/ 어머니 마룻장 뜯고 항아리에서 꺼낸 유고/ 순사들 구두 소리 공출미 찾는 소리/ 철컥대는 칼자루

밑에 숨죽이고 견딘 별빛/ 행여나 습기 찰까 물안개에 몸 녹을까/ 볏짚 더미로 살과 뼈를 말리던 밤이/ 만조의 물비늘 위로 달빛보다 희디희네// 후쿠오카 창살 벽에 하얗게 기대서서/ 간조의 뻘에 갇혀 오가지 못하던 그/ 오사카 방공포대서 살아남은 나를 두고/ 남의 땅 육첩방에 숨어 쓴 목구어가/ 밤바다 우웅우웅 소리 내며 몸을 트네/ 하루 두 번 물때 맞춰 아직도 잘 있는지/ 마룻장 다시 뜯고 항아리에 제 입을 맞추는/ 그가 거기 살고 있네."[18]

생명 걸고 지켜야 할 것이 있다. 누군가가 우뚝 서 있을 때 세워지는 역사가 일어날 것이기에 일꾼을 부르신다. 혼탁한 시대에 하나님께서는 기드온을 부르신 후, 작고, 부족한데 강한 용사, 능력있는 용사라 말씀해 주신다 삿 6:12~13. 그는 그리스도께서 교회를 다스리고 계심과 "교회는 세상의 변두리가 아니라 세상의 중심"임을 확신하면서 달리는 사람이다. "나는 주님을 위해 죄수가 되어 이곳에 갇혀 있지만 여러분은 저 바깥으로 나가 하나님께서 여러분을 부르셔서 걷게 하신 그 길을 걸어가십시오. … 나는 여러분 가운데 어느 누구도 팔짱 끼고 가만히 앉아있기를 바라지 않습니다. 나는 여러분이 엉뚱한 길에서 헤매는 것을 바라지 않습니다. 겸손과 절제로 이 일을 행하십시오. … 부디 우리 가운데는 더 이상 어린아이로만 남아 있는 사람이 없어야 합니다" 엡 1:22~23, 4:2~3, 메시지.

시인 정유경의 노래가 참 아름답게 다가온다. "새는 언제나/ 새로운 마음으로 하늘을 날고/ 그래서 새가 가는 길은/ 늘 새길."[19] 그대, 부디 새로운 마음으로 하늘을 날기를, 그래서 그대 걷는 길이 늘 새 길이길… 주께서 도우셔서 그대 앞에 늘 새 길이 나타나기를… 보좌에 앉아

---

18 고두현, "망덕포구에 그가 산다: 윤동주 유고 지킨 정병욱의 전언," 『현대문학』(2022년 2월호).
19 정유경의 시, "새" 일부.

계신 분께! 찬양과 존귀와 영광과 권능이, 영원무궁토록!²⁰

20 계 5:13, 메시지.